为了人与书的相遇

学术江湖

晚清民国的学人与学风

桑兵 著

广西师范大学出版社
·桂林·

目 录

绪论：晚清民国的学人与学风

一

人生苦短，转眼已是耳顺之年。虽然按照如今的算法，仍在壮岁，毕竟不如少年时来日方长的无忧无虑，却一如既往地满怀学术的热情与向往。记得读博期间，业师年满花甲，在弟子的眼里心中，已是纯然长者风采。如今在门下士看来，自己的形象或许亦相仿佛，只是内心浑然不觉老之将至。

人类历史文化的发展历程中，昙花一现者多，几度辉煌者鲜。中国不仅历史长，而且文化一脉相承，所以史料甚多，史学较精，在中国治史尤其是治中国史，是对学人的一大考验，同时也是一大幸事。

屈指算来，尚待完成的计划为数甚多，在编拟编的大型资料和编年系列各有十数，在写拟写的专书还有数十，而且常常触类旁通，生发出许多预想以外的新枝。如果不从现在起就缩短战线，集中精力，势必抱憾终身。学问始终是令人遗憾的事业，尤其是史学，必须绝顶聪明的人下笨功夫，等到功力见识皆备之时，已是去日苦多，时光不再。治学总体上说当然是层垒叠加，后来居上，可是长江后浪推前浪的喧嚣声中，不知有多少各领风骚数百年的才人的远见卓识被时光埋没。

缩短战线，并非如陈垣所说，减少时段与方面；而是如陈寅恪所为，不与人无谓争论，减少应酬，不好为人师，不争闲气。概言之，舍弃俗物牵挂，全力以赴，潜心著述，以待来者。顾颉刚少年成名后曾经慨叹，出名前穷死，出名后忙死。前者如今已经不成问题，后者却是扼杀无数才俊的陷阱，与鲁迅说的捧杀有几分近似。广州僻处岭南，应酬有限；极少担任名目繁多的各种评审，免去劳而无功的审议和光怪陆离的人情；遵循和而不同的君子之道，无须江湖，不必乡愿。除了气候不宜居之外，正是孤往治学的理想所在。加以学问的兴趣广泛，空间足够，可以沉浸其中而自得其乐。

所谓真理不辩不明越辩越明之说，在抽象思维领域作用不小，而在史学研究领域，至少就近代以来的实际进程看，历次论战所导致的著述井喷，固然在引起广泛关注方面颇具影响，可是对于学术的实际推进，不仅有限，而且有时还会适得其反。网络时代，读书治学，更要注重孤往，因为坐拥书城，绝非难事，即使归隐林泉，只要能够上网，与身居闹市相比，也不过少了喧嚣和嘈杂，反而有助于专心致志。而科技的日新月异，使得潜心读书更加重要，单凭检索关键词做出来的学问，只能是浅薄的时髦。

命运因缘，冥冥之中一线相牵。少年时到过的桂林良丰雁山公园，不仅曾经做过清季民初要人岑春煊的园子，还与不少民国学界胜流有缘。1932 年，广西省政府在此创办广西师范专科学校。1935 年 1 月，胡适南下，曾到此一游，还以附近有相思江、岩边有相思红豆树，为园中的岩洞取名“相思洞”。后来广西师专并入广西大学，1942 年，陈寅恪一家在热心之士的帮助下，从沦陷的香港脱险。因为担忧身体无法适应西南大后方的环境，陈寅恪滞留桂林，便在广西大学临时任教，因此与从来礼让的傅斯年就去留问题发生分歧，产生隔阂，埋下不愿远走海峡彼岸的心理伏线。

小时候居住的奇峰镇，与良丰墟由相思江一水相连。只是当时全然不知这许多故事，如今也不必自续出来一段前缘。同一条江流淌着不一样的水，就好像民国学界的取向与风气不仅五花八门，而且随时流转。今人对民国学术的憧憬，很大程度反映了自身对学界现状的不满和失望。反之，以为今日学术总体上已经超越民国时期学术发展的标高，则多少有些托大。无限向往与盲目自信这两种观念看似相反而其实相同，都缘于对民国学人及其学术缺乏全面深入的了解，或许还相当隔膜，因而整体判断和具体把握难以恰如其分。时下每每听闻标举称引民国学人及学术不能得当，心中总感到几分异样。

江山代有才人出，各领风骚数百年。清人赵翼的名句不仅能够说诗，也可以转而论学。只是意思有二解，按照本意即不断推陈出新，不必固守模仿。可是，如果每一代都是才人辈出，又都能够各领风骚，则一时代必同时有无数各领风骚之人竞妖娆。各代之间，也就无所谓高下之分。另一转意，虽然历代均有才人，却只有少数能够各领风骚，而且并非每代皆有，所以数百年间只能由不世出的高人所笼罩和覆盖。如此一来，历代学术发展的峰值高下不同，每一代的高峰跌宕起伏，后代未必高于前代。能够登顶一览众山小的，寥寥数代区区数人而已。在那些相对低洼的时代，有心向学之士不得不对着逝去的古人高山仰止，望着无尽的来者徒叹奈何。

平心而论，民国学术的总体状况未必良好，而形形色色的乱象却并不罕见。除了当局力所不及、管控不到之外，今日所有的各种问题大都不同程度地存在，而且相当严重。国立者派系争斗不已，私立者大行妾妇之道，教会学校则有食洋不化之嫌，否则民国的大学就不会有层出不穷的风潮。[1] 而主政期间相对平静的，如梅贻琦

[1] 民国时期此起彼伏的大学风潮，学界曾经着重从学生运动的角度加以解读，实则原因甚多，不可一概而论。近年来，循着大学与近代中国的取径，对于大学风潮以及背后所反映的大学内外各方关系的研究，受到重视。略显偏颇的，则是大学的学人与学术，未能纳入叙述的架构。无论如何，大学为教育学术机构，学风与世风相互激荡，大学师生对于政治和社会的关怀，或多或少可见学人的学术及风尚的影子。

之于清华大学和西南联大，罗家伦之于中央大学，并不是因为教育理念有何过人之处，只不过把准了校方、教授、学生三者之间的变量关系，利用教授控制学生，防止师生联合对付校方，从而立于不败之地，也不会留下骂名。这点秘诀，说到底不过校园政治的权谋而已。清华大学以“神仙、老虎、狗”来形容该校教授、学生、职员关系的经典表述，也很难复制。况且，海峡对岸的清华还出现望文生义的曲解，误以为有辱办事员的人格。

蔡元培执掌北京大学时，在“某籍某系”[1]的协助下，确立了教授治校的规则，最大化保障了教授的利益，也为大学与当局的冲突不断添加助力。后来蒋梦麟相继主持教育部和北大，配合国民政府的集权统一，改为校长治校、教授治学，以新旧为名，排除异己，看似收效显著，其实至少在人文学科方面与所预期及宣言并不相符。而当时各地各校纷纷力争国立化，与现在颇有些滑稽的去行政化背道而驰，加上条件有限，环境不佳，人数不多，若是平均而言，水准的确未可乐观。如果以水平线以上的成果进行比照，得出普遍不如现在的结论也不算过分。

不过，民国学人仍然身处千载不遇的大变局之中，又受到古今中外贤哲的熏染浸淫，代表体现时代标高的几位大家，无论功力、见识、意境，能够望其项背者也为数不多，遑论超越。况且当时的乱象难登大雅之堂，只是混饭吃的手段伎俩，在坊间或有盲从，在学界却口碑不佳、风评甚恶，连官场也未必以为然。那时学界对于高明还有虽不能至心向往之的追求，也有一旦下海无法从良的戒惧，除了无知无畏和有意出位，一般不敢恣意妄为，否则很难在学术界容身立足。

---

[1] 民国时期的大学校长，除了浙江大学竺可桢等个别例外，论专业造诣大都不在一流甚至不入流，大学行政也似乎不以专业优长为取向。因此，也就不会自居于学术领导者的地位，想出花样繁多的种种创新奇招，只是提供服务而已。

学术无序失范之时，读书治学更应不与今人较，而与古人较。一时代学人若一味与同辈争胜，则所争不过名利，所占领的制高点很可能不过低洼地。若寻求学术本身的至高无上，虽然还有心向往之而实不能至的问题，毕竟有了取法乎上的前提，才可能有后续得道的造化。严格说来，一时代学术的高度，其实不是由此一时代的平均水准所决定，而是由所达到的最大标高来衡量。就此而论，今人唯有努力向上，而不能自欺欺人。明乎此，不必针对一般水准如教科书或普遍性进行不破不立的革命，学术史上由此带来的改朝换代，充其量不过是从一种平庸到另一种平庸的转移。若以古今中外的贤哲为准的，没有局限，又何须破除？正所谓“菩提本非树，明镜亦非台，何须勤拂拭，不使有尘埃”。

本来学问只是少数有志者的兴趣，如果广泛参与，就不得不退而求其次，一些所谓方法范式能够流行，显然不是因为高明，而是简单易学，以致众从。说到底，其存在的价值主要是为有需求者提供方便。民国时期，那些面向青年和大众的学问，还有鼓动思潮的作用。当年胡适许愿中学生也可以整理国故，未必是存心蒙人，而是史无前例，又多少有几分少年不识愁滋味，唱了些等而下之的高调，贻笑大方。所以，要追仿古今中外的贤哲，必须心向极高处，而不以时流为准的。

二

认识近代中国学术的重要一环，是了解把握学人之间言行的关联性。关于此节，坊间学界有无数的困惑，各种认识和说法彼此相歧相异甚至相反。就作品与作者而言，钱锺书说过吃蛋不必看鸡，所论是文学，而文学作品一旦问世，就具有独立性，可以脱离作者的原意，由读者从不同视角和层面进行二度解读。就原典与注疏而论，章太炎主张“凡书皆需看白文无注之本”，钱玄同开始不以为然，后来醒悟，知道“经义贵就白文细玩，注疏虽有时足供参考，然若字字点看，则徒乱人意，如章太炎师之于《说文》、廖季平先生之于群经、诸子，其所发明之精义皆由涵泳白文而得，全不似吴学末流、书院课艺之专务盘旋于许、郑、段、王之胯下也。……中国学问皆出于经，经义不明，则神州哲学无从讲求，而汉、唐、宋世之前注，则发明经义者少，胡说乱道者多。不究白文，无从治经也”[1]。

受误解类似说法的影响，或以为研究学术，应直面文本，不必纠缠于学者本人的生平活动及其交游等，甚至不必追究与同时代其他相关文本史事的具体联系。可是，一味望文生义，就难免穿凿附会，如果研究者对于这些活动、交游和联系洞悉于心，解读文本时则会成为涵泳白文的重要凭借。这样的看法原以为仅适用于思维具体的中国，而近年的研究显示，一生活动范围不超出居处一百公里的康德，其著作也是在与前贤乃至时流对话，思想并非仅仅活跃于抽象的逻辑世界。此说若属实，则比较参证的适用范围还会扩大。

既然表达思维的著述不是作者的自言自语，影响其思维和表述的时空人事等等因素就理所应当地成为帮助解读文本的重要参照。历史研究的六个 W，即 What、When、Where、Who、Which、Why，不仅同样适用于思想学术史，而且更加重要。杨树达解经，须以相关事实和其他典籍相互参证，才能明圣人之言行；欧阳渐治内典，也要由俱舍宗而俱舍学，否则难以领悟教义。他们都是高人，且是行家，尚且无法直面文本通晓本义，其余一般所谓研治思想学术史者，若是盲目自信，就有妄自尊大之嫌了。多数直面文本的解读，不是断章取义的妄解，就是生搬硬套的附会，所说于本意相去甚远，于前人相当隔膜。说是叙述历史，实则吐露心迹，外行看了觉得热闹，行家看来，不过横通之论而已。

记录学人言行的，除了直接材料外，还有间接材料，即使从类

[1] 杨天石主编：《钱玄同日记》（整理本）上，北京大学出版社 2014 年，第 314—315 页。

型上被归为直接材料的，如日记、书信、档案等，也包含大量间接性的记述，未必都能作为直接证据。而作为证据时，无论直接还是间接，都应当比勘互证，不能轻易取舍。将有此说当作唯有此说，就会偏信则暗。以个人的经验，但凡并非真由本人署名的文字，网上不必论，辗转传闻而来的或道听途说，或穿凿附会，或一知半解，甚至完全由发布者自造，连个人的博客也是他人代为制作的，与本人毫无关系。媒体公开报道的文字，也很少属实。如在海内外享有盛誉的某著名报系所载在下的言论，或无中生有，或颠倒黑白，或背信弃义，无一为本人旨意。若是失察，引入正式论文，难免有轻信媒体可以守住道德底线之嫌。尽管今日媒体从业者的职业道德普遍而言或许尚不及以前，可是近代中国自有报刊以来，受各种因素的影响，舆论与事实之间的联系及分别，早已是治史取材验证必须讲究的重要环节。凡事不经验证，很容易上当受骗。

学人言行的关联性如何认定，更是一大难题。近代以来，虽然引入西式的学术批评，学人可以指名道姓地点评人物著述，可是好用此法者多为后进新锐，高明者一般不愿公开臧否人物及其文字。1922 年 3 月，梁启超到北京大学演讲《评胡适之〈中国哲学史大纲〉》，胡适不愧为新文化中旧道德的楷模，竟然认为梁此举是不通人情世故的表现。除了在日记书信等私密文字中的坦白以及私下言谈的直率之外，学人公开发表的文字里更多的是古典今典之类的隐喻曲笔甚至故弄玄虚的文字游戏。如果不能解今典通语境，虚实互证，一味望文生义地猜来猜去，很容易流于牵强附会。

同样以在下的经验，坊间学界关于本人著述的解读，除了别有用心的诛心之论，大都难免凿空逞臆，自以为是。那些只知其一不知其二却硬指为“我说”、“我认为”的意思，其实多是解读者“他说”、“他认为”的想当然耳，与鄙意相去甚远乃至截然相反。或者对号入座，未免自视过高，其实未必入得他人法眼。而学术对话的言说对象，除了古今中外的贤哲大家，应是所研究的问题。即便公开发表的论著，依照惯行或格于时势，总有些留白之处，作为文心诗眼，检验人我的眼力意境。凡此种种，相关的评议文字言论，无论臧否，大都隔膜，偶尔正中下怀、深获吾心的，自然感到喜出望外。

学术要不要影响社会和时势以及如何影响社会时势，是近代中国知识人相当纠结的两难之事。这在此前本不是问题——学以致用，达则兼济天下，穷则独善其身，出为良相，退为良医，虽然进退不易，却也两宜。近代以来，受为学术而学术的新观念影响，以及四民社会解体之后社会分工细化的制约，一些学人在不同层面提出学术与社会保持距离的主张。王国维反对梁启超之流借学术鼓动思潮政治，傅斯年则主张少数人从事无用之学。对此，钱穆颇不以为然。他在具体学术观念上每每与梁启超针锋相对，可是总体评价却将梁启超放在许多公认的一流学人之上，并且指责后一类人的学问事业缺少社会影响。不过，要想影响社会时势，除了亲自从政之外，只有做帝师和笔杆子两条路，而二者都有损于学人的特立独行。看似如愿以偿的钱穆，晚年也遭遇他所批评现象的尴尬，其一生梦绕魂萦的中国文化情结，未能发挥预期的效应，凸显知识人失去士一身二任的身份之后，不能适应新角色的两难。

与之相关且同样令不少人感到困惑的，是学术著述能否以及如何被社会普遍接受的问题。学术为二三素心人的志业，往往曲高和寡。所谓雅俗共赏、老少咸宜，可遇而不可求。虽然今人追求社会平等，但暂时还无法改变文化分层的现实。例如，希望民众都读《三国志》而不是《三国演义》来认识三国的历史，只能是美好的愿景和幼稚的奢望。正如画家生前身后的境遇差若天渊，并不改变其画作的价值一样，学人首要关注立说能否传得久远，而不必苦恼著述是否看的人多。民众喜闻乐见与否，不应作为学术标准。可是，近代学术成果大都由大众传媒加以传播，刊物也好，图书也罢，都要一定的销量才能维持。陈寅恪就曾经因为《学衡》销路不好而建议吴宓停刊。而受众的喜好，与媒体的导向密切相关。在迎合受众与坚持学术本位之间，坊间与学界的沟壑日深，分歧益大，媒体对此难辞其咎。

钱穆的时代，学术与思想虽然开始分离，毕竟没有完全对立。不至于一旦享有时名，便往往有损于学术清誉。一般而言，社会影响大的思想大都负贩舶来的陈货，多数是言人所不敢言，而不能言人所不能言。与之相应，是否畅销与学术价值几乎风马牛不相及，甚至一旦流行就难以免俗，学人因此在影响社会与改变自我之间变得越来越无所适从。其实，所有历史，包括思想的历史，都是错综复杂、充满变数的，要把历史叙述得生动有趣、条理清晰、逻辑缜密、收放自如，并非难事，这也是历史始终为大众所关注并且吸引大众的要因。只是受众程度不一，言说对象有小众大众之别，因而出现分层，叫好与叫座明显反差。在大众以为好，小众就未必认可；反之，小众举为标的，大众则往往莫名所以。学人大可不必为究竟是写《三国志》还是《三国演义》而纠结不已，从心所欲即可，只是必须坦然直面，不要混淆彼此，明明写的是演义，硬要贴上正史的标签，令人怀疑其眼界还是模糊，心底依然忐忑。同时，媒体也不必越俎代庖，自诩代表民意，这样的观念已经过时，与实情尤其不合。

大众式的历史叙述常常不得不加入许多非历史的因素，如假设、玄想、比附、揣测等等，若非如此，断简残片的史料不易连缀；而繁复的论证考辨很难为大众所接受，因为史家总要在诸如此类的地方表示质疑，提出新证，得出别解。一般受众对于不厌其详的专业性考究，缺乏耐心和解读能力，以为无关宏旨，殊不知这些琐细往往可以连缀成完全不同却更加近真的历史拼图，使得一切似是而非的精彩黯然失色。有鉴于此，学人不必在意现世知音的多少，真正的考验，在于面对古今中外贤哲的慧眼。

三

大学无疑是培养人才之地，如果大学始终教不出人才尤其是大师级人才，难免引起普遍焦虑。其实人才的标准有多种，并无一是。什么是人才，各自的判断有别，人尽其才与养成优才，理念各异。按照一成不变的评价体系，衡量不出人才大概是常态。符合各类指标的人才，也不过是与指标相当而已，以此为准，等于承认指标的高明。可是，即便并不轻视所评出的人才，也几乎异口同声地不以指标为然。

教师很重要的本事之一，就是不拘一格，发现学生各自不同的天赋异禀，并由学校提供适合其生长的环境条件。接下来老师的作用，充其量就是引导启发而已。各式各样的科学化标准，说到底是不相信教师具有评判的能力和人品。按照标准化的指标所取得的优才，大都并非治学所需的真才。能够满足各项指标者，除少数例外，多数不过人云亦云、亦步亦趋的凡夫俗子。

指责大学不重视培养人才的重要依据之一，是说大学片面强调科研，忽视教学。言下之意，讲课是培养人才，科研不过是谋取职称的手段，所以讲课才是为学生，研究则是为教师自己。于是以为大学老师主要应该讲课，甚至只考察讲课的效果如何，作为教师是否尽心本职的硬指标。这不仅有违教育原理，也有异于中国大学教育发展的实际。蔡元培当年执掌北京大学，实施多项重要改革，其中之一，就是教师不能一味照章讲授，必须有专门研究。他告诉北京大学的学生：

> 大学并不是贩卖毕业的机关，也不是灌输固定知识的机关，而是研究学理的机关。所以，大学的学生并不是熬资格，也不是硬记教员讲义，是在教员指导之下，自动的研究学问的。为要达上文所说的目的，所以延聘教员，不但是求有学问的，还要求于学问上很有研究的兴趣，并能引起学生的研究兴趣的。

不但世界的科学取最新的学说，就是我们本国固有的材料，也要用新方法来整理他。[1]

经过努力，北大里面只会照本宣科地讲课的中外教员少了，教员必须做研究，并且不断将研究所得带入教学，尤其要言传身教，现身说法，用自己的研究引发学生自动研究的兴趣，进而加以引导。离开教员的研究，这一切都谈不上。大学教书，教师有学问，怎么教都行，没有学问，怎么都教不好。传声筒留声机般的讲授实不可取，即便用心教学，没有研究作为基础，也只是将教科书或讲义的现成知识讲得好听而已，甚至为了吸引听众而不得不讲些哗众取宠的横通之论。试想，老师不做研究，没有学问（这与发表与否、发表多少未必直接相关），如何能够教学生学会思考和研究？那些老生常谈和夸夸其谈，多半都是误人子弟。学生学不到东西还是小事，将学生教到不能再教的地步，才是害人不浅。

即使学生喜欢听，也不等于就不是灌输固定知识。以学生喜欢与否作为教员讲课好不好的尺度，看似外国经验，却未必先进。虽然私立大学开课吸引学生与收费相关，对于粉丝无数的讲者必须另眼相看，却也未必是普遍准则。季羡林留学德国期间，前一位导师的梵文课选修者仅此一人，后一位的吐火罗文课不仅选修者仍然只有一人，而且还是被迫选修。如果当年德国大学依照敝国现行标准，这样不受欢迎的课程根本不会有开设的机会，则世间也不可能有绝学的传人。由此可见，凡事过犹不及，不可偏执一端。

曾经作为国联教育考察团成员来华考查教育的陶内（Richard Henry Tawney）著书，所指出的中国大学教育的问题之一，就是学生听讲太多，考试太多，自修太少，与教员接触太少。教员则每周讲课钟点太多，兼课太多，教材过于利用外来的。顶坏的教授不过

[1] 《北京大学日刊》1919年9月22日。

重演他们在国外所听的讲演。学生所读书本也只重知识的灌输，脱离中国的实际和学生的需求。[1] 抗战期间，清华大学毕业后留学英国的中央大学史学系教授周培智谈及英国各大学教授历史的状况："据云学生每学年所选课程不过四五种，教授讲演亦甚随便，并且所讲甚少，非把某种历史全部讲完，全在使学生自己研究。教授但指定范围，至历史材料组织方法以及种种意义，教授全不指导，全由学生自己发明创造。盖中国教授方法在灌输知识，学生是被动的；英国教授方法在养成能力，学生是自动的云云。"朱希祖闻言感到："如英国教授方式，非学校图书馆设备完善，历史参考书丰富，其他都市图书馆亦藏书丰富，可以补学校之不足，则学生乃可自动。若南京各大学图书馆之简陋，则不特学生不能自动研究，即教授亦无法进步，其流为循环教育，而为灌输式亦势使然也。然能逐渐改良，亦属至要。"[2]

英式的大学教育当然是独树一帜，或者认为缺乏系统性。尽管如此，如今大学乃至社会公共设施的图书设备相当完善，网上资源更是极大丰富，而海峡两岸大学的学期之长、课时之多，大体相当，放眼全球，仍然显得极为另类。不知为何，时时处处好与国际接轨的国人，唯独于此固执己见，以为上大学不是来读书，而是来听授。

近代中国学人，高明者大都不善言辞，准确地说是不善于用一般听众喜闻乐见的言辞去迎合其心理。学问是小众事业，越是高深，懂的人越少。教书与讲学并非一事，现在流行的讲学，并非宋明的旧惯，而是民国以来的新风，亦称讲座。前者以来学为对象，可以系统地循序渐进；后者面对驳杂的受众，上焉者择其精要，等而下之就只能投其所好。因为对象和程序不同，讲座既无法系统传授，

[1] R. H. Tawney 著，蒋廷黻译：《中国的教育》，《独立评论》第 38 期，1933 年 2 月 19 日，第 13 页。

[2] 朱希祖著，朱元曙、朱乐川整理：《朱希祖日记》下册，北京：中华书局 2012 年，第 975 页。

也不能过于精深。公开演讲之类，讲者与听众讲台上下随时互动，必须简洁明快地刺激后者的神经，每每将听众不懂、自己也未必知道的东西讲得绘声绘色，栩栩如生。若以治学的严谨态度，有太多的曲折、限定、保留、或然，则兴趣并不在此的听授者很难耐得住性子。若是一味以大众为言说对象，固然容易满足其自得欲，却也是学术停滞的表征。

明道之学与横通之学的差别不但表现在形式上，大学的普通基础教育，若仅仅以传授知识为目的，也与演讲大同小异。章太炎的国学演讲，王国维、陈寅恪在清华的教学，都因听授者范围、层次的不同而效果迥异。钱穆自称当年在北京大学讲课极受欢迎，可惜缺少佐证，而且钱氏的无锡口音，一般人不易听懂。以其晚年在台湾讲演必须口译看，尽管早年北大的江浙籍学生为数不少，要全听懂也不容易。朱希祖就有教完一学期课学生连其所讲朝代人物都不清楚的故事，而朱氏的海盐话与钱氏的无锡话在其他地方的人听来，难易程度当在伯仲之间。所以张中行虽然将钱穆列在北大教授善讲的前三（胡适居首，钱玄同次之），却也坦言其乡音太重，致使听者常常误会。

更有进者，课讲得好听与讲得好往往是两回事。好听与否，全在受众的现场感觉，听众层次有别，反应自然不一。能够激起现场听众普遍共鸣的，大体是感官刺激的结果，绝不可能是须经理性判断的高深学问。陈寅恪在清华大学上课，虽然一再降低标准，选课者仍然难以承受。而陈寅恪之所以有“教授的教授”之美誉，变换角度看，也就意味着学生虽然听不懂，少数外校的高才乃至教授慕名而来，却能够满载而归。民国以来，大学乃至社会上逐渐盛行讲学，流风所被，上课也以讲学为范型，课堂之上放言无忌的高论，不少是浅学者的妄言臆说。真正会教书而不是专讲教科书，尤其是能够从目录版本入手教书的，已是凤毛麟角。

1928 年 4 月 7 日，清华国学院毕业任教于南开的陈守实“无聊中阅胡适《读书》一篇"，议论道："此君小有才，然绽论甚多，可以教小夫下士，而不可间执通方之士也。"[1] 此意颇可玩味。胡适的水准至少当在一般之上，其讲授好听的程度还列于首席国立大学的第一，则普遍而言大学的讲课在通方之士听来岂非破绽百出？反之，若非绽论甚多，就很难讲得好听，高明之士滴水不漏的讲授，小夫下士听来索然无味，难以承接。黄侃和吴承仕嘲笑王闿运谬妄甚多，如何点化蜀人，与受教的蜀人感受也有不小的差异。如此，教育的循序渐进，很大程度上就成了不断纠错的过程。待到来学者登堂入室，便不得不在老师宿儒的引导下逐渐调整。若不得高人点拨，则难免沦为一路勇往直前以致不可救药的牺牲而不自觉，甚至还会自鸣得意。

借用王国维"可信则不可爱、可爱则不可信"之说，一般而言，讲课让学生普遍觉得好听，大抵就不大好。因为学生大都只能凭感觉，不足以下判断。大学听授，若是可信逐渐可爱，则是提升收获；反之，若可爱日益可信，则多为误入歧途。过于从形式上看重课堂讲授的灌输式教学，作为纠偏或有必要，作为理念则大可不必，且存在严重隐患。上个世纪后半叶的大学教学就已经提倡专门化，鼓励和吸引本科生进入研究状态，效果如何姑且不论，理念应当是可取的。大学的教学，应当重在提升学生的能力，使之能够听懂讲得好并且逐渐觉得好听。

四

学术风气的转移与听授有几分类似，大抵青年导师多是学无根底或根基不厚的趋新者，才能引起知识和训练不足的从众普遍共鸣，而老师宿儒则一般而言是曲高和寡。学问之道，取法乎上不但为大

---

[1] 陈守实：《记梁启超、陈寅恪诸师事》，《中国文化研究集刊》第 1 辑，上海：复旦大学出版社 1984 年，第 429 页。

众难以企及，就连专门从业者也无法做到。在教育日益脱离精英化的同时，治学也不得不为力不从心的职业人准备可以让他们保有饭碗的生存之道。以为通过评估可以揪着脖领使自己升空，无疑是愚人的妄想。如果学问的确为二三素心人的事业,则“致众从”与“传久远”的相辅相成便是可遇而不可求的境界。权衡取舍，都在各自心中的尺度。

此说不仅在一般受众和本科生层面，即使攻读博士学位者，也难逃这一通则。时下常见学位论文的鸣谢，推崇导师的道德文章、学问人格，一派歌功颂德。此事无论所说当否，均不得体。高山仰止与居高临下，都不宜于弟子的身份。学问果真高明，恐怕不是弟子所能完全领悟，更无法评判。反之，能被弟子一眼望穿的学问，即便好，也有限。如果未必高明而一味推崇，反而显出教得不大好。弟子不知而妄论，老师也难辞其咎。

在中国传统社会，师与天地君亲并列，地位之高，今日公私学校的教师难以望其项背。所以师只能礼敬，不能雇佣。等到民国以后教师不断要求补发欠薪，提高待遇，就仿佛后来再强势的威权，也已经失去昔日长老的威望一般，二者的身份地位实在不可同日而语。民国时期，教会大学、私立大学各有弊端，国立大学略好，只是派系纷争严重，令人视为畏途。即使如此，也还不至于斯文扫地。据说一位讲师问辅仁大学校长陈垣，某地政府有意请其做县长，如何去留。陈垣答称,做县长是下属,任讲师是礼聘。请益者当即省悟，所做选择或与一般取向有别。

有关师的历史和言说，将另行编辑《程师》一书予以展示。就为师之道而论，收徒不能过滥（时下从严几乎谈不上），否则很容易坏了门风；而弟子则须受教，不可自以为是。若是老师收徒不严，学生又不领教，就会发生种种不堪。论述民国时期的学风，师生关系以及是否会教和受教的问题，不可或缺。庸师固然会将学生教到不能再教的地步，劣徒也有冥顽不化的可能。认定所有的学生都可以人尽其才，作为教育理念来追求无疑是正确的，作为事实判断的假设前提则不能成立。

师生之间，应当各守本分。近代思想学问大家，往往桃李满园，长才辈出，弟子大都是慕名而来，问学受教。若有叛离或被逐出，则是天大的事，弄得身败名裂。即便革命时代造反有理，或是青年时期性格叛逆，当时的义无反顾事后总有些追悔莫及，而且后患无穷。如章太炎谢过本师（动机尚有争议），其弟子也不乏起而仿效者。好在太炎对门下宽大为怀，曾经背师者可以若无其事地重归。梁启超则终身对康有为毕恭毕敬，树立榜样，尽管其心中早已与康有为分道扬镳，后来也每每有忍无可忍之时。作为老师，章太炎对于门下弟子纷纷改弦易辙的举动宽严有度，值得称道；作为学生，梁启超忍辱负重谨遵师命甚至舍命供养老师，更应当成为楷模典范。

研究学人与学风，弟子对于老师学行的记述，无疑是至关重要的资料，一般学术史甚至认定为直接材料。这样的看法大体不错，只是倘若将记述等同于事实，则难免偏蔽。大宗师的门下，往往只能各执一端，分别继承老师某一方面的衣钵，如此一来，势必守成有余，拓展不足。但凡高明的学问，大都难以捉摸。弟子对老师的学问高山仰止，很难全面充分地理解把握。有的对于老师所教，终生无法全懂；有的虽然反复听授，但每次领悟各异，甚至截然不同；有的学生后来居上，成就超越老师，但求学之际阅历尚浅，见识有限。在不同的人生时段看老师的学行，经历了由仰视到平视的转变，从雾里看花到如数家珍，当时的记述与后来的看法自然会有不小的差异。

况且，能够青出于蓝而胜于蓝的传薪者，往往谨守为尊者贤者讳的古训，不会自我炫耀，亦不会秉笔直书师长的偏蔽。刘起釪的《尚书》研究或已突过顾颉刚，而始终坚称取径范型全由顾制定；朱维铮对周予同的经学史派分不免武断早已心知肚明，他人言及非但不以为忤，反而青眼相加，却不允许门下士妄加议论。两位前辈的为人行事治学，风格相去甚远，严守师徒之道则一如既往。

诚然，时下不无盲目高估民国学人学问水准的现象，仿佛大师满地走，实则一些如今被尊为大师者，当时的地位并不高，甚至根本不入流。尽管后来有的狠下功夫，学问大幅度提升，跻身高手之列；有的延年益寿，已然人瑞，却未必达到大师的境界；有的机缘巧合，婢作夫人，也不过山大王而已。而当年被戏称为大师的卫聚贤、郑师许等，如今恐怕连学界中人也知之甚少。

因此，如何运用弟子的记述领悟呈现老师的学行，应当有所讲究。若是将所有弟子的所有记述都视为事实，所重现出来的老师形象势必千差万别。尽信书不如无书，研究师生关系亦同理，有此说而不一定均如此说，无此说亦不一定断无此事。实事求是之是，即记述者心中之是，有悖礼法者坦率的判断不过是自己心中影像的再现；而不言而喻的留白，或是考验研究者的关键。

上述种种情形，于弟子门生之外同辈同行的记述当中也不同程度地存在。所以，无论使用直接材料还是间接材料，都不能简单采信，否则很容易导致偏听偏信。融会贯通所有资料，才能够不断近真且得其头绪，使得研究对象安放到适得其所的位置。

五

教不严，师之堕。此说对于发蒙的幼童而言大体不错，对于成年的本科生研究生则不尽然。学风不仅关乎先生，也体现在学生身上。常言道，名师出高徒，可是良师门下出来的未必都是高手，而新锐也未必都由名师点拨出来。

研究民国时期的教育学术，专注于学生学习及师生关系的成果相对较少。即使讨论师生关系，也大都因为双方均已成名，所以主要并不在授业受教阶段。王学典的《顾颉刚和他的弟子们》[1]，是这

[1] 王学典、孙延杰：《顾颉刚和他的弟子们》，济南：山东画报出版社 2000 年。

方面不多见的代表作。顾颉刚不仅学问欲极强，也喜欢教学生。由于口吃，教学主要不是讲课，而是吸引学生参与研究。为此在中山大学期间还与傅斯年发生纠纷。不过，在收徒这件事上，有时过分好心非但不得好报，还可能受害甚至贻害。

顾颉刚的众多弟子之中，成名的固然为数不少，惹是生非徒增烦恼的也不止一例。《顾颉刚和他的弟子们》一书论及的何定生之外，最令其头痛不已的当属孙次舟。后者毕业于中国学院国学系，曾任山东省立临沂中学国文教员、山东省立图书馆编辑员。[1] 抗战初期，孙次舟申请中英庚款委员会的研究项目，需要联系指导教授，阴差阳错，居然说动傅斯年、顾颉刚等人具名。可是，事情的发展却使得傅、顾二人大为困扰。1939 年底，孙次舟以中英庚款补助，派至华西大学，“而该校无屋可居，遂迁怒及于校长，写信大骂”。华西大学校长张凌高将孙次舟来函分别寄给担任指导之责的顾颉刚和傅斯年。顾颉刚在日记中记道：“孙次舟君才气甚旺，亦肯用功，而负才兀傲，目空一切，徒成其为狂生而已。英款补助，派至华大，而该校无屋可居，遂迁怒及于校长，写信大骂，张校长将此信给我看，以我负有彼指导之责也。此等人叫我如何去指导！”[2]

相比于顾颉刚在日记中的私下抱怨，傅斯年的态度直率而决绝，收到孙次舟的来函以及中英庚款会来函附孙次舟致华西张校长信，他断然回复道：

> 人生世上，此等到[至]简单之礼貌，亦或不不能[不能]，可叹也。中英庚款会来信，谓华西既不可入，可否仍向徐中舒先生处去。惟以愚见论之，阁下因自谓世上无可指导之人，去亦未必有益。此会补助，闻最多者二年，是则今夏一切结束耳；

[1] 桥川时雄编：《中国文化界人物总鉴》，北京：中华法令编印馆 1940 年，第 312—313 页。
[2] 《顾颉刚日记》第四卷，台北：联经出版事业有限公司 2007 年，第 332 页。

> 可自求高就，以骋大才矣。又，来函自称学生，以阁下之狂，何至如是，仆实受宠若惊。前年初晤，曾以“做实在工夫，勿作无谓辨论”及“虚心整理事实,勿复盛气驰骋己见”二义相劝，并无一接受,则仆虽厕名指导,实不能为足下师明矣。累次来信，皆不解所云，若谈一问题，而为仆所知，自当竭诚奉告，今连篇累牍，皆非仆可以作答者也。言尽于此。[1]

从信中所言看，傅斯年很早就认定孙次舟狂妄自负，朽木不可雕，虽然一念之差上了贼船，却不愿拖泥带水，快刀斩乱麻，力求早日解脱。孙次舟倒是很有些锲而不舍的韧劲，1942年春，他又将自己所写关于《洛阳伽蓝记》的文稿寄给傅斯年，或有希望后者帮助出版之意。傅斯年看后，于4月30日回复如下：

> 次舟先生大鉴：惠书敬悉。大著粗读一遍，用心深细，甚佩甚佩！所标条例，大体可通，然亦恐未可拘泥（所言有“注”字者为后人所加，甚当甚当！）此书正文、子注乃一人一时之作，与《水经注》之异代二人者不同。惟其如是，故《伽蓝记》不易分，亦唯其如此，其分与不分，亦不如《水经注》关系之重要也。愚于此未尝用心，率言之如此。此稿似可托颉刚先生设法一卖，（闻中大某种刊物有此）印费奇昂，一册万金，敝所原在上海印，不能寄来，今改在此地印，亦不能不以所中文稿为限，且须删短矣。物价如此，奈何奈何！[2]

傅斯年抬头以先生相称，其实是敬而远之，不愿居于师位。函

[1] 《傅斯年致孙次舟》（抄件）（1940年2月24日），王汎森、潘光哲、吴政上主编：《傅斯年遗札》第二卷，台北：中研院史语所2011年，第1070—1071页。

[2] 《傅斯年致孙次舟》（抄件）（1942年4月30日），王汎森、潘光哲、吴政上主编：《傅斯年遗札》第三卷，第1257—1258页。

中客套之外，也指明所论不够重要，并明确表示无法帮助出版。虽然语气还算客气，却不给孙次舟留有一丝幻想的余地。

孙次舟的确有些才气，也肯用功，仅1940年10月至1941年8月，顾颉刚就看过他所写的《周人对殷民之控制》以及论鲁学、古蜀国、黄梨洲等四篇学术论文，并为之点校、写评语，使其所获中英庚款委员会的补助可以延续。不过孙次舟似乎并不领情，1942年7月，已经离开齐鲁大学国学所的顾颉刚接到孙次舟的求助信，得知“次舟脾气太坏，无人不骂，以致齐大不予续聘，来书告急，然予何能为！予若介绍彼至任何机关服务，则彼骂人之账将尽登于我之账矣。肖甫、丁山、英士，同此性格，故遭遇之蹉跎相同也”[1]。

在顾颉刚处未能如愿以偿，孙次舟转而连续致函傅斯年求助。8月14日，傅斯年因为“近接孙次舟君告急之信，嘱为找事”，致函顾颉刚，告以“其实彼之中英庚款会补助，本不许兼事，最近有该会派来敝所之谢君以兼事‘取消原案’（即开除也），故孙君历年兼事已为手续不合，如该会闻之，必有举动。弄得兄之为指导人者，亦不大好看（如谢君之开除，弄得敝所大失面子。实则弟全不知此事，而该会之不得兼事办法，曾历次通知本人及指导人也）。此时为孙君计，最好由兄为之觅到一附着之机关，俾可由此机关领米贴（中英庚款会之补助者必有此附着之机关，米贴即由此机关报领）。而中英庚款会方面，兄为之设法延续下去，此外弟实想不到他法也。孙君论人好加恶评，弟三年前为之曾告以不必再来信。弟此时不便多说，然兄于彼交情为深，似可规劝之也”。

其实傅斯年并非真心为孙次舟的前途着想，只是要将这只烫手山芋扔回去，并设法使其安分守己。不料孙次舟大概知道傅斯年与顾颉刚关系不睦，再度来函竟然大骂顾颉刚，试图以此博取傅斯年的好感或同情。傅斯年对此类小人伎俩忍无可忍，8月18日回信再度表示：

---

[1] 《顾颉刚日记》第四卷，第708页。

> 次舟先生：本月九、十三两日大札均悉。有关小说各书，敝所或有或无，例不出借他地，此无可如何者也。足下詈顾颉刚先生各语，实不堪入我之耳。言者纵不自爱，亦当知听者为何如人也。以后乞勿再惠我以书信，感幸之至矣。[1]

话说到这个份上，换了他人纵然毫无自知之明，也应该感到难堪而知所进退。可是孙次舟显然不是一般人，他既不照常理思维，也不按常规行事。大概在他心中，充满天下人负我的怨恨，因而不仅若无其事，甚至理直气壮。不久，顾颉刚风闻孙次舟在华西坝“扬言与予绝交”，尽管为孙的事付出不少，但受累更多，所以顾非但不气，反而在日记中写道：“闻之真以得绝为快。”[2]

此后，孙次舟若无其事地继续写信向傅斯年寻求援手，而傅斯年不仅以“次舟先生”拒之于千里之外，而且直言不讳道：“查敝院此项奖金前此之给与，皆以实事求是之工作为范围，不尚辨论。如执事声请，请另照规定办法办理，弟不能代为提出。”不但如此，还毫不留情地将“原件挂号寄还”[3]。而顾颉刚惜才，不忍如傅斯年的当机立断，仍然为孙次舟看稿写评语，使之得以继续在学界闯荡。

孙次舟大概颇有些天才情结，在人生的囧途上，他借着悼念英年早逝的张荫麟，发出“保护天才”的呼喊，在对故人怀念的情思中，多少有些角色自代，或隐或显地流露出个人际遇的慨叹。1942年10月，他从报端获悉张荫麟于当月23日逝世，很快写了一篇《敬悼张素痴先生》的文字，发表于11月2日重庆的《中央日报》。文中他首先悼念了上年亡故的滕固（字若渠），1937年夏，孙次舟不

[1] 《傅斯年致孙次舟》（抄件）（1942年8月18日），王汎森、潘光哲、吴政上主编：《傅斯年遗札》第三卷，第1307页。

[2] 《顾颉刚日记》第四卷，第738页。

[3] 《傅斯年致孙次舟》（1942年12月16日），王汎森、潘光哲、吴政上主编：《傅斯年遗札》第三卷，第1369页。

赞成滕关于南阳汉画像中的乐舞是巴渝舞的解释，撰文反驳，认为是唐人所说的百戏。看到驳论，正在南京行政院当参事的滕固不仅赞成其考证，而且表示发表文章总希望引起同好的兴趣，继续研究，“所以读到反对的文字，从不愠怒，非常高兴”。据说滕固“总说要他善取人之长，乐助人治学，与一般时流的文人居心不同”。孙次舟觉得，“像这样坦白率真，容人论辩，在我所接触的文人中，实不多见”。

容人大度，固然是美德，不过，孙次舟的滥批，几乎到了狂悖的地步，得不到善意的回应，也在情理之中。不能反躬自省，反而苛责他人，本来还属正常的悼念情意，出自孙次舟之口，听起来总有些强词夺理，感觉怪异。

孙次舟治学好为驳论，尤其是针对名家手笔，总喜欢鸡蛋里面挑骨头，却往往不得要领，不足逞强，适以曝短。朱希祖《古蜀国为蚕国说》发表后，孙次舟很快写了《读古蜀国为蚕国说献疑》，刊于1942年《齐鲁大学学报》第一期，朱希祖看过，觉得可反驳者甚多。“又有丁山《九州通考》更属荒谬，其中自相矛盾不一而足。史学界为此等谬种扰乱，可叹之至。”不久卫聚贤来函，“怂恿撰驳孙文，并谓今西南诸族尚有猓叟、粟叟、么叟等名，孙谓蜀即叟说，不能成立。惟余以孙等随波逐流，趋向不端，不愿与之辩论，拟撰他文以应酬卫君”[1]。

钱穆的《中国史纲》出版后，各方好评甚多，而孙次舟发表《评钱穆中国史观》一文，“肆意抨击，全是小人行径”。1943年9月21日，金毓黻在日记中叹道：

> 韩昌黎诗云：“蚍蜉撼大树，可笑不自量。”其孙君之谓乎！孟子云：“有不虞之誉，有求全之毁。”名愈大，则不虞之

[1]　朱希祖著，朱元曙、朱乐川整理：《朱希祖日记》下册，第1279—1280页。

> 誉与求全之毁同时并至。今观孙君所论，真所谓求全之毁也。且其用心甚属险恶，摭取《国史大纲》中一二语，以明其不满于当代，而有讪谤时贤之意，几欲以此兴文字狱，所谓欲加之罪，何患无辞。近顷欲甘心于钱君者，不止孙君一人，皆由其善著书名满一时使然。韩退之云："怠者不能修，忌者畏人修"。怠与忌二者，毁之所由来也。孙君本怠于自修，而又忌钱君之能修。所以有此求全之毁，小人可畏，至于如此。古人著书不轻刊布，直至身后乃得行世，正坐此故。甚矣，小人之可畏也！[1]

学术批评，衡量的不仅是所评对象，更是批评者自身。但凡著述，若以无知者为言说对象，恐怕费无数的笔墨，也难达其意。评人之书，首先必须读得懂，才有可能恰如其分。所谓求全之毁，主观上是以小人之心，损人利己，欺世盗名；客观上则是以不知为知，以不懂为准则，无知无畏，看似故作大言，实则自曝其陋，而且往往以己度人，不过暴露内心黑暗而已。不久，金毓黻又于日记中道：

> 徐澄宇语某大学学生云："非骂人不能出名，且须取极出名人骂之。"得此诀者又有孙次舟，今世学人不为孙次舟骂者，盖已鲜矣。《唐语林》卷五，"宋璟劾弹昌宗等反状，武后不应。李邕立阶下大言曰：'璟所陈社稷大事，当听！'后色解，即可璟奏。邕出，或让曰：'子位卑，一忤旨，祸不测。'邕曰：'不如是，名亦不传。'"黻按：如澄宇及次舟，皆窃李邕之术以求出名者也。邕为唐代闻人，以口无择言，不得令终，宜引以为戒，又何可效之耶！[2]

---

[1] 金毓黻：《静晤室日记》第七册，沈阳：辽沈书社1993年，第5228—5229页。又见同书第5251—5252页"钱宾四教授以所著《国史大纲》见贻，喜不自胜，报以此诗得三十韵"。

[2] 金毓黻：《静晤室日记》第七册，第5325页。

民国学界的骂人意在出名，与时下演艺界种种吸引眼球的奇术怪招异曲同工。而孙次舟敢于骂人，又不仅仅是为了出名而已，这很可能是他自认为与社会进行抗争的表现形式。在他看来，这是天才所共同具有的特质。张荫麟在当时的中国学术界是称得起天才的有数之人，

> 既号文人，又称“天才”，多半是极端尊重意志的超人。他有思想，有主张，有他个人的处世态度。“不与世谐”当是古今中外的天才文人共有的趋向罢。为了不肯谐俗，社会便要横暴的施以压迫，但这意志坚强的“天才”不会因外来的暴力而有所屈挠，有所妥协。他将抱着满腔热情与这浊世搏斗。他不惟不染俗尘，他还要在旁边督责着，指导着，要社会走上一条理想的路途。“文人”总是少数，“天才”更是少见。当他满腔热忱不能被社会所了解所接受的时际，一定要招来四面八方的非难与攻击，于是不能不为迎战而疲劳，而负伤。到了劳顿过度，或略负创伤，便不能不暂事休息，以求再战。于是所谓“爱情”这东西，便作了天才的躲避的休息所了。
>
> 凡号为人类的，总会知道爱情在人生中之可贵，但真领会爱情的深处和知道他的重要的，莫过于号为天才的人。因为一般人之于爱情，是要以此为沉醉，以此为发泄，或以此为交换某种利益的工具。天才们之于爱情，则异乎是。他是要由爱情中取得温暖，取得同情，取得休息，甚至取得保护。一个天才，往往受到社会的冷酷待遇。一个天才，很不容易被一般人深切了解。一个天才，他不会琐屑米盐的计划，穿衣住屋的打算。这一些缺陷的补救，只有仰仗于爱情之巨手。如果一个天才未曾得到爱情之助力的，这会使人怀疑着如果有了助手，他更伟大一些。如果获得，无端又告消失，这天才便要使人担心着会突然归于毁灭。

关于爱情的部分，孙次舟应当风闻一些事情，那的确是导致张荫麟早逝的要因。不过，不为社会所容的部分，显然与张荫麟的境遇有些距离，倒像是孙次舟的自画像。所以他借着悼念张荫麟，大声疾呼“保护天才”，希望中国的男女不要对天才这样的嫉妒和无情。“我对还生存着的天才们，当怎样给以助力，给他以保护呢？这责任自然会落到我的身上。我们不怕饥饿，不怕威迫，不怕炮火，所怕的只是精神的寒冷。……我们生长在中国的地方，我们应给中国的天才作打算。”[1] 第一人称单复数的变化，显示孙次舟有为天才群体代言的潜意识。

黄侃论及近世的学风，斥为“钩沉优而释滞拙，翻案出奇更拙”[2]。除了骂人之外，孙次舟还喜欢翻案和出奇，论学尤好语不惊人誓不休。后来他写了不少论文，最为引人注目同时也引起不小争议的，一是否认张献忠在四川曾经滥杀，一是论证屈原死于同性恋。这样以天才自命的愤青之于社会学界，究竟是幸与不幸，未敢断言，但是让这样的天才有了再去教育其他潜在天才的机会，必定是无比的悲哀。

有才气又肯用功的孙次舟，得到傅斯年和顾颉刚的眷顾，机缘运会也算不差。据说张荫麟以其对古史考证颇有工夫，所著《中国史纲》第一册出版后，还请他能不客气地指正错误。能够被天才所瞩目，在他人或许受宠若惊，在孙次舟则至多是惺惺相惜。可惜孙次舟非但不受教，而且不自量，全然不守弟子之规。自大与能力不成正比，人生之路越走越窄，学问也每下愈况。傅斯年当机立断，以绝后患，而顾颉刚的惜才怜才，对于孙次舟而言，似乎有帮助青年学人成长的积极一面，可是不仅自己为其所累，还可能因此间接

[1] 陈润成、李欣荣编：《天才的史学家：追忆张荫麟》，北京：清华大学出版社 2009 年，第 26—30 页。

[2] 《黄侃日记》，南京：江苏教育出版社 2001 年，第 392 页。

地误人子弟。这样难以挽回的损害，又应该由谁来承担责任和弥补过失呢？

此一显例，无论师生都应当引以为戒。心存敬畏，潜心虚怀，治学才能循其正规。如果不能讲究操守，甘做小人，固然可能得逞于一时，但天下人不可尽欺，反而自己迷失本性，做了妄人，终将害人害己，落得个身败名裂，岂不悲哉。

教会学校与西体中用

晚清长期持续的科举与学堂之争，所争的焦点，其实是中学与西学的地位以及中学与西学的关系。教会学校在这一历时半个世纪的争议和争夺中，扮演了特殊的角色。学制颁布之前，一般而言，教会学校实行的教育名曰中西分途并重，实则可谓西体中用。不过，教会学校的西体，与普通学校有别，实际上是科学和宗教的双体。中西学相对之时，西学为体，中学为用；而学与教相对时，则以宗教为体，中西学皆为用。秉承这一宗旨，教会学校始终坚持分途教授中西两学，这与中国社会整体上迫切希望将中西学熔于一炉的取向明显脱节。在经历了种种融合汇通的阵痛后，国人仿照或借由东学，形成影响近代中国至深且远的新学。教会学校中西学分途教授的态势，既使教会学校本身在教育目的和教育方式等等问题上存在相当的困惑，也局限了教会学校对于整个中国社会文化变迁的影响力。尤其是在影响学制设置与演进方面，贡献相当有限，只能继续处于边缘化的境地。与此相关的各类材料已经被陆续整理汇编，相关史事一般教育史或传教史的研究者也大都耳熟能详，可是转换扩张视角，对于材料和事实或有深入一层的解读。

一 圣道与技艺

中国历史上始终与外部联系密切，而整体性集中受到外来文化的影响，主要有三次，即两汉至两宋受佛教影响的一大要事因缘、明末清初来华耶稣会士带入西学、晚清以后伴随欧风美雨而来的从西学东渐到输入新知。大体而言，三次的情形各有不同，前两次的态势基本一致。在佛教千年的濡染浸淫下，至宋代形成新儒学即理学，可是宋儒取珠还椟，以免数典忘祖，有意掩饰佛教性理之说，而上溯两汉乃至孟子的心性之学，以至于后来高明亦难以分辨说法与史事的联系及区别。来华耶稣会士带入的西学，不仅扩充了士大夫的知识，甚至一定程度上改变了后者的认识。不过，明末清初的诸儒延续宋儒的态度，尽可能掩饰其知识的变更，更绝口不提来源。今日学人经过仔细比较来华耶稣会士带来的西书与可能接触这些西书的士大夫前后相关著述的内容变动，逐渐将所谓自然科学方面影响的脉络一一揭示；但是在人文制度方面，因为方以智等人同样将来自域外的观念用先贤的语言说出，迄今为止仍然只有笼统的推测性说法，很难真正落到实处。即便清代考证学是否受到来华耶稣会士的影响一节，也是聚讼纷纭，未得一是。

与前两次相比，晚清以来中国受到的第三次域外文化的整体性影响不仅层面扩大，程度加深，更为关键的是，态势完全改变。中学与西学的冲突融合在经过夷夏大防、中体西用的阶段之后，乾坤颠倒，中西越来越与新旧相对应，而“西”与“新”又被视为具有放之四海而皆准的普遍性，取珠还椟逐渐演变成标榜华洋兼备，进而大张旗鼓地输入新知。全盘西化虽然在认识层面引起不少反弹，在事实层面却是高歌猛进。从反省落后的原因以及追赶先进的目的出发，凡是人有我无的，都要增添；凡是人无我有的，都要舍弃；凡是人我皆有但形式内容有别的，都要洗心革面。而思想学术文化的转变与教育的变更关系紧密，承载西学的学堂教育在西学压倒中学的转换中起到至关重要的作用。

西学入华并非始于晚清，在坚持道学为本的同时，朝野上下也逐渐承认西学的实用，因而考虑如何将西学与中学整合成为一体的问题。最初的思路是纳西学于科举，道咸同光四朝，仅官员正式提出的有据可查的科举改革方案就有十八种之多。[1] 可是无论怎样想方设法，却始终不得要领，以科举整合西学的努力屡试屡败，而西式学堂的发展却日趋完善，由单一逐渐全面，由无系统时期进入有学制时代。在张之洞等重臣的鼓动下，清廷最终转而纳科举于学堂。

今天看来，这一转换影响中国历史文化的发展至关重要。这时的学堂教育已经实行分科教学，采用分门别类、循序渐进的教科书和教程，所谓中学与西学熔于一炉，实际上等于用西学的炉子重新熔铸中学。中学固有的体系被拆解之后，逐一对应于西式的分科。由于自然科学的部类基本就是照搬移植，除了具有地域性的若干学科（如地理、地质、动植物分类等）的若干部分，一般而言中西融合的问题并不会令人感到困扰。而在人文社科部类，则科举不能兼容西学的麻烦依然延续，出现如何安放中学的纠结。虽然文史政经勉强削足适履，哲学、社会学照虎画猫，都还算有了安身之所，经学却始终不安于位，最终由低而高地逐层退出学制体系，作为补救措施而专门单列的存古学堂也显得不伦不类，魂不附体。这样一来，中学可以说全面解体，在学堂体系里，西学成了正式的体，中学只能旁落到用的地位。与之相应，学术的重要载体报纸杂志也采用了类似的架构，使得东学式的西体中用化新学知识迅速普及。

自国人重视西学和西式教育之始，如何在学堂中安放中学与西学就成为左右为难的大问题。这一历史进程，主要是在国人自办的学堂演进中逐步展开的。在此期间，教会学堂以其实用有效，以及在西学的教学方面占据优势，一度成绩显著。可是，在中西学的融

[1] 关晓红：《晚清议改科举新探》,《史学月刊》2007 年第 10 期。

合方面，教会学校的作用却似乎不如人意。

冯桂芬的《采西学议》较早提出在广东、上海设一翻译公所，"选近郡十五岁以下颖悟文童，倍其廪饩，住院肄业，聘西人课以诸国语言文字，又聘内地名师课以经史等学，兼习算学。闻英华书院、墨海书院藏书甚多，又俄夷道光二十七年所进书千余种，存方略馆，宜发院择其有理者译之。由是而历算之术，而格致之理，而制器尚象之法，兼综条贯，轮船火器之外，正非一端"。

按照冯桂芬的设想，学习西学，不仅要学会语言文字，还要兼习算学，因为"一切西学皆从算学出，西人十岁外无人不学算，今欲采西学，自不可不学算，或师西人，或师内地人之知算者俱可"。欧洲近代科学的基础究竟是算学还是实验科学，另当别论，重要的是认定算学为一切西学的本源基础，习算学的目的也就是要进而学习一切西学。只不过其所谓"一切"，仅仅指名了格致、制器之类，而不及人文社会方面。

冯桂芬以为："通市二十年来，彼酋之习我语言文字者甚多，其尤者能读我经史，于我朝章、吏治、舆地、民情，类能言之；而我都护以下之于彼国则懵然无知，相形之下，能无愧乎？于是乎不得不寄耳目于蠢愚谬妄之通事，词气轻重缓急，转辗传述，失其本指，几何不以小嫌酿大衅！"[1]这样的比较，未免高估彼酋掌握中学的能力，不过旨在强调要在西学堂中由内地名师课以经史的重要理据。其《上海设立同文馆议》关于中学教师的资格职能进一步明确为："兼聘品学兼优之举贡生监，兼课经史文艺，不碍其上进之路。三年为期，学习有成，调京考试，量予录用。遇中外交涉事件，有此一种读书明理之人，可以咨访，可以介绍，可从前通事无所施其伎俩，而洋务之大害去矣。"而历算、格致、制造等反而可以通过翻译成书来

[1] 以上引文均见《校邠庐抗议》卷下，中国史学会主编：《中国近代史资料丛刊·戊戌变法》第1册，上海人民出版社、上海书店出版社2000年，第27—28页。

学习。[1] 也就是说，中学的经史仍然为本体，以俾学习者仕进。

冯桂芬的主张显然被主持相关事务者所接受，上海同文馆试办章程规定：延订近郡品学兼优绅士一人为总教习，举贡生员四人为分教习，分经学、史学、算学、词章为四类，而以讲明性理敦行立品为纲，西语西文之暇，仍以正学为本。算学西文须逐日讲习，经史各类，随生徒的资禀所近分习之。[2] 后来广方言馆的课程规定：习经、习史、讲习小学诸书、课文、习算学。学生分上下班，初进馆者在下班，学习外国公理公法，如算学、代数学、对数学、几何学、重学、天文、地理、绘图等事，皆用初学浅书教习。若作翻译者，另习外国语言文字等书。上班分七门，学生专习一艺，如地质冶炼、铸造、制造、制图司机、航海、水陆攻战、外国语文及风俗国政。中师、西师分限督课。[3] 广州同文馆即“兼聘内地品学兼优之举贡生员，课以经史大义，俾得通知古今，并令仍习清语”[4]。

京师同文馆用科甲正途出身者学习天文算术，主要就是借西法以印证中法。反对者则担忧中西学混通，影响读书学道，舍圣道而入歧途，因而只赞成在历法、制器等方面中法与西法互相考验。整体而言，中西学必须截然分立，不应混淆。所以倭仁将礼义与权谋、人心与技艺相对。于淩辰担心开天文算学馆会开启学洋人与鄙洋人的朋党之争，背后其实也是担忧中西学相争不已的麻烦会浮上台面。[5] 京师同文馆将中西学分为两途，西式的艺学课程分科教学，中式的经史仍然延续旧惯，因而虽然朝野上下关于中西学的优劣短长争得不亦乐乎，但在学堂内部，中西学实际上是有别而无争，的

[1] 中国史学会主编：《中国近代史资料丛刊 · 戊戌变法》第 1 册，第 38 页。

[2] 高时良编：《中国近代教育史资料汇编 · 洋务运动时期教育》，上海教育出版社 2007 年，第 175—176 页。

[3] 高时良编：《中国近代教育史资料汇编 · 洋务运动时期教育》，第 179—196 页。

[4] 高时良编：《中国近代教育史资料汇编 · 洋务运动时期教育》，第 7 页。

[5] 《同治六年三月二十七日通政使司通政使于淩辰折》，中国史学会主编：《中国近代史资料丛刊 · 洋务运动》第 2 册，上海人民出版社、上海书店出版社 2000 年，第 39—40 页。

确可谓并行不悖。

不过，这样的中西兼顾虽然相安无事，却也是两不相干，等于在同一教育机构当中实施两套各行其是的教育，灌输两种截然不同的知识。1888 年，刘铭传议设台湾西学堂，派汉教习二人，于西学余闲，兼课中国经史文字，既使内外兼通，亦以娴其礼法，不致尽蹈外洋习气，致堕偏詖。日以巳、午、未、申四时专心西学，早晚则由汉教习督课国文，遇西国星期，课试策论。[1] 福州船政学堂每日常课外令读《圣谕广训》、《孝经》，兼习策论，以明义理。[2] 江南水师学堂设汉文教习六员，驾驶管轮学生分时讲授《春秋左传》、《战国策》、《孙吴兵法》、《读史兵略》诸书，并有经济之文以扩知识，定期由教习命题作论，呈送改阅。[3] 江南储材学堂类似，号称中西并重，因学生为中国人，粗知汉文，故其致力以中四西六为断。每日下午一点半钟入讲舍从事中学。分别层次，分类训课。已入泮者教古文之法，分习历朝各大家派；已开笔未全篇者，以“春秋”三传、《国策》、史汉各家逐字逐句先释训诂，再分疏国势、疆域、政治等；仅能属对及破承题者，授以《朱子小学》。[4]

虽然守成官绅一再声称中国早有天文、历算、术数、匠造等学，而且较西洋为精深，可是近代西学东渐，这一部分自然科学的知识一般而言无须与中国固有的学问相融合。而在科学与文化兼而有之的医学领域，中西医积不相能，非但不能融合，而且后来陷入长期此是彼非、非此即彼的境地。

中西并重分途的情形毕竟不能持久，光绪十五年十月十八日（1889 年 11 月 10 日），张之洞上《增设洋务五学片》，提出：

---

[1] 高时良编：《中国近代教育史资料汇编 · 洋务运动时期教育》，第 256 页。

[2] 高时良编：《中国近代教育史资料汇编 · 洋务运动时期教育》，第 347 页。

[3] 《江南水师学堂简明章程》，《万国公报》第 22 册，1890 年 11 月。

[4] 高时良编：《中国近代教育史资料汇编 · 洋务运动时期教育》，第 589—590 页。

> 查西学门类繁多，除算学囊多兼通外，有矿学、化学、电学、植物学、公法学五种，皆足以资自强而裨交涉。……泰西各国以邦交而立公法，独与中国交涉恒以意要挟，舍公法而不用。中国亦乏深谙公法能据之以争者。又凡华民至外洋者，彼得以其国之律按之，而洋人至中土者，我不得以中国之法绳之，积久成愤，终滋事端。夫中外之律，用意各殊，中国案件命盗为先，而财产次之。泰西立国畸重商务，故其律法凡涉财产之事论辩独详，及其按律科罪，五刑之用，轻重之等，彼此亦或异施。诚宜申明中国律条，参以泰西公法，稽其异同轻重，衷诸情理至当著为通商律例，商之各国，颁示中外。如有交涉事出，无论华民及各国之人在中土者，咸以此律为断，庶临事有所依据，不致偏枯。顾欲为斯举，非得深谙中外律法之人不可，此公法学之宜讲也。

为此，要在粤省新设的水陆师学堂讲习上述数种学艺，分别募致五学洋教习各一，拟各科招生三十名，其中习公法者于精通该国语文以后，尚须兼习希腊、拉丁二国语文。生源拟从闽厂酌调已通英语及各项算学的上等学生五六十名，更就上海广方言馆及广东同文馆考校录取。[1]

1896年，梁启超的《学校余论》对京师同文馆教不得道的情形提出尖锐批评，他说:“自古未有不通他国之学，而能通本国之学者，亦未有不通本国之学，而能通他国之学者。西人之教也，先学本国文法，乃进求万国文法，先受本国舆地、史志、教宗、性理，乃进求万国舆地、史志、教宗、性理，此各国学校之所同也。”京师同文馆所用洋教习不通中学，华文功课循例塞责，无足轻重，华教习

[1] 苑书义、孙华锋、李秉新主编:《张之洞全集》第一册，石家庄:河北人民出版社1998年，第732—733页。

大半乡曲学究，中西两面均粗浅，不得谓之学。梁启超的主旨，不仅是反对只习艺学、不问政学的偏颇，主张要以政学为主义、以艺学为附庸，更为重要的是，强调在政学层面必须中西汇通，否则势必粗浅，不能精深。[1]

二 分途未必并重

与中国人所办西式学堂中西分途的情形相仿佛，教会学校也实行双轨并行的方针，只是国人自办的西式学堂名义上西学为用、中学为体，而教会学校正相反，坚持西学为体、中学为用。

被视为近代中国教会学校发端的马六甲英华书院，创办之始就明确表达了初衷，其筹组计划书声明："本书院之设立以交互教育中西文学及传播基督教理为宗旨。一则造就欧人学习中国语言及中国文字；二则举凡恒河外方各族，即中国、印支及中国东岸诸藩属之琉球、高丽、日本等民族，其就读于中文科者皆能以英语接受西欧文学及科学之造就。"书院的欧籍学生必须授予中国语文，惟各生得按其意愿在宗教、文字、经济诸科上有所选择。本土学生则必须以英国语文授以地理、历史、数学及有关学术与科学之各项科目。如时间许可，亦将授以伦理哲学、基督教神学及马来文等。[2] 1818年教会于当地开设的三所华文学校，华文基本课程为《三字经》。[3]

另一所创办较早的马礼逊学校，上午英文教课，下午国文教课。[4]教科为初等之算术、地理及英文。地理、数学用西文教本，并授以

[1] 梁启超：《饮冰室合集》文集之一，北京：中华书局1989年，第61页。

[2] 朱有瓛、高时良主编：《中国近代学制史料》第四辑，上海：华东师范大学出版社1993年，第7—8页。

[3] 参见李志刚：《基督教早期在华传教史》第五章第一节，台北：商务印书馆股份有限公司1998年。

[4] 容闳：《西学东渐记》，长沙：湖南人民出版社1981年，第6—9页。

四书、诗经。1842 年迁港后，课程中英兼备，最高第四班，英文科包括天文学、历史、地理、数学、作文诸目，中文科则有四书、易经、诗经、书经诸目。分别由中西人士教导。[1]

尽管教会学校的教学五花八门，没有统一的体制教程，中西学双轨并行的模式，为大多数教会学校的教学所实行。这样做大体上出于两方面考虑：积极的角度，中文单独设科，是寄希望于清廷在科举中增设西学，在西学方面具有优势的教会学校毕业生如果能够考中，则个人与学校都会声望倍增。而要想在仕途上功成名就，就必须学习和掌握中学。消极的角度，学习中学有助于巩固和扩展生源。例如“当沪南之初办学堂也，召集生徒，诚非易事，必于宗教书籍之外，兼授经史，而后踵门求进者尚稍有其人，不然则竟至无人过问。然此当指男校而言也”[2]。

不过，随着西学的地位不断攀升，中西并重演变成独尊西学，中学沦为次等点缀。尤其是科举制由改到停的变化，更使得中学在教会学校中的地位一落千丈。福州鹤龄英华书院兼习英汉文，国文虽然列为学科之一，却徒具形式，教师素质差，待遇低，上课在地下室。汉文试以一论一策。直到 1917 年，该院的汉文课程设置仍然保持一定的旧惯：预科第一年，上下《论语》、小学、论说文范、习楷、作文、月课；第二年，中国舆地、上《孟》、《左传》一二、《战国策》菁华、习楷、作文、月课。正科第一年，《东莱博议》、《左传》三四、《孟子》中下、习楷、作文、月课；第二年，史论正鹄、中学历史、《左传》五六、习楷、作文、月课；第三年，古今大家、中学历史、历代名人书札奏议、作文、月课，国语；第四年，国文、《史

[1] 李志刚：《基督教早期在华传教史》，第 220—223 页。

[2] 范约翰：《上海清心书院滥觞记》，朱有瓛、高时良主编：《中国近代学制史料》第四辑，第 275 页。

记菁华录》、中学历史、作文、月课、国语。[1] 到二十世纪初，教会学塾中西学仍然分别教授，中学课程一如中国传统，三、百、千之外，主要是四书易知摘要、幼学琼林、诗经、左传摘要、东莱博议等。[2]

中西并行，不仅教材、课程分别按照中西的惯例，时间安排和教法也是各自我行我素。1874 至 1875 年间，徐汇公学由一位进士和两位举人教学生八股文，神父们认为先背诵的教学法不理想，但一时也想不出适当的改进方法。这样的“想不出”到了圣约翰大学时期变本加厉，成了“不能想”。该校分西学、中学两斋，中西学两不牵混。中斋正馆三年、备馆四年。各人根据中西文水准，决定入正馆还是备馆，如西优中劣，则中学入备馆，西学入正馆。反之则颠倒。一般学生不注意中文。初级班由中国教师用汉语教学，以上各班级则多由外籍教师用英文教学。尽管不少教师觉得中国旧式教育的死记硬背不仅浪费时间，而且扼杀创造精神和个人意见，仍然认为起码在今后一段时间里，中文科目必须继续采用传统方法学习，任何试图改用西洋的方法都是有害的。[3]

中西分途，等于是同一人在学校用两种不同的办法学习两套全然不同的知识，这两套知识体系在学校的教育体制上几乎不发生交集。尽管少数能够兼通中西的教师可能对其中一些知识做出解释或批评，总体而言，两套知识的汇通是师生个人的事情，并非学校教学的要求。虽然有的教会学校希望毕业生能够同时掌握中学和西学，而且也有成功的范例，但是一身二任显然无法作为普遍期许的目标。

[1] 《福州鹤龄英华书院章程》，朱有瓛、高时良主编：《中国近代学制史料》第四辑，第 336—337 页。

[2] 《耶稣教美以美会镇江女塾功课章程》，《各地五大洲女俗通考》第十集，第 42—43 页，1904 年。李楚材辑：《帝国主义侵华教育史资料·教会教育》，北京：教育科学出版社 1987 年，第 105—106 页。

[3] 朱有瓛、高时良主编：《中国近代学制史料》第四辑，第 231、434—437 页。

林乐知（Young John Allen）创办的上海中西书院，从院名即不难窥见其沟通中西的理想抱负。海滨隐士在该院创办十二年之际所撰《上海中西书院记》称：

> 当今之世，揆今之时，度今之势，而欲施教化之用，成学问之功，藉以有济于今之世，有合于今之时，有利于今之势者，专尚中学固不可也，要必赖西学以辅之；专习西学亦不可也，要必赖中学以襄之。二者得兼，并行不悖，乃可以施非常之教化矣。

该院创院十余年，聘请久为士人所推重的沈毓桂为掌教，中西课程各占半天。门下士已有千余人之多，招商局、电报局、各口海关、南北洋水师学堂、北洋医院，取用多人。名成利就者，亦复不少。

> 然林君之心犹有憾，必欲大用而后快。自甲午年始，大加整顿，以冀诸生获非常之益。西教习冯昌黎先生、刘乐义先生、林乐知先生之第二女公子、尹致昊先生、中教习杨嘉贵先生、曹砥隅先生，皆品学兼优，功课严密，定卜日而就月将。由是观之，不禁叹立法之精详，识见之高超，局量之恢宏，考核之严密，意甚美焉，法甚良焉。譬如行远必自迩，譬如登高必自卑，庶几教化之用，可由浅而入深，学问之功，可谓无微而不至。中学之益，于是乎进，西学之益，亦于是乎兴。二者得以两全而无害，几如一贯之可通，则此书院之设也，不亦尽美尽善，而超出乎沪上之诸书院哉。[1]

关于创院的理想目标，林乐知的《中西书院肄业诸生当自期远

[1] 《万国公报》第60册，第10页，1894年1月。

大说》自道心声：

> 余侨寓沪上二十有余载，习见中人之子弟聪明颖悟者多，苟教育之有方，上皆可蔚为伟器，下亦能执一艺以成名。而今之最切于世用者，莫如西学。……其教虽以西法为主，而西学中学究当相辅而行。故聘西师授读外，兼延中国积学淹博之士，课诵经籍，删改诗文尺牍，以期西学中学悉造乎精纯。盖西学固为今日当务之急，而非明乎中国之书理，熟乎中国之文法，则西学要不过得其糟粕，终无由抉其菁英，将挟之翻译西书，而莫通义理，与之讲求格致，而莫测渊微，此其人即或见用于世，第足供奔走之役，无当于远到之程。而本书院所定之章程，中西并教，实为握要以图也。[1]

可是这样的理想即使在中西书院也难以实现。林乐知所订《中西书院规条》称：中西两学并行，习西学以达时务，尤宜兼习中学以博科名，科名既成，西学因之出色。[2] 中西书院先创西学馆，1881 年设立中西两分院，后分中学、西学、算学、格致等五馆。功课中西并授，无畸重畸轻之弊，或上午中学，下午西学，或上午西学，下午中学。“凡肄业诸生，定以十二岁以上者，习学西学；如有聪明子弟，十岁以上者亦可。八九岁亦可准来馆读书，迨年稍长，再习西学。”同样出自林乐知之手的《中西书院课程规条》也说：“中西两分院，今岁落成，来年择日开馆施教。凡诸生肄业，先在分院习学二年，然后选升大院习学四年。迨有进境，情愿再学，又准在院二年，前后八年，庶可造就人才，以备它日大用。”[3]

---

[1] 美国林乐知来稿，《申报》1882 年 12 月 17 日。《万国公报》第 15 年第 720 卷（1882 年 12 月 23 日）刊载，题为《中西书院肄业诸生当自期远大启》。

[2] 《万国公报》第 25 册，1891 年 2 月。

[3] 《万国公报》第 14 年第 666 卷，1881 年 11 月 26 日。

虽然名义上中西两学并重，以求“西学既以淹贯，中学复得明通，就试风檐，可冀功名之取；如供差委，并邀爵命之荣”[1]。实际上该院的课程设置主要是西学方面。八年的课程依次为：第一年，认字写字，浅解辞句，讲解浅书，习学琴韵；第二年，讲解浅书，练习文法，翻译字句；第三年，数学启蒙，各国地图，翻译选编，查考文法；第四年，代数学，讲求格致，翻译书信；第五年，考究天文，勾股法则，平三角，弧三角；第六年，化学、重学、微分、积分，讲解性理，翻译诸书；第七年，航海测量，万国公法，全体功用，翻书作文；第八年，富国策，天文测量，地学，金石类考，翻书作文。

至于“中学课程，因诸生年岁大小不同，难以预拟，因材施教，各分班次”[2]。具体由沈毓桂司其事，分四级授课，有讲文、五经、赋诗、尺牍、对联、书法。“每逢礼拜三，中教习出题，命学徒作诗文呈削，更每月考校一次，而于制艺试律外，参以诗论尺牍，汇呈总教习分别录取，以定优劣。迄今八易星霜，而精益加精，务求实济者，皆监院林君之善于创，而尤赖司事沈君之善于因也。”[3]

沈毓桂的见重于士林与中西书院的中西并重，只是一定条件下的相比较而言。1882年林乐知视察中西书院，发现情况未可乐观：

> 乃近日遍观两分院之学生，力求精进者固多，而潜萌退缩者亦复不少。推原其故，一则以嫌西学之迟缓，一则似病中学之怠荒。不知人当务其大者远者，仅狃于耳目之前，无益也。故夫本分院所教之西学，由源以及委，由本以及末，一时虽见为迟缓如破竹，然数节之后，自有迎刃而解之势，将见其甘，不见其苦，见其易，不见其难，而学成致用，可以膺使节之选

[1] 海滨隐士：《上海中西书院记》，《万国公报》第60册，第11页，1894年1月。
[2] 《万国公报》第14年第666卷，1881年11月26日。
[3] 王良佐：《中西书院志略》，《万国公报》第19册，1890年8月。

> 者在其人，可以任翻译之职者在其人，内而总理衙门，外而通商节署，及乎海口大关，机器各局，西国医馆，西商洋行，随在可以位置一席，不其美欤。……至若中学之怠荒，容或有之，然亦因诵读之功，半分西学，自不如一无间断者之易进竿头。况又重之以偏主西学之私衷，故西学到塾，而中学不到塾者有之，西学克奋，而中学苟且塞责者有之，虽中师沥诚启迪，不少偷安，终难入暴弃之中藏而生其智慧。惟深明中学不能精熟，西学必不能通达之故，则其于学，当无传而不习之虞，而日就月将，自不能已矣。[1]

同样号称中西并重的中西女塾，也是重英文轻中文。除语文外，课本均为英文，连中国历史、地理也由美国人编写。中文即使不及格仍可领取文凭。

登州文会馆看似在中西两面均不乏成功的典范，以西学论，不少毕业生被官办学堂聘为教师，以中学论，1875 年该校首届毕业生邹立文未毕业即参加乡试，名列前茅，而末届科考也有该校毕业生郭中印参加。主持者该馆的狄考文认为，儒学思想的支柱是受高等教育的士大夫阶级，要取代儒学的地位，就要用基督教和科学教育人，使之胜过中国的旧士大夫，取得其所占的统治地位。该校的儒师聘请廪生、秀才担任，教授三字经、四书五经，以应科举。所编写的教科书也只有经过改造的科学部分。实际上中西两学还是分别开来，各有讲究。

三　西体双轨

随着教会学校的发展，在各校继续分途实施中西教育的同时，

[1] ［美］林乐知：《中西书院肄业诸生当自期远大说》，《申报》1882 年 12 月 17 日。

教会试图通过编写教科书来统一教学。这方面影响最大的当属1877年5月在华基督教传教士第一届大会成立的益智书会，即学校教科书委员会。该会由丁韪良（William Alexander Parsons Martin）、韦廉臣（Alexander Williamson）、狄考文（Calvin Wilson Mateer）、林乐知、黎力基（Rudolf Lechler）和傅兰雅（John Fryer）等人担任委员，计划编写小学用的初级、高级教材各一套，包括算术、几何、代数、测量学、物理学、天文学、地质学、矿物学、化学、植物学、动物学、解剖学、生理学、自然地理、政治地理、宗教地理、自然史、古代史纲要、现代史纲要、中国史、英国史、美国史、西方工业、语言、文法、逻辑、心理哲学、伦理科学、政治经济学、声乐、器乐、绘画。体裁须文理简洁，为此还要统一术语。[1]

由于该会决定暂不翻译成北京方言，绝无可能统一成目前通行的专门术语，而且1890年以前该会编译的教科书虽然为数不少，大半属于自然科学、算学、西洋历史、宗教、伦理等科，一般不会遇到后来全面统一译名时所产生的种种困扰。否则，在相关学科的范围内势必要面对中西学相互贯通的棘手难题。

正是在统一编辑教科书的过程中，原来各自为政的教会学校遭遇了一些普遍性问题，并且引发了争议。因为原来登州文会馆自编的教科书，仅限于该校自用，而统编教科书不但门类增多，而且希望教外的中国人也乐意采用。教会学校究竟是仅仅以教育为传教工具，还是要向全社会传播普通知识，成为意见分歧的焦点。这一关键认识，牵涉到教会学校的主办者对待中学和西学的态度。

概言之，教会学校对于中学的态度无论差异多大，主要还是利用，而其所坚持的西体一般却有两个，且彼此不能完全协调。如何利用中学，又受制于各自的西体主张或侧重。

---

[1] ［英］韦廉臣：《学校教科书委员会的报告》，朱有瓛、高时良主编：《中国近代学制史料》第四辑，第33—37页。

狄考文虽然坚持教会教育应该对中国社会产生影响，因而主张应先授予优化的中文教育，并从中文学习西学的科学知识，但他的出发点和目的都是与儒学争夺统治地位。他于 1877 年发表的《基督教会与教育》声称：

> 中国与世隔绝的日子已屈指可数。不管她愿意与否，西方文明与进步的潮流正朝它涌来。这种不可抗拒的潮流必将遍及全中国。不仅如此，许多中国人都在探索，渴望学习使得西方如此强大的科学；科学的名声已传遍中国的每一个角落。
>
> 在中国，教育极受人们所推崇，一个没有受过教育的人在社会上所能起的影响极其有限。中国的经典教育是这样一种教育：西方传教士想在其中出人头地，依靠它来谋取地位和发挥影响是既不实际，也不可取的。他们应该依靠西方科学知识在人民中取得好名声与好影响，这样做更好些，虽然西方的科学知识到目前为止还很少为中国人所了解，但是它有着极高的声誉，因此一个精通地理学、物理学、化学和天文学知识的本地牧师也将取得其他途径无法取得的声誉和影响。有了这一条件，他们的地位就非农村地主所能比拟了，而后者正是用异教来束缚民众思想的主要力量。由于传教士掌握了傲慢的中国学者既无法否认则又难于抵制的科学知识，因此他能取得人民的尊重和信任。[1]

发表于 1890 年的《怎样使教育工作更有效地促进中国基督教事业》，狄考文进一步强调："所谓完整的教育，我指的是要对中国语言文学、数学、现代科学以及基督教的真理有个良好的理解……

[1] 朱有瓛、高时良主编：《中国近代学制史料》第四辑，第 92、90—91 页。

接受儒家学说的人，即以儒学那一套哲理作为他立身处世的思想支柱。如果我们要把这些人头脑中的儒家思想改变过来，我们就得培养一批接受过基督教义和自然科学教育熏陶的人，使他们能够胜过中国的旧式士大夫阶层。中国的环境对我们是十分有利的。西方科学在中国赢得了并将继续赢得声誉。任何一个精通西方科学，同时又熟谙中国文化的人，在中国任何一个社会阶层都将成为有影响的人。”“一个中国人缺少本国语言的知识训练，将损害他所有的外语和科学方面的学术成就……谁在这方面有了缺陷，他马上就会失去自己的社会地位和影响。”[1]

仔细揣摩狄考文的意思，所争主要不在中西学的优劣短长，换言之，西式科学在他眼中也不过是有助于传教的工具而已。“随着本地基督徒人数的增加并向内地扩展，他们将日益脱离外国人的直接教诲和控制。这时就会产生受异端邪说的侵蚀和中国经典思想的不良影响的危险。”[2] 充满儒家说教者可以培养成宣讲福音的人，只是不能完全清除其头脑中的异端思想，所以靠不住。“如果西方的哲学和科学传到中国而脱离基督教，儒家学者将以骄傲自满情绪来接受新学问，发现它仅仅是二千余年儒家学说的佐证和更详尽的说明。然而基督教徒所传授的西方科学和哲学将给上帝提出最令人信服的证据。上帝存在于大自然、历史和天意之中。”中国需要更新道德品质，唯有基督教能够完成这项工作。没有这种更新，光是增加知识，改变社会的外部条件，是没有力量把中国从自古以来的自私奴役下解救出来的。脱离基督教的西方文化纵使学术上取得一些

---

[1] [美] 狄考文 :《怎样使教育工作更有效地促进中国基督教事业》，朱有瓛、高时良主编 :《中国近代学制史料》第四辑，第 95、97、101 页。

[2] [美] 狄考文 :《基督教会与教育》，朱有瓛、高时良主编 :《中国近代学制史料》第四辑，第 94 页。

成就，很快就会变得像儒家那样冷酷和自私。[1]

也就是说，在狄考文看来，西方世俗的哲学和科学并不能单独战胜儒学，虽然科学对中学具有强劲的冲击作用，可是如果没有基督教的精神支撑，难免被异端邪说的儒学所腐蚀。所以，尽管科学能够帮助传教士取信于中国人，以便更好地传播基督教的真理，真正能够战胜儒学的还是基督教信仰。言下之意，教会学校西学的双体，一是科学，二是基督教，相对于中学，西学的科学和基督教都是本体，但在西学的架构内，宗教信仰更具有本体性。

到 1890 年的在华传教士大会，潘慎文（Alvin Pierson Parker）专门写了《论中国经书在教会学校和大学中的地位》的长文，坦率地承认："很难说，中国经书在教会学校和教会大学中占有什么地位。正如一位传教士说得好，整个课题是令人困惑的；我们不能和中国经书相处，而我们不能不和它相处。"

由于当时教会学校各自目的不同，对经书的处置不一，或将全部四书五经列为中文课程，要求学生熟记，练习作文，预备参加科考，或只教四书。在时间分配上，或一半以上时间习经书，或只用很少时间。前一类希望教会学校的学生与中国人学校学生所受教育相等，以便在中国社会和政府机构中占有位置，后一类则只是为了做教会工作。第三类人认为教会学校的主要目的是在基督教徒的影响下，把西方自然科学介绍到中国来。这样我们教育人的目的比起他们古老的儒教经典将更有价值。多用时间精力教经书，不能给他们更为有用的知识。课程应当包括学习基督教书籍、中国经书和西方自然科学三方面，缺一不可。但教会学校不是培养专家，否则任何一科专研下去都要全力以赴。

潘慎文认识到："中国语言的经纬出自经书。作家常用的大量

[1] [美]谢卫楼：《基督教教育对中国现状及其需求的关系》，朱有瓛、高时良主编：《中国近代学制史料》第四辑，第 110—112 页。

引用语和举例，他们的诗和历史典故，字的读音和定义，一言以蔽之，语言的要素和精神是从经书中产生和形成的；所有大量的中国文学、历史和哲学作品都被经书的文风和道德原则所笼罩。任何人没有经书的知识，就不能写商业和外交书信。不言而喻，学习经书被认为是语言的知识来源，乃是不可缺少的。”虽然现行的中国教育制度有许多问题，应当改变，但是不教授经书，学生就无法在国内取得地位和影响。

经书既然如此重要，传教士的真正问题就不是“中国经书在我们教会学校中有没有地位，而是它应属于什么样的地位。它和我们来中国教学相比，其相对的重要性是什么？要给学生多少时间上的比例来学习经书？是否应该学习‘四书’‘五经’？如果不是，哪些部分可以省略，或只要学习一部分？如何教学？要逐字地牢记住吗？或者还有更好的方法？对其中国异端教学论和伪科学如何抵制？除了熟记之外，又如何能激发和发展学生的其他智能，尽管学习经书会受到思想束缚和感觉迟钝的影响。在女子寄宿学校中，要学多少经书？在全日制学校中允许花多少时间学习本国书籍”[1]。对此教会教育家不可能做出满意的决定。中国的私塾用十至十五年时间教学生经书，教会学校只有三分之一或一半时间，同时还要学习其他课程，以求各方面都有成效。

如前所述，在华教会学校为了吸引中国学生，从一开始就已经注意到中西课程并重，加授经学等中国传统知识。传教士们认识到经学在中国的特殊地位，“儒家圣人认识到家庭、国家、社会的有机联系，他们提出‘五伦’。渗透中国新教育的基督教将仔细地保留这些教训中一切正确的东西”。“中国经典著作极大部分包含着圣

---

[1] [美]潘慎文：《论中国经书在教会学校和大学中的地位》，朱有瓛、高时良主编：《中国近代学制史料》第四辑，第126—128页。参见胡卫清：《传教士教育家潘慎文的思想与活动》，《近代史研究》1996年第2期。

人关于政治、家庭和社会关系的原则的教训。自古以来精通这些教训是加官晋爵、求取荣华富贵的条件。”[1] 为了迎合中国学生的需要，经书在教会学校和教会大学中得以占有一席之地。

在此思想观念的主导下，教会学校的中学教育主要是用中国人固有的方法满足其固有的需求，教法、教材与教程基本仿照中国的学塾书院，培养的目的也是科举考试之类。这样的中西分途，使得中学与西学在教会学校里面并非中西合璧，而是各行其是。各校的教学安排虽有不同，大体上经学课程的内容多习四书，程度较高的兼及五经。由于采取西式分科教学、分级设学的办法，这些教会学校不仅有中学的内容，而且有了层级安排。像山东登州文会馆分备斋、正斋两级，大致对应小学、中学程度。备斋程度较低，主要学习《孟子》、《诗经》、《大学》、《中庸》。程度较高的正斋，则有《礼记》、《书》、《左传》、《易》等。

通过中文来学习和掌握西学与宗教的设想虽然一定程度上得到实现，可是由于只涉及较低层面，因而一般没有希望中文进行相应改造的迫切要求，更加难以产生将中学与西学汇通的愿望。教会学校不过是希望造就虔诚的基督徒，并以其科学和经史的底蕴取得相应的社会地位，以便于发挥广泛的社会影响。这与国人自办的西式学堂越来越强烈的中西并轨的需求形成明显反差。

四　分途与合流

在学制确立之前的无系统时期，由于中国自办西式学堂不如人意的反衬，在华教会学校看似成绩不俗，但就教会学校的初衷而言，最为积极的评估也很难说实现了预期。无论是中学的经史学习，还

[1] ［美］谢卫楼：《基督教教育对中国现状及其需求的关系》，朱有瓛、高时良主编：《中国近代学制史料》第四辑，第107、112页。

是西学的科学教育，除了少数例外，其实成就极为有限。教会学校将中西学分途教授，而希望学生能够自动将两套学问有机融合的想法，实在是不切实际的奢望。

教会学校的教育宗旨名为中西并重，其实在学的范围内，中西相对，西学为体，中学为用；扩而大之，学与教相对，则以宗教为体，中西学皆为用。教会学校的科学教育，虽然影响不小，在传教士的角度，只是无心插柳的结果。传教士自认为具有精神道德的优势，极力想改造被其视为异端的中国传统文明，尤其是改变用传统作为理想来评判现实思维行事的价值取向，这与中国教育主张尊重传统的观念截然相反。这样的态度，的确影响了一些趋新士绅和教育家，否定和改造传统，成为他们认定的救亡振兴的必要前提。

问题是，中国文化总体上是非宗教性的，作为终极关怀的信仰在一般人心中的价值主要是有用。所谓信神如神在，儒释道耶，可以同时同地供奉，心诚则灵，关键看管用与否，至于究竟属于何方神圣，反而不大在意。这也就是为何长期受中国影响的东亚各国分别统计各教的信众相加远过于国民人数总和的原因。在这样的文化传统当中，宗教神祇存在可以，独尊很难。传教士的反对中国传统，没有能够开辟上帝高歌猛进的坦途，倒是为全面引进西学鸣锣开道。即使西化的趋新人士，也只能舍中学而就西学，很少会弃圣道而尊外教。

况且，眼界日益开阔的国人对于近代以来政教分离的世界大势认识越来越清晰，1905 年刘师培就知道“昔欧西各邦学校操于教会，及十五世纪以降，教会寝衰，学术之权始移于民庶”[1]。1909 年蒋维乔的《论教育与宗教不可混而为一》指出，初民时代，智识愚昧，圣人借神道以设教，故宗教尚焉，政治学术皆与宗教混而为一，教育亦然。“然科学愈发达，人智愈进化，各种原理，与宗教所说，

[1] 光汉：《周末学术史序》，《国粹学报》第 1 期，学篇，1905 年 2 月 23 日。

枘凿不相容，则其势力，亦日渐式微。”所以政治与宗教日趋分离，教育与宗教不可混一。[1]民初刘以钟鉴于“学校教育全脱宗教之范围，是世界之趋势也”，明确提出“教育与宗教分离”[2]。

清季民初是否当设国教的问题，的确喧闹了好一阵，虽然不乏主张支持者，最终还是偃旗息鼓。后来国人在输入新知的同时大张旗鼓地非宗教，反对以教为体，这就意味着在教会学校的双体之中，中国人只接受西学之体，而根本抵拒以宗教为体。

教会学校的中学之用，一是可以与儒学出身的士大夫争胜，二是能够有助于更好地接受西学。前者适应科举，后者对应西学，二者既是有用于传教，也是迎合中国人的需求。不过，在变动不居的近代中国，这两方面潜藏着内在矛盾。在教会学校里分途并重的中西两学，在整个中国社会当中正在经历着融合汇通、逐渐并轨的阵痛。教会学校在此浩浩荡荡的大势所趋之下，仅限于用的中学只是迎合科举，未能积极参与甚至自外于融合中西创建新学的过程，使自己陷入相当被动的局面。

甲午战败，日本成为中国朝野上下新的学习榜样，仅仅学习技艺的洋务新政观念遭到严厉批判，被指为中日两国学习西方同时起步而成效差若天渊的一大要因。1898 年创刊的《格致益闻汇报》序称：

> 太西之学，分天人二类。天学者，超乎物性之理，渊妙不能穷，终身读之而不竟……人学者，人力能致之学，种类纷繁，难于悉举。

[1] 蒋维乔：《论教育与宗教不可混而为一》，《教育杂志》第 1 年第 10 期，社说，第 117 页，1909 年 11 月。

[2] 刘以钟：《论民国教育宜采相对的国家主义》，民国经世文社编：《民国经世文编》第 32 册，上海：经世文社 1914 年石印，第 41 页。

人学择其要，则有格物学、天文、气候、地理、地学、形性学、化学、艺学、算学、测学、量学、博物学、医学、律学、兵学、文学、史学，“凡十有七学。天学犹未与焉。若夫矿学归地学，光、电、声、磁、重、热、气、水等学，皆归形性学。农与商，西国从无专学，乃近今维新之徒，以光电等各列一学，而加以农学、商学名目，强作解人，图眩俗目，亦不思之甚矣。我中国声教之行，先于泰西，而为学反不及泰西，何也？自三代以迄宋元，志士引锥刺股，穿壁分光，其所学不过经史已耳，文词已耳，即或披涉万卷，博览百家，号腹笥，号经库，号渊府，名重斗山，口吐珠玉，要惟涉猎陈编，工于记诵，而果能仰观俯察，穷物理以济实用，如西国之名人者，某未之闻也”[1]。

要全面学习西学，尤其是如梁启超所主张的由艺学为主转向政学为主，中西分途的状态自然不能继续维持。而日本在此期间对应西学构建起来的东亚各学，在用西式架构重新条理中学并予以重估的同时，也重建了中国文化的固有价值，成为中国趋新人士模仿取法的重要凭借。这也就是西学入华多年之后，中西学仍然只是两张贴在一起的皮却不能合成一体，反而让异军突起的东学乘虚而入，后来居上，占尽风头的重要原因。

世纪转换之交，宋恕、康有为、梁启超、蔡元培、王国维、刘师培等人都在仿效东学想方设法建构熔中西于一炉的新学体系。而他们所认为的中学原来的状态，或是根本没有分科，也就是不“科学”，即没有分科之学；或是虽有分科而不够细密“科学”，即不够公理和真理。随着科举改革尝试的屡屡受挫，“纳西学于科举”不得不改弦易辙，最终定策为“纳科举于学堂”。由于新式学堂普遍采用西式体系、教程和教法，中体西用的主张实际上化为西体中用的现实，最终在西式分科的架构中削足适履地装入了中学。未被溶解容纳的中学异化成了旧学的象征，被列为淘汰的对象；反之，西

[1] 《格致益闻汇报》第1号，1898年8月17日。

化的中学连同西学一起，则是前景无限的新学的体现。

这样的结果，本来正是教会学校努力的目标之一，可是，在这一转化过程中，除了广学会之外，教会学校显然参与不够，以至于后来整体上长期被排斥于学制之外，不能得到中国官方的承认。而教会学校一直重视的经学教育，随着科举制的中止运行，在中国人的有系统学堂中也无法安身，不得不黯然退出历史舞台。从事实的层面看，教会学校的中西学分途并重很难称得上是成功，又因为未能积极主动地参与中西融合创建新学的过程，尤其是在学制的设置与演进方面，虽不乏间接影响，却少有直接作用，只能继续游走于教育体系的边缘。虽然严复坚持中西各有体用，不能强行混同，对于东学的大行其道并主导新政极不以为然，以东学为范型却是清朝教育改革的基本取向，教会学校后来也不得不采取东学影响显然的教材教法，以适应学制确定后中国教育的重大变化。

当然，历史很难用单一视角来考察，或者说，从特定角度看待纷繁复杂的历史，难免陷入片面。在新式学堂里用西式架构重组的中西学，虽然被认定为新学，并且的确在历史发展的一定阶段产生了巨大的影响，可是要确认已经达到中西合璧的汇通状态，就未必能够贯通无碍。用西学重新条理的中学，与中国固有之学形似而实不同，用于知今，或有便利，用于鉴古，难免隔膜。新式学堂出身的后来人将所传授的一套知识当作认识的前提，解读中国固有的思想学术文化，总有些似是而非。尤其是经学的失位，表明原来认定的中体在新学体系当中不能适得其所。而经学作为道德支撑的主要凭借，据此形成的一整套礼制礼俗，源于社会文化，行于社会文化，很大程度上是没有宗教关怀的中国伦理社会有序运行的主要规范。经学失位，道德失范，社会必然失序，这也是百年来困扰中国的一大难题。尤其是当革命的时代逐渐过去，建设的时代日趋主导，重建规范和秩序的问题日益凸显，成为对今人的巨大考验。

教会学校的中西分途并重，在某种程度上也可以说是承认中西学各有体用，不可混为一谈，难以强行撮合。中西学分别教授的安排，以及坚持按照中国固有的方式程序，使用中国的教材来教授中学，能够最大限度保留中学原有的状态和意涵，避免陷入后来名为比较实则比附的解读。虽然传教士掌握中学有限，动机未必良好，所请华人教习也罕有高明，因而难以达到高深程度，毕竟比后来西式学堂出身的新学家的乱解乃至今日坊间假道学的臆说更加接近原典的真义。

传教士相信，经书中的异端学说和伪科学，可以通过教会学校的基督教和自然科学课本的教学予以抵消。况且中国经书比希腊罗马古文要优越得多。经书的教学和解释留给当地教师做，教会人士只有当中国人不胜任时才教，一般只是指出经书中的错误观点。应当有对中国经书的基督教义的注解，如教科书委员会制订的教材，解释难解的文章片段，指出其中错误的学说，以及其中符合宗教原理和真实的科学知识部分。[1]可是，在西学压倒中学的大势所趋之下，仅仅从保留文化物种的角度强调的原生态，很难令人普遍信从。正如当今人们对于生物物种的态度仍然误信适者生存一样。

清季以来，虽然西学渐趋一尊，其实好输入新知乃至鼓吹全盘西化者不少是"挟其十九世纪下半叶'格义'之学"的"白发盈颠之上阳宫女"，全然不知天地间别有"元和新样"，所挟以自重的"天宝末年之时世装束"[2]，看似时髦的舶来品，却是过时的旧陈货。除一般性常识之外，学得再像，也是二三流乃至不入流的货色。有鉴于此，陈寅恪预测：今后中国即使能忠实输入北美或东欧思想，结果当与玄奘唯识之学相同，"在吾国思想史上，既不能居最高之地位，且亦终归于歇绝者。其真能于思想上自成系统，有所创获者，必须

[1] [美]潘慎文：《论中国经书在教会学校和大学中的地位》，朱有瓛、高时良主编：《中国近代学制史料》第四辑，第129—130页。

[2] 陈寅恪：《与刘叔雅论国文试题书》，陈美延编：《陈寅恪集·金明馆丛稿二编》，北京：生活·读书·新知三联书店2001年，第256页。

一方面吸收输入外来之学说，一方面不忘本来民族之地位。此二种相反而适相成之态度，乃道教之真精神，新儒家之旧途径，而二千年吾民族与他民族思想接触史之所昭示者也”[1]。

另一方面，尽管近代中国人非宗教，但是经学的失位导致新的信仰需求更加迫切，而接受西学一定程度上是出于对科学的信仰，这与科学的精神本质上是相互冲突的。只不过上帝的万能一时难以征信，而科学的万能却有列强逞强称霸的范例，过于追求实用的中国人自然会厚此薄彼。对科学万能的信仰到了欧战结束后才有所动摇，因为科学万能的典范象征自身已经陷入到万劫不复的惨绝人寰之中。

由此可见，中西汇通融合还是分途并重，实在是近代世界一体化进程中后发展国家民族遭遇的普遍性两难命题（某种程度上，可以说古代中国的天下与今日的所谓全球化大同小异）。应该承认，迄今为止，比较而言，东亚社会处理这一难题还算是成功，或者说，尚未出现更加成功的范例。这种现象，在一段时间里被解释为儒家文化的作用。此说不无道理，只是所谓儒家文化已经被重新条理改造，这样的成功归根结底仍然处于欧洲中心的笼罩之下。而真正的考验，还在一旦走出欧洲中心的笼罩之时。那时中学的文化物种之于人类未来发展可能选项的作用，将更加值得重视。如果现在不对包括教会学校在内的近代教育以及中西学的演变深入探究，全面检讨借鉴其成败得失，就很难形成必要的自觉和清醒的认识，以应对崭新时代的来临。

[1] 陈寅恪：《冯友兰中国哲学史下册审查报告》，陈美延编：《陈寅恪集 · 金明馆丛稿二编》，第 284—285 页。

“中国哲学”探源[1]

古代中国有无哲学以及什么是“中国哲学”的问题，已经困扰国人一个多世纪，至今仍然争论不休，而且范围还有向海外蔓延之势。对此海内外学人已有为数不少的研究。[2] 不过，这一问题其实是“哲学”或“中国哲学”如何进入中国的衍伸，因而认识的关键，在于考究近代“哲学”以及“中国哲学”如何出现及传衍。就此而论，近年来无论史料的发掘爬梳还是史事的考订条理，都有长足进步。只是相对于问题本身，在关键的环节上还有史料史实的重要缺漏，由此留下不少未尽之义。

海内外关于中国有无哲学的历次讨论中，论及“中国哲学”的缘起，始终缺少关键性的史料，因而相关史实的认定难以完全做到

[1] 本篇成文前，曾于 2008 年分别在京都大学狭间直树教授主持的研究会和孙江教授等在日中国学者的研究会报告，听取意见。在资料搜集方面，得到东京大学村田雄二郎教授的大力帮助。特此致谢。

[2] 参见葛兆光 :《为什么是思想史》,《江汉论坛》2003 年第 7 期 ;《穿一件尺寸不合的衣衫——关于中国哲学和儒教定义的争论》,《开放时代》2001 年第 11 期。景海峰编 :《拾薪集——“中国哲学”建构的当代反思与未来前瞻》，北京大学出版社 2007 年。

信而有征。由于这一历史最早发生于明治日本，利用新出及鲜见的中日文献，用解一字即作一部文化史的办法，探究“中国哲学”的发生及其演化，成为解决这一难题至关重要的枢纽。本篇详人所略，着重探讨三个方面：1．“中国哲学”的产生；2．中国人对“哲学”以及“中国哲学”的接受；3．国人对于“中国哲学”的反省。

一 “东洋哲学”与“支那哲学”

“哲学”一词，由明治日本思想家西周助发明，已为学界所知。学人还分别指出两点，其一，西周的“哲学”仅指西洋，本来并不包括东洋。王国维称“哲学”一词是为了避开自然科学的“理学”，其实当时在日本“理学”也是 philosophy 的译名，并不专指自然科学；西周将哲学定义为“诸学之上之学”（the science of sciences），“诸学”是指一切分科之学，而不单指自然科学；而且西周并未用“哲学”作为 philosophy 的专有译名以排斥“理学”。有学者认为：作为“明六社”的重要成员，西周将 philosophy 定译为“哲学”，而不沿用“理学”之名，是为了与传统的“国学”、儒学等本土学问加以区别。为了打破早年“兰学”之“东洋道德，西洋艺术”的文化接受模式和扭转传统心态对西学的狭隘化理解，西周特别彰显了西学的整体性和完善性。这样，“哲学”就成为一种综合的方式，成为能与东洋学问全面比照的对应物。日本当时的启蒙思想家，多以传统学术为“虚学”，以西洋哲学为“实学”，“哲学”的理解和定名，承载了对传统儒学的厌离和批判，以及对欧洲形态的仰慕和渴望。[1]

其二，虽然西周助早在 1870 年最早提出“哲学”译名，但只在课堂讲授时使用，由学生笔记的讲演录《百学连环》在其生前尚

[1] 景海峰：《从“哲学”到“中国哲学”——一个后殖民语境中的初步思考》，《江汉论坛》2003 年第 7 期。

未发表；同时期的其他思想家大都沿用“理学”的译名，而西周助本人亦予认可；虽然1870年代“哲学”一词已经出现于报刊和演讲中，直到1880年代初井上哲次郎编撰《哲学字汇》时采纳西周助所译的众多西方哲学术语，才使“哲学”成为日本学术界普遍习用的译名。“理学”遂与哲学全然分家，用以专指各门自然科学。

上述两点，与“中国哲学”发源一事关系至为密切，也是理解古代中国有无“哲学”的关键。“哲学”是西周助用来对应philosophy的译名，其实任何语言的准确对译几乎都是不可能的事，而使用什么译名，更重要的是受所属文化及时代的影响制约。如果西周助的“哲学”是为了凸显西学的整体及其特质，并与东洋学问相区别，那么“哲学”一词本身对于东洋学问就具有排他性。或者说，至少西周助的本意，东洋的固有学问不属于“哲学”的范畴。

对于东西学术的差异，西周助等人已有明确意识。1877年，西周助在东京大学法理文学部发表演讲，批评日本的学问大都来自中国，且一味模仿，对于包括“哲学见解”在内的西洋学术亦取此种态度，呼吁后来者深究渊源，以致精微，发明新理。[1] 言下之意，就是“哲学”本来与中国无关。

将“哲学”与东洋连接在一起，始作俑者应是东京大学，关键人物为加藤弘之和井上哲次郎，以东京大学校友为主干组成的哲学会，则起到推波助澜的作用。可以说，“哲学”在日本的普及，不仅因为编辑出版了《哲学字汇》，更为重要的是，将“哲学”由他者的学问即西学，变成自己的学问，即东洋精神世界的重要组成部分。

三宅雄二郎在1887年2月出版的《哲学会杂志》第1册第1号发表《哲学范围辩》，其中谈到1877年4月东京大学文学部设立史学哲学政治学科，没有用当时仍然流行的“理学”作为philosophy的译名而改用“哲学”，是因为此时science已经固定用“理

[1] 《學問ハ淵源ヲ深クスルニ在ルノ論》,《學藝志林》第二册，明治十年八月，第1—9页。

学”作译名，必须改用其他译名，以凸显 philosophy 的特异性，易与其他诸学相区别。如此一来，西周助用以分别东西学问的蕴意无形中消失殆尽，“哲学”成为具有涵盖东西的普遍性的学问。

东京大学文学部史学哲学政治学科开办之初，所开哲学课程只有哲学史、心理学、道义学及一般哲学，同部的和汉文学科也只开设“欧米史学或哲学”，显然都在西洋方面，未及东洋。[1]一旦“哲学”与“理学”分别对应为 philosophy 与 science 固定化，并且变成教育分科，则哲学有无东西之别的问题浮现出来只是时间问题。1881 年，东京大学文学部独立出哲学科，在第三、四学年课程中增设印度及支那哲学课。同时和汉文学科也在相同学年开设印度及支那哲学课。[2]

究竟是谁提出本来西周助用于专指西洋学问的哲学具有普适性，因而西洋以外也有哲学，目前未见确切证据。三宅雄二郎在前引文章中论道，单就“哲学”而言，应指西洋哲学，但本来哲学分为东洋和西洋，东洋哲学包括支那、印度、波斯、犹太、埃及等，而西洋哲学包括希腊、罗马、英伦、独乙、佛兰西、伊太利等，其中支那、印度与希腊、罗马成抗衡之势。不过这样的认识带有后来附加的成分，担任支那哲学课教授的中村正直和岛田重礼，在汉文学方面固然出类拔萃，前者在明治思想界也有极高地位，对于如何讲授“支那哲学”却基本沿袭旧轨。其科目规定，印度及支那哲学第三年讲授佛教儒教的大意纲要，教科书为《八宗纲要》、《辅教编》、《大学》、《中庸》、《论语》、《孟子》，第四年纲要仍旧，加入老庄，教科书则增添《四教仪》、《维摩经》、《诗经》、《书经》、《易经》、《老子》、《庄子》。[3]

[1] 《東京大學法理文學部一覧略（明治十一年）》，丸家善七，第 26—29 页。

[2] 东京大学法理文三学部编纂：《東京大學法理文三學部一覧（従明治十四年至明治十五年）》，丸家善七，明治十五年四月，第 35—38 页。

[3] 东京大学法理文三学部编纂：《東京大學法理文三學部一覧（従明治十四年至明治十五年）》，第 94—97、174 页。

1882年，东京大学哲学科的科目纲要有所变化，相关的内容主要有两点：一、明确将哲学分为东洋及西洋两部；二、从第二学年起讲授东洋哲学史。依据说明文字，东洋哲学史论述东洋哲学的沿革，以支那哲学和印度哲学为至要，而日本哲学主要出自支那哲学，支那后世哲学则大抵本于秦汉以前的哲学，所以首先要将孔孟老庄杨墨哲学的是非得失及其关系传统流派论证辨明，然后才能了解东洋的一般哲学。如此，东洋哲学和支那哲学的概念框架逐渐成形。尤其值得注意的是，所谓东洋哲学史，除印度一脉而外，主要即是中国哲学史。

不过，从教学的具体内容看，仍是新瓶装旧酒，所列参考书目为《论语》、《孟子》、《杨子纂论》、《大学》、《墨子》、《中庸》、《荀子》、《老子》、《韩非子》、《庄子》、《杨子方言》、《列子》、《管子》、《淮南子》。至于第三、四学年的印度、支那哲学，无论科目纲要还是教科书，均原封不动地保持旧样。[1]

中村正直认为通汉文理解西学可以事半功倍，岛田重礼虽然竭力维系儒学地位，也只是反对一味偏颇，他们出任支那哲学课教授，至少表明并不排斥这样的名义。至于维持原有的讲法，或许习惯使然，或许心中仍有东西学问的分界，因而讲授东洋学问，还是依照原来的路径办法。1883年增设的古典讲习科，并不开列支那哲学课程，反而回到经史子文的旧例，再加上法制。[2] 据中村正直报告，1881至1882年度所指导的哲学第四年生仅有贺长雄一人，先讲庄子轮讲、诗经讲义等课，后又增加书经、老子。而岛田重礼所教哲学第三年生，课程为孟子、老子、荀子。[3] 可见他们都是在新的名

[1] 东京大学法理文三学部编纂：《東京大學法理文三學部一覧（従明治十五年至明治十六年）》，丸家善七，明治十五年十二月，第113—114页。

[2] 东京大学法理文三学部编纂：《東京大學法理文三學部一覧（従明治十六年至明治十七年）》，丸家善七，明治十七年二月，第50—54页。

[3] 《東京大學第二年報》，第221—223页。

义之下延续原有的讲学路数，没有尝试将东西学熔为一炉，或是借西法创造出新的“哲学”。

可是，后来中江兆民针对东京大学的“东洋哲学”说，却断言：“我们日本从古代到现在，一直没有哲学”，只有考古学家、经学者和宗教家，并且点名批评加藤弘之、井上哲次郎等人，“自己标榜是哲学家，社会上也许有人承认，而实际上却不过是把自己从西方某些人所学到的论点和学说照样传入日本”[1]。中江兆民的这些话，虽然近年来引起关注“中国哲学”发生史的学人的注意，却着重于“哲学”的有无，而忽略其本事。其实中江兆民此番话确有实指，所批评的是以东京大学为主导而发生的“哲学”泛化，并指明主要代表人物为加藤弘之和井上哲次郎，背后的史事恰是认识“中国哲学”发源的关键。

井上哲次郎是东京大学最早专攻哲学的学生，1880 年 7 月毕业，本来希望留学欧洲学习哲学，因有人反对未能实现。这时支持其留学计划的东京大学三学部综理（即校长）加藤弘之嘱其编撰《东洋哲学史》。此举与东京大学哲学科后来增加东洋哲学史课程显然有着密切联系。鉴于中村正直、岛田重礼对于此事的相对被动，这一变化当出于加藤弘之主动，而且上述相关科目纲要的说明文字，很可能也是加藤的意思。如此，则加藤在哲学由单纯西洋转为东西各有的进程中起到至关重要的作用。

加藤提出的设想能否实现，还须找到合适的具体人选。东京大学哲学科虽然增设东洋哲学史课程，但缺少胜任的师资，此后两年内并没有实际开课。这时抱着编撰东洋哲学史目的进入文部省编辑局的井上哲次郎，因为以编纂教科书为主业的该局不承认《东洋哲学史》是教科书，不能如愿，又与文部省的官僚主义不相适应，仅仅一年，便专门找到加藤弘之，表示文部省不适合自己。加藤于是

[1] 中江兆民著，吴藻溪译：《一年有半·续一年有半》，北京：商务印书馆 1979 年，第 15—16 页。

提议其到东京大学来编纂《东洋哲学史》。加藤弘之选中井上哲次郎担任《东洋哲学史》的编纂，一方面固然由于实际上别无其他更佳选择，另一方面，则因为井上哲次郎已经显示出对于哲学的执着追求和在哲学的框架下沟通东西洋思想学问的取向和能力。

1881 年 4 月，也就是东京大学文学部刚刚独立的哲学科以及和汉文学科增设印度及支那哲学课之时，井上哲次郎就与和田垣谦三、国府寺新作、有贺长雄等人依据英国格拉斯哥大学教授弗列冥（William Fleming）的《哲学字典》，大幅度加以扩充，编成《哲学字汇》。据井上哲次郎所写的绪言，其书有三点增补：1. 原书不多载近世之字，遍搜诸书，增加甚多；2. 前人的翻译，“妥当者尽采而收之，其他新下译字者，《佩文韵府》、《渊鉴类函》、《五车韵瑞》等之外，博参考儒佛诸书而定，今不尽引证。独其意义艰深者，掺入注脚，以便童蒙”；3. 哲学所使用的其他学科词汇的字义，以括弧标出。据三年后再版改订增补本时有贺长雄的绪言，《哲学字汇》一书虽然由几位东大同窗合撰，“井上君之力居多”。这本由井上哲次郎主导的《哲学字汇》，因为全用汉字对译，所以还附录了所有汉字的清国音符。

这一时期日本的翻译事业渐趋兴盛，因为各自用词不一，产生诸多问题。1883 年矢野龙溪的《译书读法》指出：阅读翻译书的困难之一，是翻译者对同一西文词汇使用不同的汉字，容易使读者误以为指称不同事物。而《哲学字汇》的功能恰好是统一译语。该书出版两年即告售罄，哲学也随之日盛一日地流行起来。由此可见，“哲学”一词虽由西周助发明，原来仅限指与东方儒学相对的西方哲学，同时所用的译名还有“希哲学”、“理学”、“穷理学”、“希贤学”、“天道”、“圣学”以及音译的“斐鲁苏非”等等。《哲学字汇》的编辑出版，不仅确定了“哲学”作为 philosophy 的专门翻译名词，而且经过几度调整增补，逐渐形成了一整套固定系统的专业术语。

尤其重要的是，西周助虽然使用汉字翻译，却并未刻意从中国典籍中寻求解读。《哲学字汇》所收词汇，较弗列冥的《哲学字典》增加一倍有余，而井上哲次郎等人有意从儒佛经典取名定义的解读取向，与西周助明显有别。该书没有详尽注释所本的全部中国文献，除井上哲次郎的绪言指名的几种之外，注脚中涉及的相关经典包括《易经》、《书经》、《庄子》、《中庸》、《淮南子》、《墨子》、《礼记》、《老子》、《传习录》、《俱舍论》、《起信论》、《圆觉经》、《法华经》以及杜甫、柳宗元的诗文，涉及的词汇有形而上、转化、俱有、解脱、凝聚、轮回、伦理学、无限观等。其余广泛参考的儒佛诸书，因各词汇未加标注，有待进一步查考深究。[1] 此书对于哲学的普适化以及"东洋哲学"或"支那哲学"的合理化，无疑起着至关重要的作用。

1882 年 3 月，井上哲次郎就任东京大学文学部助教授，先到该校的编辑所专门从事《东洋哲学史》的编纂，等到书稿大部分写出，才开始上课讲义。[2] 目前没有证据显示井上哲次郎的《东洋哲学史》是否付梓，2003 年出版的《井上哲次郎集》没有收入这部书。不过，此书肯定以文本的形式存在过。与井上哲次郎同事兼同行的前辈岛田重礼不仅曾经阅读，而且做出评价。1884 年，井上哲次郎终于实现留学德国的夙愿，岛田重礼在《送井上君迪之欧洲序》中写道：

> 大学助教井上君迪，素覃心西洋哲学，旁涉经史百氏，曾著东洋哲学史，自孔曾思孟，至杨墨老庄申韩之徒，凡关哲学者，囊括罔遗，论学术之醇疵，辩流派之原委，虽时有不合者，其言凿凿有稽，绝不为架空凭虚之说。余读之，适然惊叹，伟其天分甚高，学殖甚富也。……然人之才学，随境而长，君迪年少而气锐，海外之行，不止今日，他年行数万里之路，读数万

---

[1] 《哲學字彙》、《改訂增補哲學字彙》和《英独仏和哲學字彙》，均为日本名著普及会 1981 年复刻版，由飞田良文解说。

[2] 《井上哲次郎自伝》，岛薗进、矶前顺一编纂：《井上哲次郎集》第 8 卷，东京：株式会社クレス 2003 年，第 8—9 页。

卷之书，学殖益富，才识益进，至欧人称曰哲学东矣，则其适然惊叹者，岂惟余辈而已乎哉。[1]

借由岛田重礼蕴涵丰富的文字，可以获悉：1. 井上哲次郎的确写出了《东洋哲学史》；2. 该书的基本内容，主要是中国古代“哲学”，尤其是上古“哲学”；3. 与中村正直、岛田重礼等人不同，井上对西洋哲学颇有知识，所讲经史诸子，已经不是中国或日本的固有讲法，而是以“哲学”为框架进行取舍组织，虽然时有不合，假以时日，却可以建构起东亚哲学。

由于文本的缺失，不易深究井上哲次郎用西洋专属的“哲学”来条理东洋思想的目的及具体做法。然而机缘巧合，与之相关的两位人物的作为，或许有助于理解其本意。一位是担任井上哲次郎哲学史教师的美国人恩内斯特·费诺罗萨（Ernest Fenollosa，フェノロサ），另一位是井上哲次郎的大学同班同学兼舍友冈仓天心。井上哲次郎自称费诺罗萨对其哲学兴味的加深，以及思想倾向给予很大影响，虽然语焉不详，将西洋学问对应于东洋当是题中应有之义。

费诺罗萨和冈仓天心是明治日本创立所谓“东洋美术”的最重要人物，尽管两人的观点有所不同，后来更是分道扬镳，却分别构建出与西洋美术对应的“东洋美术”。此事后来看似轻而易举，自然而然，但在近代的东亚，在西学的猛烈冲击之下，人们往往因为无法对应门类繁多的西学而根本怀疑固有文化的价值。这样的对应一方面可以面对西学重建对于固有文化的自信，一方面则有助于在

[1] 《篁村遺稿》卷中，第3—4页，大正七年九月，岛田均一刻。中村正直、岛田重礼等人，各有汉文文集，一般研治明治日本史的学人利用不多。而幕末明治日本思想界兼采中、东、西学，且通过汉语古典理解西洋，忽略日本的汉文书，不免片面，难以深究。例如，最早发明使用“支那哲学”的东京大学，近年来相关学人已经放弃“中国哲学”概念，并且努力探究当年何以、如何发明“支那哲学”，却始终不得要领。

东亚取得解读古今思想学问的话语权。冈仓天心编织“东洋美术”的谱系，目的之一，就是重构以日本为中心正统的东亚美术传统，压抑中国等其他东亚国家“美术”的地位。而后来中国的学人正是在冈仓天心及其传人大村西崖等人的影响下，重新确立文人画的美术和审美价值，才避免国画陷入国学、国医等国字号事物所面临的尴尬，并采取有效措施保存保护遗留下来的历代古物古迹。当然，如此一来，也难免用了西洋的美术眼光重新审视本国固有的作品，从而陷入日本式话语的笼罩之中。

相比之下，井上哲次郎或许没有冈仓天心那样显著的政治目的，而且两人的“东洋哲学”与“东洋美术”有着明显差异，后者还要分别东亚各国的高下，前者主要是用哲学框架重新条理中国古代的学术思想。不过，就“哲学”而言，井上哲次郎的抱负绝不亚于冈仓天心之于“东洋美术”。留欧途中，他赋诗道：“自此所期唯一事，西洋哲学欲穷源。”留学期间，又于梦中得句：“壮图千杰出，哲学万雄兴。”[1] 其对于东洋哲学和中国哲学的实际影响，则与冈仓天心之于东洋美术相当近似。主要体现于三方面：其一，使“哲学”由他者变成自己的事物，大幅度扩张了“哲学”在日本思想学术界乃至全社会的影响；其二，通过重新条理解读东亚的思想，获得掌握了在“哲学”架构下解释东亚历史文化和思想学术的主导权；其三，由于其“东洋哲学”以中国古代思想为主干，因而实际上建构起一套“中国哲学”的体系。

1883 年 9 月，井上哲次郎按照其编撰的教科书所建构的系统，在东京大学讲授东洋哲学史，听讲者包括井上圆了、三宅雄二郎、日高真实、棚桥一郎、松本源太郎等十余人。[2] 其中好几位稍后就

[1] 福井纯子：《井上哲次郎日记》，《東京大学史紀要》第 11 号，1993 年 3 月，第 25 页。

[2] 《井上哲次郎自伝》，第 8 页；《巽軒年譜》，岛薗进、矶前顺一编纂：《井上哲次郎集》第 8 卷，第 74 页。

成为在日本鼓吹“哲学”尤其是“东洋哲学”和“支那哲学”的骨干，分别陆续撰写过专题著作。1884 年，由井上圆了发起，于东京大学创立哲学会，会员包括加藤弘之、西周助、中村正直等 29 人，在纯正哲学的名义下，将哲学定位为具有统合一切学问的至高无上地位的学问，并形成印度、支那、西洋各家哲学对应交流的格局，以便共同探究真理。[1] 该会通过举办演讲、发行杂志、编辑书籍等活动，加速扩大哲学的影响。后来又推加藤弘之任会长，外山正一任副会长，三年间开会 26 次，会员发展到 70 人。所举办的演讲除西洋哲学外，还包括印度哲学及佛教（9 次），中国及东洋哲学（3 次）。其中第二次会由井上哲次郎演讲“支那哲学概论”，第十七次会由岛田重礼演讲“东洋哲学概略”、有贺长雄演讲“孔门哲学或考”[2]，不仅明确了“支那哲学”的概念，而且确立了日本哲学界西洋、印度、支那三分天下的局面。

以往学人认为幕末明治初期日本的中国学限于朱子和阳明学，而井上哲次郎的“支那哲学”，则包括孔孟和诸子，这不仅已经下至清学，而且对后来中国学人多以诸子学对应哲学产生了潜移默化的影响。井上哲次郎关于东洋、支那哲学的多种论著，是清季民初翻译次数最多的哲学类东学书籍。

“哲学”概念的泛化甚至滥用，在哲学会内部也引起反弹。会员西村茂树质疑将学问与宗教相混淆，尤其郑重指出：“哲学”本是西洋的学问，所谓印度哲学、支那哲学等等，其实是将各自不同的东西混为一谈，将佛学、儒学称之为“东洋哲学”，恰如将“哲学”称为西洋佛学或儒学一样荒唐。“哲学”旨在探究真理，与儒、佛诸贤长于学德、追求修身养性截然不同。他主张日本的哲学应着重

---

[1] 加藤弘之：《本會雜誌ノ發刊ヲ祝シ併ヤテ會員諸君ニ質ス》，《哲學會雜誌》第 1 册第 1 号，明治二十年二月五日，第 1—4 页。

[2] 井上圆了：《哲學ノ必要ヲ論シテ本會ノ沿革ニ及フ》，《哲學會雜誌》第 1 册第 2 号，明治二十年三月五日，第 41—44 页。

于三方面：其一，教育后进；其二，用哲学方法考察东方事物；其三，在东方发明新规。[1] 西村茂树的问题及其解决方案极为重要，虽然当时并未得到广泛认同，“哲学”在东亚继续扩张版图，但也时时遭遇概念与事物不相凿枘的尴尬。因而在后来的一个多世纪里，有识之士不断用不同的方式或从不同的角度反复提出西村的质疑，考验着哲学界的智慧与学识。

东京大学的加藤弘之和井上哲次郎将“哲学”与东洋相连接，使之由西周助的西洋学问变成普遍性学问，目的是用西洋philosophy解读中国思想，借此掌控东亚文化圈的话语权。尽管“东洋哲学”与“支那哲学”给东亚尤其是中国提供了重估固有文化的机缘，其后却演变为用西洋系统条理中国材料的习惯。中国在接受和质疑这一途辙的过程中，演化出用哲学概念重装古代思想、探究“哲学”和“中国哲学”的发生及其入华进程以及借鉴philosophy以丰富和发展中国思维三种不同的取向，对近代中国学术思想界产生了深远的影响。

二　泰西哲学与中学

“哲学”以及“中国哲学”进入中国的大致进程，前人已经有所描述。[2] 其间中国经过抗拒西潮的节节败退，不仅中西乾坤颠倒，而且进入转由东学学习西学的阶段，接受者有之，附会者有之，困惑者有之，不以为然者亦有之。仔细分别，中国学人接受“哲学”之始，持异议者，如文廷式和严复，主要是就“哲学”一词能否准确翻译philosophy的本意，以及如何安置这一概念背后的学科架构

[1] 西村茂树：《質疑》，《哲學會雑誌》第1册第10号，明治二十年十一月五日，第517—529页。

[2] 陈启伟：《“哲学”译名考》，《哲学译丛》2001年第3期。

提出异议。因为此前中国用于 philosophy 的译名已有多种，指向相近，含义各异，症结在于对西学的认识把握各不相同。其实，欧洲各文化系统不同学科的内涵外延，错综复杂，并无所谓统一的西学。接触的渊源和取径因人而异，见解自然有别。

最早将中国古代学说如儒学视同泰西 philosophy 的，其实是来华西人或早期汉学家。至于接受日本发明的“哲学”，主要是从三个方面：一是介绍日本的哲学。如黄遵宪对东京大学哲学政治及理财学科的介绍；康有为以 1893 年日本《东京书籍出版营业者组合员书籍总目录》为底本改编的《日本书目志》，在《理学门》专设“哲学”一类，收书 22 种，图史等门也著录了一些哲学书目。二是新式学科的建制，包括教育和学术两方面。如宋恕、蔡元培、吴汝纶等人构想建立以西学为范型的新学科系统，必须将哲学安放到适当位置。三是学习或翻译泰西哲学。这时基本还是将“哲学”视为他者的事物，尚未内化，也就不存在能否对应中国固有学问的问题。

如果说蔡元培、王国维等人在教育和学术的学科建制方面影响中国人接受“哲学”起了很大作用，梁启超则不仅迅速传播“哲学”概念，更重要的是沿用日本人的“支那哲学”，作为所办报刊的专栏名称，将中国固有的各种思想学说纳入“哲学”的框架之中。1897 年梁启超读了《日本书目志》，已经注意到哲学。戊戌政变梁亡走日本，很快就与日本的哲学界建立联系。1899 年 1 月 2 日出版的《清议报》第二期，即开辟《支那哲学》专栏，刊登谭嗣同的《仁学》及梁启超的校刻序。稍后，梁启超的序又刊登在 3 月 10 日出版的日本《哲学杂志》第 14 册第 3 号上，该刊说明是应作者的要求而登。同年 5 月 13 日，梁启超参加了日本哲学会的春季“会合”，与日本“诸贤哲相见”，并向日本同仁介绍了康有为“所言哲学之一斑”，包括“关于支那者”和“关于世界者”。显然，由日本哲学界加工而成形神兼备的“支那哲学”，使得本来就容易附会的梁启超不假思索地照单全受，并向国内士林和青年学生传播扩散。

不过，并非所有中国人都顺理成章地接受“哲学”，或者说还有如何接受以及接受什么的问题。1902 年 9 月,《新世界学报》发刊，主办者为是年 5 月杭州中学堂风潮离校的教师陈黻宸和退学师范生汤尔和、马叙伦、杜士珍等人，该报分为经学、史学、心理学、伦理学、政治学、法律学、地理学、物理学、理财学、农学、工学、商学、兵学、医学、算学、辞学、教育学、宗教学十八门，不少栏目名称，一直沿用至今，唯独心理学一门，所刊登的文字用现在的观念看多为“哲学”内容。据陈黻宸所撰该报《叙例》:“周秦大家，东西哲学，梵辞精奥，语录杂糅，斯皆心理学之荦荦大端欤。”[1] 可见其并非不知哲学之名，也不排斥哲学，只是认为应以心理学涵盖哲学。

《新世界学报》的分类和与此相关的说法，引起《新民丛报》的质疑，在评介时专门提出讨论，指其栏目分类“颇欠妥惬”：

> 如其中心理学者一门，最为鄙意所不敢苟同。统观三号，其心理学门皆论哲学也。日人译英文之 Psychology 为心理学，译英文之 Philosophy 为哲学，两者范围，截然不同。虽我辈译名不必盲从日人，然日人之译此，实颇经意匠，适西文之语源相吻合,未易遽易之也。吾度著者未尝不知东籍中此两字之区分，然其意以为一切哲学，皆心识之现象也。故吾不从东译，而定以此名，鄙人窃以为误矣。哲学之大别，有唯心与唯物之两派，物者，正心之对待也。今惟以心学名之，不几将唯物论全行抹杀乎。若以为所研究之客体，虽有心物之殊，而能研究之主体，惟在人心，故定以此名。然则宗教学、政治学、法律学，乃至一切无形有形之学，何一非以吾心研究之，然则并此诸学而名心理学可乎。且既以 Philosophy 冒此名，则于 Psychology 又将

[1] 《新世界学报》第 1 号，1902 年 9 月 2 日，第 2 页。

> 以何语译之。此吾所不敢苟同也。Psychology 与 Ethics（即伦理学）皆为 Philosophy 中之一门，吾以为宜立哲学一门，而以心理、伦理皆入之，似为得体矣。[1]

从《新民丛报》编辑人员的情况看，这些没有标明作者的文字，很有可能是出自梁启超的手笔。

对于《新民丛报》的批评，《新世界学报》全面回应道：

> 人群进化之渐，即从人神经所已有之物，徐以引进所未知之途。故陈义不嫌其过高，而名词必从其所习。中人向解哲字颇狭，鄙意如英文之 Philosophy，日人虽译为哲学，中人宜译为理学。古书理字范围甚大，鄙人尝谓世人专指宋儒为理学，荒谬无其伦比。鄙报初欲设理学一门，而以周秦汉宋各学暨东西哲学家言尽入之，然终以世人误解理学已久，未易领会，而中国古文，皆以心范围一切，鄙报宗旨，不欲人尽废古书，故不敢遽从东译，而暂定以此名。亦自知其名义未当，徒以诱世苦心，因时通变，即大教所谓未尝不知东籍中此两字之区分，以为一切哲学，皆心识之现象者，不觉自忘其龃龉不安也。若英文之 Psychology 为心理学，以读我中国古书，亦似多窒碍难通之处，则亦以古人之文，皆以心范围一切故也。唯心唯物，出佛氏旧文，然佛书视心字范围亦甚大，其言唯心者，亦暂对唯物而言耳。《大学》以知与物对，即佛氏亦有以识以性与物对者。然则英文之 Psychology，舍心理亦未必无语可译矣。

该报针对《新民丛报》提出的所有无形有形之学皆以心研究，而不能都称为心理学的质疑，认为各种学都可以哲学研究之，因而

---

[1] 《新世界学报第一、二、三号》,《新民丛报》第 18 号，1902 年 10 月 16 日，第 99—101 页。

日人各科学均有相应哲学之名，若立哲学门而仅以伦理、心理入之，也失之太狭。[1]

陈黻宸是清季主张分科治学的先行者之一，认为“彼族之所以强且智者，亦以人各有学，学各有科，一理之存，源流毕贯，一事之具，颠末必详。而我国固非无学也，然乃古古相承，迁流失实，一切但存形式，人鲜折衷，故有学而往往不能成科。即列而为科矣，亦但有科之名而究无科之义”。并且相信“科学不兴，我国文明必无增进之一日”[2]。只是如何具名，仍有偏重东译还是古书的取舍。

除了对“哲学”的译名有所质疑，那一时期的中国人对于无论泰西还是东洋、支那的“哲学”，接受起来都鲜有迟疑。首次公开和正面的争议冲突，1903 年出现在张之洞、张百熙和王国维之间。前人关于此事，多将二张视为一体，而放进中西新旧进步保守的解释框架。其实反对者以张之洞为主动，张百熙的旨意与之有所不同。1902 年 10 月底，湖广总督张之洞和湖北巡抚端方上《筹定学堂规模次第兴办折》，提出办学要旨八条，其中第八条为防流弊，其要义有三，一曰幼学不可废经书，二曰不必早习洋文，三曰不可讲泰西哲学。

> 中国之衰，正由儒者多空言而不究实用，西国哲学流派颇多，大略与战国之名家相近，而又出入于佛家经论之间，大率皆推论天人消息之原，人情物理爱恶攻取之故。盖西学密实已甚，故其聪明好胜之士别出一途，探赜钩深，课虚骛远，究其实，世俗所推为精辟之理，中国经传已多有之。近来士气浮嚣，于其精意不加研求，专取其便于己私者，昌言无忌，以为煽惑人

[1] 《答新民丛报社员书》，《新世界学报》第 8 号，1902 年 12 月 14 日，第 115—117 页。

[2] 陈黻宸：《京师大学堂中国史讲义》，陈德溥编：《陈黻宸集》（下），北京：中华书局 1995 年，第 675 页。

> 心之助，词锋所及，伦理国政，任意抨弹。假使仅尚空谈，不过无用，若偏宕不返，则大患不可胜言矣。中国圣经贤传，无理不包，学堂之中，岂可舍四千年之实理，而骛数万里外之空谈哉。[1]

按照张之洞的看法，哲学仍是泰西所有，与先秦名学、佛家经论相似，别出心裁，不图实用，学堂应究实理，不尚空谈。而他真正担忧的，则是新学士子借此昌言煽惑，任意抨弹伦理国政。所指实事至少有二，一是梁启超的《清议报》借“哲学”名义进行宣传，二是据说其时上海通日文者如叶瀚等，“往往自谓通教育、哲学两科，凡理化动植无不当行，辄挟所知以难人”[2]。而流亡海外的保皇党和参与过上海国会的人士，正是张之洞的心腹大患。新党对哲学的偏好借重，自然使得张之洞如鲠在喉，不去不快。

不久，管学大臣张百熙遵旨议复张之洞的奏折，他比照《钦定学堂章程》，认为高等学堂应设诸子、名学科目，“诸子一门，列入四部，此中国数千年相传之旧学，其说往往与西人之哲理学相通，可为文学专科之参考。……至于名学一科，中国旧译为辨学，日本谓之论理，与哲学判分两派，各不相蒙，共大旨主于正名实，明是非，尚无他弊。盖哲学主开发未来，或有骛广志荒之弊，名学主分别条理，迥非课虚叩寂之谈。此钦定章程中所以必取名学，而哲学置之不议者，实亦防士气之浮嚣，杜人心之偏宕，与该督等用意正同”[3]。

清季学制多仿日本，而在整个系统之中，哲学仅及高等以上，至于学问分科方面，哲学的归属与所属，或哲学与其他学科的关系，各家看法有别。如蔡元培和吴汝纶所据日本人士的讲法，即有所不

[1] 苑书义、孙华峰、李秉新主编：《张之洞全集》第二册，第1488—1502页。

[2] 中国蔡元培研究会编：《蔡元培全集》第十五卷，杭州：浙江教育出版社1998年，第286页。

[3] 朱有瓛主编：《中国近代学制史料》第二辑上册，上海：华东师范大学出版社1987年，第66页。

同。况且还有哲学与诸子的中西属性问题。张百熙回应张之洞，顺势之外，也有不以泰西哲学为普适性学问之意，进而说明取名学而弃哲学的用心，实则其并不像张之洞那样断然排斥哲学。张百熙任管学大臣期间主持制定的光绪二十八年《京师大学堂译书局章程》，依照西学通例，翻译课本，分为统挈（分名、数两宗）、间立（分力、质两门）、及事（治天地人物之学）三科，此外各种专门专业之书，包括哲学在内，“但使有补于民智，则亦不废其译功”[1]。

二张的两折披露于世，“于是海内之士，颇有以哲学为诟病者”。为此，已经沉浸于哲学数年的王国维专门写了《哲学辨惑》，从五个方面论证哲学为有益无害之纯粹科学，不能以防流弊为名因噎废食，不可以有无实用为断；中国讲求教育，而教育的真善美即为哲学各科的主旨；哲学为中国固有之学，诸子、六经及宋儒之说，多深入哲学问题；中国古书散乱残缺难解，西洋哲学则系统严密，治中国哲学，必在深通西洋哲学之人。为此，他强调“专门教育中，哲学一科必与诸学并立”。为了避免国人不知哲学性质而诟病其名义，他主张“正名”为“理学”，以息争论。[2]

按照《钦定学堂章程》，大学堂于文学科下，已设理学之目。虽然未必如王国维所论，是用哲学观念讲理学问题，至少符合其宋儒所讲也是中国固有哲学的观点。几年后，王国维又发表了《奏定经学科大学文学科大学章程书后》等文章，继续抨击张之洞指哲学为有害无用之外，尤其强调外来哲学不仅与中国古来学术相容，而且为研究固有学术所必需的参照。只有兼通世界学术，才能发明光大我国学术。张之洞不仅排斥哲学，且摈弃诸子，局限理学于道德哲学，而西洋哲学与中国哲学的关系，与诸子哲学之于儒教哲学相

[1] 北京大学校史研究室编：《北京大学史料》第1卷，北京大学出版社1993年，第195—196页。

[2] 王国维：《哲学辨惑》，傅杰编校：《王国维论学集》，北京：中国社会科学出版社1997年，第216—219页。

等。因此，王国维主张文学科大学增设理学科（即哲学），并在其他各科增设“哲学概论”等课程。[1]

除了严复等少数人外，近代国人大都缘着东学的途径接受哲学，反对哲学最力的张之洞，虽然对新名词不以为然，却是典型的东学派。今人论及近代中日两国维新与洋务的差距，更多着眼于制度经济学务军事等能够目验的层面，实则在精神世界的学术文化领域，两国不仅时间相差 20 年，而且日本已经建立起一整套包括新名词在内的话语体系，循着日本富强之道前行的中国人，很难摆脱其思想的控制。在中西学乾坤颠倒的背景下，国人以为用中学比附西学是进入世界体系的正途，不料在失去自我的同时，未必能够融入世界。从以西学解读中国，到回到中国看中学乃至西学和世界，或许有助于消除对立和紧张。

一介布衣王国维的批评当然无法改变重臣张之洞的看法，清季新式学制体系中一直没有哲学的正式合法位置。但这并不意味着哲学在当时的思想界没有影响。相反，在海内外各种中文报刊上，哲学成为不少人讨论的话题，翻译介绍之外，用哲学的观念解释中国古代思想者也不乏其例，如 1905 年王国维的《国朝汉学派戴阮两家之哲学说》(《政艺通报》)，1906 年刘师培的《中国哲学起源考》(《国粹学报》)，1907 年王巘炜的《哲学家荀卿》(《新译界》）等。同时，哲学也没有因为学务大臣张之洞的禁止而完全绝足于新式学堂。一些民立学堂课程中早有哲学一项，官办的北洋师范学堂奏定章程,地理历史类分科应授科目赫然列有“哲学”[2]。1907 年江苏教育总会上书学部，请改南菁高等学堂为文科高等学校，其本科分哲

[1] 王国维：《奏定经学科大学文学科大学章程书后》，傅杰编校：《王国维论学集》，第 376—382 页。

[2] 《奏定北洋师范学堂章程》，朱有瓛主编：《中国近代学制史料》第二辑下册，上海：华东师范大学出版社 1989 年，第 373 页。

学、文学两部，分别招生，文学部也要开设哲学概论课程。[1]1910年学部所奏《改定法政学堂章程》，其正科的政治门课程，包括政治哲学。[2]京师大学堂虽然没有哲学课程，译学馆所藏教科书，也包括《西洋哲学史》、《哲学泛论》、《宗教哲学》，而大学堂要求购办的书籍，则有《日本阳明学派之哲学》、《日本古学派之哲学》、《哲学及心理学辞林》、《哲学历史》、《哲学二案》、《哲学简史》等多种。[3]哲学虽然不能大张旗鼓地高歌猛进，却已经润物无声地渗入华夏大地，逐渐成为思想界新的利器。

三 "中国哲学"的取向

张之洞带些蛮横的排斥态度，促使人们专注于努力争取哲学的合法地位，与哲学相关的其他问题反而很难得到充分展现。进入民国，哲学的顾忌不复存在。1914年北京大学设中国哲学门，开中国哲学史课程，哲学正式合法进入学制体系。这一变化，使得哲学很快升温，成为民初相对沉闷的思想界活跃的先声。1916到1919年，谢无量的《中国哲学史》和胡适的《中国哲学史大纲》等一批哲学著作先后出版，原来被打入另册的哲学开始风光起来，在引起社会广泛关注的同时，也很快成为争论的焦点。

胡适《中国哲学史大纲》的做法，公然标明："故本书的主张，但以为我们若想贯通整理中国哲学史的史料，不可不借用别系的哲学，作一种解释演述的工具。""我所用的比较参证的材料，便是西洋的哲学。"蔡元培为之作序，推许之余，更加断言："我们要编成系统，古人的著作没有可依傍的，不能不依傍西洋人的哲学史。所

[1] 《江阴文科高等学校办法草议》，朱有瓛主编：《中国近代学制史料》第二辑上册，第599—600页。

[2] 《改定法政学堂章程》，朱有瓛主编：《中国近代学制史料》第二辑下册，第495页。

[3] 北京大学校史研究室编：《北京大学史料》第1卷，第262—263、492、502—507页。

以非研究过西洋哲学史的人不能构成适当的形式。”[1] 这样的说法，正是落实先前王国维与张之洞论争时的主张。

不过，这时的王国维已经开始反省自己早年的论断，认为用西洋哲学观念不能切当理解古人之说，他批评辜鸿铭的《中庸》英译本道：

> 如执近世之哲学以述古人之说，谓之弥缝古人之说，则可；谓之忠于古人，则恐未也。夫古人之说，固未必悉有条理也。往往一篇之中，时而说天道，时而说人事；岂独一篇中而已，一章之中，亦复如此。幸而其所用之语，意义甚为广莫，无论说天说人时，皆可用此语，故不觉其不贯串耳。若译之为他国语，则他国语之与此语相当者，其意义不必若是之广；即令其意义等于此语，或广于此语，然其所得应用之处不必尽同。故不贯串不统一之病，自不能免。而欲求其贯串统一，势不能不用意义更广之语。然语意愈广者，其语愈虚，于是古人之说之特质，渐不可见，所存者其肤廓耳。译古书之难，全在于是。[2]

王国维指古人之说未必都有条理，应当也是今人的条理，实则古人自有其条理，只不过不能用后来的条理去条理而已。不过他毕竟察觉到中西古今的条理不能统一贯穿，否则必失各自原有的本义。章太炎、刘师培、梁启超等人乃至蔡元培，后来都逐渐察觉西洋哲学与中国固有思想的不相凿枘，放弃早年随意的附会，转取慎重的态度。1916 年曹恭翊编撰《儒哲学案合编》(1918 年 1 月出版)，同一本书里面，将中国儒学与欧洲哲学分述，而不用哲学的观念看

[1] 欧阳哲生编：《胡适文集》6，北京大学出版社 1998 年，第 155、182 页。

[2] 王国维：《书辜氏汤生英译〈中庸〉后》，《静庵文集》，沈阳：辽宁教育出版社 1997 年，第 150—151 页。

儒学，不强求削足适履地将中西学术熔于一炉。

针对胡适、冯友兰等人热极一时的中国哲学史著作，立场态度各异的学人纷纷提出批评，反复指出中国的思想和西方的哲学明显有别。1928年，张荫麟撰文评冯友兰《儒家对于婚丧祭礼之理论》，所论最能击中要害，他说：

> 以现代自觉的统系比附古代断片的思想，此乃近今治中国思想史者之通病。此种比附，实预断（presuppose）一无法证明之大前提，即谓凡古人之思想皆有自觉的统系及一致的组织。然从思想发达之历程观之，此实极晚近之事也。在不与原来之断片思想冲突之范围内，每可构成数多种统系。以统系化之方法，治古代思想适足以愈治而愈棼耳。[1]

金岳霖《冯友兰中国哲学史上册审查报告》进一步详细论道：

> 欧洲各国的哲学问题，因为有同一来源，所以很一致。现在的趋势，是把欧洲的哲学问题当作普通的哲学问题。如果先秦诸子所讨论的问题与欧洲哲学问题一致，那么他们所讨论的问题也是哲学问题。以欧洲的哲学问题为普遍的哲学问题，当然有武断的地方，但是这种趋势不容易中止。既然如此，先秦诸子所讨论的问题，或者整个的是，或者整个的不是哲学问题，或者部分的是，或者部分的不是哲学问题；这是写中国哲学史的先决问题。这个问题是否是一重要问题，要看写哲学史的人的意见如何。如果他注重思想的实质，这个问题比较的要紧；如果他注重思想的架格，这个问题比较的不甚要紧。若是一个人完全注重思想的架格，则所有的问题都可以是哲学问题；先

[1] 张荫麟：《冯友兰〈儒家对于婚丧祭礼之理论〉》，《大公报·文学副刊》1928年7月9日。

> 秦诸子所讨论的问题也都可以是哲学问题。至于他究竟是哲学问题与否？就不得不看思想的架格如何。……“中国哲学”这名称就有这个困难问题。所谓中国哲学史是中国哲学的史呢？还是在中国的哲学史呢？如果一个人写一本英国物理学史，他所写的实在是在英国的物理学史，而不是英国物理学的史；因为严格地说起来，没有英国物理学。哲学没有进步到物理学的地步，所以这个问题比较复杂。写中国哲学史就有根本态度的问题。这根本的态度至少有两个：一个态度是把中国哲学当做中国国学中之一种特别学问，与普遍哲学不必发生异同的程度问题；另一态度是把中国哲学当做发现于中国的哲学。

金岳霖表面的两可，在傅斯年已经有了明确的答案。后者早年就认为，与以自然科学为基础的西洋哲学相比，以历史为基础的中国哲学根本不算是哲学。1926年他听说胡适要重写《中国古代哲学史》，表示自己将来可能写“中国古代思想集叙”，而且提出若干“教条”，包括：1. 不用近代哲学观看中国的方术论，“如故把后一时期，或别个民族的名词及方式来解它，不是割离，便是添加。故不用任何后一时期，印度的、西洋的名词和方式”；2. 研究方术论、玄学、佛学、理学，各用不同的方法和材料，而且不以二千年的思想为一线而集论之，“一面不使之与当时的史分，一面亦不越俎去使与别一时期之同一史合”[1]。

稍后傅斯年与顾颉刚论古史，又说：

> 我不赞成适之先生把记载老子、孔子、墨子等等之书呼作哲学史。中国本没有所谓哲学。多谢上帝，给我们民族这么一

---

[1] 《傅斯年致胡适》，1926年8月17、18日，杜春和、韩荣芳、耿来金编：《胡适论学往来书信选》下册，石家庄：河北人民出版社1998年，第1264—1265页。

个健康的习惯。我们中国所有的哲学，尽多到苏格拉底那样子而止，就是柏拉图的也尚不全有，更不必论到近代学院中的专技哲学，自贷嘉、来卜尼兹以来的。我们若呼子家为哲学家，大有误会之可能。大凡用新名词称旧物事，物质的东西是可以的，因为相同；人文上的物事是每每不可以的，因为多是似同而异。现在我们姑称这些人们（子家）为方术家。思想一个名词也以少用为是。盖汉朝人的东西多半可说思想了，而晚周的东西总应该说是方术。[1]

回国后傅斯年在中山大学任教，写了《战国子家叙论》，开篇即“论哲学乃语言之副产品，西洋哲学即印度日耳曼语言之副产品，汉语实非哲学的语言，战国诸子亦非哲学家”。他认为：

拿诸子名家理学各题目与希腊和西洋近代哲学各题目比，不相干者如彼之多，相干者如此之少，则知汉土思想中原无严意的斐洛苏非一科，“中国哲学”一个名词本是日本人的贱制品，明季译拉丁文之高贤不曾有此，后来直到严几道、马相伯先生兄弟亦不曾有此，我们为求认识世事之真，能不排斥这个日本贱货吗？[2]

傅斯年的看法摆脱了晚清以来比附中西的窠臼，如果放进王国维和张之洞的争议之中，学理上似与后者的判断相符，很值得当时和后来自认为中国哲学史家的深思。但那时的中国哲学史家正在热衷于建构中国哲学史，后来则因为中国哲学史已是专门研究者从事的职业乃至事业，傅斯年的批评有意无意地逐渐被淡忘。靠中国哲

[1] 欧阳哲生主编：《傅斯年全集》，长沙：湖南教育出版社2003年，第一卷，第459页。
[2] 欧阳哲生主编：《傅斯年全集》第二卷，第253页。

学成名的胡适对于用哲学解读中国古代思想或已习以为常，或是碍于面子，对于傅斯年的批评，起初本能地有些抵触，后来却不仅接受，而且态度更为彻底。他大概觉悟到改换名称对于正名究实有百利而无一弊，所以不再使用中国哲学史的名目，一律（包括旧著）改称思想史，甚至到处讲哲学系应该关门。[1] 反倒是傅斯年回国后就了中山大学哲学系主任的职位，尽管同时仍然大讲不能用“中国哲学”指称古代思想，毕竟觉得中国以外的哲学还应该讲，不认为哲学系要停办。

然而，其他学人并未放弃对金岳霖所说另一种可能性的追求，熊十力甚至认为：

> 一般人都拿科学的眼光来看哲学，所以无法了解哲学，尤其对于东方的哲学更可以不承认他是哲学。因为他根本不懂得哲学是什么，如何肯承认东方的哲学？我觉得在今人底眼光里好似东方硬没有学问。本来哲学上的道理能见到的人便见得这道理是无在无不在，不能见到的人也就没有什么。

依照熊十力的说法，指东方没有哲学就等同于说东方没有学问，不承认东方有哲学是因为不懂哲学。哲学有无的关键从东西转到科哲，所争论的问题迥然不同。他与林宰平之间曾就哲学一词的当否交换意见，后者“谓西人‘哲学’一词，本为知识的”，而熊十力“以中国学问为哲学，却主张知识与修养一致，此恐为治西洋哲学者所不许，盍若不用哲学之名词为得”。其实熊十力曾一度佩服张东荪所说“于宗教哲学外宜有一种东西，非宗教，非哲学，而亦兼此二者之性质”，并且“以为东方学问当属此类”。之所以最终还是不赞成张东荪之说，是认为学术只宜分科哲两途，不必另立名目，以免

[1] 详见桑兵：《横看成岭侧成峰：学术视差与胡适的学术地位》，《历史研究》2003 年第 5 期。

过于烦琐。他还声称："欧人言及中国哲学，辄与宗教并为一谈，各国大学于哲学科目中并不列入中国哲学，或则于神学中附及之。此则于中国学问隔阂太甚，而为中西文化融通之一大障碍，私怀所常引为遗憾者也。"

不过，熊十力也知道中西学问的取径内容有所不同，"哲学之功，中圣深于体认，西贤极其思辨"。反对当时中国的各大学治哲学者，"一意袭西人肤表，以混乱吾先哲意思，究义不根于实，立言浮乱无纪。教者学者更相授受，向后将成何局？""若乃探穷中土哲学思想，而亦袭取西洋皮毛以相牵合，则彼己两方根本精神俱失，而其害有不可胜言者矣。"强调中西学术各有特色，须不设门户，取长补短，融会贯通。[1] 他和冯友兰、牟宗三等相继努力发掘总结提升中国哲学的体系，以求建立中国哲学的系统。当然，也有海内外学者认为，冯友兰、熊十力的努力，仍然在史学与哲学之间徘徊，未能真正变成哲学；而牟宗三虽然建构成型，却使中国历史上的哲学变成西方哲学的资料。言下之意，这样的努力还是作茧自缚。[2]

冯友兰抗战期间撰写的"贞元六书"，是其建构中国哲学的代表作。朱光潜的《冯友兰先生的新理学》一文论道：

> 中国哲学旧籍里那一盘散沙，在冯先生的手里，居然成为一座门窗户牖俱全底高楼大厦，一种条理井然底系统。这是奇迹，它显示我们：中国哲学家也各有各的特殊系统，这系统也许是潜在底，不足为外人道底，但是如果要使它显现出来，为外人道，也并非不可能。
>
> 看到冯先生的书以后，我和一位国学大师偶然提到它，就

[1] 熊十力：《十力语要》，北京：中华书局1996年，第58、72、140—141、278、287、305—306页。

[2] 参见李明辉：《再论中国哲学的"创构"问题》，景海峰编：《拾薪集——"中国哲学"建构的当代反思与未来前瞻》，第274—283页。

> 趁便询取意见，他回答说，“好倒是好，只是不是先儒的意思，是另一套东西”。他言下有些谦然。这一点我倒以为不能为原书减色。冯先生开章明义就说：“我们现在所讲之系统，大体上是承接宋明道学中之理学一派。……我们说‘承接’，因为我们是‘接着’而不是‘照着’宋明以来理学讲底。因此我们自号我们的系统为新理学。”他在书中引用旧书语句时尝郑重地声明他的解释不必是作者的原意，他的说法与前人的怎样不同。这些地方最足见冯先生治学忠实底态度，他没有牵强附会底恶习。他“接着”先儒讲而不是“照着”先儒讲，犹如亚里士多德“接着”柏拉图讲而不是“照着”他讲，康德“接着”休谟讲而不“照着”他讲，哲学家继往以开来，他有这种权利。[1]

朱光潜的辩词为“贞元六书”开脱，仅仅从建构中国哲学的角度，当然可以称为“接着”讲，而《中国哲学史》却不能绕开“照着”讲而直接进入“接着”讲的阶段，亦即所谓求其是必先求其古。可是，建构中国哲学史，势必要用哲学观念条理古代思想。朱光潜也知道：

> 我们一般浅尝中国哲学和西方哲学的人们，常常感觉到这两种哲学在精神和方法两方面都有显著的差异。就精神说，中国民族性特重实用，哲学偏重伦理政治思想，不着实际的玄理很少有人过问；西方哲学则偏重宇宙本体和知识本身的性质与方法之讨论，为真理而求真理，不斤斤计较其实用。就方法说，西方哲学思想特长于逻辑的分析，诸家哲学系统皆条理井然，譬如建筑，因基立柱，因柱架梁，观者可以一目了然其构造；中国哲学思想则特长于直觉的综合。从周秦诸子以至宋明理学家都喜欢用语录体裁随笔记载他们的灵心妙语，譬如烹调，珍

[1] 朱光潜：《冯友兰先生的新理学》，《文史杂志》第1卷第2期，1941年1月。

> 味杂陈，观者能赏其美，而不能明白它的经过手续，它没有一目了然的系统。[1]

在这方面，近代学人所致力的，果然有助于进一步理解古人本意，并使得中国逐渐进入世界，还是不仅徒劳无功，而且往往强古人以就我，陷入越有条理系统，去事实真相越远的尴尬，想必仍然言人人殊。

史事表明，学问的科哲两分，并非天经地义，用哲学来建构中国古人思想的系统，很难完全不加比附，否则不像哲学；而一旦比附，又难免格义附会。即使作为不得已的方便名词，也不如仿傅斯年、胡适的成例，改用中国思想史，以免朝着哲学的方向做无谓的努力。如发端中国哲学的东京大学中国哲学科，上世纪末就已经自觉改称中国思想史。若用哲学观念发明古代思想，目的不在标榜认识古代，而是直接面向现在和未来，或许能循着新儒家的旧途径，丰富提升中国人的思维能力。犹如深通佛教的宋儒，避名居实，取珠还椟，“采佛理之精粹，以之注解四书五经，名为阐明古学，实则吸收异教”[2]，则有益于增进民族智慧。这也是“哲学”在中国所起的实际效用。

跨文化传通本来就充满误会，中国既往没有 philosophy，“哲学”是近代以来东亚人心中的 philosophy。同样，欧洲也没有“哲学”，更没有“中国哲学”。认为中国没有“哲学”就不高明的观念，显然受到进化论的影响。其实中国没有哲学与欧洲没有儒学、理学大同小异，无所谓先进落后之分。明治日本借用汉语创造“哲学”，试图对应 philosophy 之外，起到掌控东亚汉字文化圈的话语权的作用。因此“哲学”在明治日本和中国的语境不同，含义各异。

---

[1] 朱光潜：《冯友兰先生的新理学》，《文史杂志》第 1 卷第 2 期，1941 年 1 月。

[2] 吴宓著，吴学昭整理注释：《吴宓日记》第二册，北京：生活·读书·新知三联书店 1998 年，第 102 页。

不过，“东洋哲学”与“支那哲学”同时给东亚尤其是中西学乾坤颠倒的中国提供了重估（无论附会还是用外来系统条理本来材料）固有文化的机缘。就此而论，“中国哲学”及“中国哲学史”实际上分为三类：

1．用哲学概念重新组装中国历史上的思想。这也是迄今为止一般中国哲学史的取径。如此可以附会 philosophy，却于理解古人思想无益，而且无论成败，内外均不讨好。

2．梳理“哲学”和“中国哲学”的发生及其进入中国的发展演化，后一方面，包括“哲学”与“中国哲学”两部分。这也是撰写《“中国哲学”史》的主题及主旨。

3．效法前贤，面向未来，尽力吸收 philosophy 以建构中国哲学，丰富和发展现代中国人的思维。第二类史事已经体现第三类努力，只是取向或有可议。三者互有重叠，往往不易分别，但还是各有侧重。“哲学”在中国的前途如何，后一领域的成效无疑至关重要。

综上所述，甲午之战固然是近代中日两国竞争发展的重要分界，其实早在 1880 年代，日本发明了一套对应西学的概念，在语言支配思维定律的制导下，已经预设了后来掌控东亚话语权的格局。这不仅导致清季新政和宪政时期中国全面学习日本或通过日本学习西方，甚至一度在清政府的决策层出现东学压倒西学的情形，而且一直影响着近代以来中国人的精神世界，此后中国人在某种程度上可以说是发汉音，说日语，用西思。尽管后来看似留美学生的影响日益扩大，留欧学生在学术思想的深度方面更胜一筹，可是日本对中国知识界思想界的辐射作用长期持续。相当于日本大正时代的民国北京政府时期，包括北京大学教授在内的中国知识人，参考、借鉴甚至模仿东学著述，仍是相当普遍的情形。五四时期的东西文化论战，与西相对的是东而不是中，便是东西两洋分立的表征。只是其时日本对华野心日渐暴露，加上“二十一条”的刺激，国人一般不愿注明所参考征引的东学论著。这也是坊间甚多抄袭传闻的起因。

受此制约，国人一方面得以重建重估文化价值，一方面则深陷日本式对应西学解读中学的缠绕和困扰。迁延演变至今，这些概念名词已经成为人们不言而喻的认识前提或工具，正本清源诚非易事，拨乱反正似无可能，而因陋就简，则犹如戴上有色眼镜，了解过去、认识现在、展望未来，均不免变形变色，无法为世界展现中国思想文化的本义本相。就此而论，在思想学术领域来一次以复古为创新的文艺复兴，为迎接世界的中国时代来临做好精神文化准备，此其时也。

文与言的分与合

重估五四时期的白话文

按照后来通行的论述，五四前后的新文化运动，对中国的发展演变产生了多层面的重要影响，其中之一，便是文学革命的结果——白话文取代文言文成为正式通行的文体。五四新文化运动中的白话文学，被倡行者视为一场变革文体的改良或革命。虽然白话文和白话文学古已有之，虽然白话报刊自晚清以来已经蔚为风气，所造成的影响却不能与五四白话文学相提并论。其间的分别在于，前者只是部分，后者则是整体。所谓部分，或是部分的文，如语录体和小说；或对部分的人，如面向下层社会或妇孺的启蒙（包括识字及风教宣传）。相应地，所谓整体，就是覆盖全部的文和所有的人。其结果，白话文成为全社会各阶层正式通行的文体，适用于各个层面和领域。今日海内外所有使用汉语言文字者，基本已经没有人继续以文言文作为主要的表达形式。白话文不仅是今人相互沟通的手段，而且成为今人了解古人的凭借。

单从上述角度看，白话文学或许算得上是成功的尝试。不过，放宽视野，白话文学只是清季以来中国文字改革的环节之一。它会聚了文字改革的所有价值评判和目标指向，也承载或反映了文字改革所包含和面对的所有矛盾及其症结。就此而论，说白话文成功不仅为时尚早，而且问题甚多。和新文化带来的其他新事物相似，白话文作为清季以来语言文字革新的阶段性进展的体现，只有放到整个近代汉语言文字演变的历史进程之中，才能认识其取向和功能，并且对其成败得失有所领悟。

对于五四白话文乃至清季以来文字与文学改革的功过是非，上世纪 70 年代以来，已有学人深切反省，较为全面、彻底而较早的当属唐德刚的《国语 · 方言 · 拉丁化》，较近的则有王东杰的《从文字变起：中西学战中的清季切音字运动》。[1] 两位以及其他重新检讨这一历史的学人的意见，大都显示了后来者由情绪回归理性的冷静，和跳出进化论单一取向的努力，所论已将大体意思揭出，细微处或略有不同，基本理念则大致无异。只是唐德刚的论述较为概括，且多文人笔法，王东杰则集中于晚清，从文与言的分与合的角度，尚有未尽之意，留下可以申论的空间余地。

一　废除汉字：近代汉语言文字改革的目标

夏志清为唐德刚《胡适杂忆》所写的序言称："本书最精彩的一章是'国语 · 方言 · 拉丁化'这一章。"这篇"立言"之作，"因为要补充、修正胡适对中国语言文字沿革史的了解，竟写了一篇面面俱到，极有深度的宏论"。通过对中西文字和文化的比较研究，显示出作者爱护方块字，坚决反对汉字拉丁化的爱国热忱。这一章的三大要点，一是拼音文字鼓励方言发展，方块字则维系了中华民族的统一；二是秦统一后即实行汉字改革，汉字可以简化，不可拉

[1] 唐德刚的文章见《胡适杂忆》（增订本），上海：华东师范大学出版社 1999 年，第七章。王东杰的文章见《中山大学学报》（社会科学版），2009 年第 1 期，第 78—89 页。后者还有几篇相关的论文，并拟写成专书，因而在其为我主持的"近代中国的知识与制度转型"研究课题所提供的书稿中，对于这一问题前人的先行研究，作了相当细致的梳理。

丁化，否则中国文化将会中断；三是学习方块字与拼音文字本来并无难易之分，文盲普遍是由于教育制度失败。[1]

可以说，夏志清大体把握住了唐德刚的本意，而唐德刚则基本抓住了清季以来汉字改革的症结。当然，其中也不免误读错解之处。唐德刚在大开大合、任意驰骋之余，偶尔会有疏于史事、略显随心所欲的微瑕。例如，关于文字改革至关重要的汉字存废问题，唐德刚这样论述道：

> 汉语拉丁化最早的倡议者是明末清初的耶稣会传教士。洋人习中文，以罗马字拼音帮助记忆，理固然也。
>
> 清末新学人劳乃宣辈也曾略加尝试。后来赵元任先生等搞罗马字拼音，也只是帮助发音，并不是要代替汉字。而真正要废除汉字，代之以‘拉丁化’的文字，则是吴玉章等左翼文人在 1931 年以后才推动的。[2]

其实，公开或暗地里主张废除汉字，几乎是清季以来所有呼吁文字改革者的潜在心声。尽管方案五花八门，说法各自不同，相互冲突不断，正是因为认定这一根本目标的正当性与必然性，改革汉字的努力才会继起踵接，坚持不懈。

1931 年吴玉章、林伯渠、萧三等人在苏联提出中国文字的拉丁化改革方案之前[3]，五四前后的国语罗马字改革方案讨论试行已久，胡适本人也是参与者。在主张或赞成拉丁化方案者看来，国语罗马

[1] 唐德刚：《胡适杂忆》（增订本），第 26—27 页。

[2] 唐德刚：《胡适杂忆》（增订本），第 148 页。

[3] 吴玉章与瞿秋白、林伯渠、萧三等人，于 1928 年 12 月即开始讨论文字改革问题。1930 年 6 月，吴、林共同编就《拉丁化中国字初学教材》。次年 5 月，将《中国拉丁化字母》交全苏新字母中央委员会举行的学术会讨论通过，并于华工扫盲中开始试用。接着举行多次讨论会和代表大会，出版多种词典、课本和论著，大张旗鼓地推动实行。参见刘文耀、杨世元编：《吴玉章年谱》，成都：四川人民出版社 1998 年，第 192—198 页。

字方案的弊端一是复古，二是难行。然而在汉字存废一点上，坚持国语罗马字的钱玄同，比赞成拉丁化的鲁迅有过之无不及。后来研究者指《新青年》同人中钱玄同的汉字改革主张最为激进，1918 年 3 月 14 日，本来就好语出惊人的钱玄同在《新青年》第 4 卷第 4 号以通信的形式"爽爽快快地说几句话"：

> 中国文字论其字形，则非拼音而为象形文字之末流，不便于识，不便于写；论其字义，则意义含糊，文法极不精密；论其在今日学问上之应用，则新理新事新物之名词，一无所有；论其过去之历史，则千分之九百九十九为记载孔门学说及道教妖言之记号。此种文字，断断不能适用于二十世纪之新时代。我再大胆宣言道：欲使中国不亡，欲使中国民族为二十世纪文明之民族，必以废孔学，灭道教为根本之解决，而废记载孔门学说及道教妖言之汉文，尤为根本解决之根本解决。[1]

此言一出，舆论哗然。陈独秀稍后总结《新青年》的境遇道："社会上最反对的，是钱玄同先生废汉文的主张。"并且说："他愤极了才发出这种激切的议论。象钱先生这种用石条压驼背的医法，本志同人多半是不大赞成的。"所谓本志同人，究竟有多少表示异议，以及对什么持有异议，颇可玩味。陈独秀本人就反问社会上的反对者道："难道你们能断定汉文是永远没有废去的日子吗？"他自己便只是因为语言文字需自然进化这一个理由而持论稍异。[2] 而且所异并非汉字当废与否，而是如何废、何时废的问题。他认为吴稚晖的"中国文字，迟早必废"之说，"浅人闻之，虽必骇怪，而循之进化公例，恐终无可逃"。只不过"当此过渡时期，惟有先废汉文，

---

[1] 钱玄同：《中国今后之文字问题》，《新青年》第 4 卷第 4 号，1918 年 4 月 15 日。
[2] 陈独秀：《本志罪案之答辩书》，《新青年》第 6 卷第 1 号，1919 年 1 月 15 日。

且存汉语，而改用罗马字母书之”。[1]

钱玄同自称其当时的真心，并不主张立刻废除汉字及国语，而是暂时仍用汉字写白话文，将来改用世界语。至于《中国今后之文字问题》所论，并非完全个人意见，有几句话是“代朋友立言”。所代之人，即为鲁迅，所代发之言，就是废除汉字。[2] 不过，在研究者看来，鲁迅虽然有过废汉字的言论，和钱玄同相较，反而比较持重沉稳。因为鲁迅更加注重学术文艺的思想内容，语言文体之事，尚在其次。当然，鲁迅对于文字革新的取向是赞成的，而且认为直接用一种西文更好。[3]

黎锦晖称，1920 年以后，钱玄同就觉得抱有世界大同而改革文字的理想太高，所以不提世界语，“现代的中国，只能提倡国语，而改革传达国语的文字工具使之‘世界化’，故专心致力于‘国语罗马字’了”[4]。此说容易被误解为钱玄同对废除汉字的态度有所变化，其实钱氏只是少提世界语而已。1922 年他为高元的《国音学》作序，概括声言：“以为要新国语能够充分改造，完全适用，必须从汉字革命做起。”而所谓汉字革命，干脆一句话：“非绝对的废弃现行的汉字而改用拼音新字不可。”[5] 他于次年发表《汉字革命》，更加断言：

> 什么是“汉字之根本改革”？就是将汉字改用字母拼音，像现在的注音字母就是了。什么是“汉字之根本改革的根本改革”？就是拼音字母应该采用世界的字母——罗马字母式的字母。[6]

---

[1] 《新青年》第 4 卷第 4 号，1918 年 4 月 15 日。

[2] 梦飞：《记钱玄同先生关于语文问题的谈话》，《文化与教育》第 27 期，1934 年 8 月 10 日。

[3] 曹述敬：《钱玄同年谱》，济南：齐鲁书社 1986 年，第 32—33 页。

[4] 曹述敬：《钱玄同年谱》，第 31、157 页。

[5] 钱玄同：《高元〈国音学〉序》，《教育杂志》第 14 卷第 3 号，1922 年。

[6] 钱玄同：《汉字革命》，《国语月刊》第 1 卷“汉字改革专号”，1923 年。

其时黎锦晖提出《废除汉字采用新拼音文字案》于教育部国语统一筹备会第四次常年大会，钱玄同联署，此案最重要之点，就是从小学校初年级起，废除汉字，改用新拼音文字——注音字母，并且逐渐由中学到大学，完全改变。大会讨论的结果，没有立即实行，改为试验，而钱玄同坚持主张废除汉字，并且毅然决然地表示："我们的词典中没有'屈服'、'投降'、'妥协'、'调和'这些词儿！"[1]显然不满于仅仅试验一层。

此后，钱玄同针对整理国故、读经等不同的时势，不断地反复重申这些主张。[2]他不仅要废汉文，而且总想废汉语，虽然明知前者容或有望，后者绝不可能。[3]直到1934年，左翼文字改革的拉丁化方案伴随着大众语的讨论在上海文化界展开，钱玄同鉴于其反对国语统一，又疑心是有意宣传，不仅拒不合作，而且连国语罗马字也鸣金收军，只任简体字。其实大众语运动非但不以白话文为敌，反而是因为担心复古读经、恢复文言的呼声渐高，故意过度要求，

[1] 钱玄同：《黎锦晖〈废除汉字采用新拼音文字案〉的附志》，《国语月刊》第1卷"汉字改革专号"，1923年。

[2] 如1923年11月针对废汉字扑灭文化之说，宣称："我是主张汉字革命的一个人。我主张把国语写成拼音文字，我主张采用世界通用的罗马字母来做国语拼音文字的字母。我从教育普及和文化革新上研究，断定国语应该改用拼音文字。我从便于无限制的输入西文词句上研究，从书写印刷种种方面便利上研究，断定国语字母应该采用罗马字母。我从中国文字古今变迁的历史上研究，断定国语能够改用拼音文字。"（《汉字革命与国故》，《晨报》五周年纪念增刊，1923年12月1日）1925年讨论国音问题时，指出目前《国语周刊》最重要的使命有两点：一是建立文体自由力求活泼的新国语，打倒"文体纯正"、"力求雅洁"的鸟古文，一是建立拼音字，打倒方块字。（《关于国音》，《国语周刊》第9期，1925年8月9日）是年双十节，又提出今后要努力做三件事：打倒国粹，打倒古文，打倒汉字。（《国语周刊》第18期，1925年10月10日）1926年解释"为什么要提倡'国语罗马字'"，认为要使文字易学，国语统一，谋编目、分类、打字、排字等等的便利，所以要提倡拼音字，要图形式美观，书写便利，表音准确，与现世界的文化学术融合，所以要提倡国语罗马字。（《新生》第1卷第2期，1926年12月24日）1933年提议以公历1648年即《新韵谱》作者刘继庄的生年定为国语纪元，以国语一词，包含"统一国语，研究方言，制造音字三义（改古文为白话文亦是一义）"。（《国语周刊》第77期，1933年3月18日》）

[3]《钱玄同文集》第六卷，北京：中国人民大学出版社2000年，第64页。

以保全白话文的成果；而拉丁化和罗马字尽管具体做法有别，主要取向都是废除汉字改用拼音文字。双方无疑是同一战线志同道合的同道。

唐德刚记述胡适在1950年代对于中国语言文字改革的态度，以为其主张汉字简化，而对拉丁化则持论谨慎。[1]的确，在新文化派的阵营中，胡适各方面都不能算是激进。不过，对于绝大多数汉语言文字改革者而言，废除汉字几乎是一致的基本取向，或者说，这是改革汉字的本能要求。说来也是造化弄人，胡适开始与文学革命结缘，起因居然是不满于清华学生监督处的书记、基督徒钟文鳌“废除汉字,取用字母”的宣传。但他后来接受了文字改革者的观念，所以1934年他为《中国新文学大系》第一集所写的导言就明确表示：

> 一个国家的教育工具只可有一种，不可有两种。如果汉文汉字不配做教育工具，我们就应该下决心去废掉汉文汉字。如果教育工具必须是一种拼音文字，那么，全国上上下下必须一律采用这种拼音文字。如果拼音文字只能拼读白话文，那么，全国上上下下必须一律采用白话文。[2]

至少到这时，胡适对于废除汉字的态度可以说是旗帜鲜明，并没有显出特别的谨慎。

不仅如此，胡适对清季民初三十余年的汉语切音字运动进行总结性评价时，着重指出“那时候的中国知识分子是被困在重重矛盾之中的”，表现之一就是：

> 音标文字是必须替代汉字的，而那个时期（尤其是那个时

[1] 唐德刚：《胡适杂忆》（增订本），第147—148页。

[2] 欧阳哲生编：《胡适文集》1，第120页。

> 期的前半期）主张音标文字的人都还不敢明目张胆的提倡用拼音文字来替代汉字。这完全是时代的关系，我们不能过于责备他们。汉文的权威太大了，太尊严了，那时最大胆的人也不敢公然主张废汉字——其实他们就根本没有想到汉字是应该废的。[1]

这样直率明确的批判，可以反证胡适自己对于汉文汉字存废的态度和主张。

不过，胡适对清季汉语切音字倡行者的本意，未必具有真了解同情。钱玄同废除汉字的主张，就直接来自清季无政府主义者李煜瀛（石曾）、吴稚晖等人的鼓吹。所以，同样谈及这一段历史，钱玄同的感同身受显然较胡适更加贴切，他不仅指出"这二十多年中，也有几个明目张胆声讨汉字罪恶的人"，如谭嗣同、吴敬恒、褚民谊、李煜瀛等，而且对于其他人一方面主张另造拼音文字，一方面又赶紧声明不主张废弃汉字的态度有所体谅，"我想，他们要说那样的话的原故，或者因为社会上那些'骸骨之迷恋者'太多了，要是明目张胆地说一声'不要汉字'，恐怕有人要来胡闹，未免使得拼音文字的推行上发生阻力，所以姑且'虚与委蛇'，也未可知。如果是这样，自然要算别有苦心"。尽管他并不赞成这样"灰色的革命"的态度，希望大张旗鼓地拼个你死我活，毫无妥协的余地。[2]

两相比较，钱玄同的看法更加近真。他说："汉字的罪恶，如难识、难写，妨碍于教育的普及、知识的传播，这是有新思想的人们都知道的。"[3] 所谓"有新思想的人们"，不仅是当时新文化的同道，也包括清季改革文字的先驱。如果以上述为标准，则劳乃宣这样大体上不新的人物，在这方面也算有新思想。

---

[1] 欧阳哲生编：《胡适文集》1，第116—120页。
[2] 钱玄同：《汉字革命》，《国语月刊》第1卷"汉字改革专号"，1923年。
[3] 钱玄同：《汉字革命》，《国语月刊》第1卷"汉字改革专号"，1923年。

清季拼音文字的倡导者所提出的方案，可谓五花八门，所陈述的理据，也是林林总总。但背后其实有一个基本一致的逻辑，即中国的贫弱落后，根源在于教育不发达；教育不能普及的主要症结，在于文字繁难，识写不易；文字繁难的突出表现，在于和世界万国有异，不是拼音字母文字，而是象形文字。这样的象形文字脱离语言的进步，自异于五洲万国，妨碍了文化交流与文明沟通，成为智愚强弱的分界。极端而普遍的认识是："我们中国在地球上呢，原算是头等富强的国度的，只因吃了文字守旧的亏，遂不觉走到贫弱一路上来。"[1] 这样的逻辑其实反映了进化论影响下中西乃至中西学地位乾坤颠倒之后，国人用新的世界眼光重新排序定位的认知方式，在确定中不如西的大前提下，所有的异自然都成为错，而改变的方向和目标，便是求同不存异。既然"字学之繁，实为致弱之基"（王炳堃），"切音字为富强之源"（沈学），文字进化的公例是由难而易，拼音文字又是万国通行，要想普及教育，臻于富强，进入世界文明行列，用拼音文字替代象形汉字，就是唯一可行的必由之路。

五四新文化时期主张废除汉字者，大体仍然延续这样的思维理路。钱玄同大声疾呼汉字革命，大胆宣言：

> 汉字不革命，则教育决不能普及，国语决不能统一，国语的文学决不能充分的发展，全世界的人们公有的新道理、新学问、新知识决不能很便利、很自由地用国语写出。何以故？因汉字难识、难记、难写故；因僵死的汉字不足表示活泼泼的国语故；因汉字不是表示语音的利器故；因有汉字做梗，则新学、新理的原字难以输入于国语故。

[1] 倪海曙：《清末汉语拼音运动（切音字运动）编年史》，上海人民出版社 1959 年，第 107 页。

除了进一步强调汉字“和现代世界文化的格不相入”[1]，钱玄同只是针对民初的时势，提出“欲废孔学，不可不先废汉文；欲驱除一般人之幼稚的野蛮的顽固的思想，尤不可不先废汉文”[2]，其余各条，大体是延续清季以来的成说。而他新增的这一条理由，则是因为内容不好，罪及形式。任鸿隽便调侃说这还不是根本的办法，“吾国的历史，文字，思想，无论如何昏乱，总是这一种不长进的民族造成功了留下来的。此种昏乱种子，不但存在文字历史上，且存在现在及将来子孙的心脑中。所以我敢大胆宣言，若要中国好，除非人[把]中国人种先行灭绝！可惜主张废汉文汉语的，虽然走于极端，尚是未达一间呢！”[3]

二 我手写我口：白话文的过渡使命

尽管废除汉字是清季以来汉语言文字改革的基本取向，可是语言文字的兴替并非朝夕可致，这场持续了近一个世纪的运动，实际留下的成果只有白话文、简体字和汉语拼音。而且其中只有白话文通行于整个汉语世界。胡适等人后来对于白话文的成功颇为自得，但这不过是汉语汉字改革进程一定阶段的替代。将白话文置于汉语言文字改革的整体历史进程之中加以考察，其利弊得失乃至成败，都有重估的可能。

胡适批评新文化运动以前中国的语言文字改革先行者们的局限，共举出三条论据：其一，“他们明知汉文汉字太繁难，不配作教育的工具，可是他们总不敢说汉文汉字应该废除”；其二，“他们明知白话文可以作‘开通民智’的工具，可是他们自己总瞧不起白

[1] 钱玄同：《汉字革命》，《国语月刊》第1卷“汉字改革专号”，1923年。
[2] 钱玄同：《中国今后之文字问题》，《新青年》第4卷第4号，1918年4月15日。
[3] 《新文学问题之讨论》，《新青年》第5卷第2号，1918年8月15日。

话文，总想白话文只可用于无知百姓，而不可用于上流社会”;其三，“他们明白音标文字是最有效的教育工具，可是他们总不信这种音标文字是应该用来替代汉文汉字的”。[1] 不知有心还是无意，这样的顺序刚好显示了白话文在文字改革进程中的位置。前有汉文汉字当废的前提，后有用音标文字来替代汉文汉字的目标，居中的白话文所扮演的角色，自然就是承上启下，承前启后。

清季以来汉语言文字改革虽然实际上已经确定了废弃汉字代以拼音文字的方向,但要达成这一目标,显然不能一蹴而就。不仅如此，在《新青年》的文学革命开始之际,这一改革已经陷入两方面的困境，难以自拔。一是统一国语走向纸面，与实际无干，失去活力；二是切音字和白话文始终与士大夫阶级无关。

文字改革之所以逐渐集中于统一国语，是因为改革的目标确定为改用拼音的字母文字，而拼音文字讲究以声为主，字由音生，所谓“以音求字，字即成文，文即为言;无烦讲解，人人皆能”[2]。而要做到言文一致，首先语言必须统一，众口一词的前提是异口同声。中国幅员辽阔，人口众多，方言方音，错综复杂，若要我手写我口，势必千差万别，无法沟通，造成隔阂乃至分裂。晚清各种方言小说流行，一些白话报刊也夹杂方言谐音文字，除非会听说相应的方言，否则无法单从字面加以辨识。欧洲各国其实也是由于各地方言的兴起，造成现在分治的格局。

切音字初起，因为面向一定区域的蒙童和百姓，开始传教士主要依据各地的方言，后来仿效而起的国人创制者大多也是依据方言。而方言切音，在中国可以行于一地，不能行于一国，要想全面推行，就要确定标准。1897 年王炳耀提出《拼音字谱》方案,虽是拼写土音，已计划将来铁路兴，各省学北音必易，即用北音成书，十八省统一

[1] 欧阳哲生编 :《胡适文集》1，第 120 页。

[2] 倪海曙 :《清末汉语拼音运动（切音字运动）编年史》，第 65 页。

如一省。[1]不过，确定北音为正声，显然有政治因素的作用。明清以来，中国存在官话音即正音、北音、南音等不同系统，官话音超越方言，又受方言的影响，操不同方言的人群努力往官话正音靠拢，同时不可避免地受各地方言的约束，俗称各种不同区域的官话，相当程度上即反映了方音影响官话的事实。[2]

新政复行，清朝主持学务的官员受日本影响，已经意识到统一语言的必要，1904年颁行的《学务纲要》，更确定“以官音统一天下之语言”，“国语”的概念也应运而生。至于用何种音为国语标准，朝野上下歧义甚多，学部始终犹疑不决。以北音为正和以官音为准的冲突，一直持续到民初的京音与国音之争。统一国语实际上是以官话音为基准，希望超越一切方音，而让无论东西南北的国人容易发出正确的声音。可是官话音本身并非单纯口语，其主要功能之一，就是正确阅读书面语即文言的发音。统一国语试图先建立一种标准国语，就实行而言当然是纸上谈兵，就实效而言，却不止覆盖白话口语。可是这样的国语并不存在，要想标准化，自然是缘木求鱼。

胡适看出了统一国语陷入困境的症结，提出“国语的文学，文学的国语”十个大字，意在“替中国创造一种国语的文学。有了国语的文学，方才可以有文学的国语。有了文学的国语，我们的国语才可算得真正国语。国语没有文学，便没有生命，便没有价值，便不能成立，便不能发达”[3]。也就是说，要由国语的文学来建立国语的标准，然后才可能有标准的国语。这项事业虽然从无到有，却并非向壁虚造，而是借由已经通行多年的白话文，使这种本来只是小民百姓的工具，变成文人士夫乃至全民的语言文学表现形式，成为

[1] 倪海曙：《清末汉语拼音运动（切音字运动）编年史》，第58页。

[2] 参见叶宝奎：《明清官话音系》，厦门大学出版社2001年。所指各种俗称官话为引申用法，与本义有别，固为的论，但也有关。

[3] 胡适：《建设的文学革命论》，《新青年》第4卷第4号，1918年4月15日。

汉语言文字文体的正宗和文学的正宗。

不过，从文字改革的角度看，胡适的路线并不能解决问题。当时所谓白话，大体只有两种，一是宋元以来的白话文学，尤其是小说，当然还有禅宗和新儒家的语录，二是多数地区通行的蓝青官话。胡适无师自通的白话文学，主要是由看小说得来，可是旧小说的白话太简单，无法满足国语的文学的需要。不少趋新之士，有心做白话文，尤其是白话散文，却无所凭借，弄得非驴非马，不成模样。吃过苦头的傅斯年知道白话文难做，不可乱做，于是提出两点凭借："一、留心说话。二、直用西洋词法。"

如何留心说话？一方面是"把文学的手段、组织和趣味，用到说话上来"，不必写字，已经成章；一方面则"用说话的快利清白——一切精神，一切质素——到作文上"，使文章保持语言的意味。可是说话的作用有时而穷，有助于文章的流利、丰满、质直、造句，而无助于文章的组织、剪裁、含蓄、成章，说话再好，也达不到第一等的高明，必须直用西洋文的款式、文法、词法、句法、章法，成就一种欧化国语的文学，才能改变白话文的贫苦、简单，增加层次和深度，使白话文具有逻辑、哲学和美术。[1]

胡适对傅斯年的意见相当赞同，认定"一面大胆的欧化，一面又大胆的方言化，就使白话文更丰富了"。可问题是，傅斯年的留心说话并非说方言，甚至不是一般的口语，那种端着架子，努力欧化的说话，犹如翻译话剧的道白，距离黄遵宪"我手写我口"的理想境界似乎渐行渐远，言文一致，演变成了言将就文，所成就的，其实就是一套欧化的新书面语。如此一来，白话文实际上偏离了汉语言文字改革本来的使命和轨道，即言文合一，逐渐过渡到拼音文字。欧化的白话文和欧化的国语，仍然是知识人自己的领地。

---

[1] 傅斯年：《怎样做白话文》，《新潮》第1卷第2号，1919年2月1日。

况且，即使在这一领地内，也不能做到我手写我口，言与文仍然处于分离状态。依据胡适自己的观察："中国文人大都是不讲究说话的，况且有许多作家生在官话区域以外，说官话多不如他们写白话的流利。"要想语言传神，就不能不夹杂方言土语。而方言一多，尤其是正音、北音系统以外的方言成分多，势必影响沟通，则言文一致与统一国语又发生冲突。更何况"初期的白话作家，有些是受过西洋语言文字的训练的，他们的作风早已带有不少的'欧化'成分。虽然欧化的程度有多少的不同，技术也有巧拙的不同，但明眼的人都能看出，凡具有充分吸收西洋文学的法度的技巧的作家，他们的成绩往往特别好，他们的作风往往特别可爱"。如果不是坚信中不如西，痛斥言文分离者大概很难在欧化与口语之间平衡协调，因为欧化的语言根本就不是也不可能成为每个人日常的口语。

1919 年 5 月，上海《时事新报 · 学灯》的主编俞颂华问胡适："方言绝难统一，言文断难一致。用白话文而无一定之标准，无文法可依据，将来恐于表情达意，不免生出障碍来。足下对此有何高见？"胡适答道："言文本来不能一致的，试看世界上哪里有一国家，是能言文一致的么？……我始终未曾提言文一致四个字来同人讨论。我的主张，简单的说来，就是希望有国语的文学和那文学的国语，有国语做标准，不必去强求那不可能的言文一致了。"[1] 胡适的这番表态，与《新青年》的同人显然意见不一，对于白话文变成脱离语言的新的书面语似乎可以自圆其说，却与语言文字改革的初衷本意相去甚远。在钱玄同看来，国语应该折中于白话文言之间，"做成一种'言文一致'的合法语言"。他用言文一致的主张为胡适的《尝试集》作序，胡适并未表示异议。[2]

[1] 《与胡适之博士谈话》，《时事新报 · 学灯》1919 年 5 月 8 日。引自吴元康整理：《胡适史料补阙》，《民国档案》2006 年第 4 期，第 8 页。

[2] 钱玄同：《尝试集序》，《新青年》第 4 卷第 2 号，1918 年 2 月 15 日。

一旦承认白话文只不过是造成新的书面语，其合理性就会受到挑战。1919 年底，长沙《大公报》记者就当面转述了北京大学法科教授李涤君有力而难驳的白话文反对论，大意是，从梁启超办《新民丛报》以来，报馆体裁的浅近通俗文言已经通行 20 余年，与白话文相比，不过少用助词。如果建设白话文学，只是换了几个无关紧要的字，岂非多此一举？胡适承认梁启超、章行严的文体已经应时而变，可以说理，那么，“为什么又要建设白话文学呢？因为章派的文章，不是人人能做的，就是能做的人，做一篇文章，也要费很大的气力。再就看的人方面讲，要看得很明白，也不容易。有了这两种困难，所以章派的文章，还是不适用。章派的文章，既不适用，所以我们不能不提倡白话文学了。照表面上看，现在流行的白话文，和浅近的报馆文，没有多大的分别。然就事实上讲，用白话达极繁密的思想，比文言实在要容易得多。就效果上讲，这两年提倡白话文的结果，中学一二年级学生，也能提笔发表他的思想。你看现在出版物之多，就可以知道了”[1]。

胡适的答复未免有些强词夺理，白话文的写作绝非轻而易举之事。被视为白话文流行重要证据的出版发行了数百种白话报刊，真正进入研究者视野的不到十分之一，所见难免以偏概全。白话报刊的爆发式增长，其实是五四以后新文化运动广泛鼓动青年和社会大众的产物，没过几年，胡适不无自得的白话文流行，就成了受批评的对象。对中国文坛的状况感到难以容忍的张闻天说：

> 自从白话诗、白话文、白话小说流行以来，一般青年都争着做诗、做文、做小说，这并不是他们对于文艺方面有特别的兴趣，这是因为这样可以用最少的努力得到最大的效果。最近

[1] 真心：《关于新文学的两个问答》，长沙《大公报》1920 年 1 月 16 日。引自吴元康整理：《胡适史料补阙》，《民国档案》2006 年第 4 期，第 9 页。

> 更因为做长诗不容易，所以大家去做短诗了。社会上充满了无数的青年诗人！其次是文章家，又其次是小说家！……但是我痛恨一般以文艺为终南捷径的青年！我痛恨一般没有什么东西可说而一定要说一点的青年！这是侮辱文艺的庄严，和侮辱处女的贞洁一样的可杀。[1]

朱自清则综合郭沫若、成仿吾、郑伯奇、丁西林等人的评论，指“新文化运动以来的译文译书，其‘糟糕’是‘有目共赏’，‘有口皆碑’”。“近几年来‘一般的’趋向……总名之曰：‘杂志之学’！”“中国五四以来的杂志，虽也有些介绍西洋新学说的，但杂凑材料，东拉西扯的却非常的多！只看近日这些出版品已零落略尽，便可以知它们价值之如何了！”“提倡白话文，虽有人说是容易作，但那只是因时立说，并不是它的真价值。一般人先存了个容易的观念，加以轻于尝试的心思，于是粗制滥造，日出不穷。”并借他人之口说：“新诗破产了！什么诗！简直是：罗罗苏苏的讲学语录；琐琐碎碎的日记簿；零零落落的感慨词典！”白话诗如摩登小姐，既无品格，又无风韵，和八股文“同样的没有东西，没有味儿”。[2]

欧化的文风语调不仅在电影、话剧、小说等表现形式中成为坊间笑谈的取资，连胡适本人也对完全脱离汉语习惯的过度欧化表示不满。1923年胡适致函顾颉刚，声称：“我是向不反对白话文的欧化倾向的，但我认定‘不得已而为之’为这个倾向的唯一限度。今之人乃有意学欧化的语调，读之满纸不自然，只见学韩学杜学山谷的奴隶根性，穿上西装，在字里行间流露出来！这是最可痛心的现象。我的意

---

[1] 张闻天：《生命的跳跃——对于中国现文坛的感想》，《少年中国》第4卷第7期，1923年9月。

[2] 朱自清：《课余》、《翻译事业与清华学生》、《新诗》，朱乔森编：《朱自清全集》第4卷，南京：江苏教育出版社1990年，第145、200、209—217页。

思以为，凡人作文，须用他最自然的言语，惟有代人传话，有非这种最自然的语言所能达者，不得已始可用他种较不自然之语句。”[1]

不过，胡适的白话诗文在钱玄同看来“失之于太象宋词和明清小说一点”，后者本来不喜欢欧化诗文，可是后来反倒认为至少应该像周作人那种欧化语体文不可，“而且还应该努力做得‘极力各洛’，使其去中国旧白话文（三字注意）愈远愈好”。[2] 五四以来的白话文，看似语体文，实则是欧化的书面语，并非真正的我手写我口。后来大众语和文艺为工农兵服务的提出，内容的改变之外，的确有针对白话文充满贵族气和高等洋腔的考虑。

胡适改革语言文字的重心在于文体文学，但他内心十分清楚清季以来汉语言文字改革的基本取向，以及文字改革与白话文的密不可分。对于言文一致，他是否真的怀疑甚至否定，也不无可议。他肯定王照专拼白话的官话字母方案“是最明白的主张‘言文一致’，要文字‘当语言之符契’，要文字跟着那活的话言变迁。这个主张的逻辑的结论当然是提倡白话文了”。“有了活的白话文学的作品做底子，如果我们还要进一步提倡音标文字，那个音标文字运动成功的可能性就大得多了。”

胡适大概察觉到文学革命的结果与文字改革的初衷多少有些背离，他承认：“在文学革命的初期提出的那些个别的问题之中，只有一个问题还没有得着充分的注意，也没有多大的进展，——那就是汉字改用音标文字的问题。”并且预言：“如果因为白话文学的奠定和古文学的权威的崩溃，音标文字在那不很辽远的将来能够替代了那方块的汉字做中国四万万人的教育工具和文学工具了，那才可以说是中国文学革命的更大收获了。”[3] 照此看来，胡适也是毫无疑

[1] 《通信》,《小说月报》第 14 卷第 4 号，1923 年 4 月。引自吴元康辑：《胡适史料拾遗续编（下）》,《历史档案》2007 年第 3 期，第 9 页。

[2] 《钱玄同文集》第六卷，第 52 页。

[3] 欧阳哲生编：《胡适文集》1，第 111—113、120、131、139 页。

义主张汉字拼音化的，而这样做的结果，正是废除象形的汉字，改用拼音化的字母文字。

三 文言白话 孰为正宗

胡适自倡行新文学之始，就提出“白话文学之为中国文学之正宗”的命题。[1] 开始他对此并无十足的自信，可是不久便得到陈独秀和钱玄同等人的赞同。陈独秀断言：“以白话为文学正宗之说，其是非甚明，必不容反对者有讨论之余地也，必以吾辈所主张者为绝对之是，而不容他人之匡正也。”[2] 钱玄同虽然认为陈独秀持论“过悍”，还是表示对于选学妖孽、桐城谬种等知识幼稚者，“实不能不以如此严厉面目加之”[3]。得到鼓励的胡适，信心倍增，因而不断地反复论证和宣扬白话为中国文学正宗的命题。

就白话文成为正式和正宗这一点而言，五四新文学似乎是成功的。不过，全面检讨其论据和事实，显然就不太令人乐观。

按照胡适的逻辑，白话文其实只是用拼音文字完全替代汉字汉文的过渡阶段，可是，如果文言合一的拼音文字并不一定代表历史进步，也无助于教育和富强，这样的努力意义究竟何在，就大有疑问。

对于白话文学是否为中国文学的正宗，反对者显然大有人在，只是被认定为顽固守旧，没有见解，不容讨论、不容匡正而已。断定字母拼音文字更加先进，是清季以来国人面对列强的巨大优势，全面自我反省的结论，一切与东西方强国不同的事物，几乎统统被视为导致贫弱落后的原因和走向独立富强的障碍，必欲去之而后快。其实那些言之凿凿的所谓比较，大都只是因缘好譬喻的认知方式而

[1] 胡适：《文学改良刍议》，《新青年》第2卷第5号，1917年1月1日。

[2] 《通信》，《新青年》第3卷第3号，1917年5月1日。

[3] 钱玄同：《论白话小说》，《新青年》第3卷第6号，1917年8月1日。

看到的表面现象，格义附会之处所在多有。

国粹主义者主要是从保存固有文化的角度对于废汉文汉字的主张加以抗拒，给人以守旧的印象，其言论的正当性也就备受质疑。而一些来华外国人士的立场态度与文化守成者有些近似，很难一言以蔽之曰守旧。诸桥辙次曾经来函向胡适提问："一、中国领土广大，南北各异，语言以白话代文言，宁不招国语紊乱而致人心乖离吗？二、文言有固定性质，白话有进化性质，若以白话代文言，则朝变暮改，还可期系统的发达吗？三、学童所修专是白话，则彼成人之后，不训读文言，则旧库载籍岂不空束高阁了吗？则禹域三千年文化将荡然扫地。请问有何办法可救此弊？"[1]

在胡适看来，日本学人未免替东方的遗产抱着过分的忧虑。其实明治日本正是在重估东亚固有文化的基础上重拾自信，进而实现维新。而且这样的问题在具有留学背景的学人看来，就不再是毋庸置疑。朱经农概括当时讲文字革命的大约可分四种：一是"改良文言"，并不"废止文言"；二是"废止文言"，而"改良白话"；三是"保存白话"，而以罗马文拼音代汉字；四是把"文言"、"白话"一概废了，采用罗马文字作为国语。朱经农极端反对第四种，因为罗马文字并不比汉文简易优越，废汉文而让通国人民学西文，事实上也不可行。连欧洲本身也各有方言文字，无法统一，何况强求中国。这一层意思，后来唐德刚有进一步的详细申述。第三种因为四声的存在，同音字太多，造新词又不易，亦不可行。只能加在字旁作读音标准。至于第一、二两种，应相提并论，凡主张文字革命，二者必择其一。而两种的不同，就是文言的存废。白话固然活，文言也未必死，应该并采兼收而不偏废，造成半文半白、雅俗共赏的另一种活文学。

对于朱经农的意见，胡适答称反对第四种极有道理，没有什么驳回的话，而让持此意见的钱玄同作答。第三种根本上尽可成立，

[1] 耿云志编：《胡适年谱》，成都：四川人民出版社 1989 年，第 93 页。此为编者归纳的大意。

将来总该办到，只是目前决不能做到。因为白话多用复音字，或配合上下文，不会误听。参照后来他答蓝志先反对拼音文字的理由，仍然坚持中国将来应该有拼音的文字，但是必须先用白话文字来代文言的文字，然后把白话的文字变成拼音的文字。可见胡适心目中白话文还是废汉字的过渡。至于第一二两种的改良文言和改用白话，胡适虽然声称两人的宗旨根本相同，所辩论的几个误解的论点，还是坚持自己的主张。[1] 也就是说，胡适觉得不可行的其实是完全改变汉语。

不仅有留学背景，而且是到求学问而非求学位的欧洲，又对比较语言学认识较深的学人，看待白话与文言的正宗地位，与胡适正相反对。1932 年 10 月，清华大学的浦江清和朱自清谈及：

> 中国语言文字之特点，中国语乃孤立语，与暹罗、西藏同系，异于印欧之屈折语及日本、土耳其之粘着语（Agglutinative Language），以位置定效用。又为分析的，非综合的，乃语言之最进化者。中国字为象形，形一而声可各从其乡，所谓书同文，象形字不足用，幸有谐声等五书辅之，乃可久存，见于记载，以省文故，另成一体与语言离，如今之拍电报然，又如数学公式然。故中国文开始即与语离。中国文学当以文言为正宗。至《尚书》之文难读者，盖杂白话分子多。又谓以后文体变易，大抵以杂入白话分子故。

朱自清闻言，感叹“浦君可谓能思想者，自愧弗如远甚”[2]。

朱自清早年事业上颇受挫折，不免自卑，深好自责，其实浦江清虽然也算出类拔萃，在比较语言学的领域还难以达到这样的境界，

[1] 《新文学问题之讨论》，《新青年》第 5 卷第 2 号，1918 年 8 月 15 日。
[2] 朱乔森编：《朱自清全集》第 9 卷，第 163—164 页。

通过他的口传达的当为陈寅恪的看法。浦氏曾任陈寅恪最早的助手，耳濡目染，受惠不少。而陈寅恪当时仍在少壮，与身边人谈论学问，少有保留遮掩。也许由于浦江清好在人前转述陈寅恪的意思而并不说明来源，陈寅恪在后来的历任助手面前谈学论人，不再畅所欲言，有时甚至会故布迷阵。

陈寅恪“中国文学当以文言为正宗”的论断，与胡适奉白话为正宗的主张刚好针锋相对。不仅如此，陈寅恪还断言汉语言文字为分析的，是语言最进化的形式，汉字象形，文与言分离，也是进化的体现。这样的见解，建立在欧洲近代比较语言学和比较文献学的基础之上，很难以知识幼稚加以指斥。而这对清季以来的文字改革乃至文学革命，几乎是全面的颠覆。

陈寅恪的这番议论，与是年夏季清华入学考试国文试题的对对子风波不无关系，此事背后也牵扯到白话与文言的高下优劣。陈寅恪在致清华国文系主任刘文典函中，着重对不适宜中国语文的格义式《马氏文通》之文法大加挞伐。他说：世界人类语言中，不同种类乃至同一种之中，均存在特殊现象，因而有不同文法，“欧洲受基督教之影响至深，昔日欧人往往以希伯来语言为世界语言之始祖，而自附其语言于希伯来语之支流末裔。迄乎近世，比较语言之学兴，旧日谬误之观念得以革除”[1]。从事比较语言之学，必须具有历史观念，不能认贼作父，自乱其宗统。马建忠效仿法国人，以印欧语系文法部勒汉藏语系的汉语，著为《马氏文通》，号称为中国文法之始，其实是将其他属于某种语言之特性者，视为天经地义，金科玉律，按条逐句，一一施诸不同系之汉文，有不合者，即指为不通。号称文通，实为不通之至。

陈寅恪指责《马氏文通》，意在对坚信欧化文字、欧化文法和

---

[1] 陈寅恪：《与刘叔雅论国文试题书》，陈美延编：《陈寅恪集·金明馆丛稿二编》，第250—251页。

欧化文体的时流痛加针砭。矛头虽然指向马建忠，板子却打在文字和文学改革者的身上。胡适早年崇拜《马氏文通》，并以学习英文的经验相比附，治汉语言文字，多由文法入手，甚至以为“文法乃教文字语言之捷径”[1]，提倡文学改良，也强调文法的重要，且最好依据《马氏文通》的文法来判断文章的通与不通。[2] 这些新文化论者信奉的时髦主张，用来攻击文化守成者可谓战无不胜的利器，在陈寅恪眼中却是过时的陈货。[3]

有意思的是，留学欧洲之前，傅斯年也是挟十九世纪后半格义之学鼓吹新文化的健将。1919 年 3 月，他在《新潮》第 1 卷第 3 号发表的《汉语改用拼音文字的初步谈》，宣称汉字绝对应当用拼音文字替代，汉语绝对可能用拼音文字表达，汉字绝对不可能无需改造用别种方法补救，被钱玄同诩为“实是‘汉字革命军’的第一篇檄文”，“是对于汉字施根本攻击的急先锋”。[4] 而一个月前傅斯年在《新潮》第 1 卷第 2 号发表的《怎样做白话文》，又提出了胡适认为是最重要的两条修正案，即大胆的欧化和大胆的方言化。即使留学欧洲之后，直到 1923 年 1 月，他在伦敦为刘复的《四声实验录》作序，仍然相信汉语必须改用拼音文字，才能在进步语文中有一席之地。[5] 傅斯年本来是善于做四个字一句的文言文的，胡适以为意思不免晦涩，改写白话文，就明白许多了。[6]

恰在此时，傅斯年学习了比较语言学，并与陈寅恪结交，后者

---

[1] 胡适：《逼上梁山（文学革命的开始）》，欧阳哲生编：《胡适文集》1，第 142 页。

[2] 胡适：《中学国文的教授》，《新青年》第 8 卷第 1 号，1920 年 9 月 1 日。

[3] 陈寅恪：《致傅斯年》二十二，陈美延编：《陈寅恪集 · 书信集》，北京：生活 · 读书 · 新知三联书店 2001 年，第 42—43 页。

[4] 钱玄同：《汉字革命》，《国语月刊》第 1 卷“汉字改革专号”，1923 年；《高元〈国音学〉序》，《教育杂志》第 14 卷第 3 号，1922 年。

[5] 傅斯年：《刘复〈四声实验录〉序》，欧阳哲生主编：《傅斯年全集》第一卷，第 420 页。

[6] 《胡适之先生谈片》，《时事新报 · 学灯》，1919 年 2 月 11 日。引自吴元康整理：《胡适史料补阙》，《民国档案》2006 年第 4 期，第 7 页。

与众不同的见识显然使之耳目一新。在不少学术观念方面，傅斯年的看法较出国前发生显著变化，其中之一，便是对汉语言文字的看法。回国任教时，傅斯年将语言和文字分开，对古代文言分离能够给予历史的理解。虽仍然认为语言大变，文学免不了大变，却又说文学大变，语言不必大变，并且承认文言是“既简净又丰富的工具”[1]。甚至认为汉语在逻辑意义上，是世界上最进化的语言。[2]

傅斯年后来似不再鼓吹废除汉字，甚至主要使用文言来撰写学术著作，尽管他写《性命古训辨证》时，还是觉得文言不易表达“分析的思想”，并由此“深悟近代思想之不易以传统文言记录之也。盖行文之白话正在滋长中，可由作者增其逻辑，变其语法，文言则不易耳”[3]。傅斯年的体验与文学革命者指责文言不能说理如出一辙[4]，骨子里还是不能脱离欧化。陈寅恪则完全没有类似的困扰，他坚持用文言表述一切意思，包括分析的思想，甚至坚持用繁体竖排。这可以反证陈寅恪在对对子问题上的执拗，并非逞一时的意气。一些学问大家始终坚持用文言撰写发表学术文字，除了像陈寅恪这样坦承文言为中文正宗而且只用文言写作任何文字者外，有些学人本来可以写不错的白话文，可是写作学术论理文字时（主要是中国文史之学），还是沿用文言，非但不见妨碍表述，反而呈现更多可供玩味琢磨的意境。

---

[1] 傅斯年：《中国古代文学史讲义》，欧阳哲生主编：《傅斯年全集》第二卷，第 30 页。傅斯年专列了一节讨论语言和文字——所谓文言。

[2] 傅斯年：《战国子家叙论》，欧阳哲生主编：《傅斯年全集》第二卷，第 252—253 页。

[3] 傅斯年：《性命古训辨证·序》，欧阳哲生主编：《傅斯年全集》第二卷，第 503 页。

[4] 钱玄同便反驳白话浅文言深的言论道：“我们提倡国语文学的理由，老老实实、干干脆脆的说：就是——因为古文贫乏、浮泛、浅陋、幼稚，不足以传达高深绵密的思想和曲折复杂的情感，所以要对彼革命，将彼推翻，另外建立丰富、精密、深奥、进化的国语文学！绝对的不是嫌古文深奥难懂，‘为通俗起见’而另创浅陋的国语文，‘使一般人易懂’，可以‘由浅入深’去学古文！”（《一封最紧要的信》，《国语月刊》第 1 卷第 10 期，1922 年）

四　龙种？跳蚤？

陈寅恪欲借对对子一事使中国学界略明中国语言的地位，扫除《马氏文通》的谬说，改良中学课程[1]，在白话文取得压倒性优势的时趋之下，这样的举动似乎有几分堂吉诃德式的悲壮。一种语文的通行，往往由语文自身的良否之外的因素决定，由此滋生的流弊，也很难分辨究竟是由语文还是其他因素造成。尽管无力回天，陈寅恪力排众议的主张和独善其身的坚持，还是给世人以警醒。时过境迁，当年废除汉字改用拼音字母文字的种种义正词严，如今听来已经不再天经地义，理所当然。同样使用拼音字母文字的国家、民族或地区，无论原生还是后造，依然存在贫富不均、强弱有别的情形。就是同一国度的不同区域，教育制度的健全与否，也会造成教育发展水平差距甚远的局面，未必是由于文字的繁简文白。欧洲中世纪基督教一元化观念主导下的社会进化观，显然无法安置和解释人类文化多元的复杂情形。

随着中国国力的增长和民族自信心的增强，一般而言，象形汉字为野蛮落后的表征，不能适用于现代文明社会的论点，已经很少有人确信无疑。语言学从来不认为语言文字有着普遍适用的优劣新旧的评判标准，尤其是汉字计算机处理技术的开发应用日新月异，甚至有研究者认为，象形汉字的模糊逻辑属性，可能比逻辑语言具有更加广阔的拓展空间，更加适合于网络时代人工智能的发展。

在放弃废除汉字取向的同时，人们似乎忘记了白话文与废汉字的内在关联，很少因为后者而重新检讨前者，而将白话文本身当成了重要的目标性成果。如果说废汉字其实是多此一举，作为过渡的白话文意义何在？这个皮之不存毛将焉附的问题，难以回避。实践显示，无论繁体简字，象形拼音，对于教育都没有难易的明显分别。

[1] 陈寅恪：《致傅斯年》二十二，陈美延编：《陈寅恪集·书信集》，第42—43页。

大中华圈使用繁体字的地区，教育程度或许还在使用简体字的地区之上。简化字和语体文的普及，并未展现出有利于教育普及的优势和显著效应。教育的良否，主要取决于教育制度而非语言文字。仅就识字的效率而言，改为新式学堂之前的传统学塾，显然更高。后者教会学童认识 3000 字，只要大约两年左右。而前者必须完成六年的学业即读完高等小学，才能达到这一程度。即使考虑到小学阶段除了识字，还要学习其他课程等因素，其效率仍然有限。这也是民国时期在政府的高压之下，所谓私塾长期大量存在、乡村教育者对国民教育进行激烈抨击的重要原因。

白话文在历史上真正起作用，主要是成为新文化运动的重要辅助工具，以此使得知识人、青年学生和社会大众发生直接联系，从而造成广泛的社会动员。在其他方面，白话文或语体文并未产生预期的效应，更达不到预定的目标。清季以来文字和文体改革的基本取向，即用拼音文字替代象形汉字，现在实际上已经正式放弃。时至今日，除了少数人外，文字改革的主要指向已不再是废除汉字。可是建立在言文应该一致的认知基础上，作为废除汉字阶段性过渡的白话文，已经成为普遍应用的文体。面对既成事实，且受今人教育背景及知识来源的制约，未必非有不可的白话文取代文言，仍然被视为历史的进步。实则白话文自身存在诸多先天不足和后天不调，这些与生俱来的弊病，不仅依然难以根除，而且逐渐显现种种负面效用。时下语文水平普遍不高，成为书面语的白话文以及用语法教授语文，恐怕难辞其咎。

在了解语言和历史的学人看来，文言分离，优越有二：一是超越方言，可以普遍通行；二是脱离口语，能够流传久远。超越方言则交流广泛，流传久远则古今一贯。由于中国地广人众，各式各样的方言及其存在形态错综复杂，如果完全遵循我手写我口的原则，势必难以沟通。尽管官话的通行为东西南北人们的口头交流提供了媒介，尽管宋代以来长期流行的白话小说和语录文体可以借鉴，但是因为仍旧使用象形而非拼音的汉字，白话文要想作为正式的和普遍的表达工具，其表现力和准确度，均有严重的欠缺。不断吸收方言虽然能够丰富内容，却会增加分裂语言统一的可能。而强求语言标准一致，又在很大程度上造成某些方言的文化霸权地位，剥夺扼杀了另一部分方言文学的生存发展。改革者内部在方言与国语的问题上往往混淆言与文的分别，虽然不断有所讨论，并不能消除症结。此外，在文与言依然分离的情形下，新的书面语通过国民教育进行普及，并不能改变文化分层的状态和区域性差异，当然难以实现教育、文化、文学等方面全体国民的统一。

改善白话文的另一途径是借重域外。所谓欧化，不仅翻译文章，还包括套用印欧语系语法和大量使用明治日本逆输入的新汉语，这使得独立语的汉语属性发生深刻变化。学校教中文汉语由文法入手，而文法始终不能摆脱印欧语系的影响制约。语文普遍不好，在识字发蒙阶段已经注定。教育而外，语言文字变革本身有着重新检讨的广阔空间。普及白话文的需要，与大众传媒的激增、清季的讲报密切相关，后来又受到广播事业发展的助推，在观感和事实两面，新文化都不免成为浅文化的代名词。今日文学家教育后进如何提高文学修养，不约而同地建议多看古诗和史书。而白话文追求言文合一所必需的双音字，除了日常口语外，主要词汇其实来自明治维新后逆输入的新汉语。与改革汉字者指责汉字不利于输入新知的认识相反，明治时期的日本人在翻译西文时，为了精简和准确，不得不大量借鉴中国的古代典籍。其间有意无意的转义，往往造成与古人的隔膜和对西学的错解，并且让近代以来中国的精神世界深受东学的支配。就此而论，不仅造成一定程度的文化断裂，而且导致中外沟通的诸多缠绕与困惑。

尽管切音文字一直处于试行辅助的阶段，在中西新旧乾坤颠倒的大势所趋之下，清季以来中国的语言文字还是发生了天翻地覆的变化。经过《马氏文通》用印欧语法条理汉藏语系的汉语言文字、来自日本的新名词成为新概念的表述形式且使得原来以字为单位的汉语转而以词为单位，以及翻译带来的欧式白话文取代文言文成为书面语，现在的中国人或许早已是用西思、发汉声、说东语，且习惯成自然，浑然不觉其间的种种不相凿枘。由于新式教育令广大国民受西化语文的社会化，高明者的思想主张又往往出人意料，难以雅俗共赏，前贤的论断几乎已成奢侈品。待到人们发现教育并不因为白话简字而易于普及，至少在识字与作文方面，新式学堂的教学效果反而不及原来的学塾，而非逻辑的方块字更能适应计算机语言的模糊逻辑，才意识到语言文字的发达进步与否，并不能以社会发展程度为尺度。

白话简字与其说是历史的进步，毋宁说是变化造成的现时状态。这样的不得不然掺杂着一些盲目，也反映了某种无奈。如果说白话文运动的确在历史上推动中国思想界的风起云涌，起作用的与其说是废除文言文，不如说是打破了文言文在当时的僵化和垄断，使得语言文字在失范中重趋活跃，便于众人发声。历史进程显示，文体的兴衰，大都经历了从不拘一格到僵化桎梏的演变，其中过度的标准化正是走向呆滞的决定性杠杆。而这样的过程，在白话文的演进中同样存在。如何平衡规范与灵活，有序而不失之僵化，需要相当的艺术。强势而无理的规范，终将会使白话文重蹈文言文的覆辙。

在一元化进化论的主导作祟之下，近代以来，国人不断以为变化就是进化，而将现在等同于现代。典型的如钱玄同，坦言“一般人所谓‘西方文化’，实在是现代全世界的文化”[1]。类似的意思，他在日记书信和文章中反复强调，如“一般人所谓‘西洋文化’，实在是现代的世界文化，并非西洋人的私产，不过西洋人作了先知先觉罢了。中国人要是不甘于‘自外生成’，则应该急起直追”[2]。所以

[1] 钱玄同：《〈世界语名著选〉序》，《晨报副刊》1924年5月20日。
[2] 钱玄同：《汉字革命》，《国语月刊》第1卷“汉字改革专号”，1923年。

他最佩服吴稚晖和陈独秀两人“将东方化连根拔去，将西方化全盘采用”的种种主张。[1]受此制约，不少既无必要也无可能的多此一举一度被视为势所必然，天经地义。而不中不西、不伦不类的白话文成为中国人通行的表达工具，恰好表明语言文字的好坏对于社会发展与否并无决定性作用。按照“语言说人”的规则、新式教育的推广普及是白话文的决定因素，而非如改革文字的初衷——由字母文字和白话文来推动教育的普及。

今人使用白话文，本来连方便也谈不上，不过因为木已成舟，只得将就。于是，恢复文言为通行已不大现实，而文学正宗的地位却也不容白话文独占。放宽眼界，不以后来的叙述为史事本相，回到历史现场，重现事物发生演化的进程本意，便成为史家的应有之意。否则，近代趋新人士用西学眼光看中国，解读已误，现在学人又以其所论为凭据，更加似是而非。

在中西文化相互纠葛的背景之下，经历了从夷夏之辨到中体西用的转折，清季民初，变化即进化的观念逐渐流行，并影响后来研究者的思维。国人认为，汉字繁复，且与语言分离，不能普及，妨碍教育，导致中国贫弱。循着这样的思路，以列强共有的字母文字为旨归，当然是不言而喻、理所应当的进步取向。语言文字改革各个阶段的不同派系，其努力的方向基本都是字母化（拉丁化或罗马化），也就是要废除文言分离的象形方块字，改用文言合一的拼音文字。虽然实际进程还有一系列过渡性措施，包括白话文和简笔字等等，作为终极目标的字母化却一直坚持到二十世纪末才最终放弃。

字母文字的前提是文言一致，笔写与口讲为一而二之事。而中国早就是地域广阔的文化集合体，方言众多，除了文字生成的渊源而外，若是我手写我口，势必造成无法沟通的局面，妨碍文化统一的格局。清季民初，在文言合一得到越来越多的社会认同的情况下，

[1] 《钱玄同文集》第六卷，第65页。

以何种官音为基准，仍然争议不断，取舍困难。五四前后提倡白话文学，初衷是使国语统一摆脱困境，走上言文合一的坦途，促进汉字革命，其实不过造成新的欧式书面语，非但文言仍然不能合一，还使得说方言的群体失去了书面文学创作的动力乃至能力。1930 年代陈寅恪抨击时流以陈货为新知，宣称中国文学应以文言为正宗，绝非意气之见。虽然无力回天，却为放弃废除汉字的取向之后检讨作为过渡的白话文提供了重要的警示。

马裕藻与1934年北大国文系教授解聘风波

太炎前期弟子，大都颇负盛名，坊间流行的五大天王之说，能够反映章门学术江湖地位的一时如日中天。[1]不过，马裕藻（1878—1945，字幼渔，亦以字行。浙江鄞县人。或谓其本名巽，似与其长子相混淆）虽然身份不浅（章门弟子中，马裕藻年长，有老大哥之称），地位不低（任北京大学国文系主任十四年），却不得列名其中。不仅如此，由于他既无著述，又少轶事，以致几乎没有人做过研究。坊间流传的一些文字，大都敷衍周作人《知堂回想录》的相关记述而来，其中以讹传讹乃至穿凿附会之处不在少数。

[1] 朱希祖闻黄侃转述章太炎对人言：黄天王，汪东王，钱南王，朱西王，吴北王。“盖以余与玄同倾向新文学，乃以早死之南王、西王相比也。”（朱元曙、朱乐川整理：《朱希祖日记》中册，第461页）相同的排列又见杨天石主编《钱玄同日记》（整理本）下第1111页。章太炎对前期弟子的评点，前后有别，各人所得亦不同。汪东《吊吴絸斋诗》注：“章门四子，黄季刚、吴絸斋、钱玄同及汪旭初。”又称：“当日章师戏言，黄为天王，汪为东王，吴为北王，钱为翼王。以钱为畔师，故称翼王。”朱希祖到中央大学后，章又谓汪东曰：“吾门四王当改定，去钱入朱。”与黄侃所说有异。章太炎《自撰年谱》提及弟子成就者，仅列举黄、钱、朱，未及汪东。（朱元曙、朱乐川整理：《朱希祖日记》下册，第1126—1127页）

俗话说，巧妇难为无米之炊，研究马裕藻，首先必须解决材料从何而来的问题。马裕藻的生活交友圈子，多以同门为轴心纽带，而同门当中，多人留有日记并且已经陆续出版，虽然所记大都琐事片断，如果相互参照，拼合连缀，也可以组成大体完整的图形。同门之中，黄侃、朱希祖、钱玄同、吴承仕、周树人、周作人等人的日记已刊，其中马裕藻与钱玄同的关系最近，朱希祖次之，周氏兄弟又次之，与黄侃较为疏离，与吴承仕则交恶。而各人的日记详略不一，间有散佚，如朱希祖北京期间的日记便付诸阙如。以同门日记为基础，参酌其他报刊、档案、回忆录等资料，可以大体还原这位雁过无声人过无名的名人的历史轨迹，进而探究民国时期学术风气的流转和学界世态的炎凉。

本篇仅取1934年北大解聘国文系教授牵连马裕藻辞去系主任一事，重现相关史事并讨论背后的问题。关于此事，坊间传说及有所涉及的文字相当多，大都以林损、胡适为主角，不仅各执一偏，而且真伪莫辨，形同八卦翻新。一些言之凿凿的考证，也因为各自的成见太深，无法摆脱偏听偏信的局限。而马裕藻作为配角，显得可有可无，使得此事似乎只是学界的轶事花絮，而与近代中国文学观念及组织关系的重大意义不能显现，马裕藻的历史地位也难以彰显。为此，在尽可能全面还原事实的基础上，力求探寻各说各话背后的隐情真意。

一　元勋还是罪魁

周作人谈到北京大学的“三沈二马”，指出五四前后不能如此说，因为那时只有沈尹默和马幼渔两位进北大，还在蔡元培长校之前，“所以资格较老，势力也比较的大。实际上两个人有些不同，马君年纪要大几岁，人却很是老实，容易发脾气，沈君则更沉着，有思虑，因此凡事退后，实在却很起些带头作用”。人称“鬼谷子”。“因为沈是吴兴人，马是宁波人，所以有‘某籍某系’的谣言，虽是‘查无实据’，却也是‘事出有因’。”[1]

民国时期北大派系林立，暗潮汹涌，不少人视为畏途。沈尹默在北伐之后离开北大，任职于教育界；与马裕藻分别担任史学系和国文系主任，又参与北大最高决策机构校评议会的朱希祖，在学生风潮的冲击之下也不安于位，南下广州；而马裕藻却能够稳坐泰山，历经风雨而岿然不动，与北大共始终。他自1913年在北大国文系任教，教授“中国文字声韵概要”等课程，从1920年起担任系主任，前后长达14年之久，在派系纷争激烈复杂的北京大学，堪称异例。

或谓马裕藻为北大国文系的开国元勋，只是这样的有功之臣究竟功在何处，值得玩味。学人的声望地位，理应与所具备的学术有关，可是马裕藻的学问似乎颇受人质疑。他没有出版过任何学术著作，也几乎没有发表过学术论文，2004年由北京大学校史馆编辑并由该校出版社出版的一大厚本《北京大学校史论著目录索引》，找不到他的踪影，也没人为他写下纪念性文字。虽然坊间关于马裕藻的记述多由周作人的“北大感旧录”敷衍而来，可是周作人在书中专门写到马裕藻时，居然说：“幼渔虽说是极熟的朋友之一，交往也很频繁，可是记不起什么可记的事情来，讲到旧闻轶事，特别从玄同听来的也实在不少，不过都是琐屑家庭的事，不好做感旧的资料。”[2]其日记中所记录的两人之间的频繁交往，除了孔德学校的事务以及偶尔的仗义助人外，多是饭局宴客之类的应酬，所以反而无从下笔。

因此，不仅前此主导文学系后来被章门弟子排斥的桐城派对他不以为然，同辈学人也不无微词。杨树达曾以请吴承仕任教之事告诉马裕藻，后者答称：“专门在家著书之人，何必请之。”而杨树达认为，马裕藻本人即为“十年不作一文者也”。同门的黄侃声称：“北

---

[1] 周作人：《知堂回想录》，香港：三育图书有限公司1980年，第361—362页。

[2] 周作人：《知堂回想录》，第491页。

京治国学诸君，自吴检斋（承仕）、钱玄同外，余（季豫）、杨（树达）二君皆不愧为教授，其他则不敢知也。”言下之意，他人均不足道。[1] 黄侃性情乖僻，与一些同门关系不洽，与钱玄同冲突尤多，论学却不会因人废言。同治音韵之学，黄侃可以和老师齐名，所论可谓定评。吴承仕与黄侃的关系不错，与马裕藻等则时有冲突。[2] 而马裕藻虽然号称旧京治音韵四派之一的古韵派代表，也仅仅是口碑而已。

尽管蔡元培改革北大后，主张北大不是照本宣科地传授知识，教师不能单纯教学，必须研究，没有研究也不可能教好书，国民政府时期北大未必以学术见长，而且无著述不等于没学问，不好为人师而学富五车的名家不乏其例，有的学问甚至为一般著作等身者望尘莫及。太炎弟子当中，黄侃未及著书而人已逝，钱玄同议论多而成功少，其余则或多或少，勉强可以结集，只有周氏兄弟倾向文学，著述较多。可是像马裕藻那样几乎不著一字，也是绝无仅有。

学为己之后为人，若无余力发明，守成足矣，至少可以传承学术文化。因而那时大学教师的有无学问，一般不以著述的多少甚至有无作为标准。温故而不知新，迂而已，不温故而欲知新，甚至温故不懂仍然强要创新，就绝不仅仅是妄，更等同于存心害人。或者看懂书已经力有不逮，还要“勇于”推陈出新，说自己也不明白的话，写自己也莫名其妙的文字，无知无畏。有的虽然所说看似有理，其实不过自己心中的条理系统，非但不能贯通材料事实，反而去真相越来越远。有的一心突过前人，填补空白，充其量拾人牙慧而已。

上述各种有助于立足学界的情形，对于马裕藻似乎概不适用。正式选修过他所授课程的日本京都大学留学生吉川幸次郎，后来在南京见到黄侃才觉得遇到真正的学者。也有的教师虽不勤于著述，

[1] 杨树达：《积微翁回忆录》，上海古籍出版社 1986 年，第 26、63 页。

[2] 吉川幸次郎：《留学時代》，《吉川幸次郎全集》第 22 卷，东京：筑摩书房 1974 年，第 384—394 页。

却长于授课。同样不好著述的钱玄同讲课在学生当中就口碑不错。而这方面马裕藻也并非强项，他的口才不佳，讲课平庸沉闷，使人思睡，只有偶尔透露其妻的贤惠，让对他既无惧意，也无敬意的学生们有了恶作剧的由头。据说学生对他的评语是“糊涂”二字。吴虞任教于北大期间，就知道“马幼渔、沈士远为三千学生所认为不行者”[1]。倒是其女马珏，因为被评为北大校花，引人注目，花边新闻不少。有一年北大纪念建校，现场向千余学生问卷，认为北大有吸引力的答案之一，竟是北大有花王。花王者，各校校花王者之谓也。

然而，如果以为马裕藻是只会周旋于各方的好好先生、沙龙教授、宽厚长者，则大谬不然。他担任北大国文系主任期间，正是所谓某籍某系把持最甚之时。“检斋为章门高第弟子，学问精实。其同门多在北大任职，以检斋列章门稍后，每非议之；实则以检斋学在己上媢嫉之故。”同为浙籍的单丕甚至说：“欲办好北大，非尽去浙人不可。”连一向与人为善的陈垣谈及北平教育界情形，也“深以浙派盘踞把持不重视学术为恨”[2]。

所谓浙人把持最甚的，在北大主要就是指朱希祖主任的史学系和马裕藻主任的国文系，所以单丕指名是“愤朱、马辈把持”。胡适对此早有耳闻。1920年6月12日，陶孟和就致函胡适，告以“近日沈、马诸公屡有秘谋，对于预科移至第三院一事犹运动反对，排列课程，延请教员，皆独断独行，长此以往，恐非大学之福。弟意非有除恶务尽之办法，则前途不堪设想。暑校完事，务必早日归来为妙”[3]。

1929年，北大学生曾开会“以朱希祖、马裕藻两主任把持学

[1] 中国革命博物馆整理，荣孟源审校：《吴虞日记》下册，成都：四川人民出版社1986年，第232—233页。

[2] 杨树达：《积微翁回忆录》，第26、45、70页。

[3] 《陶孟和致胡适》，中国社会科学院近代史研究所中华民国史组编：《胡适来往书信选》上册，北京：中华书局1979年，第97页。

校，不图进步，请当局予以警告”[1]，并以校学生会名义在河北《民国日报》载文攻诋。8 月 1 日，马裕藻以“是实藻诚信未孚所致”，致函文学院院长陈大齐辞职，请召集国文系教授会改选主任。两天后，陈大齐复函慰留，称：“先生主讲北大垂二十载，诸生无不热忱爱戴。若偶因学生误会，遽尔灰心，将国文学系主任辞去，则该系一切进行计画势将停顿。爱校如先生，当不忍出此。务请以学校前途为重，慨允继续担任国文学系主任。”[2]后经代理校长的陈大齐和校长蔡元培再三慰留，马裕藻和与之同时提出辞呈的朱希祖才勉强同意复职。[3]不久，朱希祖因为学生再度闹事，愤而去职。而 1931 年国文系学生又集会要求聘杨树达任教，锋芒所向，也是把持系务的马裕藻。

在同门眼中，马裕藻的形象则与外人所见大相径庭，其性甚和易，对人很是谦恭，虽是熟识朋友，也总是称某某先生，平时不善言谈，但又容易激怒，在北大评议会上遇见不合理的议论，便要大声叱咤，不留情面，与平常截然不同。按照常理，训人总要有些底气，而底气必须有所凭借。在实行教授治校的民主制的大学里，如果学问不出众，而能长期稳坐系主任的位置，并且进入最高决策机构校评议会，而且敢于大声呵斥他人，究竟底气何来？

太炎门生是缘由之一。民国以后，太炎弟子在教育部、教育界和北京大学成为最具声势实力的学术群体，一时无两。马裕藻在太炎门生中被视为老大哥，他人自然不敢小觑。

某籍某系是缘由之二。太炎门生中，以浙籍居多，但其他籍贯者也为数不少。而在教育部、教育界和北大的浙籍人士中，许多并

---

[1] 杨树达：《积微翁回忆录》，第 43、45、57、72 页。

[2] 《国文学系主任致院长函》、《院长复国文学系主任函》，《北京大学日刊》第 2221 号，1929 年 8 月 5 日，第 1、2 版。

[3] 《陈代校长致马朱两教授函》，《北京大学日刊》第 2237 号，1929 年 9 月 23 日，第 1 版；《蔡校长致马幼渔先生函》，《蔡校长致朱逿先先生函》，《北京大学日刊》第 2243 号，1929 年 9 月 30 日，第 1 版。

非出自太炎门下。二者互为犄角，相辅相成，声势进一步张大。

上下呼应是缘由之三。北大长校或代理的蔡元培、蒋梦麟、陈大齐（百年）等，都是浙江人，或与章门弟子有旧，或曾经得到这一重要势力的支持，所以不免为某籍某系所包围。沈尹默后来承认："蔡先生的书生气很重，一生受人包围……到北大初期受我们包围（我们，包括马幼渔、叔平兄弟，周树人、作人兄弟，沈尹默、兼士兄弟，钱玄同、刘半农等，亦即鲁迅作品中引所谓正人君子口中的某籍某系）。"[1] 蒋梦麟本来与北大没有渊源，代蔡元培入长北大，只能依靠拥蔡且有实力的教授。至于陈大齐，民初还在浙江时就与一干章门弟子关系密切，在北大期间也是过从甚密。甚至可以说，本来就是"我们"中人。

性格中庸是缘由之四。马裕藻调和新旧，不偏不倚，一般不得罪人，人脉很广，而且不以荣衰青白眼相加，既不趋炎附势，也不落井下石，与各方维持良好关系，鲁迅落难时，就觉得只有马裕藻的态度依然如故；同时又让人不觉得具有威胁，不予排斥防范。

敢于担当是缘由之五。马裕藻看似主见不多，可是并非一味推诿，相反，在各种会议中每每发表意见，在处置各种事务时往往被选为参与人。在北京各校与教育部的冲突中，1923年5月4日，还曾带队包围教育总长彭允彝的住所，不准其外出。[2]

以上五点，相互支撑，缺一不可。在当时北京大学的组织体制之下，马裕藻非但不是滥竽充数，而且人望极高。这可以从其连续高票当选系主任窥见一斑。北大实行教授治校，各级行政以及委员会等，多由一人一票的选举产生。1920年4月13日，北大中国文学系教授会开会，总共十五位教授有十三位到会，马裕藻以十一票

---

[1] 沈尹默：《我和北大》，中国人民政治协商会议全国委员会文史资料研究委员会编：《文史资料选辑》第61辑，北京：中华书局1979年，第230页。

[2] 王学珍等主编:《北京大学纪事（1898—1997）》上册，北京大学出版社1998年，第113页。

的罕见高票当选主任，第二位的朱希祖仅两票。[1]1922 年北大中国文学系主任改选，马裕藻以八票当选。另外两位得票者为沈士远两票，吴虞一票。而物理、英文、法文、政治、法律等系，当选者最多（如英文系主任胡适）不过得到三票。[2] 其后历年改选连任，马裕藻少则三票，多则八票，在各系主任得票中属于最高。此外，马裕藻 1918 年即当选为校评议会委员[3]，以后除个别年份外，几乎年年当选，可以说是少有的常青树。只是在选举教务长时，马裕藻的票数在得票者中反而最少，可见其影响范围及层面的限度。[4]

指马裕藻把持北大中国文学系，在马自己看来，肯定觉得委屈。1929 年国文系提出的应增聘教授名单，包括胡适、林损、黄侃、郑奠、黄节、杨振声、闻一多、沈尹默、吴承仕、鲁迅、吴宓、赵元任、吴梅、黎锦熙、郁达夫、萧友梅，确是新旧兼容的一时之选。[5]

二 解聘与辞职

民国北京政府时期的北京大学，宛如惊涛骇浪中的一叶扁舟，而马裕藻在历次风波中，都能够平稳过渡或涉险过关。国民政府统一之后，政治格局天翻地覆，教育界和北京大学随之变化。尤其是蒋梦麟再度接长北大，听取胡适、傅斯年等人的意见进行改革，太炎门生失去上面的保护，下面又有人暗中鼓动学生闹事，终于无法继续任凭风浪起，稳坐钓鱼台。

[1] 《中国文学系教授会启事》,《北京大学日刊》第 581 号，1920 年 4 月 14 日，第 2 版。其时该系教授为：杨逊斋、陈子存、徐哲如、程演生、刘半农、吴瞿安、钱玄同、马幼渔、沈士远、魏仲车、沈兼士、沈朵山、毛夷庚、孟寿椿、朱希祖。

[2] 高平叔编:《蔡元培全集》第四卷，北京：中华书局 1984 年，第 185 页。其时北大各系选举，每每出现出席者各得一票的现象，只能由校长附加投票决定。

[3] 王学珍等主编：《北京大学纪事（1898—1997）》，第 51 页。

[4] 高平叔编：《蔡元培全集》第四卷，第 192 页。

[5] 王学珍、郭建荣主编:《北京大学史料》第 2 卷中册，北京大学出版社 2000 年，第 1303 页。

1930年，北大在经历了1927年以来的连续动荡之后，蒋梦麟出任校长，次年，着手整顿各学院。他首先废除了北大实行多年的教授保障法，使得教授可以被解聘，社会科学院先行改聘教授，并自行兼任文学院院长；其次则配合由他主导制订的国民政府关于大学组织的新立法规，改评议会为校务会，前者基本采用民主制，后者则由当然委员（行政）和选举委员（教授）组成，以全体教授、副教授选举之代表及校长、各学院院长、各学系主任组织之，实际上是变相的行政主导；接着提出文学院新计划。后一项尚未来得及实施，1932年，胡适接替兼职的蒋梦麟出长北大文学院，着手落实国文系改革计划，可是裁并课程之类的措施遭到马裕藻等人的抵制，只得暂时搁置。直到1934年，蒋梦麟与胡适协商后，决心排除阻力，实施改革，并引发与国文系教授林损的冲突，马裕藻也被迫去职。

关于此事的由来，胡颂平所编《胡适年谱长编初稿》称，国文系主任改由文学院院长兼是出自校长蒋梦麟之意，致使主任马裕藻、教授林损（1890—1940，字公铎，浙江瑞安人）、许之衡（1877—1935，字守白，广东番禺人，日本明治大学毕业）三人相继辞职，引起一场大纠纷。林损怀疑此举出自胡适的心意，因而写信攻击。后因亲历其事的张中行撰文质疑胡适取代国文系主任及解聘林损有公报私仇之嫌，引发胡适研究者程巢父的兴趣，做了一番刨根问底的探究，证明蒋梦麟此次整顿北大国文系，源于1930年傅斯年、顾临、胡适帮助蒋梦麟拟出一个改革北大的具体方案，即次年1月9日的“北京大学与中华教育文化基金董事会合作研究特款办法”。其内容据《丁文江的传记》的记载，为1931年中基会第五次常会通过的“中基会与北大每年各提出二十万元，以五年为期，双方共提出二百万元，作为合作特别条款，专作设立研究讲座及专任教授及购置图书仪器之用”。其中主要项目是设立“研究教授”若干名，人选“以对于所治学术有所贡献，见于著述为标准”，年俸“自四千八百元至九千元不等，此外每一教授应有一千五百元以内之设备费”。研究教授每周至少授课六小时，并担任学术研究及指导学生之研究工作。研究教授不得兼任校外教务或事务。

会后，蒋梦麟到北平做北京大学校长，他要胡适担任北大文学院院长，兼中国文学系主任。胡适因主持中基会的“编译委员会”，故不受北大的薪俸。中基会与北大开始会拟合作办法草案，由胡适起草。同年 4 月 24 日，胡适出席了中基会在北平南长街会所举行的第三十六次执行财政委员会联席会议，审议通过了关于与北大合作设立研究教席及奖学金案，合作办法规定设顾问委员会，由北大校长、基金会干事长，及双方合聘之胡适、翁文灏、傅斯年共五人担任。所定“北京大学与中华教育文化基金会合作研究特款办法”载明，合作以五年为期，自二十年度起，至二十四年度止。

1948 年 12 月 13 日胡适写的《北京大学五十周年》一文称：

> 民国二十年一月，蒋梦麟先生受了政府新任命，回到北大来做校长。他有中兴北大的决心，又得到了中华教育文化基金董事会的研究合作费一百万元的援助，所以他能放手做去，向全国挑选教育与研究的人才。他是一个理想的校长，有魄力，有担当，他对我们三个院长说：“辞退旧人，我去做；选聘新人，你们去做。”[1]

程巢父的文章解释了一个至关重要的问题，即何以蒋梦麟在拖延了几年后不得不痛下决心，原因就是，如果当年再不执行与中基会的合作办法，协议即将到期，无法交代，而要实行，就必须先行解聘若干教授，腾出位置，才能引进新人。但是程巢父据此断言解聘林损不关胡适的事，恐怕有些武断。蒋梦麟的意思只是表明他愿

[1] 程巢父：《张中行误度胡适之——关于林损对胡适怨怼的辨证》，《书屋》2004 年第 1 期，第 21—25 页。

意唱白脸作歹人，问题是蒋何以要解聘林损，以他的学识，应当无法准确判断国文系教授的水准能力，即使有主见，也不便贸然自行决断。在程文所列相关者中，最可能在这方面发挥影响的正是胡适。胡适当然不会以林损骂自己为由头，而是说北大的温州学派没水平，不值一谈。如此一来，林损自然就成为首先被开刀的俎上鱼肉。其实，时至今日，关于林损的学问到底如何，诉讼双方还是各执一词，并不交集。

1934年4月17日，《世界日报》刊登特讯《北京大学将裁并学系说》，称：

> 北京大学文学院国文系教授林损昨日突致函该校当局，呈请辞职，该系学生闻讯，拟全体赴林宅挽留，林遂在第一院贴出通告，大意谓：本人尚未离校，有事可在校晤谈。该校当局接林辞职函后，亦正在设法挽留中。闻林辞职原因，系因该校当局近拟将国文系归并史学系，改称文史系，并拟将文学院其他各系及法学院各系，亦加以归并或裁撤，因此国文系教授均表示消极，林则首先辞职。闻国文系其他教授马裕藻、黄节、许之衡等，亦将相继提出辞呈。但是否属实，尚待证明。[1]

16日这天，刘复（半农）刚好有课，目睹了事情的发生。他在当天的日记中写道：

> 下午到一院上课，忽于壁间见林公铎揭一帖，自言已停职，学生不必上课云云。殊不可解。电询幼渔，乃知梦麟嘱郑介石示言公铎，下学年不复续聘，你先为之备，公铎遂一怒而出此也。以私交言，公铎是余来平后最老同事之一，今如此去职，心实

[1] 《北京大学将裁并学系说》，《世界日报》1934年4月17日，第7版，“教育界”。

不安，然公铎恃才傲物，十数年来不求长进，专以发疯骂世为业，上堂教书，直是信口胡说，咎由自取，不能尽责梦麟也。[1]

18 日,《世界日报》调查后更正了林损辞职的原因。[2] 同日《北平晨报》刊登消息《蒋梦麟否认北大裁并学系》，进一步追究冲突的由来。该报记者分别采访了当事人蒋梦麟、林损和学生，做出综合报道。蒋梦麟否认外传北大将国文系并入史学系改为文史学系之说，称本校国文系具有悠久历史，事实上又无裁并需要，故从无此项计划。至于将文学院各系并入法学院，更无其事。北大各系均有悠久历史，事实上亦不能裁并。林损辞职，是因为本校拟于下年度将国文系教授更动数位，林在之内，“本校教授聘约均以一年为期，于每年度开始时选出，现本年度行将终了，应行更动之教授亦将决定，想林先生对本校之更动教授事件，有所预闻，故提出辞职。总之，本校更动教授之拟议则有之，而裁并学系之说实无。本校国文系主任于下年度起，拟请文学院院长胡适之先生兼任，胡先生并已同意”。

林损则表示：“本人之辞职原因，系与蒋（孟麟）、胡（适之）两先生学说不同，本人之与孟麟、适之二先生之学说不同，由来已久。”记者叩以不同在何处，林笑而不答，并出示致蒋、胡、国文系同学函稿及留别诗。其致蒋梦麟函称：“自公来长斯校，为日久矣，学生交相责难[3]，瘖不敢声，而校政隐加操切，以无耻之心，而行机变之巧。损甚伤之。忝从执御，诡遇未能，请从此别，祝汝万春。”致胡适函称：“损与足下，犹石勒之于李阳也，铁马金戈，尊拳毒手，其寓于文字者微矣。顷闻足下又有所媒孽，人生世上，奄忽如

[1] 《刘半农日记》,《新文学史料》1991 年第 1 期，第 33 页。

[2] 《国文系教授林损辞职系因下年度将解聘》,《世界日报》1934 年 4 月 18 日，第 7 版，“教育界”。

[3] 胡颂平编著《胡适之先生年谱长编初稿》第 4 册（台北：联经出版事业公司 1990 年校订版）第 1215 页作“学者”。

尘，损宁计议于区区乎？比观佛书，颇识因果，佛具九恼，损尽罹之。教授鸡肋，弃之何惜，敬避贤路，以质高明。”布告来学诸生谓：“损即日自动停职，凡选课者，务祈继续自修，毋旷时日，以副平素区区之望。”别学生诗曰：“终让魔欺佛，难求铁铸心，沉忧多异梦，结习发狂吟。敦勉披襟受，余情只海深，吁嗟人迹下，非兽复非禽。”[1]

言辞之间，可见林损对学生尚有惜别之意，对蒋、胡则积怨极深，去志已决。学生来其寓所挽留时，林表示与当局意见不合，决不再返校，希望诸同学毋再徒劳。诸同学不弃，可随时互相研究，亦可互护其益。

上海各报，关注此事的不多，只有 19 日《申报》的北平特讯报道较详，指北大教授纠纷，林损与胡适意见冲突而辞职，国文系将大变动，胡将兼主任。据称：“国立北京大学中国文学系教授林损突然提出辞职，教育界非常注意，其内幕复杂，为北大多年积成之结果。林氏致函北大校长蒋梦麟、文学院院长胡适，并布告学生，自动辞职，同时留别学生诗一首，痛述苦衷。蒋氏昨发表谈话，否认裁并学系。林氏亦表示意见。”

林损回答来访的《申报》记者关于其辞职原因的询问，言辞与《北平晨报》可以互为补充：“本人辞职，因学说上意见与适之（文学院院长胡适）不同，并非政见之差异。本人系教授，教授教书，各有各之学说，合则留，不合则去。其实本人与适之非同道久矣，此次辞职，完全为闹脾气。至于裁并学系说，系学校行政，非教授所顾问。”而蒋梦麟回答记者的询问时，也表示北大组织绝不更变，下学期国文系教授略有更动，此系人的问题。

事发后，由于林损自动停课，使得选课的学生无法继续学业，17 日下午 4 时许，国文系有 10 位学生自行赴林宅，请求其打消辞意。林表示义无反顾，诸君诚意，只能心领。虽然来人再三请求为学生

[1] 《蒋梦麟否认北大裁并学系》，《北平晨报》1934 年 4 月 18 日，第 9 版，“教育界”。文字参照 1934 年 4 月 19 日《申报》的《北大教授纠纷》校订。

学业前途计，早日到校授课，林毫不松口，且劝学生不必挽留。来访的学生对记者表示，挽留系私人意见，将来开国文系大会，再正式要求勿萌去志。

胡适虽然早已担任北大文学院院长，实际上未完全负责。“现北大决定改革国文系，该系主任马幼渔深感困难，亦拟辞职。马氏辞职后，北大当局决仍聘马氏为教授，主任一席，将请文学院院长胡适兼任。事实上，胡博士对于此席，当不致推辞。”

据熟悉内幕者称：“自蒋梦麟长校后，确拟整顿国文系，对于课程有所革新，因革新课程，乃涉及人的问题，故林损首先辞职。学校当局对于林之辞职，表示惋惜，在学期中间辞职，更无办法。中国文学系教授对于中国文学，各有意见，现课程将有更改，系主任马幼渔确有困难之处。”据北大教授陶希圣推测，改革国文系是因为该系预算较多，恐下学期将略有变动。[1]

胡适挂名北大文学院院长期间，傅斯年对于该院文史两系的事务背后起着至关重要的作用。事件发生，他从蒋梦麟发来的函电得知，“国文系事根本解决，至慰。惟手示未提及马幼渔，深为忧虑不释。据报上所载情形论，罪魁马幼渔也。数年来国文系之不进步，及为北大进步之障碍者，又马幼渔也。林妄人耳，其言诚不足深论，马乃以新旧为号，颠倒是非，若不一齐扫除，后来必为患害。此在先生之当机立断，似不宜留一祸根，且为秉公之处置作一曲也。马丑恶贯满盈久矣，乘此除之，斯年敢保其无事。如有事，斯年自任与之恶斗之工作。似乎一年干薪，名誉教授，皆不必适于此人”[2]。大有赶尽杀绝之势。

[1] 《北大教授纠纷》，《申报》1934年4月19日，第4张第15页，“教育消息 · 外埠”。

[2] 中国社会科学院近代史研究所中华民国史组编：《胡适来往书信选》下册，第531页。编者注此信约写于1931年，误，解聘林损事在1934年，参见张宪文整理《林公铎藏札二十九通》（《文献》1992年第3期）所载1934年夏林损致蒋梦麟、胡适各函。另据傅斯年同日致胡适函署期4月28日，则是函亦写于当日。

当天，傅斯年又致函胡适："在上海见北大国文系事之记载，为之兴奋，今日看到林撰小丑之文，为之愤怒，恨不得立刻返北平参加恶战。事已如此，想孟麐先生不得不快刀斩乱麻矣。此等败类，竟容许其在北大如此久，亦吾等一切人之耻也。今日上孟麐先生一书，痛言此事。此辈之最可恶者，非林而实马，彼乃借新旧不同之论以欺人。试问林、马诸丑于旧有何贡献？此小人恋栈之恶计，下流撒谎之耻态耳。越想越气，皆希努力到底。"[1]

傅斯年分别致函蒋、胡二人，看似响应赞同，实则带有督战之意。胡适到北大后，提倡整理国故，甚至输入新知，都得到章门弟子的积极支持，尽管观念意见并不完全一致，除了钱玄同、周作人之外，与其他人的不合逐渐显露。而蒋梦麟以局外人入主从来难以掌控的北大，章门弟子的鼎力支持至关重要。对于他们而言，辞退单打独斗的林损毫无挂碍，可是要赶走马裕藻，就难免要顾及道义情面、现实利害以及舆论清议。

任教于北大的章门弟子原来与傅斯年不仅有师生之谊，还有提携之功。1918年夏，沈尹默、马裕藻、马鉴、钱玄同、刘复、陈大齐等人着手编辑《国语读本》，因"几个人空的时候很少，并且常识太不完备"，到1919年1月14日《国语读本》第二册急需着手编纂时，"拟请傅孟真君加入"，众人商议的结果，"拟请傅君先搜材料和选字"[2]。以未毕业的本科生而有这样的机会，还是在一众师长自觉常识太不完备的前提下，可见太炎门生对这位后生的看重。

或许正因为接近知底，声名显著的太炎门生头上的光环反而黯然失色。1928年傅斯年在《历史语言研究所工作之旨趣》中，大张旗鼓地对"章炳麟君一流人尸学问上的大权威"发难，指"章氏在

[1] 耿云志主编：《胡适遗稿及秘藏书信》第37册，合肥：黄山书社1994年，第413—414页。欧阳哲生主编《傅斯年全集》第七卷第129页的识文有若干错字，以致意思不通。耿云志《胡适年谱》第219—220页的摘引虽不全，但识字较为准确。

[2] 杨天石主编：《钱玄同日记》（整理本）上，第341页。

文字学以外是个文人，在文字学以内做了一部《文始》，一步倒退过孙诒让，再步倒退过吴大澂，三步倒退过阮元，不特自己不能用新材料，即是别人已经开头用了的新材料，他还抹杀着。至于那部《新方言》，东西南北的猜去，何尝寻扬雄就一字因地变异作观察？这么竟倒退过二千多年了”[1]。

这样的罪名，的确是非同小可。照此看来，章太炎非但于近代学术无功，反而阻碍了学术的发展进步，罪莫大焉。不仅如此而已，如章的“一流人”，首先就是或至少包括章门弟子。章氏门下，除了朱希祖治史，与老师不同，黄侃的音韵学有所突过以外，其余大都尚在老师的笼罩之下。而且章太炎主张学术在野则盛，不肯到国立大学任教，如果没有弟子们的把持，也谈不上“尸学问上的大权威”。傅斯年之所以要对章太炎大张挞伐，真正的目标或许不在老师，而在占据南北大学文史各科要津的一众弟子。

近代学界风气转移，往往好以革命方式打倒前人，树立自我，否则城头难以变幻大王旗。而前人往往不可能真正打倒，除了少数妄人，一般也心知肚明，所以真实的目的不过是树立自我而已。傅斯年归国之时，南北各校如清华和中山大学等等纷纷伸出橄榄枝，唯独母校北京大学深陷与南北政权的苦斗之中，无所表示。在中山大学任教期间，傅斯年虽已急于打倒无理的权威，破除偶像的崇拜，并没有指名道姓，此时突然发难，很可能是因为事先曾经想染指北大而遭到阻碍排拒，因而决心非根本扫除祸根不可。

据刘半农4月20日的日记：“到马幼渔处小谈，梦麟已决定辞退林公铎、许守白二人，并以适之代幼渔为中国文学系主任，幼渔甚愤愤也。”[2]马裕藻并不在被解聘者之列，所愤在于校方对他视若无物，解聘教授居然绕开现任的系主任，况且连自己系主任的位置

[1] 欧阳哲生主编：《傅斯年全集》第三卷，第5页。

[2] 《刘半农日记》，《新文学史料》1991年第1期，第34页。

也早已通过非常手段在本人不知情的情况下被决定拿下，真是情何以堪，就算涵养再好，也万难觍颜留任，只能提出辞呈，索性连教授职位一并辞去。

三　师、生、校异趣

进入民国，北大一直风潮不断，自蔡元培改革以来，往往是师生共同对抗外力，而且多以新旧冲突为公开号召。而蒋梦麟、胡适的此番改革，虽然仍以新旧冲突为旗号，却至少看起来是挟国民政府之威，强势行政，因此不仅引起林损等人的抗拒，也没有得到学生的认可和支持。

或许由于连番护校的同舟共济以及长期运动的疲惫，风波之前，北大国文系师生关系还算融洽，表征之一，就是1934年1月2日午后，该系在北海公园举办了全体师生联欢大会[1]。冲突发生后，国文系学生一直要求校院系各级挽留林损。22日，记者访晤该系学生组织的系友会干事，“据谈：本系全体同学，对林、许、马三教授，坚决挽留；对缩减经费，决反对到底；至于对胡适之先生兼主任问题，亦希望胡先生能接受同学意见，发展本系。学校当局如不采纳同学意见时，或于日内再召集全系同学大会，商讨第二步办法”[2]。

4月23日上午9时，该系学生派系友会干事孙震奇、石蕴华、徐芳、李耀宗四人为代表，谒校长蒋梦麟，对该系发展及挽留马、林、许三教授，有所请求，并提交改革国文系的八项书面意见：一、反对将国文系并入史学系。二、请勿将国文系经费减削。三、请勿变更该系现行分组组织法。四、此后学生对增进系务向校方提出意见时，请校方予以接受。五、对变更系主任人选无成见，亦不表示迎

[1] 杨天石主编：《钱玄同日记》（整理本）下，第981页。

[2] 《北大国文系代表今晨谒蒋梦麟》，《世界日报》1934年4月23日，第7版，“教育界”。

拒态度，但继任者须真能改善并发展该系，否则决反对。六、请挽留林损教授。七、请挽留许之衡教授。八、请勿准现系主任马裕藻教授辞职。看似不偏不倚，实际上主张维系原状，至少人事变动方面与蒋梦麟等人的诉求背道而驰。

面对学生的请求，蒋梦麟逐件答复：国文系绝对不并入史学系；国文系经费减削，是因为本校经费亏欠五万余，如不整顿，势将破产，故择重复而不需要之课程，酌予减少，决不阻碍国文系之发展；变更国文系组织与否，系新主任之职权，无法答复；学生有所建议，本人极为欢迎，如学生意见与教授冲突时，则采纳教授意见，因教授为当然指导者，其意见当较学生为真确；胡适下学期担任主任最适当，其决不因学生之迎拒而定就职与否；挽留林、许二教授问题不必谈论；马辞主任，因其任事二十余年，工作过劳，不妨略为休息，但教授职务，决不使告辞。

至于该系改革后的课程计划，约为：（一）注重新旧文学、文艺理论、文艺思潮以及世界民众文学之介绍。（二）文学院一二年级课程打通，注重三个目的：（甲）凡文学院求知工具，均须特别提倡。（乙）使文学院一二年级学生，均得到世界近代一般文化之熏陶，以便明了中外文化的历史变迁及其相互关系。（丙）使各系主科得有研究方法，择一重要问题研究，以便得有相当途径。[1]

关于此事，《世界日报》的报道更加详细，而与《北平晨报》所说间有不同，学生代表所提七点要求为：（一）本系全体学生，反对与历史系合并。（二）本系全体同学大会，认为谋全系之发展，非经费充足不为功，故反对缩减经费。（三）本系此次改革，同学毫无成见，不过应保存文学、语言文学、文籍校定等三组。（四）全体同学拟定课程意见书，务请学校当局采纳。（五）主任人选，

[1] 以上均见《北大国文系学生派代表谒蒋梦麟》，《北平晨报》1934年4月24日，第9版，“教育界”。

同学概不表示意见，惟以能接受同学意见，共谋本系之发展者始可。（六）系主任马裕藻及林损、许之衡，皆系多年之老教授，务恳学校予以挽留。（七）马裕藻态度如何，请学校表明意见。

蒋梦麟答称：所谓合并文史两系，学校根本无此拟议及办法；经费问题，自民国十九年至今，亏款共五万余元，每月一分利，则须五百元。“若长此拖延，则非只国文系不能生存，即整个北大，亦将灭掉于社会。故此后拟每月储蓄五千元，其抽款办法，一由事务，一由教务。事务方面，所有冗员及一切开支节省；教务方面，凡课系重复者，与事实上不需要者，酌加减少，而减少范围，亦决不影响国文系之发展”；“国文系既然改革，所有课程，当由新主任重新规定，本人不能答复，且既曰改革，又何能表示成见”；“同学方面意见书，决竭力采纳，然教授亦同时建议于学校，或与同学建议相抵触者，则接受教授者，因教授之见解，当然较为真切”；“主任人选，前已商请文学院长胡适之先生暂代，彼允考虑后答复。假使彼不愿就职，当无所谓迎拒，如彼愿就斯任，则任何阻碍，均不计及也”；“林损、许之衡两先生，均有难言之苦衷，而为谋国文系之整饬，势不得不于下年度解聘，现在亦决不挽留”；“马裕藻先生，因彼在本校服务达二十余年，而且年事已高，目前亦不妨借此机会休息数月。但下年度无论如何，要请其担任教授职务，钟点不计”。

在随后接受记者的采访时，蒋梦麟又进一步表示：改革文学院的目的，“即在消除以前‘系自为政’，各不相问之弊。盖处今日之世界，无论研究何项学问，首需有求智工具——中国文语、外国文语、世界历史。故余改革文学院计划，决首先授全院学生以此种工具（以前系自为政时则不然，例如国文系学生，对外国文语不注意等等），然后使之充分明了历来中外文学之沿革，及外国文学输入中国后之影响及趋变等等问题，最后乃为学生开辟一研究途径，使其将来专门研究某种学问时，有所遵循。刻胡先生允助余实行，则将来结果或能为国家养成不少人才。总之，此种改革，含义极大，扩而言之，可谓非单纯的北大问题。故欲谋达到其目的，其枝节问题，如马、林、许三先生事，虽不愿为，亦不得不为，盖此系一种国家公事，不能以私人友谊延误”。

蒋梦麟对学生的请求，看似耐心解答问题，实际上态度相当强硬，无异于宣称必须按照当局的既定方针办，没有任何松动的空间余地。而他对记者的解释，看似冠冕堂皇，但前提是所主张的改革的确有利于国家及北大，而几位教授则是改革的阻力障碍。这一前提的两方面都是假设，均不能坐实。以国家的名义，强势推行某种学术观念，不仅有违其历来所宣称的思想主张，也是相当危险的事情。只有在中西新旧乾坤颠倒的大环境下，才显得义正词严。

当天学生代表又分别访晤马裕藻、林损、许之衡等人，许外出未遇，林损表示决不复职，同学如愿听讲，可来我家授课（林在北大授“秦汉文”、“释典文学”等二科）。马裕藻则出示了 4 月 22 日手书致全系同学函，内称：

> 本系此次变更教授及主任问题，乃数年来久悬未决之案，前因未至公布时期，故一时未能泄漏。今既正式宣示，则藻之去职，自属当然之举。昨日阅报，知诸君开会，有所议决，藻以一日长乎诸君，用特略抒鄙见，幸垂察焉：(一）本系每月经费，前学年约四千四百余元，本学年已减去四百余元，此后似乎不宜再减（本校为国人自创大学之较久者，国文学系之特别发展，亦属当然）。若能稍增，尤所望也。藻对学校当局，亦当以个人资格，恳切陈述。(一）本系组织，虽不敢谓绝对合理，然在最近时期，似尚未发见如何悖谬之点，此后若能更向合理之途改进，亦为夙所期望，诸君缜密思维，毋多固执，幸甚！幸甚！（一）本系经费及组织二者，若能规定，则人的问题，即可不必讨论。就情感言，一时不无惆怅之意，然因此而有损学业，则关系甚大，想诸君初衷，决不谓然也。此外尚有一端，亦为诸君所应注意者，

即文学院各系，亟应沟通是也。关于史学、外国文学两系，与国文系，如何沟通之办法，曾与陈受颐先生商谈，惜未得具体的结论，此后若能将此事实现，则本系宽裕之款，尤可使本系更得有所发展，岂不甚善。书不尽言，敬希诸君努力自爱。[1]

尽管马裕藻内心很不以校方的做法为然，仍然从大局出发，维护北大的声誉，顾及同学们的前程，反过来劝学生以学业为重，以北大为重。相比之下，蒋梦麟非如此不可的态度，虽然自认为正确，也有不得已的苦衷，又有前此国文系系自为政的前科，仍然显得有些强横霸道。主张自由者得势不饶人，是近代中国思想界的一大弊端，尤其是往往是否得理尚在未定之数。文化守成者指新文化派专制，由此可见一斑。

24日，林损再度致函胡适，"全函虽然不过百字，而措辞异常激愤，似近谩骂，且其函末曾有'盍张尔弓，遗我一矢'之句，满带与胡氏挑战之意味。记者睹此函后，即驱车往访胡氏，比承胡氏接见，记者即询以对于此函之态度，及对于国文系各项问题之意见，据胡氏答称：'余并未收到林先生第二次之来信，此次国文系解聘教授事，事极平常，诚不得谓之风波。至关于合并国文系、史学系为文史系之说，恐系上次茶会中我所说的将文学院改为文史学院之误传，此不过在茶会中拿来当一种笑话去说，况教育部大学组织法中，亦无文史学院之规定，当然不能成为事实，且此事蒋校长亦加否认，想外间不致更加怀疑。下学期文学院教授无大更动，外国语文学系主任，已由蒋校长兼代，本人拟于下周起，赴校办公。对国文系主任职，就否未定。国文系将来宜多聘中西文学兼通之教授。'语至此，记者即问：'闻梁实秋先生将来北大任教，确否？'胡答：

[1] 以上均见《蒋梦麟昨接见北大国文系代表答复各项问题》,《世界日报》1934年4月24日，第7版，"教育界"。

‘不确，即欲聘梁先生，恐梁先生亦不能来。’”[1]

胡适对梁实秋评价不高，但是校长也不敢随意回答的人事安排，胡适却直言不讳，若是未定就否，难免僭越之嫌，否则恐怕早已决定，只是对外尚需推辞做作一番。所谓多聘中西文学兼通的教授，也表明其聘请方针，而这正是解聘林损等人以及改革系务的主要理由。至于兼通中西文学，与学贯中西一样，都是唬人的大帽子，认真追究，西方文学不过是东方人心中的想象，西方人并不知有此物的存在。即便将欧美概称西方，大概也无人敢于自称通西方文学，正如国人很少敢自称通中国文学一样。更何况什么是中国文学，也还意见分歧。一边都不通，如何兼通？实在有自欺欺人之嫌。胡适所说其实不过是当年治中国哲学史用西洋间架填充中国材料的翻版，兼通就是要将固有材料放进西方文学的框框里去。

24 日下午四时，北大国文系系友会召开第二次干事会，交际股首先报告与当局交涉及挽留林损等人经过，并加以检讨，未得圆满解决又无法进行者，提交第二次大会讨论，并通过议案：一、意见书本星期末征集后应尽早整理就绪，备交第二次大会通过。二、交际股应至马、林、许三先生处正式慰问。三、闻王［刘］文典先生有意调停更动主任事，交际股应速往正式请其出面调停。四、再向学校当局挽留马、林、许三先生。五、决定课程意见书原则，应采兼容并顾主义。会后交际股某干事称：本股代表明晨再谒校长，挽留三教授。当晚系友会又公函全体同学，征集课程改善计划书。[2]

由于国文系学生认为解聘三位教授有碍该系的发展，25 日上午九时，系友会干事会再派代表孙震奇等四人谒见蒋梦麟，再度挽留林损、马裕藻、许之衡三教授。蒋表示：“此次马、许、林三君之变动，

[1] 《北大文学院长胡适昨发表谈话》，《世界日报》1934 年 4 月 25 日，第 7 版，“教育界”。稍后蒋梦麟即聘梁实秋为外国文学系主任。

[2] 《北大文学院长胡适昨发表谈话》，《世界日报》1934 年 4 月 25 日，第 7 版，“教育界”。

本非余所愿为，但为发展北大国文系计，为同学学业计，不得已而出此。诸同学之挽留，为师生感情上必有之表示，故不认为意外。关于林、许二先生之辞职决无办法，至于马（裕藻）主任，学校下年度仍请其担任教授，同学与学校之意见，现渐趋吻合，相信此问题不久即可解决。同学之国文系课程改善计划书，本人当于学校经费及课程标准及不阻碍国文系发展原则之下，决竭力采纳。”[1]《世界日报》26日的报道称：蒋梦麟对于学生取消解聘的意见表示“此事决难办到，且不愿再谈。在此项办法未决定前，渠本人亦踌躇再四，不欲执行，但最后因谋发展国文系起见，只得忍痛为之”。代表们无奈，遂退出。

下午三时，代表分赴三教授私宅，代表全系同学，备致慰问之意。马裕藻等均表示回校事可不必谈，林损且劝全系同学，安心读书，对国文系此次事变，幸勿使其扩大，致误学业。此时据说胡适经蒋梦麟坚请兼任国文系主任，再三考虑，已有允意。而马裕藻的系主任任期到该学期末终了，不再续任。系友会代表下午五时又访晤刘文典，探询对调解系主任问题之方式，得到的回答是，前曾以私人资格分访蒋、马，均未获见。拟最近再度分访两人，方式为请马继续担任教授。[2]

4月27日，马裕藻携辞职书亲赴毛家湾蒋梦麟寓所面呈，请从下学年起辞去教授一职。“当由蒋恳切慰留，谈至数小时之久，马仍未允。”次日上午，“蒋亲至马宅，并携亲笔慰留函，劝打消辞意，态度十分恳切。相谈约两小时，闻马经蒋再三挽留后，可望打消辞意”。该报还披露了两人的往返函件，马函谓：“孟麟校长：藻在本校服务，垂二十年，毫无他技足称，诵秦誓之词，益足令人惶愧。请于下学年起，辞去教授一职，敬希俯允。”蒋函谓：“幼渔先生大鉴：

[1] 《北大国文系代表昨再谒蒋梦麟》，《北平晨报》1934年4月27日，第9版，“教育界”。

[2] 《北京大学国文系代表昨再谒蒋梦麟》，《世界日报》1934年4月26日，第7版，“教育界”。

昨奉手教，并承屈驾，以拟下学年起，辞教授职为言，当即恳切面留，未蒙即允为憾。适之先生闻之，谓万不可听先生远引。特再奉恳，并踵府面请打消辞意，务乞惠然允诺，无任感祷。先生服务本校，垂二十年，为校为学，成绩卓著，岂忍一旦舍去耶？专此即请教安。”[1]据此，胡适显然担心马去物议太甚，不敢贸然采纳傅斯年趁机一鼓作气扫除祸根的建言。由此可见，在人的去留问题上，胡适的态度意见至关重要。

5月1日，国文系系友会举行干事会，讨论目前亟应解决的各项问题，决定的事项之一，是由交际股派人探询马裕藻和胡适的最近态度。[2] 5月2日，系友会干事孙震奇等四人因为三教授辞聘问题迄未解决，分谒马裕藻和胡适，探询意见，结果极佳，决定于8日召开国文系全体同学大会，讨论挽留三教授及审查该系干事会草拟的改善国文系课程发展意见书。马裕藻在寓所会见来访者，回答对下年度教授职是否允就以及对国文系改组各事的意见，表示六点：一、学校改善国文系，系学校行政，本人无反对必要，况个人主持国文系时，本未使之臻于尽善尽美。但将国文系根本推翻，则不敢赞同。二、不主张缩减国文系经费。三、林损为人耿直，言谈间难免直率，学校正宜竭力采纳其意见，从事发展国文系。今竟因其言谈直率，影响解聘，个人认学校为不智。四、国文系可与文学院其他各系相沟通，俾收研究上种种之便利。此外并就北大国文系所未办者，成立考古学系、东方文学系、语言文学系三系，以补文学院课程所不足。五、下年度教职，须看学校对本人主张是否采纳为定，如不采纳，当不能就。六、去职后，关于国文系主任人选，就北大国文系范围内言，胡适自兼尚属勉强，他人恐难胜任。

或者称，胡适任文学院院长后，厉行改革，马裕藻系主任的位

[1] 《蒋梦麟挽留马裕藻》，《世界日报》1934年4月29日，第7版，“教育界”。
[2] 《北大国文系将开全体会》，《世界日报》1934年5月2日，第7版，“教育界”。

置岌岌可危。于是他写了一封长信，历数自己任上的基本工作，说明国文系改革面临的困难，对胡适不满意的地方进行解释。据看过信的人评论，那种语气，就是下级向上级提交的一份报告和答辩，透着愤懑和无奈。随后，他辞去系主任职务，带着“好好先生”的头衔从人们视野中消失，即便偶尔被提起，也往往是作为陪衬。甚至没什么人记得。就马裕藻的上述表态看，与所描述的相去甚远。

当天下午四时，四位代表又到第一院文学院院长室见胡适，首先问道：若马裕藻去职，是否允就主任？胡适表示：“蒋校长过去曾对余谈，北大国文系向负声望，外间对国文系，亦有相当之认识，为更求发扬光大计，故有此次之改革。马主任如认此种改革困难，学校当另请新的主任主持云云。故本人对国文系主任就职与否，须俟将来事实需要而定。”代表又问如将来就主任，国文系如何改革，俾便发展。胡谓：“就本人之意见，改革将分三项原则：（一）注重学生技术。吾人以为学生研究学术，如国文系之文籍、校订、语言、文字等学科，无论任何一种，均应注意技术上之研究，始有充分之进展。（二）历史之系统。现在国文系定有唐宋诗、六朝文等课程，吾人不应仅就一二人加以研究，尤应研究其历史之变迁。（三）增加比较参考材料。研究学术，须与他科为比较之研究，如研究外国文者，须与中国文互相比较参考，始能获得新的结果。”[1]

《世界日报》的报道，马裕藻的答复，与《北平晨报》几乎一样，而胡适的谈话则差别不小。胡适说：

> 蒋校长现在对文学院，甚表示失望，他希望我来改革文学院，文学院之改革，第一便是教授问题，解聘旧教授容易，但添聘新教授很难。前因敝人有病，且北平不安，所以文学院既没有从事改革，现在想从事改革文学院，且蒋校长允于遇着困

---

[1] 以上均见《改革北大国文系》，《北平晨报》1934年5月3日，第9版，“教育界”。

难时给帮忙，所以我仍允就院长一年，以便从事改革。至于国文系主任一职，愿于必要时（即发生困难时）担任一年。关于林、许二教授之解聘，预先予以解释，原系好意，不料反被误会。功课计划书，少数人之意见，亦当注意到。关于国文系将来之改革，第一，须注重技术之获得，即由学校请人帮助同学研究，而使同学获得一种治学方法。第二，关于历史方面，应有系统，添设总史、分史等科，课程须名符其实。第三，多得比较参考之材料，如文法须知比较文法，语音学须知比较语音学等。注重门径，此种课程须加多，但此课须聘新人来教授。第四，多添研究科，因研究科之课程，往往非讲堂内所能讲。第五，为降低课程标准，提高训练。[1]

关于此次风波，胡适日记刚好失载，直到5月2日，才记到相关事情："第一天到北大文学院复任院长。国文系的学生代表四人来看我，我告诉他们：

（1）如果我认为必要，我愿意兼做国文系主任。

（2）我改革国文系的原则是：'降低课程，提高训练。'方法有三：

①加重'技术'的训练。

②整理'历史'的工课。

③加添'比较'的工课。"

与《北平晨报》的报道比较，各有异同。是年北大文学院旧教员不续聘者除林损外，还有梁宗岱、杨震文、陈同燮、许之衡以及一位外籍教师。[2]

按照蒋梦麟等人的约定，解聘教授一事，胡适或许的确并非主动，可是要说毫不知情，也有违事实。看到林损的来信，胡适于4

[1] 《北大国文系下年度改革计划》，《世界日报》1934年5月3日，第7版，"教育界"。

[2] 曹伯言整理：《胡适日记全编》6，合肥：安徽教育出版社2001年，第377—378、388页。

月16日即复函道:“今天读手书,有‘尊拳毒手,其寓于文字者微矣’之论，我不懂先生所指的是那一篇文字。我在这十几年之中，写了一两百万字的杂作，从来没有一个半个字‘寓’及先生。胡适之向来不会在文字里寓意骂人。如有骂人的工夫，我自会公开的骂，决不用‘寓’也。来信又说:‘顷闻足下又有所‘媒孽’,这话我也不懂。我对人对事,若有所主张，无不可对人说，何必要作‘媒孽’工夫?来函又有‘避贤路’之语，敬闻命矣。”[1]

可是在林损乃至马裕藻看来,胡适的作为就没有那么襟怀坦白。据马叙伦记：“盖攻渎有节概，犹是永嘉学派遗风，既不肯屈己附人，而尤疾视权势。……其在讲堂，有刘四骂座之癖，时时薄胡适之，卒为适之所排而去。”[2]从傅斯年的态度看，他对林损并不十分在意，而蒋梦麟必欲解聘林损，应是受胡适的影响。虽然林损骂人甚多，被骂最多的还是胡适。马裕藻认为林损被校方解聘是因为言谈直率，其直率的锋芒所向，各方均心知肚明主要就是胡适。由蒋梦麟出面作恶人不假，至于向谁作恶人，事先不可能不与胡适协商。若是如此，胡适仍然难免公报私仇之嫌，至少也是真心实意地假正义之名报了一箭之仇。

4月22日《京报》报道：“北京大学将国文系教授林损、许之衡二人自下学期起解聘，并聘请文学院长胡适兼任国文系主任，胡已允就。该系主任马裕藻因此遂提出辞职。学生会议决,组织系友会,并推派代表,携课程计划书,谒见该系当局,贡献改进该系课程意见,对新旧主任交替事，亦将有所表示。惟据蒋梦麟昨日语记者，马裕藻主任辞职，校方尚未接到马氏辞职书。”蒋梦麟还声称：“解除国文系两教授聘约，系自下学年起，本学期内并不更动，故除林损先生未到校上课外，许之衡先生仍每日照常上课。学校下学年起，各

---

[1] 中国社会科学院近代史研究所中华民国史组编：《胡适来往书信选》中册，第237页。

[2] 马叙伦：《石屋余沈 · 林攻渎条》，参见张宪文整理：《林公铎藏扎二十九通》，第163页。

系课程均拟从新计划。各系经费，在月入七万五千元之款额下，将加紧缩。国文系裁并科目与解聘教授，乃总计划及经费紧缩政策之一端。关于国文系及其他一切学校行政，校方均有妥当计划，例如国文系课程计划书，自在筹拟之列。该系学生如有意见，固可陈述，以供参考。但学校自亦有妥当计划。至国文系主任，此亦涉及学校行政范围，学校自有权衡为之。设有人竟反对胡适兼国文系主任，余绝对不答应。胡适'学贯中西，国家之宝'，胡兼国文系主任乃北大之光荣，求之不得，岂可反对。"[1] 此言大有替天行道，顺者昌逆者亡的意味。

改革国文系之事，很可能是傅斯年鼓动蒋梦麟及胡适所为。蒋梦麟历次回答学生和报馆的询问，关于解聘教授的态度如此决绝，也依稀可见傅斯年的影子。没有傅的督催，蒋梦麟或许不忍下此狠手。而傅斯年的想法，与胡适相当吻合。这样的改革，当然不会仅仅针对林损，而是包括林损在内的一切进步的障碍，其中自然也有马裕藻，甚至首当其冲的就是马裕藻。

马裕藻与胡适的矛盾由来已久。本来双方都是蔡元培改革北大的同道中人，胡适的整理国故、文字改革等等，也得到包括马裕藻在内的章门弟子的支持。双方合作既多，日常交往也不可免。回国初期号称不应酬的胡适，后来常常是章门弟子名目繁多的饭局宴会的座上客。不过，在学术理念上，马裕藻不像钱玄同那样一味趋新，也不如黄侃那般主要仍旧。久而久之，双方的不和谐就暴露出来。1925 年 8 月 28 日，"北大开评教联席会议，脱离案仍未报行。闻幼渔对于适之几致冲突"[2]。虽然此后两人仍然能够共同参与必要的应酬，没有完全翻脸，彼此内心的不以为然却逐渐积成怨愤。

蒋梦麟的改革国文系、辞退林损等人的教职和取代马裕藻的主

---

[1] 《北大国文系教授林许去后，主任马裕藻辞职，蒋梦麟推崇胡适到极点》，《京报》1934 年 4 月 22 日，第 7 版，"教育"。

[2] 杨天石主编：《钱玄同日记》（整理本）中，第 652 页。

任位置，应当事先都与胡适商定，却并未征求国文系教授会以及主任马裕藻的意见。按照新的组织规则，聘请教授固然是校长院长的分内之事，但是不等于完全无须必要的程序，可以私相授受。此事不仅令林损觉得有辱斯文，马裕藻也感到相当难堪。所以，风波乍起，马裕藻就明确站在林损等人一边，指责蒋、胡处事不公。他被迫辞去主任之职，倒未必是要与林损共同进退，而是像林损一样，避免被赶下台的屈辱，给自己留一点学人的尊严。

四 挽留背后的矛盾

胡颂平称林损骂人的信引得舆论界大起反感，有些想当然耳或是一面之词。实际上，当时中国正面临内外紧张局势，北大的风波并未引起多少关注，除了北平当地的报纸，尤其是《北平晨报》、《世界日报》等几家较为关注教育界的报纸外，南北各报报道此事的为数不多。上海只有《申报》详细报道了各方的意见，看不出偏袒任何一方，其他各报也几乎不持立场。

冲突的相关方学生的态度值得特别注意，1929至1931年间，北大和北师大曾经不约而同地发生以将朱希祖、马裕藻、钱玄同等人赶下系主任位置为目标的学生风潮，背后显然有人指使挑动。而这一次北大国文系的学生却一再要求校院主管挽留林损和马裕藻，使得蒋梦麟和胡适多少有些尴尬。尽管学生们并不反对改革，也不排斥胡适，却不忍看着教过自己多年的老师如此离去。此前在北大先后被南北政府长期停发经费的艰难时期，他们曾经同甘苦共患难，而且学生们似乎并不认为林损等人太旧，甚至不认为旧即不是学问。

5月8日下午四时，国文系学生在第一院召开全体大会，出席者40余人，主要讨论通过课程计划建议书，以及交际股报告见蒋、马、林、许各二次，刘文典、胡适各一次的经过，并通过多项议案。关于系主任问题，决议以有真实学问而接受同学意见者为标准。马先生问题案，决议新主任不能接受意见时，则坚决挽留马先生。对林损“不再作形式之挽留，但求同学能明是非，因事态之发生，尽人皆知其内幕，而林先生更非反顾之人，同学亦均清楚，徒作形式，反与林先生之令名有玷”。计划书则文学组增世界文学史、释典文学，文法研究改在语言文字组，诗律改名，世界名著介绍不作必修或选修，新文艺试作不考试。另外通过临时动议：课程应名实相符，讲授者须真有实学；赋予干事会善后之权；失败时发告同学与当局之宣言；以系友会名义送林先生离平。

会后，又续开干事会，讨论执行会议决案办法，定于5月9日派交际股赴第二院办公处谒蒋校长，陈述大会议案，并提出课程计划意见书，请求采纳。所提出的国文学系课程大纲为，一年级共同必修科：中国文字学概要、中国声韵学概要、中国文学史概要、中国诗名著选、中国文名著选；二、三、四年级分组必修及选修科：语言文字组：语音学、语音学实验、言语学、音韵沿革、古音系研究、中国近代语研究、方音研究、说文研究、金元以来北音研究、形义沿革、清儒古韵学书研究、甲骨文字研究、钟鼎文字研究、蒙文、藏文、满文、中国文字及其训诂等韵学；文学组：文学概论、文艺批评、文艺心理学、近代文艺思潮、新兴文学概论、中国小说及小说史、诗史、词史、曲史、三百篇、辞赋、乐府、汉魏六朝诗、词、曲、诗律、唐宋诗、周秦文、汉魏六朝文、世界名著介绍、修辞学；文籍校订组：中国文字及其训诂、音韵沿革、经学史、国学要籍解题及其实习、古籍新证、考证方法论、目录学、版本学、校勘学、校读实习、三礼名物、古典制学、金石学、古历学、古声律学、外人所著中国学书研究、中国文法研究。三组共同科选修：新文艺试作：散文、小说、诗歌、戏剧。该会代表孙震奇会后还向记者转述了访晤胡适关于课程的意见。[1]

---

[1] 以上均见《北大国文系代表定今晨谒校长蒋梦麟》,《世界日报》1934年5月9日,第7版,“教育界”。

9 日上午，国文系系友会四位代表谒见蒋梦麟，当面呈递改善国文系课程意见书，再度请求不缩减国文系经费，保留国文系三组，希望学校竭力采纳意见书，新主任资望必使同学满意，采纳同学意见，希望学校仍聘许之衡为教授。蒋表示国文系经费在不妨碍发展的前提下可酌予缩减；希望同学不必坚持保留三组，如有较保留更好的办法，可以采用；改善课程意见书斟酌考虑后，再定取舍；新主任胡适先生，学识之丰，品德之高，无待赘述，相信其能副学生之望，同学如有更好发展国文系的建议，相信胡不可能不采纳；许之衡的续聘，现在不谈，将来再议。代表们又请特别注意意见书中每门课程内容应一致以及各门课程教授之聘应能胜任两点。

另据北大某重要负责人称：学校认国文系主任、教授之解聘事不成问题。一校行政之兴革，权在学校。此次学校为整顿国文系计，始于人事上稍有更动，变更之后，必有赞成者及反对者，此亦常情。学生对于国文系如有更好之发展计划，学校当竭力采纳，否则即全体反对学校之计划，学校亦不便更易其既定计划。今日蒋校长见学生，对各项要求已有相当答复，想国文系问题，即可告一段落。又据关系方面消息，蒋梦麟意以胡适兼国文系主任；马裕藻是否留任教授，要看学校对其发展国文系计划是否采纳而定；蒋有意续聘许之衡教授，暂不欲发表；林损则决意去职，以免难堪。[1]

事已至此，国文系系友会干事会召开会议，决定将该系问题结束。5 月 14 日。该会发出两份布告，宣布对于挽留解聘教授等事“进行结果，因限于环境，未臻圆满”，拟即告一段落，“非敢有所懈驰，实因事态发展，似已达于绝境，即使再事进行，亦恐无从为力。惟诸同学如有见教，同学等定当仍本初衷，继续努力也”。对于改革计划，在校方具体表现之前，亦无从再行交涉，不得不暂时告一段落。如有三分之一以上同学有具体意见，即召开第三次全体大会，

[1] 以上均见《北大国文系内部问题告一段落》，《世界日报》1934 年 5 月 10 日，第 7 版，“教育界”。

讨论进行。此外，林损决定于5月20日离平返籍，现有中央大学、中山大学延聘其担任音韵学及文字学教授，尚在考虑中，待南归扫墓后再做决定。“国文系学生因林在校执教鞭已届十载，一旦别离，颇有恋恋不舍之意，已决定日内由同学私人发起欢送会，现在征求同学同意中。”[1]

欢送会最后是以系友会的名义出面组织。6月5日下午二时，北大国文系系友会以林损解职将返浙江原籍省亲，特在中山公园春明馆为其置酒饯行，并邀北大教授马裕藻、陆宗达作陪。届时国文系全体学生40余人到会，系友会代表孙震奇致欢送词，首述惜别之意，次对挽留未遂，深感遗憾。林损接着起立答词，多勖勉学生努力学业，勿徒重情感之语。后马裕藻、陆宗达相继起立发言。五时许摄影，尽欢而散。会后林损对记者说：“余做事一向主张合则留，不合则去，故此次去北大，本无何种留念。今日承国文系学生欢送，余于惭愧之余，复生无限之感慨。余已说知学生，努力向学，莫负国家培植青年之热望。本人二三日内即携眷离平，返浙原籍休养。广东中山大学近虽有函请余前赴该校掌教，惟余拟作长时间之休养，故不准备前往。”[2]

这次风波，以校方完全达到预期目的而告结束，不过，就算舆论赞同改革的一方，就算学生赞同改革，按照蒋梦麟以师为重的判断标准，也不等于林损等人就毫无道理。这一点从马裕藻与蒋、胡的分歧中可以清晰呈现。熟悉内幕者所说的“中国文学系教授对于中国文学，各有意见，现课程将有更改，系主任马幼渔确有困难之处”，究竟意见分歧如何，困难何在，值得深究。胡适后来回忆此次风潮，宣称“中国文学系的大改革在于淘汰掉一些最无用的旧人

[1] 《国文系问题已告一段落》，《世界日报》1934年5月15日，第7版，“教育界”。

[2] 《北大国文系学生昨日欢送林损》，《京报》1934年6月6日，第7版，“教育”。

和一些最不相干的课程”[1]。这应该也是胡适当时极力掩饰的心迹。至于胡适眼中的最无用和不相干，未必真的就是无用和无关，只是他不懂、或者虽然略知一二却不以为然罢了。

4 月 24 日，因“北京大学国文系纠纷，校长蒋梦麟主张急进改革，学生及系主任马裕藻主张缓进，因意见不同，暂难解决”,《京报》记者特地采访马裕藻，后者详细陈述了自己的意见：

> 此次国文系改革问题，一方面固属思想问题，他方面又为主张问题。本人以为，研究学问，应新旧思想并用，既不反对新，亦不拥护旧，新者更有新，旧者亦有其研究之价值。新派讲方法，方法固需要，但对于文学，不可仅讲方法，而不研究。胡适之先生出版《中国哲学史大纲》,学生专讲方法，以为阅读《哲学史大纲》即可了事，而不读子书，此不可谓研究。研究学问，不论新旧，辜鸿铭亦可请到北大讲课。大学与中学不同，中学须有统一思想，以免脑筋紊乱，大学则不应思想统一，必须新旧并用，始能获得研究之结果。林损先生与胡适之先生意见不合，业已四年，本人则在两者之间。蒋先生（孟麟）曾向余谈改革国文系，余亦赞成改革，惟改革之方法不同。余自民国十年迄今，查阅课程指导书，每年均有改革。余对于改革国文系，应采用缓进方式，另有人主张采用急进方式。急进固称改革，缓进亦不可谓非改革。……故此次国文系问题，系急进与缓进主张之不同，并非大改革。缩减经费一层，本人亦赞成，但国文系已由四千四百元减至四千元，此刻不能再减。中国人自办之大学，似乎不可以外国人之方法办理中国文学系。至于本人辞职，毫无问题，学校行政，自有校长负责。[2]

[1] 曹伯言整理：《胡适日记全编》6，第 429 页。

[2] 《国文系纠纷内幕情形》,《京报》1934 年 4 月 25 日，第 7 版，“教育”。

马裕藻的这番言论，反映了近代“中国文学”变迁的一大症结。这也是北大国文系教授解聘事件表面的人事纠葛背后最为关键的要害问题。之所以不厌其详地梳理相关史事，正是为了让背后的意义逐渐浮现，不再仅仅是作为茶余饭后谈资的文坛轶事或为乡前辈钩沉辩诬的学林掌故。

自从晚清受西学影响分科治学以来，关于中国文学的内涵外延就成为聚讼纷纭的一大难题。后来虽然未必争，却也是各说各话而已，根本达不到约定俗成。傅斯年指马裕藻的新旧不同之论为欺人，质问林、马于旧有何贡献，实则历史进程恰好表明，至少在中国文学方面，新旧不同确为不争之的论。

中国学问本不分科，晚清以降，受西学制约，中学被放入西学的框架重新安置。即便如此，哪些放入哪科，仍然见仁见智。按照宋育仁“书不是学而书中有学”之说，四部虽不是学问分科，可是四部之中可以窥见学问的渊源流变及其分支类别的联系区别。这也是《四库总目提要》和《书目答问》能够指示自学者门径的道理所在。西学传入之后，中学与西学如何汇通，四部之分看似提供了便利，同时也产生了困扰，使得似是而非看起来有模有样。叶德辉即以集部为文集别集，对应于文学。而这样的对应能够适合部分仍旧者的文学见地，无法与趋新者相吻合。近人所写中国文学史，眼界相去甚远，不要说林传甲、钱基博的著作，就连傅斯年的讲义，也被认为并非文学史。由于无法统一，便生出广义狭义之说，看似放之四海而皆准，其实是无可奈何也无可如何的懒人办法，有用却无效。若以新文学的观念看，钱基博等人的文学史就与思想史大同小异；若用固有的文学观念看，现在通行的文学只是新式的文学，内容多在到处放不下只好硬塞进去的子部，正式的文反倒不在其中。

中国文学的变异所导致的紊乱，始终困扰着人们的认识，中国文学系亦即国文学系应该讲什么，怎么讲，莫衷一是。早在1917年陈独秀任北大文科学长之时，就着手改革，首先即学科之变动，而变动的关键，就是如何进一步在西学架构下安放中学到至当。对此见仁见智之事，立场不同，看法各异，分歧在所难免。《申报》报道当时的争议道：

> 陈氏之意，务在调和新旧两方面之思想，使“古代为黄金时代”与“愈至后世愈进化”两说并存，于是其中遂难免二者思想之冲突。故第一次文科教授会议，其间遂生无限之争论。此事吾人初未明其真相，兹据当时在坐某君之言曰：此次大学文科之争议，决非如外间所传闻，吾人直可断为当然之争议，且各出于良心之主张……陈学长之本意，以为教授科目与其程序，皆应与世界普通之分类相合。其提案之要点：(一)哲学中不当立中国哲学西洋哲学之名，而于哲学史中始以地分之。(二)经书当依其性质分列文学、史学、哲学之中，不必再存经学之名。(三)讲中国文学史者自古迄今，讲中国文学者则当自今迄古云云。此种提案果确合于吾国情形否，姑不具论，要为世界言文学者普通之说法，然颇不合于旧派文学者之心理，反对最烈者为陈介石、黄季刚二教授。陈氏之意，以经为中国所特有，故无妨即特存经学一部，黄氏之意，以为文学史可自古迄今，文学又何必自今溯古。持之既久，遂不免言语之冲突。校长乃宣言再付评议会决议。[1]

陈黻宸、黄侃二位的想法，稍早的1917年2月3日，朱宗莱(蓬仙)在马裕藻宴请的饭桌上就有类似表示：“大学分科讲文学，未知其范围如何？如系西洋式的讲授，则无从讲起，不特无以逾于桐城派，且恐流于金圣叹一路。”在场的钱玄同则认为：“此说余未敢谓然。论文学自身之价值，自当以美文为主(即所谓西洋式的)，

[1] 《北京大学文科之争议》，《申报》1917年10月17日，第2张第6页，“要闻二”。

然说理、记事两种，既用文字记载，亦自不可不说明白。”[1]

类似的争议，后来陆续以不同的形式在各处反复出现，观念各异的人们说来说去总也说不明白，或是无法让他人明白自以为明白的意思。在整理国故运动中，一些大学的中国文学系改称国学系。1930年代北大国文系改革前后，中山大学国文系教授古直针对该系入学考试只有白话，发起改革课程，以经为基本国文，子史辅之，课程设置分必修、选修二类。必修以群经、史传、小学、文选为主，选修则泛滥于经传、四史、诸子、专家、骈文、诗词。此举大有改国文系为国学系之势，遭到容肇祖的反对，结果容被调整到史学系。[2]此事后来激成全国范围的读经与反读经，凸显了新旧之争的意涵，而使得经学的地位以及中国文学究系何物、该如何教、教什么的意旨被冲淡，甚至完全淹没。

读经与反读经的论争沉寂之后，困扰时人的中国文学观念并未得到澄清。西南联大时期，中文系主任罗常培要纠正学生“爱读新文学，讨厌旧文学、老古董”的思想，声称：“中国文学系，就是研究中国语言文字、中国古代文学的系。爱读新文学，就不该读中文系！”[3] 1949年以后，大陆的中国文学系进一步更新，与此前新旧兼容的中国文学也有所差异，以致今日海峡两岸的中文系交流之际，常常有不相凿枘之感。

凡此种种，都表明马裕藻当年所主张的新旧不同、应当兼容的理念并非错误，以今日的中国文学观，究竟能够理解中国固有文学到何种程度，不至于变形走样、似是而非，已经是强人所难的事情。此事凸显近代学人以新旧夺人话语权的流弊匪浅。傅斯年与他人论战之时，常常好故意剑走偏锋，所强加于对方的罪名以及所划分的

---

[1] 杨天石主编：《钱玄同日记》（整理本）上，第307页。

[2] 参见刘小云：《学术风气与现代转型：中山大学人文学科述论（1926—1949）》，北京：读书·生活·新知三联书店2013年。

[3] 刘北汜：《忆朱自清先生》，《新文学史料》1982年第4期，第215页。

此疆彼界，未必都如所说。在考古问题上与河南人士的冲突，指对手不知近代考古，只会挖宝，便有深文周纳之嫌。史语所拒读书的人于千里之外，主要也在人而不在学。章门弟子中同样好故意偏激的钱玄同，到 1926 年已经开始反省“前几年那种排斥孔教，排斥旧文学的态度很应改变”，笃旧的信奉者只要无害于他人社会，就应该任其发展。“我们以后，不要再用那‘必以吾辈所主张者为绝对之是而不容他人之匡正’的态度来作‘訑訑’之相了。”[1] 中国文学要想兼顾古今，就难免牛体马用之讥。就此而论，马裕藻的新旧之论反而有先见之明。如果当年多一些包容，现在自然就会少了几分尴尬。

作为解聘风波主角之一的林损，其学行究竟如何，是把握解聘及马裕藻竭力维护行为是非曲直的重要参证。对此立场各异者人言言殊。同门马叙伦称：“攻渎之学，受于介师（指陈介石黻宸）及师之从子孟聪（陈怀）。长于诗文，倚马千言。八叉成诵，洵不虚也。其文畅达，位置当在魏叔子、邵青门间，时亦有汪容甫风格；诗则才华斐瞻，深于表情。”[2] 陈黻宸清季即在京师大学堂掌史席，太炎门生以外的浙江籍教授，与之多有关系，被胡适视为北大温州学派的主角。陈独秀改革北大文科时，陈黻宸的看法与黄侃相似。而黄侃在同门中虽然脾气古怪，学问却是最好。黄侃与林损关系甚佳，曾与之诗酒唱和。林损任教东北大学期间，还举荐黄侃应东北大学教授之聘，两人朝夕切磨，情谊益深，所谓“辽东充隐日，携手每同车”，“对坐忘君我，时时苦诤论”。后林损不安于上海交通大学教务长之职，颇感孤寂，黄侃又为之在中央大学、金陵大学等处联系教职。其侄林尹（景伊）从学黄侃，并娶黄侃甥孙女为妻。林损辞职后，黄侃以其下期行止靡定，颇以为念，再为其谋中央大学教职，对林颇为敬重。

[1] 《钱玄同文集》第六卷，第 75 页。

[2] 马叙伦：《石屋余沈 · 林攻渎条》，参见张宪文整理：《林公铎藏札二十九通》，第 163 页。

黄侃好骂人，对门下士尤其严厉。林尹与之相处，“恐不胜骂而不堪其骂也”，特请林损即来一函。[1]能够降得住黄侃，当然不会是等闲之辈。虽然胡适对北大的温州学派相当轻鄙，蒋梦麟视林损为改革的障碍，可是后者离开北大后，中山大学、河南大学、中央大学等校争相聘请，私谊之外，总有学问的根基。从胡适、刘复等人的西式标准观念，自然很难领悟林损一类学问的佳境胜处。这也是马裕藻反对急进改革主张缓进的重要原因。其坚持新旧并用，意即随时间自然协调演化，不必主观强求一律。

林损进北大甚早，曾以一人之力，办一刊物，名曰《林损》，内设若干栏目，所发表的文章，全是林损自己的作品。此事堪称近代中国报刊史上的一桩奇事。五四前后，他对趋新与守旧均不以为然，以为学无所谓新旧，更无须调停，惟求其是而已，并与兄林辛（次公）、师之从子陈怀等人创办《惟是学报》，倡捐新旧文化之争。吴宓曾与之久谈，即“甚佩其人。此真通人，识解精博，与生平所信服之理，多相启发印证”[2]。类似的评语，吴宓只给过陈寅恪。2002年，台湾读册文化事业有限公司出版陈镇波所编《林公铎先生全集》一、二册，可惜有始无终。2010年，黄山书社出版了陈镇波、陈肖粟编校的《林损集》，林损一生的著述，大体完璧。无论当年北京大学如何取舍，历史终究应验了马裕藻的主张，还各人应有的地位。

五　消沉与发奋

风波过去，胡适兼北京大学中国文学系主任。7月13日，《申报》刊登蒋梦麟的谈话，后者称：“对聘请教授亦取人才主义，不论私交，亦不顾与学校历史之久暂，纯以其个人能否及肯否负责教

[1] 以上参见张宪文整理：《林公铎藏扎二十九通》，第168、169、174—175页。
[2] 吴宓著，吴学昭整理注释：《吴宓日记》第三册，第59页。

授为转移。……故今年对老教授之解聘者，亦所难免。”[1] 算是北大校方对国文系解聘风波的正式结论。林损离开北大后，任中央大学教授，1934 年 10 月 11 日，朱希祖在南京应缪凤林宴，与林损同席，忆及民六蔡元培长校北大，在教员休息室戏谈卯年生的朱希祖、陈独秀为老兔，胡适、刘文典、林损、刘复等为小兔，如今各人或死或走，“独适之则握北京大学文科全权矣。故人星散，故与公渎遇，不无感慨系之”[2]。感慨之中，透露出对胡适、傅斯年之类学术官僚把持学术的不满。

对于北大教授解聘辞职风波，钱玄同的立场显得有些尴尬，仅于 4 月 18 日在日记中记了一句：“今日报载北大教授林损下半 [年] 将辞退，他即先行辞职，蒋梦麟又说下半年中国文学系主任由适之兼任云。”[3] 林损离京之时，马裕藻因为传达消息的人误会，不知具体时间，未能到车站话别，为此颇感歉疚，特致函说明缘由，并谓：“中央大学之聘，先生已经接受，在平同人，闻之甚快。季刚与先生终属同志，尚希善为处之。直率之词，幸勿见责。”[4] 要知道马裕藻的懒于笔墨，不仅是著述，连写信也是尽可能从简。列名的通函通电，大都出自他人手笔。即使同门之间通函，有时也只是附在他人之后，一句话表示己意同上。围绕林损的解聘，可以说是马裕藻平生诉诸笔墨最多的事情了，由此可见他的极为郑重其事，也可见此事对他的影响之大，非同寻常。

1936 年，林损从林尹来函得知，马裕藻向他“备述相忆之情”，特致函告以近况：“二年以来，师友崩逝，天命所寄，不可无搘柱者。弟四次大病，幸而不死，然忧患所萦，自顾茕然，日下灯边，讲《易》而已。读书万卷，不能疗饥，纵能疗饥，如此世界何！纵能经营，

[1] 《蒋梦麟将赴欧参观教育》,《申报》1934 年 7 月 13 日，第 4 张第 14 页，“教育消息”。

[2] 朱元曙、朱乐川整理：《朱希祖日记》上册，第 414—415 页。

[3] 杨天石主编：《钱玄同日记》(整理本)下，第 1005 页。

[4] 张宪文整理：《林公铎藏札二十九通》，第 176—177 页。

何如世界！世界无恙，如此道义何！”[1] 虽然与马裕藻同病相怜，却一如既往地抒愤懑。

下台之后，马裕藻仍然如常参与各种宴会之类的应酬。按照1935年度北大文学院公示的课程安排，马裕藻继续在中国文学系担任经学史、清代韵学书研究以及专题研究（二）声韵学专题研究等课程。[2] 实际上，这些课程是由他人分担。7月13日，魏建功从马廉（隅卿）处电话嘱钱玄同往谈下半年北大事，据云：“今日晤适之，知幼渔之功课，一年之声韵由魏任，清代韵学书研究由钱任（钱：沿革二，古音二也），不知师大许可否？因今年教部对于北、师、平诸大之训令均有院长、主任绝对不得兼课之言也。”[3] 8月25日，魏建功又告诉钱玄同，“北大已决定将‘音韵学’一门分为△组，历史方面为三类，钱——黎——赵教之也”[4]。失去系主任的位置，马裕藻也不再任校务委员，只担任新设的毕业考试委员会委员，其他校级组织均退出。保留国文系教授之外，还在文科研究所中国文学部任中国声韵学指导教授。7月，北大发布名誉教授名单，沈尹默、沈兼士、钱玄同、马衡、朱希祖等榜上有名。按规定，名誉教授只授予兼任者，马裕藻仍是专任，不得列名其中。

1935年1月2日，胡适回顾1934年亲历的大事，关于北大中国文学系的改革，认为“此事还不很彻底，但再过一年，大概可以有较好的成绩”[5]。可是这样的包票很难说落到了实处。学生方面，对于急进改革的方式及其成效未必认可。1936年新生入学前夕，有署名“大嫂”者为《北大迎新特刊》撰文介绍“文学院概况”，其中关于国文系如此说道：

---

[1] 张宪文整理：《林公铎藏扎二十九通》，第185页。

[2] 王学珍、郭建荣主编：《北京大学史料》第2卷中册，第1163—1165页。

[3] 杨天石主编：《钱玄同日记》（整理本）下，第1023—1024页。

[4] 杨天石主编：《钱玄同日记》（整理本）下，第1034页。

[5] 曹伯言整理：《胡适日记全编》6，第429页。

> 国文系的主任，也就是我们文学院院长胡适先生。妹妹们，谁不知道胡先生是“白话文运动的开山老祖”和“五四运动”的老将呢。他二十年的努力，的确替学术界开了些新的风气，替中国文学换了一套新的衣裳。不过有人说他现在有些“倚老卖老”了。他的胡氏学说有些都是胡说，他不但不往前跑，而且向后转了。他是很会笑的人，平常的时候，脸上常浮着一层轻浅的微笑，并且有时还会哈哈大笑。他自称是自由思想家，不过我告诉你们可不要太相信他的话，而过火的“自由”起来。他一翻脸你们可就吃不了的兜着走了。最好是“不可不自由，不可太自由”。北大的国文系，分为纯文学组和语言文字组。文学组所设科目，都是些文学史各断代的散文和韵文。语言文字组的科目，大部分是继承清代朴学的衣钵，主要的是文字学音韵学，一小部分是训诂和校勘。[1]

至少从公布的课程表看，北大国文系相比于之前很难说有多大改变，可见改革的重要目的是换人而非易事。当然，换了人，同一名目之下所讲的内容或许大不相同。

大学教育的根本目的是要培养人才，革新整顿，当以此为皈依。北京大学以首席国立大学的优势地位，出人才是理所应当的事，只是民初以来，风雨飘摇，动荡不安，人才培养的成效未能与其地位相符。改朝换代之后，北大国文系收效并未彰显，从近年坊间列举的北大中文系百名优才看，所出人才至少不见得比此前多且好，甚至不如从前。抗战期间西南联大被视为浴火重生的奇迹，可是过度夸大就难免变成神话。

---

[1] 王学珍、郭建荣主编：《北京大学史料》第2卷中册，第1701页。杨翠华专文正面评述了蒋梦麟此番改革的成效，不过主要就理科着眼，未及人文社会学科。参见杨翠华：《蒋梦麟与北京大学，1930～1937》，《中央研究院近代史研究所集刊》第17期下册，1988年12月，第261—305页。

自从民元长校浙江第一中学因风潮鼓动被迫下台以来，北大解聘教员之事让马裕藻再度遭遇了人生的滑铁卢。眼看同门先后离开北大，孤立无援的他无力抗拒，只能接受现实，曾经公开表示的当以去就相争也不能坚持到底。他离开校系学术行政的位置，一度相当落寞消沉，暂停上课便是消极抗议的表现。章门弟子大都不能长寿，此时马裕藻已经年近花甲，血压高，又有腰伤，有时因病连应酬也不能参加。[1] 但病好则如常，甚至一晚赴两处宴会。他还是北师大的名誉教授[2]，并继续参与孔德学校事务，只是对于北大的事较为淡漠，倒是钱玄同曾请其担任北师大国文系毕业试验的校外监考委员。钱玄同编辑刘师培和章太炎的文集，他也参与其事。马裕藻与钱玄同来往较多，与周作人也有所联系。钱玄同与马裕藻私交甚笃，自称经常到马家“骗饭”。1934 年 7 月 30 日，马裕藻高堂病笃，即电话请钱玄同前去制礼，而又规定除废跪拜和改良讣文外，一切从俗。8 月 6 日钱玄同前往吊孝，9 日又去写铭旌。[3]

1935年10月10日，钱玄同见报载黄侃于两天前逝世，私下论道：“平心而论，余杭门下才士太少，季刚与逖先，实为最表表者，若吴处士辈，腐恶兼具，何足算哉！”[4] 钱与吴承仕交恶，所论偏于一端，但也大体可见马裕藻在他心中的学术位置。10 月 30 日，钱玄同收到马裕藻寄示的所编《经学史讲义》目录及第一章，大为感慨：“他笔墨比我更懒得多，今竟奋起编讲义，且用白话为之，余可不勉夫？不知这一学年中，我能否讲［编］一部分国音沿革讲义焉耳？”[5] 马裕藻发奋编讲义，一方面是对辞职风波迫不得已的积极回应，另一方面则是响应黄侃逝世后章太炎催着门下赶紧动手著述的呼吁。可

---

[1] 杨天石主编：《钱玄同日记》（整理本）下，第 1050 页。
[2] 杨天石主编：《钱玄同日记》（整理本）下，第 1055 页。
[3] 杨天石主编：《钱玄同日记》（整理本）下，第 1027、1028、1029 页。
[4] 杨天石主编：《钱玄同日记》（整理本）下，第 1144 页。
[5] 杨天石主编：《钱玄同日记》（整理本）下，第 1150 页。

惜为时已晚，11 月 28 日，他的脑病（癫痫）和腰伤再度发作。12 月 4 日，据说一度神志不清，次日好转，大夫说不发烧，无尿毒，无危险象。12 月 9 日略好。15 日精神颇好。12 月 28 日，居然可以起床走几步了。到 1936 年 2 月 14 日，马裕藻的病全好，重新上课。[1] 此后与钱玄同走动日多，但是编讲义一事却就此搁置下来。[2]

中国历来读书治学，讲究为己之后为人，能够承接前人已有而仍有余力发明，才能有所著述，否则述而不作。章门弟子大都谨守途辙，不轻易著述，1916 年 2 月 3 日，钱玄同在沈尹默处遇康心孚来索《中国学报》稿，剖明心迹道：

> 余告以当世学者，本师以外尚有廖季平、刘申叔诸先生，珠玉在前，则糠秕固不足以登载。余不愿在报馆撰文，实有三[二]故，（一）年来虽略略问学，顾均取诸人以为善，如小学，大体古人取自段玉裁、朱绶章，取自本师。古今音韵之条例，古人取自江永、陈澧，取自季子。道术大原，古人取自庄子，取自廖季平。群经义训，古人取诸董仲舒、刘向、何休、刘申受、陈朴园、邵位西，取诸廖季平、李命三、康长素、崔先生。而治身心之学，则远师古人，以新安、姚江、博野为埻。己无心得，何必抄袭古人成说。（二）若不问是非，专务驳难古人，穿凿牵强，如昔之毛西河、袁枚，今则湘江著《翼教丛编》，刻《玉房秘诀》之某伧者，余虽不肖，尚不屑为。兼以余之治经，宗孟、荀、贾、董迄刘向以来之说，排斥新室以后之伪古说，同人中颇有以师未死而遂背，疑为故立异论，以为逢蒙杀羿之举。在余虽自信不敢党师门而妒道真，求学惟求心之所安，然三人成市虎，

[1] 杨天石主编:《钱玄同日记》（整理本）下，第 1159—1160、1161、1163、1167、1179 页。

[2] 马裕藻偶尔会向师友赠书，不过都是别人的著作。

人言亦殊可畏，故宁藏拙而不登也。[1]

虽然钱玄同认为太炎门下才士太少，又指马裕藻比自己笔墨更懒，其实后者倒是一位有些老派的读书人，他好收书，范围很广，历代各类文籍，包括晚清报刊亦予购置，遇到难得的本子无缘入手，还会雇人抄书。从留学日本时起，钱玄同等同门就每每向其借书，直到晚年依然如此，如《民报》、刁汝钧《敦煌变文俗字谱》稿本等等。见得多，虽然受人点拨不够，见识未必高明，但也不会人云亦云或是全然外行话。这与今日下笔千言离题万里的海量论著有天壤之别。在欧风美雨的侵袭之下，近代学人能够始终如一者如凤毛麟角，少年成名的梁启超不得不以今日之我与昨日之我战，胡适于不动声色间大幅度调整学术取法和观念，傅斯年留欧前后，学术也发生 180 度转变，王国维、刘师培乃至章太炎，都不免悔其少作，章太炎与支那内学院结缘后，晚年还嘱咐弟子编文集时将其中谈佛学的部分全行删除，以免门外文谈之讥。与其在出手不凡与保持晚节之间纠结，留有以待反不失为明智的选择。

1937 年抗战爆发，北大南迁，有四位教授因为困难不能离开北平，名为北大留校教授，马裕藻为其一，另三位是孟森（心史）、周作人、冯祖荀（汉叔）。钱玄同亦滞留北平，与马裕藻仍然走动，谈论古音问题，办理孔德学校事务。“幼渔谓江慎修之入声甚好（《古韵标准》），而阴去声大不高明，且不与入声衔接，尚不逮顾。盖彼与顾不同，彼对于入声仍是从阳声着手也。其说甚是。”[2] 其间钱玄同的身体日渐差，原来多是去马裕藻处，现在反而多是马裕藻来访。不时也还有饭局之类的应酬。

在沦陷区挣扎求存，生理与心理的压抑痛楚非亲历其境者难以

[1] 杨天石主编：《钱玄同日记》（整理本）上，第 283 页。

[2] 杨天石主编：《钱玄同日记》（整理本）下，第 1294 页。

体察。四位留校教授，孟森1937年底即故去，冯祖荀在伪北大任教，周作人则落水做了汉奸，只有马裕藻始终闭门不出，坚持到1945年过世。仅此一点，可以说北大虽然曾负于马裕藻，马裕藻绝不负北大。北大所著校史，不宜为避免与伪北大的纠葛而对留平人员视若无睹。

中国虽然历来重视地望，有为乡贤立传的传统，但是由于统一期长，大小文化长期并存互渗，所谓地方名流，包括籍贯与居处两种，后者往往具有更大范围乃至全国性影响。清朝实行避籍制，当地之绅与外出之官尤其是京官，互为奥援。清中叶后，省籍日见凸显，旅外同籍在居处的联系日益紧密。这种地域性的同乡关系，不仅形成了绍兴师爷、蓝田厨师之类的行业性社会联系网络，而且也助推浙籍学人在民国时占据学界要津，引领时代风气，声势一时无两。因此也导致与他籍人士产生心结，以致引发摩擦冲突。至于和原籍的联系，则因人而异，如朱希祖对海盐人事的关注介入就较马裕藻对鄞县的关注为多。如果研究乡贤局限于原籍，难免流于乡愿之学，过度强调籍与贯，反而可能贬低他们的历史地位与作用。

近代以来，打倒前人、树立自我，成为学术界一种扬名立万、行之有效的普遍形式。世风与学风变化之快，与此紧密相关。在此过程中，新旧只在转念之间，那些曾经革过别人命的人，自己的命被革不仅在所难免，而且势所必然。只是如此这般的长江后浪推前浪，未必能够江山代有才人出，不过是你方唱罢我登场而已。学术的翻云覆雨，或许能够造成一时之闻人，却难以推出百代之英才。大浪淘沙过后，各自的学术地位终究会水落石出。后来者重新审视学人与学术的历史，不要仅仅被半桶水的咣当和倏起倏落的潮头所吸引，否则非但看不出历史的本相，还难免自曝其短。

这一桩学界公案之所以聚讼纷纭，缘于今人治学，株守一人一事，往往研究某人，即只看某人的直接材料，进而以某人的眼界为眼界，再进而以某人的是非为是非，结果，所谓研究，无非是延续前人的观念及其价值判断，继续彼此的相争不已。身处山中，自然难识庐山真面。历史上的人事，当事者各执一词，各说各的理，而所说之理往往又此一时彼一时。偏听偏信，既不能近真，又无法明理，或无知无畏，一往无前，或今是昨非，流质善变。一时的道理和一面的意见，固然是史事的一部分，但不等于就如此说或皆如此说。所谓兼听则明偏信则暗，治史尤其应当注意。这并非相对主义，而是历史本来就是有条件的相对而言，没有绝对。

尤有进者，近代中国的知识人，包括主张自由者，仍然多以是非定存废，他们非但不会捍卫异己的权利，反而利用所掌握的权力千方百计剥夺对方的权利。只有在维护自己或与己利害一致的权利时，才会利用自由的功能，作为抗争的凭借。在此环境下，近代中国的大学如何行政，其实是两难之事，令人相当困扰。民主制是长效机制，乱世纯用民主，难免动荡不宁。而行政主导如果过于强势，加之居高位的学术官僚往往自认为具有高瞻远瞩的学术判断力，又将学术发展与个人在其中的作用相混淆，而戴上为国为民的堂皇冠冕，很容易导致以一己之见决定学术发展的取向做法及轻重缓急，虽然短期内看似有效，却是南辕北辙而不自知，于学术的发展害莫大焉。待到后人评论千秋功罪，四面看山，还原历史真相，已经时过境迁，物是人非，追悔莫及了。好在国民政府教育部尚未定于一尊，各校还有自行其是的空间。所谓百年树人，一时间难以验证，花样繁多的各种教育改革，到头来究竟于养成人才贡献几何，大都难言成功，倒是改革者轮番登台献艺，种种旨在博取时名其实是欺世盗名的出乖露丑表演，令来者不胜唏嘘。

金毓黻与南北学风的分合

中国历史上的学分南北，由来已久，仔细考究，所据大都是后来的臆见，而非当日的实情。五四新文化以来，南北学人的派分因缘大学、刊物、学会等等的联结作用，观念差异与人脉亲疏相互纠葛，明争暗斗，成为无形之手，操控着学界的取向，影响学风的流变。双方代表人物表面似乎并非强分疆界，畛域自囿，实际上成见不浅，心结已深。影响之深远，至今流风遗韵不绝。不过，民国时期的所谓学分南北，依据不同，讲法各异，深究起来，可谓你中有我，我中有你，绝非楚河汉界，壁垒分明。尤其是国民政府迁都之后，学术文化中心逐渐转移，双方各自利用手中的权力资源，彼此渗透。另一方面，双方代表者在争斗过程中难免意气用事，偏离主题，其执着纠缠的此是彼非，在旁观及后来者眼中未免偏激，因而修正调整，回归学术本原。出身北京大学，抗战期间又在中央大学史学系扮演要角的金毓黻，关于南北学风异同的看法及其与南北两派学人的关系，并非中西新旧，非此即彼的观念所能解释，在一般近代学分南北的叙述中或为异数。只是换一角度看，这样的异数反而显出某种常态，值得后来者深思反省。

一 北将入主南营

1940年12月，迁徙重庆的中央大学历史学系的历史学会编辑出版了不定期刊《史学述林》。1941年元旦，担任中央大学历史学系主任的金毓黻为该刊题词，特别从南北派分的角度立论，全文如下：

本校之历史学系，具有二十余年之历史。盖自南京高师之史地科，东南大学之史地系，逐渐衍变而成，且继长增高，以至于今日，甚矣其难也。尝谓吾国古今之学术，因长江大河之横贯，显然有南、北两派之差别。先秦诸子，孔、孟居北，而老、庄居南，儒、道二家，于以分途。魏、晋、南北朝之世，经学传授亦有南、北两派，颇呈瑰玮璀璨之光。至唐初《五经正义》成书，而其焰以息。清代学者初有汉、宋二派，继则经学家有古文、今文之分，宋学及古文学多属北派，而汉学及今文学多属南派，皆有显然之途轨可寻。史学亦然，廿载以往，北都学者主以俗语易雅言，且以为治学之邮，风靡云涌，全国景从。而南都群彦则主除屏俗语，不捐雅言，著论阐明，比于诤友，于是有《学衡》杂志之刊行。考是时与其役者多为本校史学科系之诸师，吾无以名之，谓为史学之南派，以与北派之史学桴鼓相闻，亦可谓极一时之盛矣。今校长罗君治西史有声，曾为北派学者之健将，嗣则来长吾校，将满十年。向日以为分道扬镳不可合为一轨者，今则共聚一堂，以收风雨商量之雅。盖学术以互竞而孟晋，譬之江河分流，以俱注于海，其趋不同，而其归一也。违难以来，迁渝续课，本系爰有历史学会之组织，并因时与地之便利，从事巴蜀史迹之考察，甲骨文字之整理，同学诸子，交相勗勉，欲以研治所得，分期刊行，就正当世，而本系诸师，亦稍出所作，冠之篇端，以当喤引。编次既竟，命曰《史学述林》。夫学问之道，以求是为归，何必尽同。本系诸君应勿忘往日史学南派之历史，以共树卓然自立确乎不拔之学风，因而相激相荡，与以有成。是则本刊之行，不过其嚆矢焉耳。[1]

这篇文字简短而概括，涵盖了中国学术南北派分的历史，指出了近代南北学派分合的过程，希望中央大学历史学系的学生发扬南派史学的学风。其中的深意发人玄想，尤其是这些话出自一位非但不是南派旧人，而且是北派同门的学人之口。

金毓黻 1913 年入北京大学文学门，1916 年夏毕业。此时北京大学后来被指称的新文化派尚未成形，金毓黻无与其间。不过，所谓北都学者，主要是以北京大学为中心的新文化派，金毓黻与之毕竟有同校之谊，这一因素对于金毓黻进入中央大学乃至其后来的学术活动，都发挥了重要的影响。

五四新文化运动以来，因为对待包括文言与白话在内的整个新知与旧识态度的差异，以北京大学为中心的新文化派与以南京高师—东南大学为中心的“学衡派”产生了严重的分歧，双方在公私明暗的各种场合就一系列重大问题展开论争。在不断的冲突摩擦中，彼此成见益深，心结加重，无事之时，还能维系矜持状，一旦涉及人事权利，则此疆彼界，爱憎分明，毫不含糊。

1928 年之前，北京大学位处京师，挟最高学府之势，带引领风气之威，气势无疑压倒南派。1928 年 2 月，吴宓与来访的陈铨“因谈及中国近今新派学者，不特获盛名，且享巨金。如周树人《呐喊》一书，稿费得万元以上。而张资平、郁达夫等，亦月致不赀。所作小说，每千字二十余元。而一则刻酷之讥讽，一则以情欲之堕落，为其特点。其著作之害世，实非浅鲜。若宓徒抱苦心，自捐赀以印《学衡》，每期费百金。而《大公报》在我已甚努力，所得报酬亦只如此。

[1] 金毓黻：《静晤室日记》第六册，第 4629—4630 页。题词系于 1940 年 12 月 30 日，但据 1941 年 1 月 1 日的日记：“撰《史学述林》题辞。”则实际撰写的时间应在 1941 年元旦。

呜呼，为义为利，取舍报施，乃如斯分判。哀哉！”[1] 新派固然不限于北，却以北为最盛。

学衡派内部，这时对于《学衡》的看法则出现分歧，胡先骕认为：“《学衡》缺点太多，且成为抱残守缺，为新式讲国学者所不喜。业已玷污，无可补救。”主张改到南京出版，由柳诒徵、汤用彤、王易三人主编，而且“须先将现有之《学衡》停办，完全另行改组。丝毫不用《学衡》旧名义，前后渺不相涉，以期焕然一新。而免新者为旧者所带坏”[2]，令吴宓大为悲愤。和学衡派健将吴宓关系密切的陈寅恪，也曾劝吴宓放弃《学衡》，因为已经没有社会影响。而吴宓拟作“宣传作战之地”的《大公报·文学副刊》，《学衡》同志莫肯相助，浦江清、赵万里等又主张加入语体文及新文学，并请朱自清为社员，吴宓只好放弃一切主张、计划、体裁、标准，遵从诸君之意。[3]

1928 年国民政府统一之后，尤其是迁都南京，引起南北两派态势及关系的调整变化，情形远较先前复杂。国民政府南迁，需要在政治、军事、思想、文化、社会等各方面巩固统一的局面，与政治、军事的行动相配合，在思想文化方面，力图改变五四新文化运动以来以破旧立新为主导的趋向，回归守成。为此，特调在中山大学任上整饬校风有功的朱家骅接长中央大学。朱家骅一生，先后在北京、中山、中央三所大学任教长校，这三所大学不仅地域上分别位居北、南、中部中国的重要位置，更具有社会旗帜性的广泛影响力。1944 年 2 月 25 日，朱家骅在中央大学纪念周讲话时说：“中央大学在学术贡献上和学生在社会成就上，都应该领导他人，起一种示范作用。中央大学不仅具有一般大学与大学生的使命，还应负起特殊

[1] 吴宓著，吴学昭整理注释：《吴宓日记》第四册，第 17 页。

[2] 吴宓著，吴学昭整理注释：《吴宓日记》第三册，第 437 页。

[3] 吴宓著，吴学昭整理注释：《吴宓日记》第四册，第 196 页。1929 年 1 月 19 日，吴宓与赵万里、浦江清、张荫麟等会议《大公报·文学副刊》改良之事。

的责任。”[1] 而这样的领导地位和示范作用，原来无疑是由北京大学来承担。只是中心地位的转移，不仅仅是空间位置的移动，更伴随着风气的改变。

迁都造成的政治中心南移，不可避免地影响故都学术文化的中心地位，加上国民政府有意扶植中央大学取代北京大学的地位，本来作为最高学府的北京大学受到很大冲击。连高阆仙都注意到，“前者文化中心在北平，今已渐有转移之势”。并且提出：“东北虽不必为文化中心，而由学者努力之结果，亦可有构成文化中心之希望。”[2] 作为文化中心，北京原有得天独厚的优势，但随着教育的发展和社会经济的变动，广东等地也萌生跻身学术文化中心的意愿。迁都引起北平文化中心地位的动摇，无疑给其他地方提供了一个机会，可以乘机提升自己的学术文化地位。

为了改变被动局面，北方学人采取了多种应对措施，一方面试图将政治与学术分离，努力维系故都的学术文化中心地位，担任北京大学校长的蒋梦麟后来一再强调，北平时期的北京大学从一度是革命活动和学生运动的漩涡，逐渐转变为学术中心。[3] 另一方面，北方的新派学人对国民政府先倨后恭，在抵制大学区、反对党化教育和批评训政等一系列冲突之后，南京的国民政府和北平的新派学人开始尝试调整改善双方关系，政府方面吸收新派学人参政，新派学人方面则予以积极响应。相比之下，反而是与新派不和的那些学人更能保持自由独立精神。

五四时期国民党曾经受到思想宣传和青年运动的影响，有意识有目的地吸收参与五四新文化的青年加入国民党，而思想激进的青年学生，也能从富有朝气的革命的国民党那里感受到强大的磁力，

[1] 杨仲揆：《中国现代化先驱——朱家骅传》，台北："近代中国出版社" 1984 年，第 60 页。
[2] 金毓黻：《静晤室日记》第四册，第 2503 页。
[3] 蒋梦麟：《西潮》，沈阳：辽宁教育出版社 1997 年，第 166、184 页。

加上蔡元培等人与国民党的渊源，早有一些北京大学出身的师生陆续加入国民党，成为国民党与知识界的重要纽带。先后担任中央大学校长的朱家骅、罗家伦、顾孟馀等，都曾经在北京大学任教念书。金毓黻指罗家伦为北派学者的健将，其实后者治学的时期并不在北大。经过国民政府吸收学人参政，北京大学出身的学人已经占据了相当重要的权力位置，成为新政权炙手可热的新宠新贵，适应国民党和国民政府政治中心的转移，他们开始想方设法在新的中心建立人脉，或是因缘校友的关系，给予同门种种的方便和照顾。

金毓黻显然也是风气转移的受惠者，出身北京大学而能在南派的大本营中央大学立足并且担任要职，他的那些占据要津的同门师友起了至关重要的作用。金毓黻进入中央大学历史学系，傅斯年是关键人物。金毓黻在1938年5月1日的日记中记到："昨晤傅孟真于曾家崖中研院办事处。余之来中央大学，系由君介绍，厚意可感，不敢忘也。"[1]不仅如此，抗战胜利后，有流言不利于金，傅斯年闻知，不避嫌疑，力证其清白。此事令金毓黻万分感激，在日记中记到：

> 二十五年之夏，余自沈阳逃出，经日本而至南京。援我于困厄之中，而不致饥寒于他乡者，傅君孟真也。近八年来，与孟真不常晤面，而精神息息相通。近以外间流言不利于余，日前偶向孟真言之，孟真曰："君之行谊，余知之最清，设有人不利于君，余必为之辩护，请勿介意。"余乃为之大感动，古人云："患难乃见交情"，吾于孟真见之矣。

次日金毓黻将所撰备忘录请傅斯年签证，"君即慨为签证，并系以注语甚详，谓余所记皆属事实，并谓余受困时曾寄语孟真，将

[1] 金毓黻：《静晤室日记》第六册，第4144页。

乘机逃出，后果实践其言。噫，知我者舍孟真其谁属哉！”[1]他曾经赋诗夸赞傅斯年道：

> 北方学者谁第一，以吾所知有孟真。宁谓豹文终可隐，由来龙性最难驯。尘飞雷动三千里，雨骤风狂十二春。起废箴盲斯责重，君如不负属何人！[2]

表面看来，傅斯年与中央大学没有关系，其实迁都之后他一直关注学术文化中心位置的流动，以及北京大学和中央大学在其中所扮演的角色。早在1933年，他就和丁西林、李四光、李济等人联名致函丁文江，谈及“‘北平为中国文化中心’一说，是非且不论，北平之有学术空气，他处无之，乃是实在。今华北局面不可测知，而东南物力所集，如不成一文化中心，即不有学术空气，成何国家？此一责任，中央大学无能为也，洋泾浜尤无能为也，如欲有之，非自研究院发轫不可”[3]。尽管他对中央大学评价不高，毕竟不能无视国民政府极力扶持的态度，以及由此可能产生的效果。有迹象表明，傅斯年很想将触角伸入中央大学，而且他的确具有一些便利条件。

傅斯年职务上与中央大学并无关联，其介绍能起作用，应与时任中央大学校长的罗家伦有关。金毓黻在1940年2月29日“致罗校长志希书”中说：“以愚个人言，承公不次之厚爱，得来本校任课。”而且罗家伦并非一般性地接受私人请托，金毓黻“到校之后，亦常与公接晤，每次晤面，往往披心见素，推诚相与，出愚意想之外”。这种礼遇，在中央大学教职员乃至院长系主任中堪称异数。据金毓黻自称：“自愚入本校，前后已三、四年，见公与各教授之联系甚少，

---

[1] 金毓黻：《静晤室日记》第八册，第5934页。

[2] 金毓黻：《静晤室日记》第七册，第5486页。

[3] 《傅斯年致丁文江》（暂系年于1933年7月），王汎森、潘光哲、吴政上主编：《傅斯年遗札》第一卷，台北：中研院史语所2011年，第548页。

从未见到各院办公室或教职员宿舍作少许时间之谈话。与公常见面者，一为各院长，二为各系主任，然非有事亦不常往。每次往见公者，多在外室守候，或至数次不得见。因此之故，无要事之系主任，及无责任之教授，决不肯轻与公面谈，又因此而生之隔阂猜疑亦属不少。”金毓黻认为："他人如肯尽言于公，公必能尽量接受。以此向他人言，则不甚信，久之愚乃悟公于处人接物之方式，尚有未尽适宜，以致于此极也。”[1]连曾经任教于北大的老师辈朱希祖也屡被冷落，可见金毓黻的待遇的确非同一般。

而金毓黻对罗家伦等也常怀知遇之恩，他说："罗君志希于余有刮目相看之意，深可感也。尝谓志希有学人风度，此非阿好之语，有目者当共见之。”[2]不仅称罗家伦是北派的健将，而且将其长校中央大学的十年视为南北学人和衷共济的体现。两人关系的紧密令金毓黻敢于直言谏事，曾效仿汉贾谊上书罗家伦批评中央大学校务，认为“公之现境诚所谓抱火厝于积薪之下而寝其上，火未及燃，因谓之安而已耳”。他指责罗家伦长中央大学不如清华时期有计划，应付环境，迁就事实，重量轻质："本校各系之名教授甚多，足以动青年之观听者亦不知凡几，然研究学术之精神，终逊于西南联大一筹者，正以各院系无特殊研究学术之表示，亦不见注重何种学术以为本校研究之中心，因此不能引起社会人士之重视，此即重量不重质所受之影响也。”他还希望罗家伦不要事无巨细，事必躬亲，对于学生参与党派活动，也要裁以正义，大度包容。[3]对此，罗家伦不以为忤。

向罗家伦推重金毓黻的北大同人，不止傅斯年一人，金毓黻称："往者段君书贻（锡朋）谓余为东北读书种子，属罗君志希善视之，

[1] 金毓黻：《静晤室日记》第六册，第4487—4488页。
[2] 金毓黻：《静晤室日记》第八册，第5894页。
[3] 金毓黻：《静晤室日记》第六册，第4485—4488页。其实罗家伦对本校教授的态度未必都是礼敬，同样来自北京大学且于罗有师谊的朱希祖便几度遭遇怠慢。

其厚奖余甚可感，而余则深愧不足当此称也。”[1]

举荐提携之余，北大出身者相互之间也就有了某种义务责任。稍后金毓黻受聘于东北大学研究室，因中央大学各方面矛盾逐渐尖锐，系务繁琐，分任两地，难以兼顾，遂致函已经离任的罗家伦，“讬向顾新校长将中大史系主任辞去，以便专任东大研究室事。顷接志希来电转顾君之意，坚约回渝。童教务长冠贤亦来电，以是为言，且以余出身北大，顾君亦为北大旧人，不能言去”[2]。1945 年 12 月 1 日，金毓黻“傍晚于密雨中入城，参北大同学会，与会者百余人，为欢送傅君孟真赴北平也”。席间金毓黻还赋诗一首：

> 傅君孟真为余北京大学同学，近将北上接收母校，赠以此诗，藉壮行色。
>
> 短衣匹马西来久，霁月光风北望高。对我眼明如蜀锦，多君语快过并刀，神京祭酒当时重，太学诸生旧日豪。天际知看沧海去，凭将只手挽滔滔。[3]

二　南北新旧

金毓黻虽然出身北京大学，却并非新文化阵营中人。他从北京大学毕业之时，蔡元培尚未接长北大并对北大进行兼收并蓄的改革，除了太炎门生外，各色各样的新派人物还没有进入北大。而太炎弟子当中，既有后来成为新文化派的骨干，也不乏被视为保守的代表者。金毓黻在北京大学文学门的几年间，先后从陈衍问诗文法三年，从朱希祖受中国文学史二年，听陈汉章所讲中国通史课程[4]，尤其受

[1] 金毓黻：《静晤室日记》第六册，第 4661 页。

[2] 金毓黻：《静晤室日记》第六册，第 4778 页。

[3] 金毓黻：《静晤室日记》第八册，第 5959 页。

[4] 金毓黻：《静晤室日记》第五册，第 3998 页；第七册，第 5599 页；第六册，第 4046 页。

黄侃的影响为大。他曾说："以现世之人为师，良者既不多得，则莫若以古人为师。……吾昔研理学，以陆稼书为师，研文学，以姚、曾两氏为师，皆以古人为师也。至研小学，始以现世之人黄季刚先生为师。然求之今世师，如黄氏者有几人焉？以现世之师难得，故终不能不以古人为师也。"[1]

而黄侃对金毓黻也是另眼相看，称"斯乃东序之秘宝，匪独渤海之骏雄也"。据汪希针转告金毓黻："黄先生每与相遇必称毓黻，相念至深，又尚论关外人必以余为称首，何其见爱之甚也！"两人的师生之谊非同寻常。1927 年 11 月金毓黻往谒任教于东北大学的黄侃，"相见之下，欢若平生。盖先生颇赏余治学能谨守绳尺，本师说以为学而不为外物所囿。余亦以先生为当代大师，负有专门绝学，而不能与俗谐者也"[2]。而黄侃虽为太炎门生，却和刘师培一道，被认为是蔡元培改革北大以后的保守派代表，与趋新的同门分道扬镳，并曾和钱玄同当面冲突。

南北学派之分，虽有指认的习惯和叙述的方便，却不免抹杀阉割了部分事实。尤其是南北之中暗含新旧，与实情分别更大。就实际而言，南北学人当中均有所谓新旧之人，而且近代中国的变化日新月异，新旧的界线变动不居，先锋落伍的现象屡见不鲜。五四新文化以后，在黄侃等人看来，关内庠序竞嚣成风，尤其是新文化派渐居主导的北京大学，新派不断排挤旧派，1920 年代后期张星烺函告陈垣："北大党派意见太深，秉事诸人气量狭小，其文科中绝对不许有异己者。而其所持之新文化主义，不外白话文及男女同校而已。当其主义初创时，如屠敬山等史学专家皆以不赞同白话文而被摈外间，有知其内容者皆深不以其事为然。北大现在已几成为政治

[1] 金毓黻：《静晤室日记》第一册，第 279 页。

[2] 金毓黻：《静晤室日记》第三册，第 1963—1965 页。黄侃语见当日日记所录黄侃复金毓黻函。

运动专门机关，不宜再使与纯萃学术牵混。”[1] 在所谓旧派人物纷纷他去之后，原来的新派内部亦起纷争，曾经一度能够把持校务的浙人尤其是章门弟子相继被挤出北大。至于学衡一派，根本否认自己是守旧，他们与北京大学新文化派的分歧，主要在于对待中西文化的态度。在吴宓看来，钱基博、黄节等才是旧学家。[2]

随着政局和风气的变化，南北学人既有对垒，也有对流。五四运动发生后，黄炎培、蒋梦麟等人主张蔡元培复长北京大学，“南方预备如左：（一）……同人当竭全力办南京大学，有孑公在京帮助，事较易。办成后渐将北京新派移南，将北京大学让与旧派，任他们去讲老话（亦是好的），十年二十年后大家比比优劣。……（二）如北京大学不幸散了，同人当在南组织机关，办编译局及大学一二年级，卷土重来，其经费当以捐募集之（炎、麟当赴南洋一行，《新教育》可请兄及诸君代编）。杜威如在沪演讲，则可兼授新大学。总而言之，南方大学必须组织，以为后来之大本营”。黄炎培和沈恩孚分别眉批道：“此亦是一句话，但弟意北方亦要占据，且逆料旧派无组织之能力也。”“此时未打败仗，万无退回老巢之理。”[3]

其实，各派学人的本意，无不想南北通吃。清华国学研究院在某种程度上就是南方学人北上的会合。清华大学内部纷争不断之际，吴宓计划在东北集合力量，将各地的学衡派人士汇聚到一起。而陆续被北京大学排挤出来的桐城派以及黄侃等人，也相继出关。可惜东北局面不能持久，加上一些人本来对于出关有所顾虑，只好回到关内，不少人仍然选择与南京高师、东南大学一脉相承的中央大学。黄侃、吴梅、朱希祖等人相继加盟中央大学，一时间中央大学似乎成了北京大学弃将的用武之地。金毓黻进入中央大学历史系之时，

---

[1] 陈智超编：《陈垣来往书信集》，上海古籍出版社 1990 年，第 209 页。

[2] 吴宓著，吴学昭整理注释：《吴宓日记》第四册，第 282 页。

[3] 《黄炎培、蒋梦麟致胡适》，中国社会科学院近代史研究所中华民国史组编：《胡适来往书信选》上册，第 47—48 页。

正是由朱希祖担任该系的系主任。[1]

就人脉与学问渊源而论，金毓黻似与所谓旧派关系更深。但是金毓黻本人在五四新文化运动后面对新潮汹涌，却并不守旧，甚至表现出了相当明显的趋新意向。只是金毓黻对待世变与学问，都取相辅相成、殊途同归、求是而不强同、不偏于一端的持平态度。他教人学文，始终主张学桐城，不仅与鼓吹白话的新文化派截然不同，与尊师黄侃也有异。他看《唯是学报》所载林损的《述古篇》论泥古诬古之非，“一指竺旧，一指骛新，二者各有所失，林氏颇欲持二者之中，而为此论。寻其所言，述古者，乃取古事以为今镜，犹孔子因夏、殷礼而损益之意，取舍之权，仍以宜于今不宜于今为衡，是其立说，与现世潮流思想并无乖违。述古之职，由斯而明，不图林氏竺守古学，反以持论自陷，且真理因之愈彰，此林氏之所不及料也”。反对泥古不知变通。并进而论道：“以现在言，只有新而无旧，然有新未尝不包旧；以过去言，只有旧而无新，然无旧亦不能生新。此新旧二者之辨也，余于静中参验得之。”

对于北京大学教授刘复所撰新书《中国文法通论》，金毓黻以为：“用归纳法剖析中国文法，颇得纲要。自马建忠氏撰《文通》后，能不依傍前人稗贩外籍者，惟有此书，诚仅见之作也。一年以来，吾国政象，泯棼极矣。独有二三学者，冥求搜讨，昕夕不遑，屡有造述，成绩斐然，此真学术界前途之佳象也。而二三老成，稽首蹙额，相与叹息，谓为国学陵夷，今不古若，何其偵乎！读刘君此作，能无豁然。”[2]

不久，金毓黻专门从图书馆借来新出版的著作，分为科学方法论、文学概论、国语文法、文字学、史学等五类阅读，据称“近日学术界革新之事业方法有二：一曰整理国故，一曰迎受新潮。新潮

[1] 金毓黻：《静晤室日记》第七册，第5599页。

[2] 金毓黻：《静晤室日记》第一册，第72页。

之输入者，已具有条理，自无整理可言。至言整理国故，则多主用科学方法。胡氏《中国哲学史》之著，其见端也。然科学方法之何若，为研究学术之阶梯，引为先务，职是故耳”[1]。这可以视为其以整理国故为迎受新潮之举。金毓黻有感于《建设》杂志所刊胡汉民论儒教喜排斥异己的文章，担心当时为新文化运动者的命运。[2]

1921 年 2 月 28 日，金毓黻拟作《学术论》或《并行与调和》，其大旨“首论方今学术，异说蜂起，道可并行不悖，不足为病。次论并行与调和异。并行者，各自独立而不相犯；调和者，去其异而摭其同。混淆黑白，强作解人，二者截然不同。……次论唯其并行，故各树壁垒，互相非难，其于世运，亦互为倚伏消息，此起彼仆。迨为日既久，人皆厌之，二派忽互相结合，别生新机，茁壮萌芽，起而代之。此所谓新者，与调和异。调和之义既如上述，此则面目、性质，皆与旧者迥殊。……往世若朱、陆之争，汉、宋之争，近日新旧文学之争，东西方文化之争，皆此类也。……次谓学术之是非，随时会而异，适于时者，即为真理。吾人但观察时势所宜，以定从违，不必横存主奴之见以自陷。末论道虽并存而不悖，但吾人取舍从违，不可不有定见；否则倘恍游移，不下己见，出以模棱两可，虽能成名，上之不过如梁任公，下之亦仅为张东荪，劳瘁毕生，徒为稗贩，终无所得，真可笑也”[3]。此文是否写成发表，不得而知，从中却能清晰了解作者对于新旧派分的态度。

1923 年，胡朴安在《国语旬刊》发表《整理国学刍议》，批评“今之治国学者以一知半解为创获，抽数寸之丝自诩有用，不知全丝之弃者实多也。（今之治国学者不在全部着手，往往考一人之年岁至费数万字，与说五字之文至于二、三万言，有何异乎？）”其时金

[1] 金毓黻：《静晤室日记》第一册，第 106 页。
[2] 金毓黻：《静晤室日记》第一册，第 159 页。
[3] 金毓黻：《静晤室日记》第一册，第 263 页。

毓黻正以中国学人往往好博不精为鉴，对胡氏的看法有些不以为然，他说："胡氏治学颇主先求其会通，次以寻其枝叶，所谓先立其大则小者不能夺，立论何尝不是？然十丈之木积于一寸，万顷之涛积于一勺，不自铢积寸累作起，而云能观其会通，大言欺人，徒自误耳。梁卓如谓清代诸儒多为狭而深之学问，所以能精，此真一语破的。惟其弊坐在终身徘徊于此，不知更进一步，故不免以破碎贻讥。胡氏鉴其弊而不究其利，执其果而不求其因，立论所以未融。"[1]

稍后金毓黻又进一步论道："往世学人多务博知，语云：'一物不知，儒者之耻。'不知古籍充栋有若江海，一人之腹岂能尽受？况自海通以后，西籍东来，学术复日新而月异，分门专攻且不能精，并骛兼营大圣犹病，故用心如何之婷，而力终有不逮也。尝谓学问之道，只宜求精，不宜贪多，究一名物，研一理道，务必穷原竟委，以求真知，其无与于此事者，虽一无所知，无害也。孔子曰：'知之为知之，不知为不知'，此即千古为学之准。积知日久，自能贯穿百家，博虽未可骤语，通则庶几近之。故学者只直［宜］求精、求通，不可求博，博则贪多而不能精，学不能精则终无通之一日，不可不戒。"[2]"傅君斯年谓研治学术问题，重于泛论。此所谓问题者，即梁新会所谓狭而深之功夫，亦与李笠氏所谓读古书宜先窥本书，后读通论，同一旨趣也。余年长晚学，喜读泛论之作，如未遍阅群经，而先阅皮氏之《经学通论》，未读全史，而先览刘子玄《史通》。以故所得至浅至陋，侈口而谈经例史例，而实一事不知。循此不改，恐一业无成。傅君之言，诚我之苦口良药也。"[3]

今人看清季以来思想文化学术，受后来主流一脉叙述的影响，好以中西新旧之类的两分法立论。就极端而言，两分固然界限分明，

[1] 金毓黻：《静晤室日记》第二册，第954—955页。

[2] 金毓黻：《静晤室日记》第二册，第985—986页。

[3] 金毓黻：《静晤室日记》第二册，第1148页。

但一般而论，中西新旧等等因素虽然存在，却未必形成楚河汉界，壁垒森严。用主流一脉的叙述架构，这些多数无法安置得当。1924年1月，金毓黻读皮锡瑞的《经学历史》，感悟道："清季诸儒谈古文学者，以孙籀庼为最平实，而章太炎则不免失之激切；谈今文学者，以皮鹿门为最平实，而康南海则失之夸，廖季平则失之诞矣。二派相争，始于嘉道，迄清亡而始稍戢。惟孙、皮两公不尚意气，或专讲故训，或宣究大义，只知实事求是，不知有门户之争，是最可师法者矣！"[1]

秉承上述宗旨，金毓黻对于那些批评趋新乱象的意见也相当重视。而且随着时间的推移，有渐趋平和的迹象。1924年章太炎的《救学弊论》发表，此时章太炎已被视为拖车向后，渐入颓唐，该文所指摘的为学五弊，尚文辞而忽事实，因疏陋而疑伪造，详远古而略近代，审边塞而遗内治，重文学而轻政事，主要即指新式学校文科的流弊，矛头所向，新派首当其冲。而金毓黻认为是"针砭时贤之作，持论明通，致为可贵"。他说：

> 寻章氏所论，以重耳学弃眼学为学校师徒授受之弊制，可谓谈言微中，揭举高明光大四字，为治学之准绳，尤足杜歧途明正轨。世谓章氏好为迂怪不近人情之论，特未细心察之耳。章氏又谓今之学校先宜改制，择其学风尤劣者悉予罢遣，闭门五年然后启，冀旧染汙俗悉已湔除，于是后来者始可教也。又曰："不能行吾之说，则不如效汉世之直授《论语》、《孝经》与近代之直授《三字经》、《史鉴节要》便读者，犹愈于今之教也。"此其持论，诚不免偏激失中，然又盛讥翁同龢喜谈《公羊》而忘其他经史，潘祖荫好铜器款识而排《说文》，始驱学者于诡侧之径，此诚切中近五十年学术界之积弊矣。故章氏所举五弊，今日之

[1] 金毓黻：《静晤室日记》第二册，第1013页。

治国学者多患之，以为不如是则必见讥于大雅也。从章氏之说，则虽读《三字经》、《史鉴节要》，尚可日进于高明光大之域。否则日谈《公羊》、好铜器，立脚虽高，其隐患之中于人心者，将不可思议。輓近士习庞杂，或尊古而昧今，或援西以鄙中，持论愈高，见理愈谬，譬如治丝而棼，自以为是，不知识者已哂议于后矣。得章氏之说以正之，其裨益于世道人心，岂浅鲜哉。[1]

金毓黻读吕思勉《中国史》，认为“有系统，有断制，堪称为中国史之第一名作，并世作史诸家未能或之先也”。由吕著新解迭出而无穿凿武断之失，金毓黻引申道：“今日之新史学家，动云民族、社会为史籍之中心，古人不知注意及此，故中国无史。不知前世一国之重心在君主，故偏治乱兴衰，以为人君之鉴戒；今世一国之重心在民，故偏重民族、社会，以究进化之因果。……不明因时之义，不知会通之故，以古人之见胶固胸中不知变通，固背因时之义，以今之见裁量古人而横坐以不是，亦岂通人之论乎？”[2]

他请高阆仙为东北学社同人讲学，高氏指“北平各学校之现状，说务新奇，言人所不敢言，杂之以客气，存之以成见，不谓之流弊不得也”。主张先理旧学，再究新学，反对附会西学，“讲学问应先明途径，标立宗派，自存成见，非善学者也。学者各就性之所近以研究，不必以己所好而以为是，不好而以为非。因他人已讲好，无以复加，于是别辟途径，以为号召，此今文学之所以立也。考据家之长处在能寻出来源，而其短处则在徒逞一时之快，而不顾上下文义”。针对近来北平有一派讲学问专寻王高邮之短，高氏以为“考据专明一义，不顾全体，往往失古人之义，故为学当以诚为主，能诚始不流于偏”。金毓黻对上述看法主张颇有同感，认为：“综观先

[1] 金毓黻：《静晤室日记》第二册，第 1195 页。

[2] 金毓黻：《静晤室日记》第二册，第 1470—1471 页。

生之所论，力求平实，不尚新奇，整理旧学，以为新学之先驱，并非反对新学。即此一端，亦足以为吾人之师矣。”[1]

金毓黻甚至认为顾颉刚、钱玄同“两先生乃今之妄人，其言不尽可信。……凡明一义，说一理，能破尤贵能立，此论理学之通则也。顾、钱两先生能破而不能立，故所破者多不可靠”[2]。抗战期间他从友人处借来《学衡》杂志多册，“读其中诸文如逢故友。念自旧典丧失，尝惘惘如忆良朋，《学衡》亦其一矣”[3]。这显然反映了金毓黻学问取向的情感偏好。

三　由分而合归本原

因缘上述人脉以及自己的学术理念，金毓黻主任中央大学历史系期间，的确贯彻了“和而不同、求是为归”的宗旨。这主要体现于三方面，其一，金毓黻本人的思想观念有所变化；其二，邀请主张各异的不同派别的学人来校讲学；其三，确立中央大学历史学系的治史纲领。

随着个人学识阅历的增长，以及受抗战发生以来学术风气变化的影响，金毓黻的学术理念出现了一些潜移默化的改变，其中比较显著的一点，是由原来受新派影响的由专而通，转向传统的由博返约。

五四时期，受个人经验及学界风气的影响，金毓黻主张求精，反对务博，他说：“凡人于学问，只宜求精，不可务博，博则力分，力分则业荒，业荒则永无求精之日。博与精常成反比，而吾国学者多务博，此所以少进步也。以余所知，友朋中知关心学问者，皆偏于求博，余之受病尤深，此后宜力戒之。”[4] 梁启超的《清代学术概

[1] 金毓黻：《静晤室日记》第四册，第 2503—2505 页。
[2] 金毓黻：《静晤室日记》第四册，第 2585 页。
[3] 金毓黻：《静晤室日记》第六册，第 4122 页。
[4] 金毓黻：《静晤室日记》第一册，第 157—158 页。

论》自责“务广而荒”，金毓黻认为其“自知甚明”，进而论道：“吾国往世学者有一通病，曰不求精而务博。即曰能精，亦精者什一，而博者什九。又此方求精，他方复求博，欲一人之身万物皆备，此吾国学术所以不进步也。梁氏之好博，亦吾国学术界数千年之遗传性使然，梁氏实蒙其影响而非其咎也。新学钜子胡适之亦有好博而不求精之弊，试一翻其著述自知之矣。梁氏如能从此彻底觉悟，大加忏悔，而别作狭而深之运动，为学术界作一革新模范人物，诚吾国学术界前途之幸也。”[1] 他看吕思勉在沈阳《高师月刊》发表的《论整理旧籍之方法》，觉得“立论平平，无卓识独见可言。唯谓近人思网罗群籍更编一完全之史者，其结果无不失败，反之专研究一部分更求精密者，其结果无不成功，并举《通志》之不如《通鉴》为例，此真不刊之名论也。夫专则易精，泛则难备，专门史之优于普通史以此也”[2]。

然而，抗战期间金毓黻的看法可谓急转直下。1938—1939 年间，金毓黻写成《中国史学史》，关于专题研究与新史撰述的关系，有如下论断：“部分之研究，其手段也，整个之贯通，其目的也，不能因在手段过程中，得有大量之收获，而遂忘其最后之目的，即不应以部分之研究，而忘却整个之贯通。……盖为人而作传谱，为事而立标题，皆为治史之手段，而其目的乃在造有系统有组织之通史、专史，亦必各个部分咸有精确之断案，然后造作通史、专史，乃易于成功，亦即吾理想中比较完善之新史。”[3] 他认为，治史之士，宜备三勤，即眼勤、手勤、脚勤。“学贵博综，治史尤要，隘塗自限，决难有成。子玄有言：记言书事，出自当时之简；勒成删定，归于后来之笔。故必博览群籍，知其大略，然后可言删定勒成。古人著

[1] 金毓黻：《静晤室日记》第一册，第 220—221 页。
[2] 金毓黻：《静晤室日记》第一册，第 362 页。
[3] 金毓黻：《最近史学之趋势》，《中国史学史》，石家庄：河北教育出版社 2000 年，第 436—437 页。

书，取材至富，温公《通鉴》即其明征。设非乙部名著，悉入吾眼，则执笔撰述之时，何由奔赴腕下，供我驱使。”[1]

友人谓其读书预算太大，“故每撰一书则觉头绪棼烦，积年莫殚之势”。而金毓黻觉得：“然预算太小，则取材不丰，考论不详，何足以言撰述，且安能示人传后。是故宁求其质之精，而不求其量之多，质精而量多，非有兼人之力不可。”[2]其致函高晋升，也谈道：“愚谓学问之道，一在征文考献，一在问难质疑。不多读书，无以极其博；不多求友，无以致其微。昔者韩昌黎氏，论毁字之原，由于怠与忌。怠者不能修，而忌者畏人修。今之学者能不蹈此者，盖亦鲜矣。”[3]复函黎思年，又提及：“研乙部书，始于博而终于约，当其贪多务得，细大不捐，读破万卷，犹患其少，迨用力既深，不无偏好，就其偏好之一段，加以极深研几之功，由博而返乎约，于是有深造自得之效矣。”[4]

1941年8月，金毓黻专门总结研史之法，于具体五法之上，提出：“综而言之，一须求正确；二须求贯通。研史之结局，能达到十分正确者甚少，但不能不以求得正确为目的，此其一。史料如散钱，以贯穿钱，钱始不乱，故研史必以贯通为目的，此其二。研史之序，始于博而终于精。博而不能精，则不免博而寡要博之讥。然未有不博而能精者，博而能精，则专门名家矣。”[5]其时萧一山撰文《近代史书史料及其批评》，认为史学有详近略古之例，“且史学本为一综合科学，必纵览广乙得博约之旨，而后能无偏执固陋之弊，是史学又以贯通为务，殊非仄深之士所能喻也”。金毓黻颇有同感：“研史以达变知今为务，以详近略远为例，实为史学之真谛。至贯通重于仄深，而仄深不过为贯通之始功，此又为研史者应知之义。萧君

[1] 金毓黻：《静晤室日记》第六册，第4145页。
[2] 金毓黻：《静晤室日记》第六册，第4183页。
[3] 金毓黻：《静晤室日记》第六册，第4243页。
[4] 金毓黻：《静晤室日记》第六册，第4317页。
[5] 金毓黻：《静晤室日记》第六册，第4779页。

揭橥此义以告学者，诚所谓探骊得珠，片言居要者也。”[1]

理念转变之下，金毓黻的一些学术判断也相应有所变化，对于原来北大时的老师陈汉章的学问评判，即为显例。他说："曩岁陈先生在北京大学主讲中国通史，繁称博引，累数百翻而不能终其物。叙上古史喜用《路史》、《绎史》，多为荒邈无稽之说，而先生不加简裁，遂为执业诸子所不满。然蕲春黄先生尝谓陈先生读书之多，称引之富，一时无两，难能可贵，自刘伸叔以外为推重之一人，诚为服善之笃，亦见持论之公矣。今细译先生此作，则于探赜索引之中，时著平实可信之语，博综约取，允为传作，以视曩日判若天渊，岂非以年愈高而学愈进，学愈进而心愈下欤。”[2] 实则金毓黻本人的观念变化也是看法前后不同的要因。陈汉章的学生辈大都只知道陈读书广博，而其京师大学堂时期的业师柯劭忞却屡次说："当代经学，伯陶第一。”[3] 其原因决非仅仅由于陈汉章读书广博且记忆力强，更重要的在于贯通的前提必须由博返约，没有博闻强记，很难达到贯通无碍的境界。

当然，从通的角度看，金毓黻并非完全复归旧轨。他对钱基博《现代中国文学史》指摘梁启超之病为妩媚，胡适之过为武谲，表示“诚为的当”。“胡氏所倡新文化运动，亦有可议之处，然吾闻之能破而后能立。夫既已破之矣，又贵继之以能立。胡氏于旧文化已极破坏之能事，而同时亦能提出建立之新条件。此胡氏所以能有局部之成功也。钱氏虽力攻胡氏，加以讥笑，不过属于破坏之一方，而未闻别有建立之方案。是以钱氏于学术上究无所贡献，此又钱氏之不及胡氏者也。若夫梁氏，因有趋时好以媚少年之嫌，然于旧文化虽未如胡氏之尽量摧毁，而于学术上亦尝提出新建设方案，以嘉

[1] 金毓黻：《静晤室日记》第六册，第 4834 页。

[2] 金毓黻：《静晤室日记》第六册，第 4046 页。

[3] 牟润孙：《蓼园问学记》，《注史斋丛稿》，北京：中华书局 1987 年，第 540 页。

惠来学。两两相衡，钱氏似不敢望其项背。由是言之，钱氏此论，不过快其口说而已，初非深根宁极之论也。”

对于钱基博褒贬章士钊欧化的古文和周树人欧化的国语，金毓黻也不以为然：“谓钱氏濡染于古文雅辞甚深，故士钊之欧化的古文称为谨严，又誉为茹古涵今，镕裁自我。而于树人之欧化的国语，则深致不满，然今之少年崇拜树人之国语文，几以为斯道之圣手。《鲁迅集》风行全国，少年无不人手一编，盖其崇仰之情尤过于钱氏之崇仰士钊。且以人数较之，崇仰士钊者多在中年以上，或为老年，至崇仰树人者，则十、九为少年也。两两相较，则崇仰树人者多于士钊十倍，其势盖不可侮矣。然犹可曰少年人识力未定，不足以为定评，然新旧殊途，鉴赏自异，不能谓中年人、老年人之果为是，而少年人之果为非也。总之，士钊、树人二氏皆有建立之绩，为人称颂，胜于壹意摧毁而不知建立者，且殊未易论其孰为优劣也。”[1]

与此相似，金毓黻拟重订《续通鉴》，合宋元明清为一书，偶与罗家伦论及，后者谓“《通鉴》有启发性，而《毕鉴》无之。喻以近人之著作，则胡适之《中国哲学史大纲》有启发性，而冯友兰之作无之；梁任公《近三百年学术史》有启发性，而钱宾四之作无之。然冯、钱之作，皆视胡、梁为密，其终不之及者，惟在无启发性耳”。这样的看法当属见仁见智，而金毓黻以为“所论极有理致”[2]。

金毓黻的求是求通，有其新的变化趋向，显著的表现，是他对几种新出中国通史的看法。北大同学兼同门范文澜的《中国通史简编》，立论和金毓黻多异其趣，金毓黻认为该书“力反昔贤之成说，而为摧毁无余之论，毫无顾忌，又前此尚论诸家所未有也”。范文澜“往日持论尚能平实，今乃为此偏激之论，盖为党纲所范围而分

[1] 金毓黻：《静晤室日记》第七册，第 5243—5244 页。

[2] 金毓黻：《静晤室日记》第七册，第 4927 页。

毫不能自主者”[1]。范著主唯物史观，金毓黻的意见并不在此，对于同样以唯物史观为统的周谷城的《中国通史》，金毓黻的看法却是："然其最可取者，全书以经济史观为主眼，一贯而下，颇能自成家言。论其骨干，实为绝去依傍，自抒所见，此亦难能可贵之一端。余读此书有不忍释手之征象，则此价值高人一等又可知矣。”[2]

不仅如此，金毓黻还将周著与吕思勉的《中国通史》比较："愚谓治本国史有二途，一曰鸟瞰式治史法；一曰虫蛀式治史法。置身于史实之外，凌空而俯视全局，历历在目，位置之远近，形状之大小，悉可一览而得，此所谓鸟瞰式治史法也。置身于史实之中，一一从事展玩，而从而分析其内容，以寻其症结所在，此所谓虫蛀式治史法也。鸟瞰式治史法，如乘飞机升于高空，以俯视某大都市之全景。虫蛀式治史法，如身入某大宅中，而细数其所藏。虫蛀式治史法，亦可曰解剖式治史法，取若干史实一一为之分析，而明其得失去取，非置身于史实者不能为也。近人吕思勉氏之《中国通史》，系用虫蛀式治史法，着重于分析，如身入大宅之中而细数其所藏。周氏之《通史》不然，不重分析而重观察，凌空俯视，以明其全局情状，此则用鸟瞰式治史法也。愚谓治通史应以鸟瞰式为主，而以虫蛀式或解剖式辅之，庶乎其可，否则通于此则窒于彼，虽名通史，实史考之丛编耳。”[3]就通史而言，其对周著的评价还在吕著之上。

本着学术互竞，不囿于门户的精神，金毓黻以中央大学历史学系和历史学会的名义，邀请学术观念与做法各异的学人前来讲学。稍后到东北大学兼职，也继续请人讲学。仅就日记所载，先后有罗家伦、李济、郭沫若、卫聚贤、丁山、潘重规、王献唐、萧一山等。所讲虽有泛论与具体的分别，均涉及治史的态度方法等大问题。

[1] 金毓黻：《静晤室日记》第八册，第 5869 页。
[2] 金毓黻：《静晤室日记》第七册，第 5039 页。
[3] 金毓黻：《静晤室日记》第七册，第 5014 页。

历史学会第一次讲演，邀请的是中央大学校长罗家伦，时间在1939年9月29日，讲题为《治历史之态度与方法》。罗家伦首先强调历史为事实的记载，过去的事实不能改变，但史实受时空观念影响，难以确认，史家因而可以不断重新认识。重现史的观念，应以进化论为基础。以既得之事实，不断增加了解，即为历史的认识。研究历史不可矿石化，郭沫若的《中国古代社会研究》，往往强人就我，请君入瓮，先有成见，不能产生历史学者。研究历史的先决条件是以社会科学为基础或基本，有了社会科学的各种工具或技术，才能产生有意味的史学。专题研究可以约而能精，但不能忘却整个事实。以小见大，为专题研究之利，还要将历史多量之事实加以联络，立一整体计划，再从事分段研究，研究有得，再为联络，以得公平估价。此即治史方法。金毓黻认为其治史理论“颇能冶中、西为一炉，精湛之至”[1]。

1940年5月5日，金毓黻邀请郭沫若和卫聚贤来校讲演。郭氏所讲为考古学与文字学应相互为用，考古学者往往成见太深，对文字学加以轻视，其实文字学者只是缺乏科学方法。考古学者过于拘泥形式、花纹。以记载之文字居于次要地位，亦属偏见。若能将二者打成一片，使其相得益彰，则其效尤宏。卫聚贤则概述考古学的途径，即书本材料、民俗学、语言学、人类学、人种学、地下文物。[2]郭沫若所讲实为近代中国考古与史学研究关联性的一大问题，至今仍不免困扰相关学人。

1941年4月，金毓黻为了唤起后学对于考古的精神感召，邀请李济来校讲演，以历史学会名义主持，史学系全体学生出席，他系学生亦多来旁听。其讲题为《治史学之方法及趋向》，有意思的是，李济也认为研究古史以疑古为出发点，不信文字记载为太过，依据

[1] 金毓黻：《静晤室日记》第六册，第4376页。

[2] 金毓黻：《静晤室日记》第六册，第4551页。

地下发掘所获的新史料，以证古史，或补其未备，固为新的研史方法，但不能因此而抹杀文字记载。研史态度应以矜慎为主，不必畸于一偏。[1] 这与郭沫若所讲，有异曲同工之妙。是年5月，该校历史学会布置文物展览会，又请王献唐演讲鉴别古物的方法。[2]

1941年8月，在东北大学请丁山为研究生讲治古代史的方法，其一曰怀疑，即鉴别史料真伪，以周还周，以汉还汉，不以乙时代材料证甲时代史事。其二为建设，即以民族问题为研究中心，由语言入手，而得其真相。考证、语言、地理诸学，为研史初步，研究制度乃为历史本身。“吾国史政治之影响究大于经济，近人研史或从经济入手，非研史之正轨也。”金毓黻觉得其所谈颇多创见，“余因此而得有启发”[3]。

稍后请潘重规讲演，所讲为《清代之考证学》，潘认为清代汉学家求难求是，今人则求易求新。清代考证学有三要点：一为留心细微，二为精于分析，三为必有证据。留心细微以树立根底为前提，所谓树立根底，乃为整个而非部分，亦为必不可缺之条件，前人所谓稳扎稳打是也。于某一点稍有忽略，即为学问全体之缺点，有一字不能解，或为之误解，则其全部为之改观。精于分析，以收集完备为前提，钩沉极致，必有条理。必有证据，以不妄言为前提。证据既具，始谓之不为妄言。其末流又有三弊，一曰重颂数，忽躬行；二曰舍根本，逐微末；三曰立门户，逞私见。今人多置基本书不读，而别求其欲读之书，所以愈渊博而愈空疏。潘重规与金毓黻同为黄侃弟子，而金毓黻对其极为推重，许为“其真能承先生之衣钵而得其心传者，石禅一人而已。……是则读书种子之称，惟石禅当之而无愧”[4]。对于演讲，金毓黻叹为“所论皆极精辟，足为学子针砭，

[1] 金毓黻：《静晤室日记》第六册，第4697页。
[2] 金毓黻：《静晤室日记》第六册，第4714页。
[3] 金毓黻：《静晤室日记》第六册，第4786页。
[4] 金毓黻：《静晤室日记》第六册，第4662页。

亦可谓大声疾呼，垂涕而道者矣”[1]。

稍后萧一山演讲《治学方法及其态度》，略谓治学步骤有三：一曰博；二曰约；三曰通。学者先由博反约，由约而求通，求通之中又有博。科学方法有二，即演绎法与归纳法也。演绎法近于博，亦为由约而博；归纳法近于约，亦为由博反约。又有辩证法，分正反合三段，目的亦为求通，一言合则通矣。历史学之科学化有因果、实证、系统三段，因果近博，实证近约，系统则通，而后可也。“总之，吾国固有之学术精神固极伟大，而论学之语言，人之殊患于散漫无系统之可言，是为方法不良。应以中国治学之精神，参以西人治学之方，二者相济，庶几可矣，此即所谓治学方法也。”至于治学态度，亦有三端，即求真、虚心、专一。[2]

这些演讲对金毓黻本人也有所影响。以求通而论，可与该系教授沈刚伯为研究生所讲《近代世界史界研究之趋势》相互印证。沈氏认为，工业革命、民族主义对史学研究影响颇巨，工业革命有二特点：一为分工，二为规律化。“流风所被，史学研究遂亦进入狭而深之一途，竭精敝神于小问题，而昧其全体，诚学问之敝也。惟近十余年来，世运推移，学者多感其弊，而综合研究乃代之以起，此可以一九三一年（民国二十年）伦敦世界科学家大会之提案证明之。……近数十年吾国研史之风，一受外学输入之影响，一受固有朴学之影响，亦与世界研史之趋势同其轨，并世学人亦多竭精敝神于小问题，而罕为具体之研究者，直至最近始渐有转变，如能改变其风气，而为博大综合之研究，则得之矣。”金毓黻称：“沈君所论之最有趣者，近顷学人号称精研史学，乃在学校任教，至不能开二三种科目，其讲一科目多至数小时即已竭泽而渔，此诚可笑，此

[1] 金毓黻：《静晤室日记》第六册，第4804—4805页。

[2] 金毓黻：《静晤室日记》第六册，第4836—4837页。

缘竭精敝神于小问题之所致也。”[1]

考古学的影响亦相当明显。金毓黻为此专考文物之义：“往日治史，必以征文考献为重。所谓文献，即史料也。今世学者治史，首重搜集史料，而加以整理之。所谓史料，实含文与物二者。此所谓文，乃兼文、献二者并言。至所谓物，则在文献之外，即地下发获之实物是也。古人重文，故一求于典籍，实物可供参考者，亦以有文字者为贵。今人不然，古代文物，无论有无文字，皆极重视。而物之价值尤过于文，凡史籍所记，苟无物之证明，则以为不可尽信。……此为近日谈史风气之所趋，故余特举文与物二者以明其究竟焉。”[2]

金毓黻求是求通的观念，集中体现于他为中央大学历史学系撰写的《治史纲要》。该纲要形成于1941年6月，仿《大学》的三纲领、八条目之义，亦为三纲八目。金毓黻的想法，是鉴于“本系向未建立中心，致学子茫然无所适从”，希望以此有所改变。三纲为：

> 第一、以研究制度文物为中心。说明：本系治史，侧重中国部分，故以研究制度文物为中心，应以各正史之书志及《通典》、《通考》、《会要》、《会典》诸书为研究对象。其前代治乱大事，如正史之纪、传，及《通鉴》诸书所载，仍就制度文物有关联者从而研究之，其他则暂行从略。
>
> 第二、求通重于求专。说明：本系研究之要点，求通重于求专，以探求历代制度文物之因革损益为主，视断代、专门、国别各史皆为通史之一体。又如清代考证学之优点，亦尽量利用之，但亦用以求通，而非求专。凡作专题之研究，皆以力避支离破碎，求得贯通之旨为主眼。
>
> 第三、以养成学问欲为系风。说明：本系以养成学问欲为

[1] 金毓黻：《静晤室日记》第七册，第4924—4925页。

[2] 金毓黻：《静晤室日记》第八册，第5831页。

> 系风，即为学问而治学问之谓。如太史公之好学深思，心知其意，乃为治史之极则，故于史学之本体及辅助治史之学科，皆以积极之态度从事之，持此不变，积以三四年之岁月，自有相当之成就，而良好之系风亦藉以养成矣。

八条主要有：本系课外研究分组进行；本系同学应就表列各组及其细目，每人任择两种为研究对象；各组研究指导，由本系师长担任，有必要可商请系外专家；同学每两月撰送研究报告一次于指导师长；研究报告成绩评为最佳者，给予奖金并设法发表；参考书由本系向图书馆借用，必要时酌量自备；暑假尤其适用，但研究报告仅限一次。分组为五，即通史（含中国、西洋等科）、断代史（含中国古代、秦汉、魏晋南北朝、隋唐五代、宋辽金、元蒙、明清、中国近世等科）、文化史（即制度文物史，含中国文化、西洋文化、学术、历代制度）、专门史（中西交通史以及中国佛教、史学史、社会、经济、地理沿革、历史地理各史）、国别史（西域、印度）。[1]

以研究制度文物为中心，其实就是关注正史即政治史，这可以说与清季至战前所有新史学的主张颇异其趣，而回归中国传统史学的正轨。只是并非简单地复旧，而是在求是的原则下，吸收各家各派之所长，融会贯通。不受门户局限的目的，是要提纲挈领地把握中国社会历史文化的特质，以制度文物为脉络，贯通包括治乱兴衰在内的整个历史的发展变化。为此，他特请贺昌群开中国政治社会制度史课程，并专函说明："系史系特开之课，与政治系之中国政治史旨趣不同，彼所重者政治，因而叙及政治之制度，其范围有限。至史系所开者，以政治经济并言，举凡《通典》、《通考》所列礼乐、官学、兵刑、钱谷诸门，无一不在网罗之中，则所赅者广矣。鄙意中大史系之特点，应以研究典章制度为中心，则吾兄所开之

[1] 金毓黻：《静晤室日记》第六册，第4738—4741页。

课，亦即中心之中心也。不惟兄应如是，即弟拟开之课亦侧重是点，专言宋代以来之制度，以与兄所讲者沆瀣一气，如是则兄乌所用其迟疑乎。”[1]

不过，《治史纲要》固然是金毓黻等史家高明的体现，而高明也就意味着高难。金毓黻读《宋会要》食货门农田杂录，“此书盖为档案之汇录，亦分类之史料汇编，故不胜其烦琐难读之感，乍读之实觉干燥无味”，如果细心阅读，可见有宋鼎盛时的社会状况以及朝局争斗。“此等史料皆于干燥无味中求之，一不留心，稍纵即逝，故读此等书籍，非有耐心不可，从首至尾一字不肯放过，乃能小有所获。此治制度文物之史，所以尤难于治乱兴衰之通史也。”[2] 对于青年学子，似乎悬的过高，并非短短数年间可以成效大著，以至于中央大学培养出来的治史人才，相比于其他各校，略显不足。[3] 或以为史学为一高成本的学问，必需阅历与积累，青年时期的判断追求，后来可能随着年龄与知识的增长逐渐变化。这对于史学的教学，无疑存在两难。清华国学院的学生号称老成，也不免有人同时向北京大学研究所暗通款曲，以致院方不得不明令研究生必须做出取舍。

学衡派主将之一的胡先骕十余年后总结道：

> 当五四运动前后，北方学派方以文学革命、整理国故相标榜，立言务求恢诡，抨击不厌吹求。而南雍师生乃以继往开来，融贯中西为职志。王伯沆先生主讲四书与杜诗，至教室门为之塞，而柳翼谋先生之作《中国文化史》，亦为世所宗仰，流风所

---

[1] 金毓黻：《静晤室日记》第六册，第 4870 页。

[2] 金毓黻：《静晤室日记》第六册，第 4750—4751 页。

[3] 尚小明提交“近代中国与近代文化”学术研讨会（北京师范大学 2007 年 6 月 29 日—7 月 2 日）的论文，对民国时期各大学史学系培养的学人有详细统计，其标准口径略有可议。其实东南大学时期也培养出浦江清等良才。抗战期间，中央大学历史学系出人不少，金毓黻教过的学生当中，如邵则云、苏诚鉴、王聿均、黄彰健、唐德刚等各有所成。

> 被，成才者极众。在欧西文哲之学，自刘伯明、梅迪生、吴雨僧、汤锡予诸先生主讲以来，欧西文化之真实精神，始为吾国士夫所辨认。知忠信笃行，不问华夷，不分今古，而宇宙间确有天不变道亦不变之至理存在，而东西圣人，具有同然焉。自《学衡》杂志出，而学术界之视听以正，人文主义乃得与实验主义分庭抗礼。五四以后江河日下之学风，至近年乃大有转变，未始非《学衡》杂志潜移默化之功也。[1]

这样说多少有夸大《学衡》作用之嫌，也与胡先骕本人先前的动摇不相吻合。可能的情形是，派分则难免偏于一端，加以意气用事，遂脱离学问应循的轨则，并与多数学人的一般态度不相凿枘。时过境迁，风气转移，趋于极端的派系不得不回归正轨。只是造成派分的原因不可能根除，人有意识的活动与历史有规律的运动之间，本来矛盾统一，而人的能力、条件有限，往往各取一偏，治学派分因而难免，于是进入下一轮新的循环。后来中研院成立近代史所，引起不小的争议，看似学术观念分歧使然，但如果掌门人不是郭廷以而是金毓黻，学术分别仍旧，反应效果则当大相径庭。

中国近代学术界的学分南北，在后来主流的叙述中，隐然成为新旧的同义词，并有连续的人脉关系，化作成见与心结，继续操控学界的动向。实则南北各有新旧，一般学人也不作此是彼非、壁垒森严的划线。出身北京大学而非新文化派的金毓黻，凭借 1920 年代下半期尤其是迁都以来的南北学界对流之风，入主南派大本营的中央大学历史学系。因应国内外学风转移，以及个人阅历学识的增长，其观念与人事均主张融会贯通，捐弃各执一偏的极端，回归学术的大道本原。

---

[1] 胡先骕：《朴学之精神》，《国风》第 8 卷第 1 期，1936 年 10 月 1 日。

留欧前后傅斯年学术观念的变化及其牵连

在新思潮鼓舞下满心向往融入世界潮流的傅斯年，赴欧洲前后，经历了读西书与留西学的不同阶段。学习环境的变化，所产生的不仅是眼界的放大和知识的扩充，同时也导致态度的变更甚至立场的转移。另一方面，在留学的选择从清季以日本为主转向民初以欧美为主的时势中，傅斯年与陈寅恪都认为求学问与求学位不同，求学问应去欧洲，对于时髦青年纷纷去美国求学位不以为然。傅斯年没有到过美国，陈寅恪虽然一度远赴太平洋彼岸，可是对于包括哈佛大学在内的美东学术环境印象不佳。傅、陈二人相识于欧洲，彼此论学，从后来的著述言论看，常有许多相近相同的见解。

因为同是民国学术界屈指可数的人物，关于傅斯年与陈寅恪的关系，学界与坊间多有探究演绎，其学术主张的异同，自然也在关注之列。两人学术上的种种近似，自然不乏英雄所见略同的情形，但也存在相互影响的可能性。至于究竟哪一方占据主导，或者说究竟谁影响谁的问题，因为彼此都缄口不言，又少见相关记述，难以征实，因而大都茫然不觉，不以为是问题，或虽然有所察觉，限于材料不足征，只好存而不论。间有心生疑惑者，私下谈及之外，也不便贸然揣测。此事若是执着于实事求是的一般套路，大概很难做到信而有征的程度，必须前后左右，以实证虚，才能看出端倪。从留欧前后傅斯年学术观念的变化，或许可以探查两人学术关系究竟哪一方占据主动的蛛丝马迹，进而窥知可能与大体。

一 留欧前后的转变

经历了晚清中西学的乾坤颠倒，民初教育界学术界的时趋已经是以西为准为尊为优，趋新人物大都拿着西学的尺子裁量中国，寻找落后的原因症结，凡是人有我无的都要有，凡是人无我有的都欲去之而后快，凡是人我共有但形实不同的都要加以改造，恨不能与心中的“西方”整齐划一，觉得非如此不能拯救和振兴中国。留学欧洲之前,就读于北京大学的傅斯年显然是一位好弄“新潮”的“新青年”，其所追逐的新潮，其实就是西潮，凡事皆以西为准，学术判断自然不能例外。

可是，这时傅斯年所认为的西化标准，大体来自中国人的西学介绍宣传（包括学校的正式教学）以及直接阅读西书。其中的许多理念，虽然至今仍被普遍奉为毋庸置疑的信条，实际上潜藏着认识危机：一是诸如此类的解读是否符合西人的本意，是否或多大程度上存在误会曲解；二是即使符合原意，是否为一般通则，抑或不过是个别具体的说法；当然，更为重要的是，这些因人而异的看法乃至一般适合“西方”的原则，是否就是放之四海而皆准的普遍通则，是否适合中国的情势。这三方面，没有留学机缘的国人可能不易加以验证，或是虽然可以根据后来不断接受的新信息有所调整，仍然很难胸有成竹地予以确认。即便留学者，如果顶礼膜拜地一心求法，也未必会心生疑惑。但是，对于有心求证者而言，随时都会对原来奉为公理的信条进行检验，从而不断调整修正原以为天经地义的观念。傅斯年显然属于这一类有心之人。

留学前后两相比较，傅斯年的学术观念最为显著的变化至少表现在五个方面：其一，分科治学的意义；其二，中国有无哲学及其作用；其三，汉语言文字的功能和命运；其四，对于宋代学术的评估；其五，古史观念。仔细考察，留学前后傅斯年在前四个方面的认识，几乎可以说是截然相反。

后一方面的显著变化，已有学人留意，即原来傅斯年颇信疑古之说，此后则由疑转信。王汎森《傅斯年对胡适文史观点的影响》一文指出：留欧后期，傅斯年对于古史信多于疑，虽然还处处流露出晚清今文家疑伪的口气，态度已大大不同，对于《左传》等书虽然仍有所保留，但基本上已信过于疑了。而且觉得古文家伪造的许多东西必有很长的渊源，不可能只是顺应政治需求而造出。[1] 继而陈以爱《从疑古到重建的现代中国史学——以王国维对傅斯年的影响为中心》，进一步指出傅斯年古史观的转变发生于 1923 至 1924 年之间，并且围绕王国维的作用，仔细梳理了各种相关的人事因缘和影响。[2] 本篇草就数年，虽然陆续和一些弟子同好谈过，却始终有些忐忑，直到 2011 年看了陈以爱的论文，才自觉大体不错，且不至于诛心之论。相关问题后续各节将着重讨论。

关于分科与科学及科学方法。与今日人们自以为是的不言而喻有别，清季以来，科学的重要含义之一，便是分科治学。在中西学乾坤颠倒的语境之下，分科被视为科学的基本形式或载体。1918 年 4 月，傅斯年在《新青年》第 4 卷第 4 号撰文批评“中国学术思想界之基本误谬”，开宗明义地提出：

中国学术，以学为单位者至少，以人为单位者转多，前者

[1] 王汎森：《傅斯年对胡适文史观点的影响》，《中国近代思想与学术的系谱》，长春：吉林出版集团有限责任公司 2011 年，第 327—328 页。

[2] 该文后改题《从疑古到重建的转折——以王国维对傅斯年的影响为中心》，收入吴淑凤、薛月顺、张世瑛编《近代国家的形塑》下册，台北：“国史馆” 2013 年，第 833—878 页。

> 谓之科学，后者谓之家学；家学者，所以学人，非所以学学也。历来号称学派者，无虑数百，其名其实，皆以人为基本，绝少以学科之分别，而分宗派者。纵有以学科不同而立宗派，犹是以人为本，以学隶之。未尝以学为本，以人隶之。弟子之于师，私淑者之于前修，必尽其师或前修之所学，求其具体。师所不学，弟子亦不学；师学数科，弟子亦学数科；师学文学，则但就师所习之文学而学之，师外之文学不学也；师学玄学，则但就师所习之玄学而学之，师外之玄学不学也。无论何种学派，数传之后，必至黯然寡色，枯槁以死。诚以人为单位之学术，人存学举，人亡学息，万不能孳衍发展，求其进步。学术所以能致其深微者，端在分疆之清；分疆严明，然后造诣有独至。西洋近代学术，全以学科为单位，苟中国人本其“学人”之成心以习之，必若枘凿之不相容也。

遵循学应分科的理念，傅斯年进而批评“中国学人每不解计学上分工原理（Division of Labour），‘各思以其道易天下’”，“其才气大者，不知生有涯而知无涯，以为举天下之学术，皆吾分内所应知，‘一事不知，以为深耻’。所学之范围愈广，所肄之程度愈薄，求与日月合其明，其结果乃不能与烛火争光。清代学者，每有此妄作。惠栋、钱大昕诸人，造诣所及，诚不能泯灭；独其无书不读，无学不肄，真无意识之尤。倘缩其范围，所发明者，必远倍于当日”[1]。

按照傅斯年这时的看法，分科治学就是科学，分科的西学自然比不分科的中学来得科学。这样的判断一旦与科学的其他含义相牵混，分科的学问就成了科学、正确、公理的化身。由此看来，专精自然优于博通，宁可窄而偏，不能泛而浅。

傅斯年不仅用这样的标准来衡量中学与西学的优劣高下，更主

---

[1] 傅斯年：《中国学术思想界之基本误谬》，《新青年》第4卷第4号，1918年4月15日。

张用西式的科学来改造中学。例如他佩服胡适等人倡导的整理国故，是因为可以把中国以往的学术、政治、社会等作材料，研究出些有系统的事物来，不特有益于中国学问界，或者有补于“世界的”科学。中国历史文化悠久，中华国故在世界的人类学、考古学、社会学、言语学等等材料上占重要部分。也许通过整理还能使世界的学问界发出新枝。[1] 用西学的系统条理中国的历史文化材料，既可以使中学变得科学，还能够进一步丰富发展世界的学科，让世界的学科更加丰富多彩。

然而，到了 1923 年，傅斯年突然顿悟，且敢于大胆表达。他以外行的身份为刘复的《四声实验录》作序，从外面说入，居然断言当时中国人（其实也包括他本人）所谓“这是某科学”，“我学某种科学”，都是些半通不通不完全的话，其完整的表述为：

> 一种科学的名称，只是一些多多少少相关连的，或当说多多少少不相关连的问题，暂时合起来之方便名词；一种科学的名称，多不是一个逻辑的名词，“我学某科学”，实在应该说“我去研究某套或某某几套问题”。但现在的中国人每每忽略这件事实，误以为一种科学也好比一个哲学的系统，周体上近于一个逻辑的完成，其中的部分是相连环扣结的。在很长进的科学实在给我们这么一种印象，为理论物理学等；但我们不要忘这样的情形是经多年进化的结果，初几步的情形全不这样，即为电磁一面的事，和光一面的事，早年并不通气，通了气是 19 世纪下半的事。现在的物理学像单体，当年的物理学是不相关的支节；虽说现在以沟通成体的结果，所得极多，所去的不允处最有力，然在一种科学的早年，没有这样的福运，只好安于一种实际主义的逻辑，去认清楚一个一个的问题，且不去问摆布的

[1] 傅斯年：《毛子水国故和科学的精神识语》，《新潮》第 1 卷第 5 号，1919 年 5 月 1 日。

> 系统。这和有机体一样，先有细胞，后成机体，不是先创机体，后造细胞。但不幸哲学家的余毒在不少科学中是潜伏得很利害的。如在近来的心理学社会学各科里，很露些固执系统不守问题的毛病。我们把社会学当做包含单个社会问题，就此分来研究，岂不很好？若去跟着都尔罕等去辩论某种是社会事实，综合的意思谓什么……等等，是白费气力，不得问题解决之益处的。这些“玄谈的”社会学家，和瓦得臣干干净净行为学派的心理学，都是牺牲了问题，迁就系统，改换字号的德国哲学家。但以我所见，此时在国外的人，囫囵去接一种科学的多，分来去弄单个问题的少。这样情形，不特于自己的造诣上不便，就是以这法子去读书，也收效少的。读书的时候，也要以问题为单位，去参各书。不然，读一本泛论，再读一本泛论，更读一本泛论，这样下去，后一部书只成了对于前一部书的泻药，最后账上所剩的，和不读差不多。

与出国前傅斯年关于中西学术不同的说法相比，可以说是完全颠覆前说。

不仅如此，出国前傅斯年相信清代学问的方法就是科学方法的归纳法，而在“科学”改观后，傅斯年对科学方法的看法也有所变化。近代中国人所认定的科学方法，主要就是归纳法与演绎法，而这原是明治日本学者西周助用于翻译逻辑方法的专门术语。或许由于逻辑方法相对于东亚思维的先进性，清季民初接受日式术语和学理的国人，如梁启超、蔡元培、胡适等，在讲到科学方法之时，无不以逻辑方法等同于科学方法，其中又尤其偏重归纳法。这种在欧美并不普遍甚至完全没有的观念，却被国人毫不犹豫地奉为公理定律。

按照英国一般的认识，只有能够用实验反复证明的才是科学，所以傅斯年有位朋友告诉他：“只有实验是科学方法。”准此，则达尔文的方法、理论物理乃至历史学、考古学、语言学、经济学等等，都很难与科学方法搭上关系。傅斯年认为此言有所夸大，值得注意，但不必当真。“一切人文科学虽在方法上看来好像很受拘束，其实是很有作为的。他们一向传下的去经历事实一种老调，一旦到了心思细警的人手里，马上出结果。”例如刘半农研究四声，既要实验，也要人文学者的老法子和考证家的细心，不能舍弃推测故训的大本营。[1]

后来傅斯年谈到统计方法应用于历史研究时，表示应当仔细慎重，因为历史现象不能恢复，又极复杂，如果不从小地方细细推求，而以一个样子定好加上，恐怕有点疏误。“历史本是一个破罐子，缺边掉底，折把残嘴，果真由我们一整齐了，便有我们主观的分数加进了……研究历史要时时存着统计的观念，因为历史事实都是聚象事实（Mass-facts）。然而直截用起统计方法来，可原小心着，因为历史上所存的数目多是不大适用的。”[2]

1935年傅斯年所写《闲谈历史教科书》，详细论述了历史不能归纳概括以及求因果的道理。他认为：算学与物理科学可以拿大原则概括无限的引申事实。这个凭借，在地质、生物各种科学已难，在历史几不适用。物质科学只和百来种元素办交涉，社会科学乃须和无限数的元素办交涉，算学家解决不了三体问题，治史学者自然不能解决三十体。史学家不应安于庞加莱（Henri Poincaré）的所谓“天命”，即认为可以重复出现的事实，如元素、种类，使科学得以发展。以简单公式概括古今史实，只是史论而不是史学，是一家言而不是客观知识。在一人著书时，作史论，成一家言，本无不可，然而写起历史教科书来，若这样办，却是大罪过，因为这是以“我”替代史实了。他还进一步分辨物质科学和历史学的区别道：

---

[1] 以上均见傅斯年：《刘复〈四声实验录〉序》，欧阳哲生主编：《傅斯年全集》第一卷，第418—419页。

[2] 傅斯年：《评丁文江的〈历史人物与地理的关系〉》，《国立第一中山大学语言历史学研究所周刊》第1集第10期，1928年1月3日。

> 物质科学中，设立一个命题，可以概括（Mach 所谓述状）无限度的引申命题……所以编这些门类的教科书，大约有三个领导的原则。第一项，列定概括命题，以包函甚多引申的命题与无限的事实。第二项，举切近于读者的例，以喻命题之意义。第三项，在应用上着想。这些情形，一想到历史教科书上，几乎全不适用。第一项固不必说，历史学中没有这东西。第二项也不相干，历史上件件事都是单体的，本无所谓则与例。第三项，历史知识之应用，也是和物质知识之应用全然不同的。我们没有九等人品微分方程式，所以人物只得一个一个的叙说。我们没有百行的原素表，所以行动只得一件一件的叙说。我们没有两件相同的史事……所以归纳是说不来，因果是谈不定的。因果二词，既非近代物理学所用，亦不适用于任何客观事实之解释，其由来本自神学思想出。现在用此一名词，只当作一个"方便名词"，叙说先后关系而已，并无深意。[1]

自然科学与人文科学相去较远，尽管处于崇尚科学主义的大背景之下，直接应用自然科学的法则来研究历史的情况，毕竟不大普遍。历史研究的科学化，除了一般追求，社会科学的引入及其应用影响更大。傅斯年对于史学社会科学化的时趋似乎不以为然，1942 年 10 月 11 日，他复函好用社会学方法研究中国历史的吴景超，有的放矢地强调："历史上事，无全同者，为了解之，须从其演化看去，史学之作用正在此。如以横切面看之，何贵乎有史学？"[2] 在他看来，历史研究主要是比较研究，社会科学化的历史研究类像相聚，每每喜欢求同，而史学因缘于事实联系，更加着重于见异。这并非排斥

[1] 傅斯年：《闲谈历史教科书》，《教与学》第 1 卷第 4 期，1935 年 10 月 1 日。引自欧阳哲生主编：《傅斯年全集》第五卷，第 52—54 页。

[2] 傅斯年：《致吴景超》，欧阳哲生主编：《傅斯年全集》第七卷，第 267 页。

规律，历史事实均为特殊、个别，不等于没有联系，只是不能用自然科学或社会科学的原理来强求史料与史实的一律及连贯。这样的取径办法，显然是不适用归纳法的。

关于中国哲学。中国本来有无哲学，或是否能用哲学观念条理解释古代思想的问题，出国前的傅斯年并无怀疑。他虽然是国文门的学生，却对哲学充满兴趣。不过，尽管据说他对胡适中国哲学史课程的讲法表示赞许，但他与一般直接用西洋近代哲学系统条理中国古代思想的做法还是有所分别。在他心中，古今中外并不一定能够完全附会对应。所以他更多的是用近代西洋的尺度衡量检验中国。他认为“西洋学术界发展至今日地位者，全在折衷于良心，胸中独制标准，而以妄信古人依附前修为思想界莫大罪恶。中国历来学术思想界之主宰，概与此道相反”。其所学之目的，全在理古依人，没有开新独断，所以陈陈相因，非非相衍，谬种流传，于今不沫。“现于哲学，则以保持道统为职业。”

以西洋学术思想为准绳，傅斯年批评：“中国学者之言，联想多而思想少，想像多而实验少，比喻多而推理少。持论之时，合于三段论法者绝鲜，出之于比喻者转繁。”这样的比较看似合情合理，其实也是一种强求，前提即假定西洋学术思想放之四海而皆准，不知思维受语言的制约，联想、玄想、比喻之类，正是由文字决定的思维方式。他指责中国历代论玄学、文学、政治、艺术者，“无不远离名学，任意牵合，词穷则继之以联想，而词不可尽；理穷则济之以比喻，而理无际涯”[1]。这些言辞，依稀可见胡适以近代西洋逻辑学比附古代中国名学，又以名学条理古代思想的影子。而用名学解历代思想政治文化，并未跳出以比附为比较的窠臼，同样是受文字决定的思维方式影响的表现。

---

[1] 以上均见傅斯年：《中国学术思想界之基本误谬》，欧阳哲生主编：《傅斯年全集》第一卷，第22—25页。

傅斯年早年认为，相比于以自然科学为基础的西洋哲学，以历史为基础的中国哲学根本不算是哲学。不过他并不否定哲学在中国古已有之。只是包括哲学在内的一切学术，皆与五行家言相互杂糅。在北京大学读书期间，他对该校将哲学门隶属文科的制度表示怀疑，专门致函蔡元培校长，指陈这种制度安排的流弊。他认为："以哲学、文学、史学统为一科，而号曰文科，在于西洋恐无此学制。日本大学制度，本属集合殊国性质至不齐一之学制而强合之，其不伦不类，一望而知。"中国人研治哲学，恒以历史为材料，西洋人则以自然科学为材料，哲学发展史上，凡自然科学大进步之时，即哲学放异彩之日，"以历史为哲学之根据，其用甚局，以自然科学为哲学之根据，其用至博"。误以为哲学与文学关系密切而与科学关系较少，是中国人的谬见。原来北京大学的哲学门，仅可谓为"大清国大学经科理学门"，不足当哲学门之名。应将哲学门改归理科，学生才能于自然科学多所用心，以利于哲学的发展。即使退而求其次，也应将哲学独立，与文理科并列。[1]

秉承上述观念，傅斯年批评"今之谈哲学者，皆以为玄之又玄。其实天地间事，自魍魉魑魅而外，未有玄之又玄者，哲学则实之又实耳。字句必有着落，思想必有边际，必也深切著明，然后可称胜义"。否则不过魏晋文词，而非语哲理。[2]为此，他专门写了《对于中国今日谈哲学者之感念》一文，为当时中国有高谈哲学的声浪，一般人以研究哲学自任觉得很可乐观。"因为一种哲学对于一个人的效用，比他的饭碗问题还要紧；而一种国民哲学对于他的民族的势力，远在政治以上。"希望哲学进入正经轨道，而只有受过近代科学洗礼的新系统哲学才是正经轨道。

---

[1] 傅斯年：《致蔡元培：论哲学门隶属文科之流弊》，欧阳哲生主编：《傅斯年全集》第一卷，第37—39页。

[2] 孟真：《马叙伦之庄子札记》，《新潮》第1卷第1号，1919年1月1日，"出版界评"。

> 所谓哲学的正经轨道，决不会指初民的国民思想，决不会指往古的不能成全备系统的哲学，定是指近代的哲学，更严格地说起来，应当指最近三四十年中的新哲学——因为旧哲学的各种系统，经过一番科学大进步以后，很少可以存在的，只有应时而起的新系统，可以希望发展。

也就是说，傅斯年知道近代欧洲的学问其实是经过重新系统化的，所以在他心中，“哲学是一时代学术的会通的总积”，哲学与科学相辅相成，“哲学不是离开科学而存在的哲学，是一切科学的总积”[1]。对哲学这样的推崇备至，与后来的嗤之以鼻形成鲜明对照。而这里所谓科学，既包括一切自然科学的分科，也包括所有学问的分科。

到了留欧后期，傅斯年的观念完全改变。1926年，仍在德国的傅斯年听说胡适要重写《中国古代哲学史》，特意表示自己将来可能写“中国古代思想集叙”，不用近代哲学观看中国的方术论。[2]不久，傅斯年与顾颉刚论古史，又明确表示不赞成胡适把记载老子、孔子、墨子等等之书叫作哲学史，认为中国本没有所谓哲学。把子家叫作哲学家，大有误会的可能。用新名词称旧物事，人文上往往不可以，因为多是似同而异。不仅子家只能叫作方术家，思想一词也要少用为是。[3]

回国后任教于中山大学之时，傅斯年在《战国子家叙论》中进一步论证“哲学乃语言之副产品，西洋哲学即印度日耳曼语言之副产品，汉语实非哲学的语言，战国诸子亦非哲学家”，认为拿诸子名家理学与希腊和西洋近代哲学相比，不相干者多，相干者少，“汉

---

[1] 傅斯年：《对于中国今日谈哲学者之感念》，《新潮》第1卷第5号，1919年5月1日。

[2] 《傅斯年致胡适》（1926年8月17、18日），杜春和、韩荣芳、耿来金编：《胡适论学往来书信选》下册，第1264—1265页。

[3] 傅斯年：《与顾颉刚论古史书》，欧阳哲生主编：《傅斯年全集》第一卷，第459页。

土思想中原无严意的斐洛苏非一科，‘中国哲学’一个名词本是日本人的贱制品”[1]。短短几年间，哲学在傅斯年心目中就从一切学术一切科学的会通总积、对于个人的效用比饭碗要紧、对于民族的势力比政治重要的齐天，跌落到没有哲学的民族思维习惯更加健康、所谓“中国哲学”是应当排斥的“日本贱货”的深渊。

关于汉语言文字。留学欧洲之前，傅斯年是鼓吹新文化的健将，他第一篇正式发表的文章，还是用文言写成的《文学革新申义》，内容却是鼓吹文言合一。通过回顾历史和观察现实，他得出四点：第一，中国语文分离，主要由贵族政体造成，贵族性好修饰。如果不以高华典贵为文章的正宗，即应多取质言。而且贵族之政，学不下庶人，文言分离，无害于事。“今等差已泯，群政艾兴，既有文言通用于士流，复有俗语传行于市民，俗语着之纸墨，别为白话文体。于是一群之中，差异其词。言语文章之用，固所以宣情，今则反为隔阂情意之具。与其樊然淆乱，难知其辨，何若取而齐之，以归于一乎？”

第二，语文关系紧密。“一代文辞之风气，必随一代语言以为转变。今世有今世之语，自应有今世之文以应之，不容借用古者。与其于今世语言之外，别造今世之文辞，劳而无功，又为普及智慧之阻，何如即以今世语言为本，加以改良，而成文言合一之器乎？”

第三，白话优于文言的巨点之一，是“不以时语为俚，不以方言为狭。惟其用当时之活虚字，乃能曲肖神情”，上古典籍亦然。

第四，白话近真，文言易于失旨。文不尽言，言不尽意。言语本为宣达思想的利器，可是思想无涯，言语有限，思想转为言语，必然有所流失，再转文辞，流失更多。“苟以存真为贵，即应以言代文。一转所失犹少，再转所失遂巨也。”况且，科学盛则古典文学衰，代之而起的应是利用科学之文学。以此为准，必须扫除桐城、

[1] 傅斯年：《战国子家叙论》，欧阳哲生主编：《傅斯年全集》第二卷，第251—253页。

南社、闽派等古文，制作模范，发为新文。[1]

紧接着，傅斯年又发表了《文言合一草议》，表示对于废文词而用白话深信不疑，但希望改用文言合一。因为文言与白话分别经过二千年的进化与退化，前者虽死，内容丰富，后者时兴，而所蓄贫乏。要“以白话为本，而取文词所特有者，补苴罅漏，以成统一之器，乃吾所谓用白话也”[2]。

1919年2月，傅斯年在《新潮》第1卷第2号发表《怎样做白话文》，宣称新文学就是白话文学，对于白话文学主义没有丝毫疑惑，并提出了胡适认为是最重要的两条修正案，即大胆的欧化和大胆的方言化。要把白话文变成文学文，欧化是必由之路。“照事实看来，中国语受欧化，本是件免不了的事情。十年以后，定有欧化的国语文学。日本是我们的前例。日本的语言文章，很受欧洲的影响。我们的说话做文，现在已经受了日本的影响，也可算得间接受了欧化了。偏有一般妄人，硬说中文受欧化，便不能通。我且不必和他打这官司，等到十年后，自然分明的。”

一个月后，他又在《新潮》第1卷第3号发表《汉语改用拼音文字的初步谈》，开宗明义道：“中国人知识普及的阻碍物多的很，但是最祸害的，只有两条：第一，是死人的话给活人用；第二，是初民笨重的文字保持在现代生活的社会里。这两桩事不特妨害知识的普及，并且阻止文化的进取……假使西洋人至今还用埃及巴比伦的象形文字、希腊罗马的古语，断断乎不能有现代西洋的文化。从此可知现在中国的文化不在水平线上，都是他俩的功德了。”宣称汉字绝对应当用拼音文字替代，汉语绝对可能用拼音文字表达，汉字绝对不可能无须改造用别种方法补救，“希望这似是而非的像形文字也在十年后入墓”。

---

[1] 傅斯年：《文学革新申义》，欧阳哲生主编：《傅斯年全集》第一卷，第3—13页。

[2] 傅斯年：《文言合一草议》，欧阳哲生主编：《傅斯年全集》第一卷，第14页。

傅斯年以语言为表现思想的器具，文字又是表现语言的器具，以方便为准则，废文言改国语，废汉字改拼音，都是为了方便。中国字在世界上独一无二的难学，尤其与欧洲各国文字相比，难易不可以道里计。这种可恶的文字不仅妨害大多数的教育普及，并且阻止少数人的智慧发展。“总而言之，中国文学［字］的起源是极野蛮，形状是极奇异，认识是极不便，应用是极不经济，真是又笨又粗、牛鬼蛇神的文字，真是天下第一不方便的器具。”[1] 仿佛是铁器时代仍用石器，野蛮时代造出的文字一直保持到现代，只能自惭形秽。态度如此彻底，言辞如此激越，难怪被钱玄同许为“是对于汉字施根本攻击的急先锋”，“实是‘汉字革命军’的第一篇檄文”[2]。

可是，到了回国任教之时，傅斯年的观念与说法全然改观，他将语言和文字分开，对古代文言分离能够给予历史的理解。虽仍然认为语言大变，文学免不了大变，却又说文学大变，语言不必大变，并且承认文言是“既简净又丰富的工具”。“由标准语进为文言，浅的地方只是整齐化，较深的地方便有同于诗歌化者，诗歌正是从一般话语中最早出来最先成就的一种艺术，一种文言。”只是中国的文言与古文相合。[3]

1931 年陈寅恪因为清华入学考试出题对对子引起风波，傅斯年风闻其事，特致函询问。陈寅恪复函，概略谈了他对中国语言文字特性以及近代以来欧化的看法：“清华对子问题乃弟最有深意之处，因考国文不能不考文法，而中国文法在缅藏语系比较研究未发展前，不能不就与中国语言特点最有关之对子以代替文法，盖借此可以知声韵、平仄、语辞、单复词（vocabulary）藏贫富，为国文程度测

[1] 傅斯年：《汉语改用拼音文字的初步谈》，《新潮》第 1 卷第 3 号，1919 年 3 月。

[2] 钱玄同：《汉字改造论 · 其一》，《教育杂志》第 14 卷第 3 号，1922 年。该文原为钱玄同为高元《国音学》所作的序，《教育杂志》编辑将其与黎锦熙、胡适的序放在一起刊登，改成现名。《汉字革命》，《国语月刊》第 1 卷第 7 期，“汉字改革号”，1923 年。

[3] 傅斯年：《中国古代文学史讲义》，欧阳哲生主编：《傅斯年全集》第二卷，第 25、30 页。

验最简之法……若马眉叔之谬种尚在中国文法界有势力，正须摧陷廓清，代以藏缅比较之学。中国对子与中国语之特点最有关，盖所谓文法者，即就其语言之特点归纳一通则之谓，今印欧系格义式马氏文通之文法，既不能用，舍与中国语特点最有关之对子，而更用何最简之法以测验学生国文文法乎？”

陈寅恪留学期间，就表示回国后不与人进行无谓的纠缠争辩。此番对傅斯年愿言其详，不无引为同道之意，所谓：“以公当知此意，其余之人，皆弟所不屑与之言比较语言文法学者，故亦暂不谈也……弟意本欲藉此以说明此意于中国学界，使人略明中国语言地位，将马氏文通之谬说一扫，而改良中学之课程。明年清华若仍由弟出试题，则不但仍出对子，且只出对子一种，盖即以对子作国文文法测验也。”[1]

不仅如此，陈寅恪还进而对俗流盲目趋新的现象大加针砭，他说：“今日言之，徒遭流俗之讥笑。然彼等既昧于世界学术之现状，复不识汉族语文之特性，挟其十九世纪下半世纪‘格义’之学，以相非难，正可譬诸白发盈颠之上阳宫女，自矜其天宝末年之时世装束，而不知天地间别有元和新样者在。”[2] 在致傅斯年信中又说：“总之，今日之议论我者，皆痴人说梦、不学无术之徒，未曾梦见世界上有藏缅系比较文法学，及印欧系文法不能适用于中国语言者，因彼等不知有此种语言统系存在，及西洋文法亦有遗传习惯不合于论理，非中国文法之所应取法者也。”[3] 其实傅斯年出国前也是挟十九世纪后半格义之学的一分子，知道天地间别有元和新样且抛弃成见改信新说，还是留学后眼界扩大，又与陈寅恪论学的结果。

关于中国历代学术的高下。出国前，年仅 23 岁的傅斯年虽然

---

[1] 以上均见陈寅恪：《致傅斯年》二十一，陈美延编：《陈寅恪集 · 书信集》，第 42—43 页。事后陈寅恪关于此事发表谈话时还表示，拟在中国文学会讲演出题用意及学理，亦未见。

[2] 陈寅恪：《与刘叔雅论国文试题书》，陈美延编：《陈寅恪集 · 金明馆丛稿二编》，第 256 页。

[3] 陈寅恪：《致傅斯年》二十一，陈美延编：《陈寅恪集 · 书信集》，第 42—43 页。

不过是北京大学国文门的学生，可是由于读书较多，思想大胆，又适逢思想言论相对自由的环境，且不乏发声的园地，所以已经发表了不少政论和学术文章。凭借新旧优劣的自以为是，敢于对中国历代学术指点江山，激扬文字。他对于中国学术的看法大体是："中国学术，壅塞无过唐代。唐代所以独敝者，实缘拘泥成说，信守师法。"宋代学术再兴，庆历以后，诸儒发明经旨，非前人所及，即以不难疑经之精神树其本。"宋儒所蔽，在于观察不肯精密，不能为客体的研究。若其疑古之处，正其所以超越汉唐处。"清代学术善于疑古，"凡此所以造诣独深者，皆以变古为其内心，所有发明，乃敢于自信，不轻信古人之效也。于是可知学术之用，始于疑而终于信，不疑无以见信"[1]。

虽然傅斯年对宋代学术不无好评，还专文评论过朱熹的《诗经集传》和《诗序辩》，认为"这两部书很被清代汉学家的攻击，许多人认他做全无价值的'杜撰'书"。其实比毛公的传、郑君的笺高出几百倍，后来的重要相关著作见识远不敌朱熹。"关于《诗经》的著作，还没有超过他的。"朱熹的训诂虽不免粗疏，却少有"根本谬误"的毛病。尤其是以本文讲诗义，能够阙疑、直言，敢于推翻千余年的古义，具有称心所好、不顾世论的魄力。[2]不过，整体而言，出国前的傅斯年对清代学问的评价更高。

不知有意还是巧合，1919 年 4 月 1 日的《新潮》第 1 卷第 4 号"故书新评"栏目刊载的两篇傅斯年的文章，刚好分别评议宋代和清代的学问，除了评朱熹的两部书外，就是评点"清代学问的门径书几种"。该栏目本来就是借个由头谈想法，所以很可以看作是傅斯年对两个朝代学问基本看法的郑重表述。傅斯年认为，清代的学问是对宋明的反动，像是西洋的文艺复兴，正对着中世的学问而发。虽

[1] 孟真：《清梁玉绳之史记志疑》，《新潮》第 1 卷第 1 号，1919 年 1 月 1 日，"故书新评"。

[2] 傅斯年：《宋朱熹的诗经集传和诗序辩》，《新潮》第 1 卷第 4 号，1919 年 4 月 1 日，"故书新评"。

说是个新生命，其实复古的精神很大。“清代学问是中国思想最后的出产品。在汉朝以后出产的各种学问中，算是最切实最有条理的。”各时代学问的差别，取决于原动力的不同。宋朝学问的原动力是佛、道两宗，谈起心性来，总是逃禅；谈起道体来，必要篡道。“假使唐朝一代的学者，能在科学上研究得有些粗浅条理，宋朝的学问必定受他的影响，另是一番面目。无如唐朝的学问太不成东西了，宋人无从取材，只好逃禅篡道去。所以整天讲心，却不能创出个有系统的心理学；整天说德，却不能创个有系统的伦理学。程伯子的天资，朱晦翁的学问，实在是古今少有的。但是所成就的，也不过‘如风如影’的观念，东一堆西一堆的零杂话。这都由于先于他的学者，不能在科学上有点成就，供给与他，因而他走了错道了。”

清代学问的原动力，是经籍的古训。如戴震所说：“以理为学，以道为统，以心为宗，探之茫茫，索之冥冥，不若反求诸六经。”清代学问都是针锋相对地发出，宋明的学问是主观、演绎、悟、理想、独断的，清代的学问则是客观、归纳、证、经验、怀疑的。方法截然不同，主义完全相左。“清代的学问，狠有点科学的意味，用的都是科学的方法”，与西洋的不同在于分别用于窥探自然或整理古物，一求真理，一求孔孟的真话。清代学问的消极方面是怀疑，导致百家平等；积极方面是本着亲历实验的态度，用归纳法将无数的材料反复仔细考索，求异求同。“清代学问在中国历朝的各派学问中，竟是比较的最可信，最有条理的。”一般中国人不肯尽弃中国学问，与其选择其他，不如粗略研究清朝学问，比较近于科学，有益少害。[1]

回国后，傅斯年关于宋、清学术的看法较前正相反对。他在中山大学讲中国古代文学史，指“近代中国的语言学和历史学，开创于赵宋”[2]。讲《诗经》，又说欧阳修大发难端，在史学、文学和经学

[1] 傅斯年：《清代学问的门径书几种》，《新潮》第1卷第4号，1919年4月1日，“故书新评”。
[2] 傅斯年：《中国古代文学史讲义》，欧阳哲生主编：《傅斯年全集》第二卷，第9页。

上一面发达些很旧的观点，一面引进了很多新观点，摇动后人。宋朝人经学思想解放，眼光敏锐。宋末王应麟（伯厚）则开近代三百年朴学之源。[1] 虽然傅斯年看重实学，因而“以为近千年来之实学，一炎于两宋，一炎于明清之际”[2]，仍然承认清代学术的价值贡献，总体评价却是宋代远在清代之上。

傅斯年对宋代的肯定更多地是由于史学，他认为宋代史学最发达，而最有贡献且趋向于新史学方面进展的，以《通鉴考异》、《集古录跋尾》二书为代表。前者引书多至数百余种，折中权衡不同材料，后者利用新发现的材料以考订古事，脱去八代以来专究史法文学的窠臼，转注于史料的搜集、类比、剪裁，与今日新史学的相关方面相一致。北宋史学远超前代，可惜南渡后无甚进展，元明时生息奄奄。[3] 如果照着宋朝晚期一切史料的利用，以及考定辨疑的精审进化到明朝，可以有当代欧洲的局面。不幸因为胡元之乱，以及清代政府最忌真史学发达，不仅不能开新进步，反而退步。[4] 相较于出国前关于宋、清两代学问的看法，刚好乾坤颠倒。

二 顿悟：环境与交友

近代中国风云变幻，政坛社会波谲云诡，思想文化起伏跌宕，成名的学人当中，思想学术观念今是而昨非者比比皆是。趋新者如梁启超、胡适，后者大变而不动声色，甚至有意掩饰变的方面和幅度，前者则大张旗鼓地以今日之我与昨日之我战，并不以流质善变为耻。

---

[1] 傅斯年：《〈诗经〉讲义稿》，欧阳哲生主编：《傅斯年全集》第二卷，第146—147页。

[2] 傅斯年：《致王献唐》，欧阳哲生主编：《傅斯年全集》第七卷，第100页。

[3] 傅斯年：《中西史学观点之变迁》（未刊稿），欧阳哲生主编：《傅斯年全集》第三卷，第152页。

[4] 傅斯年：《历史语言研究所工作之旨趣》，欧阳哲生主编：《傅斯年全集》第三卷，第4页。

钱玄同还自认为以今日之我与昨日之我战的情形较梁启超有过之无不及。即使后来被视为守成的章太炎、王国维、刘师培等，年轻时也俨然新学少年，成熟后才悔其少作，回复本位。不过，一般而言，这样的转变都是随着年龄的增长潜移默化，经历了较长的过程。梁启超变来变去，颇为时人诟病；王国维兴趣转移，由雕虫小技而正途大道；章太炎、刘师培脱去西学外衣，回复中学本相。对于少年时的趋新，他们或笑而不答，或坦承有误。相比之下，留学期间傅斯年几乎各方面都出现 180 度转变，显得早熟和急促，如果没有外力的强烈冲击，这样的顿悟就显得有些突兀。

产生外力冲击的机缘，首先可以想到的就是留学的效应。近代中国的青年出洋留学，眼界大开，思想观念较出国之前迥异者不乏其人。只是原来大都并无固定见识，尤其是对于中国固有的思想学术知之甚少，留学更容易滋生食洋不化的西化倾向。傅斯年则相反，从原来单向度的一味趋新，变成多视角的重新估价。

傅斯年在北京大学虽然就读于国文门，受时代风气的影响，也读过不少西书，而且是原文原版，在北大所受的基本教育，也是西式的分科教育。在他看来，“今日修明中国学术之急务，非收容西洋思想界之精神乎？中国与西人交通以来，中西学术，固交战矣；战争结果，西土学术胜，而中国学术败矣”。可是，虽然人们认识到必须学习和取法西方，但“一方未能脱除中国思想界浑沌之劣质，一方勉强容纳西洋学说，而未能消化。二义相荡，势必至不能自身成统系，但及恍惚迷离之境，未臻亲切著明之域……此病不除，无论抱残守缺，全无是处，即托身西洋学术，亦复百无一当。操中国思想界之基本谬误，以研西土近世之科学、哲学、文学，则西方学理，顿为东方误谬所同化”[1]。也就是说，如果中国思想界自身没有调理

[1] 傅斯年：《中国学术思想界之基本误谬》，欧阳哲生主编：《傅斯年全集》第一卷，第27—28页。

构造好，学习西方势必走样，而要改造中国的思想学术，又必须倚重西土学术。这样互为因果的纠结，令当时学人普遍感到相当困扰。

1919年元旦，傅斯年集合北京大学同学中的同好，创刊《新潮》，由他撰写的《新潮发刊旨趣书》，对于大学和出版界的职务作用的期许，都是如何才能进入世界潮流。他说：

> 夫学术原无所谓国别，更不以方土易其质性。今外中国于世界思想潮流，直不啻自绝于人世。既不于现在有所不满，自不能于未来者努力获求。长此因循，何时达旦？寻其所由，皆缘不辨西土文化之美隆如彼，又不察今日中国学术之枯槁如此，于人于己两无所知，因而不自觉其形秽。同人等以为国人所宜最先知者有四事：第一，今日世界文化至于若何阶级？第二，现代思潮本何趣向而行？第三，中国情状去现代思潮辽阔之度如何？第四，以何方术纳中国于思潮之轨？持此四者刻刻在心，然后可云对于本国学术之地位有自觉心，然后可以渐渐引导此"块然独存"之中国同浴于世界文化之流也。此本志之第一责任也。[1]

这些言词，是五四新文化时期社会进化论主导的世界眼光的典型表述。而诸如此类的中外东西类比，同样是其所批判的中国文化思维方式好譬喻的典型表现。只是傅斯年当时举证的许多理由，后来都被唐德刚批倒，不过是时代的偏见和对西学一知半解的误会。

遵循上述理念，《新潮》辟有书评栏目，选评一些国内外出版的著作，开始以国内出版物为主。傅斯年发表的评王国维《宋元戏曲史》，断言："研治中国文学，而不解外国文学；撰述中国文学史，而未读外国文学史，将永无得真之一日。以旧法著中国文学史，为

---

[1] 傅斯年：《新潮发刊旨趣书》，《新潮》第1卷第1号，1919年1月1日。

文人列传可也，为类书可也，为杂抄可也，为辛文房‘唐才子传体’可也，或变黄全二君‘学案体’为‘文案体’可也，或竟成《世说新语》可也，欲为近代科学的文学史，不可也。”[1] 这可以看作是蔡元培所撰胡适《中国哲学史大纲》序言取法旨意的翻版。后来傅斯年为《新潮》的“故书新评”栏目辩解，也表示：“照真正道理说起来，应当先研究西洋的有系统的学问，等到会使唤求学问的方法了，然后不妨分点余力，去读旧书。”[2]

对于当时中国人所写的新书，傅斯年同样以西洋学术为准绳加以评判。他借评蒋维乔《论理学讲义》之机，进一步阐述道：“我以为救正中国人荒谬的思想，最好是介绍西洋逻辑思想到中国来。因为逻辑一种学问，原是第一流思想家创造出来，是一切学问的基本，是整理思想的利器。现在的中国思想界，只是空泛乱杂，没有一点道理可讲的，要是能够介绍逻辑进来，比较一下，顿然显得惭愧的很，也就不觉的救正许多了。”[3]

据《新潮》第1卷第3号的“通信”，书评刊行后，张东荪在《时事新报》发表《新潮杂评》，指出：“与其批评中国的出版物，不如介绍外国的出版物……如是批评中国书总离不了抨击，抨击有什么结果呢？还不是骂一回就完了吗？”因而建议“此门可以删去，另添一个介绍西洋新书的”。傅斯年认为这种见解极好，表示欢迎，并声称自己一个月前已经想到这一点，“觉得把工夫用在评中国书上，实在不值得。与其做‘泥中搏斗’的生涯，何如做修业益智的事业”。他公开致函新潮社同学读者诸君，提出计划以《新潮》第1卷第5号多介绍西洋文学、哲学、科学的门径书。然后在新潮社里设一个西书研究团，在热心赞助的教员指导下，各选精要书籍，限

[1] 孟真：《王国维之宋元戏曲史》，《新潮》第1卷第1号，1919年1月1日，“出版界评”。
[2] 《新潮》第1卷第4号，1919年4月1日，“故书新评”。
[3] 孟真：《蒋维乔之论理学讲义》，《新潮》第1卷第1号，1919年1月1日，“出版界评”。

期读完，写成提要，择优发表。从第2卷第1号起，书评增设“西书提要”。

在同期发表的《译书感言》中，傅斯年还提议组织译书会，希望从新潮社做起，杂志每期要翻译的好文章占三分之一。他自谦浅陋，新学问只有逻辑学读过十几本书，其余更是粗浅。“但是我对于许多问题常有插嘴，只有逻辑永不敢做一字，可见‘学然后知不足’，而且精密的学问，实难得轻易下笔，不如迳自翻译，比较的可以信得过。”这大概反映了当时一般读西书以求西学人士的普遍状况。读书稍多的领域不敢信口开河，反之却可以放言无忌，这样的无知无畏，绝不仅仅为五四时期鼓吹新文化的新青年所独有。

面对有人质疑“新的是极端崇外，觉得欧美的东西都是好的”，傅斯年坦然应道：“觉得欧美的东西都是好的，固然是荒谬极了，但是极端的崇外，却未尝不可。人类文明的进化，有一步一步的阶级。西洋文化比起中国文化来，实在是先了几步，我们只是崇拜进于我们的文化。”中西文化都是人类进步上的一种阶级，“不过他们比我们更进一步，我们须得赶他”。虽然中西文化没有绝对的是非，“因为中国文化后一步，所以一百件事，就有九十九件比较的不如人，于是乎中西的问题，常常变成是非的问题了”[1]。

这时的傅斯年系统谈论清代学问，每每与西洋中世纪转向文艺复兴相比较，虽然他不无自觉，强调“这不是我好为影响附会的话。实在由于同出进化的道路，不容不有相近的踪迹了”，所以还是置于同一系统之中。尽管他认为清代学问较有科学精神，还是告诫道：“若直用朴学家的方法，不问西洋人的研究学问法，仍然是一无是处。”[2]

在提倡白话文方面，傅斯年本来担心白话文学主义的真价值会被速效弄糟，因为“凡是一种新主义、新事业，在西洋人手里，胜

[1] 以上均见《新潮》第1卷第3号，1919年3月1日，“通信”。

[2] 傅斯年:《清代学问的门径书几种》,《新潮》第1卷第4号,1919年4月1日,“故书新评”。

利未必很快，成功却不是糊里糊涂；一到中国人手里，总是登时结个不熟的果子，登时落了”。可是转念一想，“中国人在进化的决赛场上太落后了，我们不得不着急；大家快快的再跳上一步——从白话文学的介壳跳到白话文学的内心，用白话文学的内心造就那个未来的真中华民国”[1]。

出国前夕，傅斯年为《新潮》写了《新潮之回顾与前瞻》，希望同社诸君：（1）切实的求学；（2）毕业后再到国外读书去；（3）非到三十岁不在社会服务。[2] 只是办杂志多少也算是服务社会，而不到三十岁的确未能显出力学的耐心。他自称去欧洲是要“澄清思想中的纠缠，练成一个可以自己信赖过的我”[3]。在《新潮》写下那些崇尚西学的高谈阔论的傅斯年，其实内心里颇为怀疑自己到底对西学了解多少，认识多深。其对于西学的崇拜，与同时代大多数人一样，多少有些盲目和迷信。其依据不过是西方列强战胜东方、称霸世界的现实，以及日本仿效西方跻身强权的榜样。

到英国短短的几个月后，傅斯年的思想就出现变化，自觉以前意气极盛，陷入许多错谬，现在平静许多，没有从前自信得强了。天地间的道理处处对着迟疑，考虑的心思周密，施行的强度减少。[4] 总体说来，就是改变了一味趋新并且以西为新的片面。具体而言，变化主要体现在相互联系的三个方面：其一，认识到极旧之下每有极新；其二，对基督教一元论影响下的进化论发生动摇；其三，开始怀疑用西洋系统条理中国材料的正当性。

1920 年 8 月，留学欧洲的傅斯年致函胡适，抱怨在北京大学六年，“一误于预科一部，再误于文科国文门”。此说看似仅仅批评旧学者，至少时下学人多持此解，其实更主要的却是指责新风气。他

---

[1] 傅斯年：《白话文学与心理的改革》，《新潮》第 1 卷第 5 号，1919 年 5 月 1 日。

[2] 傅斯年：《新潮之回顾与前瞻》，《新潮》第 2 卷第 1 号，1919 年 10 月 30 日。

[3] 傅斯年：《欧游途中随感录》，欧阳哲生主编：《傅斯年全集》第一卷，第 381 页。

[4] 傅斯年：《留英纪行》，《晨报》1920 年 8 月 6 日，第 7 版，“通讯”。

提醒胡适，“为个人言，古来成学业的，都是期于白首，而不隐于才华；为社会上计，此时北大正应有讲学之风气，而不宜止于批评之风气”，“希望北京大学里造成一种真研究学问的风气”。傅斯年在北大，受胡适的影响最多，“止于批评”的学风的形成，包括胡适在内的所谓新文化派难辞其咎。所以傅斯年不惜犯颜直谏，“兴致高与思想深每每为敌”，请胡适勿为盛名所累，“终成老师，造一种学术上之大风气，不盼望先生现在就于中国偶像界中备一席”[1]。

傅斯年这封写给师长的“私信”，虽然已经相当大胆坦率，以至于胡适的反应有些过度，却自觉言辞之间支支节节，不能达意。两个月后。他写给蔡元培一封“公函”，意思表达得更加清晰，他说：“北大此刻之讲学风气，从严格上说去，仍是议论的风气，而非讲学的风气。就是说，大学供给舆论者颇多，而供给学术者颇少。这并不是我不满之词，是望大学更进一步去。大学之精神虽振作，而科学之成就颇不厚。这样的精［神］大发作之后，若没有一种学术上的供献接着，则其去文化增进上犹远。”[2]

傅斯年的觉悟，首先是离开北京政治思想文化的喧闹，沉潜自省的结果。他自己总结了不想做文章的四条原因，大体可以反映其思想的变化：“一来读书之兴浓，作文之兴便暴减；二来于科学上有些兴味，望空而谈的文章便很觉得自惭了；三来途中心境思想觉得比以前复杂，研究的态度稍多些，便不大敢说冒失话；四来近中更觉得心里边 extroversion［外向］的倾向锐减，而 introversion［内向］之趋向大增，以此不免有些懒的地方。”[3]

其次，应是到欧洲后受其学术文化熏陶的结果。“牛津剑桥以

[1] 《傅斯年致胡适》，中国社会科学院近代史研究所中华民国史组编：《胡适来往书信选》上册，第 106 页。

[2] 《傅斯年君致校长函》，《北京大学日刊》第 715 号，1920 年 10 月 13 日。

[3] 《傅斯年致胡适》，中国社会科学院近代史研究所中华民国史组编：《胡适来往书信选》上册，第 105 页。

守旧著名，其可恨处实在多。但此两校最富于吸收最新学术之结果之能力。”“而且那里是专讲学问的，伦敦是专求致用的。剑桥学生思想彻底者很多，伦敦何尝有此，极旧之下每有极新，独一切弥漫的商务气乃真无办法。伦敦訾两校以游惰，是固然，然伦敦之不游惰者，乃真机械，固社会上之好人，然学术决不能以此而发展。”[1]他将北京与上海、北大与清华比附于剑桥与伦敦，实则在剑桥与北大之间,后者只能扮演“伦敦”的角色。所以中国留学生大都求速效，急名利，忽忘学业，所谓人才，也每每成政客与记者一二而二而一的人格，不能真研究学问。

出国前傅斯年对西学和西式学问的深信不疑，源于笃信进化论以及作为其支撑的一元化史观，相信西学的先进性，相信先进的西学可以普遍适用，相信落后的中国乃至世界上其他后进民族都处于世界一体的序列链条的后端，应该也必须用西学的模式和办法重新塑造。到了英国后，发现其物质不如原来想象的高，而精神则不如想象的低，尤其是与在远东遇见的英国人完全不一样。对于读书过求致用以致没有长进自我反省，决心从学问上最近层做起。[2]

傅斯年对于史观的成熟看法，集中体现于1931年写的《中西史学观点之变迁》的第三节“近代数种史观之解释”，他选择最有势力的进化史观、物质史观和唯物史观等三种史观进行分析，认为达尔文学说源于马尔萨斯的人口论，将马氏的生存竞争思想用于生物界，得出自然淘汰的观念，优胜劣败、适者生存的思想由此生出。这一思想盛极一时，深深影响了十九世纪下半叶的学术界，连人文科学、物质科学亦大受影响。进化论的优点，“在将整个时间性把握住，于史学演进给一新的观点，同时文化人类学、人种学之兴起亦有帮助”，其流弊则是文艺复兴以来的学术思想自由断裂，人道

[1] 《傅斯年君致校长函》,《北京大学日刊》第715号，1920年10月13日。

[2] 傅斯年 :《留英纪行》,《晨报》1920年8月6、7日，均第7版，“通讯”。

主义趋于淘汰，武力主义逐渐抬头。而唯物史观将整个世界的发展视作直线进程，各个历史阶段只是把黑格尔的横断发展变为纵断发展。这种将历史抽象化的做法，与天主教一元化的神学思想有关。同时又根据工业革命前后的史料，试图将历史的片断现象概括为普遍现象，是诚不可能。[1] 鉴于归国后傅斯年的辗转忙碌，这样的认识应该是在留学期间大体形成。

环境的改变固然对傅斯年产生了不小的影响，显示出读西书与留西学的作用的确不同，可是并不足以导致其观念认识的全面改观。傅斯年留欧初期，继续秉承中国传统学术不分科而分宗派便是不科学的观念，循着后来他所批评的路径探寻西学的奥妙，到英国半年后仍然在为学习哪门科学而感到犯难困惑。因为“近代欧美之第一流的大学，皆植根基于科学上，其专植根基于文艺哲学者乃是中世纪之学院”。而恰是中世纪色彩浓厚的牛津、剑桥能够使人创新思维。傅斯年对学科学者感到可敬，尤其心仪对于所学的科学真能脱离机械的心境而入于艺术的心境如李四光、丁西林等人，希望先将自然或社会科学的一两种知个大略，有些小根基，再转而学习哲学。所以数理化、医学、心理学无不涉足，却无所适从。[2] 此后几年间傅斯年很少留下文字，表明缺乏自信，还处于不敢或不愿表达的阶段。

稍加留意便可以发现，傅斯年的学术观念在几个重要领域发生顿悟和突变，重要的时间节点为从1923年开始的三四年间。《刘复〈四声实验录〉序》写于1923年1月，当时傅斯年仍在英国留学。是年夏秋，他转入德国柏林大学。据说这时德国马克贬值，不少留欧学生转到德国，以图生活方便。实则德国的生活奇贵，转到柏林，并没有使傅斯年经济上减轻压力，但学术上却发生了重大变化。这

[1] 傅斯年：《中西史学观点之变迁》（未刊稿），欧阳哲生主编：《傅斯年全集》第三卷，第156—158页。

[2] 《傅斯年君致校长函》，《北京大学日刊》第715号，1920年10月13日。

一时间点显示，留学或许引起傅斯年学术观念的渐变，却不足以导致大幅度大范围的突变，引发这一突变的重要因缘，当是与陈寅恪相识以及彼此的频繁交往。

陈寅恪是 1921 年 9 月从美国哈佛大学转到柏林大学的，当时留美虽然已经成为热潮，陈寅恪却对美国的学术大为失望，即便后来成为世界首屈一指的哈佛大学，学术上也乏善可陈。陈寅恪的看法绝非偏见，十余年后，法国的伯希和（Paul Pelliot）还认为哈佛大学是穷乡僻壤，不愿屈就。傅斯年留欧期间结识陈寅恪的表亲俞大维，后者在傅斯年到德国之前，已经转入柏林大学。傅斯年到德国不久，便与陈寅恪相识，更为重要的是，他们很快有了共同的话题，这就是顾颉刚发起的古史辨。

陈以爱注意到，傅斯年在 1923 至 1924 年间看到顾颉刚发表于《努力周报 · 读书杂志》的一系列关于古史层累地造成的文章，开始思考古史问题。《读书杂志》最早于 1923 年 5 月第 9 期刊载顾颉刚与钱玄同论古史书并按语及附启，傅斯年从朋友处看到刊物时，仍在英国，与毛子水、刘光一、罗家伦等人谈及，都是赞誉有加。“不过，这时傅斯年也发生一些思想上的变化，使他不再像北大时期那样接受今文家说。这一个思想转变，对他‘走出疑古’有相当的关键性。而傅斯年的思想变化，似乎与陈寅恪的交往有关。”她引据傅斯年的《〈新获卜辞写本后记〉跋》中的记载，说明从 1924 年起，傅、陈经常讨论古史。所讨论的问题，应包含了聚讼纷纭的今古文问题。这使得傅斯年对于今文家说的信心逐渐低落，而这对于他接受王国维的古史论，恐怕是相当具有关键性的。[1]

这一看法相当敏锐，而且还可以进一步放大。联系到傅斯年古史以外其他学术观点的变化，可以断言，傅斯年的思想转变不仅是

---

[1] 陈以爱：《从疑古到重建的转折——以王国维对傅斯年的影响为中心》，吴淑凤、薛月顺、张世瑛编：《近代国家的形塑》下册，第 833—878 页。

对今文家说的信心降低，而是跳出了新文化那种中西新旧是非优劣截然对立的观念，不再简单地做非此即彼的判断取舍。变化前后傅斯年本人的学术观念大相径庭，而变化的结果与陈寅恪高度接近。

关于中国历代学术的高下，1924 年傅斯年《评丁文江的〈历史人物与地理的关系〉》称："大野三百年一统后，大乱上一回，生出了一个文化最细密的宋朝。在许多地方上，宋朝是中国文化之最高点。"[1] 尽管他并没有放弃对清代学术的肯定，却将原来不以为然的宋代学术置于清代乃至历代之上。这样的转变，不仅是对宋、清两朝学术排序的简单换位，潜台词应是不再以清代学术比附西学的科学性。

傅斯年出国前以科学为准则，以清代学问为最佳，而清代学问是宋明学问的反动，肯定清代学问的观念相对高明。不仅如此，他还曾斥责中国历来所谈学术，多为含神秘作用的阴阳学术，而作为宋朝学术代表的朱熹，即坚信邵雍之言，杂糅五行家言的部分，一文不值，全同梦呓。[2] 留欧后期，傅斯年开始推崇宋代学问，甚至将宋代置于清代之上。而变化的原因，很难说来自读书和修课，最大的可能，是与陈寅恪每周数次的交谈。早在留美期间，陈寅恪就对宋代学问推崇备至，认为宋儒以取珠还椟法采佛理之精粹，注解四书五经，名为阐明古学，实则吸收异教，"自得佛教之裨助，而中国之学问，立时增长元气，别开生面。故宋、元之学问、文艺均大盛，而以朱子集其大成。朱子之在中国，犹西洋中世之 Thomas Aquinas，其功至不可没。而今人以宋、元为衰世，学术文章，卑劣不足道者，则实大误也"[3]。

[1] 傅斯年：《评丁文江的〈历史人物与地理的关系〉》，《国立第一中山大学语言历史学研究所周刊》第 1 集第 10 期，1928 年 1 月 3 日。据顾颉刚的按语，该文写于 1924 年 1 至 2 月。

[2] 傅斯年：《中国学术思想界之基本误谬》，欧阳哲生主编：《傅斯年全集》第一卷，第 26—27 页。

[3] 吴宓著，吴学昭整理注释：《吴宓日记》第二册，第 102—103 页。

陈寅恪的这番见识，即使在当时留欧中国学人中也是凤毛麟角，傅斯年标举中国历代学术由清而宋的转变，所接触者中唯与陈寅恪的主张最相契合。鉴于此前傅斯年的学术观念与一般趋新者大同小异，而此后却有天壤之别，最有可能对其产生影响并足以全盘颠覆其成见者，陈寅恪为不二人选。尽管傅斯年在北大学习期间所读旧籍已经优于胡适，与陈寅恪的交游还是使其豁然开朗，学问功力突飞猛进，见识大为提升。只是傅斯年的顿悟尚不能彻底，后来他将两宋与明清并列为中国历史上实学兴盛的时期，依稀可见原来高估清学的影子。

关于文言文，傅斯年本来善于做文言文，胡适觉得意思晦涩，改写白话文，就明白许多了。[1] 即使留学欧洲之后，直到 1923 年 1 月，傅斯年为刘复的《四声实验录》作序，仍然相信“汉语不改用拼音文字，太阳底下的进步语文中，没有汉语的位置”[2]。恰在此时，傅斯年学习了比较语言学，并与陈寅恪结交，后者与众不同的见识显然使之耳目一新，原来笃信不疑的西化知识体系整体崩塌，进而以本来的系统调适整合重构。傅斯年回国之初写《战国子家叙论》，认为汉语在逻辑的意义上，是世界上最进化的语言。[3] 前后数年，看法截然相反。不仅如此，后来撰写学术著作，还继续使用文言文。改文言用白话的重要理据之一，就是文言不宜说理，虽然傅斯年全用文言，也觉得有些不适，却依然没有改用白话。所以陈寅恪因为清华大学入学考试出题对对子引发风波，还致函傅斯年，引为同调。

限于材料，陈、傅二人是否互为影响以及如何影响，详情不易坐实。就吴宓日记所记陈寅恪谈中外学术文化等内容看，陈的学术观念一以贯之，而傅斯年变化后的观念与之吻合。由此可以推断，

[1] 《胡适之先生谈片》，《时事新报 · 学灯》，1919 年 2 月 11 日，引自吴元康整理：《胡适史料补阙》，第 7 页。

[2] 傅斯年：《刘复〈四声实验录〉序》，欧阳哲生主编：《傅斯年全集》第一卷，第 420 页。

[3] 傅斯年：《战国子家叙论》，欧阳哲生主编：《傅斯年全集》第二卷，第 252—253 页。

其时陈影响傅的可能性较大，傅影响陈或英雄所见略同的可能性相对较小。

三 敬而不畏之畏

傅斯年回国之初，清华便有请其任教之议，傅考虑后表示："到清华本无不可……但我很想先自己整理一年再去，因彼处我畏王静庵君，梁非我所畏，陈我所敬，亦非所畏。"[1] 此言显示当时傅斯年对王国维的敬畏，大体不错，不过，从后来傅斯年的言行看，他对"非所畏"的陈寅恪似乎怀有某种难以言表的敬畏甚至畏惧。

傅斯年的为人行事，颇有山东好汉之风，霸气十足，在学界政坛都有"大炮"的声名，与地位相当的同辈相处更加不会谦让。他留欧期间即曾与毛子水大闹，归国后，与多年的同窗挚友顾颉刚心结之下，一言不合，竟至破脸。他创建并长期主持的历史语言研究所明定不准兼职，唯独对陈寅恪、陈垣特殊待遇。尤其是对陈寅恪优待有加，不仅听凭其长期主要任教于清华大学的文史两系，而且对其提出的一些超出一般标准的要求也勉为其难地设法满足。陈寅恪自认为文化使命之身，无论当局如何优待，都认为理所应当，不会感恩戴德；而对自己提出的要求也觉得合情合理，决不作非分之想。反之，若不得礼遇，则视为不恭。至于具体处置，一般又大体在维持气节与不失身份之间拿捏得当。

抗战期间，傅斯年与陈寅恪的关系终于因为后者先后滞留香港、桂林出现裂痕。陈寅恪夫妇体弱多病，不能适应昆明的高原环境以及恶劣的生活状况，而在战时条件下，很难寻得一片偏安之地。他

[1] 《傅斯年致罗家伦函》，罗久芳、罗久蓉编辑校注：《罗家伦先生文存补遗》，台北：中研院近代史研究所 2009 年，第 363 页。收入王汎森、潘光哲、吴政上主编：《傅斯年遗札》第一卷，北京：社会科学文献出版社 2015 年，第 72—73 页。

赴英教书不成，暂时滞留香港，不愿返回昆明，以致香港沦陷后陷入困境，在朱家骅等人的援助下[1]，历尽千辛万苦脱离日本占领当局的控制，到桂林后又欲在广西大学任教。而中研院方面院所未能协调沟通，所发出的专任研究员聘书，与规则及惯例不合。为此，傅斯年不得不与院方交涉，并向陈寅恪说明，言辞之间，不免有所误会，令陈寅恪相当不快。

此事的原委经过及其周折大致为：1942年6月9日，中研院总干事叶企孙致函傅斯年，告以“寅恪兄已于五月廿六日从麻章往桂林，史语所是否拟请彼为专任研究员？月薪拟何数？请示及。薪似可从一月份支起，但从六月起实付寅恪，以首五月薪抵销旅费之一部分。以寅恪夫妇之身体论，往昆明及李庄均非所宜，最好办法，似为请彼专任所职，而允许其在桂林工作，不知尊意如何？亦请示及”。

傅斯年当即复一长信，大意云，陈寅恪来所专任其职，原为本所同人所渴望。但陈寅恪家庭情形或者不肯来李庄，自己亦不能勉强。“弟平日办此所事，于人情之可以通融者，无不竭力。……寅恪兄自港返，弟主张本院应竭力努力，弟固以为应该。然于章制（原信或用纪律二字，意思总是明显的）之有限制者，则丝毫不通融。盖凡事一有例外，即有援例者也。故寅恪不能住在桂林而领本所专任研究员薪，必来李庄而后可以（此事服务规程有规定）。若彼来李庄，其薪自应为六百元，又临时加薪四十元。至于为弥补所领旅费，作为几个月专任薪报销，自无不可。”并说明陈寅恪何以历来称为“专任研究员暂支兼任薪”的缘故。

6月30日，傅斯年接到叶企孙的复函，内称：“关于寅恪事，尊见甚是。请兄电彼征询其意见，倘彼决定在李庄工作，清华方面

[1] 《傅斯年致朱家骅》（1942年7月3日）有云“此等事（蔡夫人事、寅恪事），在今日只有吾兄热心耳。弟心有余而力不足，尤佩兄之热诚毅力也”。王汎森、潘光哲、吴政上主编：《傅斯年遗札》第三卷，第977页。

谅可容许其续假也。寅恪身体太弱，李庄、昆明两地中究以何处为宜，应由彼自定。”傅斯年表示：“弟未打电给寅恪，以前此已两函与之商榷此事，而电文又不能明也。然寅恪来信，未提及弟信，来信嘱弟托杭立武兄设法在广西大学为彼设一讲座云云。彼又云（两信皆云然）正在著作，九月可完。绝未谈及到李庄事。”

此后，以陈未表示要来李庄，傅也未再致函叶。7 月底，傅斯年获悉“叶先生函商院长聘陈寅恪先生为专任研究员，月薪六百元外加暂加薪四十元，院长已批准照办。俟叶先生将起薪月日函复后，聘书即当寄贵所转寄桂林也”。感到甚为诧异，以尚未得陈决来李庄之信，又未与叶通信，变更前议，何以忽然有此。“然以其云‘寄贵所转寄桂林’，弟亦放心，盖弟可将其暂时压下，再询兄其故也。”

8 月 5 日，傅斯年又接到中研院总务处主任王毅侯 7 月 31 日来信，得知：“发寅恪兄聘书已办好，企孙兄函嘱迳寄桂林，免得转递之烦。并云一月至五月份薪由院保留，作抵销旅费之一部，弟本日寄寅恪一函，征其同意（函稿另纸抄奉）。”并云：“自六月份起全部寄交先生应用。”傅斯年对于叶企孙“仍照六月九日信办理，未参考弟意，亦未照兄六月卅日信所示办理。盖照最后一信，须待弟与寅恪商好奉闻，再发聘也”的处置，深觉不解，不能不紧急声明：

> 一、弟绝不能承认领专任薪者可在所外工作。在寅恪未表示到李庄之前，遽发聘书，而六月份薪起即由寅恪自用，无异许其在桂林住而领专任薪。此与兄复弟之信大相背谬。
>
> 二、自杏佛、在君以来，总干事未曾略过所长，直接处理一所之事。所长不好，尽可免之；其意见不对，理当驳之；若商量不同意，最后自当以总干事之意见为正。但不可跳过，直接处理。在寅恪未表示到李庄之前，固不应发专任聘书，即发，亦不应直接寄去（以未得弟同意也）。此乃违反本院十余年来一个良好之 Tradition 之举也。

三、为弥补寅恪旅费，为寅恪之著作给奖（或日后有之，彼云即有著作寄来），院方无法报销，以专任薪为名，弟可承认；在此以外，即为住桂林领专任薪，弟不能承认。

傅斯年还附列院章的相关条文，说明“领专任研究员薪，而在所外工作，大悖院章也”。

此事之所以令傅斯年大为不满，是因为牵涉两方面关系，使之左右为难：其一，对陈寅恪本人。“此事幸寅恪为明白之人，否则无异使人为‘作梗之人’。尊处如此办法，恐所长甚难做矣。”从后续发展看，陈寅恪虽然明白，毕竟心生芥蒂。其二，对所内同仁。此前因为梁思永病费超支，令医务所破产，傅斯年“已受同人责言。今如再添一个破坏组织通则第十条之例，援例者起，何以应付。……即令弟同意此事，手续上亦须先经本所所务会议通过，本所提请总处核办。总处照章则（人事会议及预算）办理，亦一长手续也”[1]。

因事出急迫，在接到陈寅恪8月1日的来函后，傅斯年8日即以电报作复：“总处寄上之聘书以兄能来所为前提。”[2]8月14日，傅斯年又复一长函，说明事情的原委，并且表明自己的态度。据是函所述，陈寅恪自香港脱险后，曾写信给傅斯年，“嘱函托立武在广西大学设讲座一事，弟当即将原函寄杭，并请其务必设法（中英庚款濒于破产），杭无回信。然兄八月一日信已言其既办矣”。后来又有武汉大学的张颐（真如）、王星拱（抚五）、吴其昌等人连来三信，请陈寅恪到该校设座讲学。“此盖慕名之举，而如吴其昌信，须弟一面劝驾，一面化缘，则太可笑也。”所以傅斯年回信时，“为一切了然计，直告张以资实，免得再来信不休”。

---

[1] 以上均见《傅斯年致叶企孙》（抄件）（1942年8月6日），王汎森、潘光哲、吴政上主编：《傅斯年遗札》第三卷，第979—982页。

[2] 《傅斯年致陈寅恪》（电）（1942年8月8日），王汎森、潘光哲、吴政上主编：《傅斯年遗札》第三卷，第985页。

关于请求中英庚款在广西大学设立讲座教授之事，傅斯年虽然遵嘱代为说项，心中并不以陈寅恪的行止计划为然，他在信中直言相劝道：

> 兄之留桂，早在弟意中，弟等及一组同人渴愿兄之来此。然弟知兄之情况，故此等事只有凭兄自定之耳。其实当年兄之在港大教书，及今兹之举，弟皆觉非最妥之办法。然知兄所以如此办之故，朋友不便多作主张，故虽于事前偶言其不便，亦每事于兄既定办法之后，有所见命，当效力耳。犹忆去年春，弟入中央医院之前一日，曾为兄言，暑假后不可再住香港，公私无益，且彼时多方面凑钱，未尝不可入内地也。但兄既决定仍留港后，弟养病歌乐山，每遇骝先、立武见访，皆托之设法也。兄今之留桂，自有不得已处，恐嫂夫人在彼比较方便，但从远想去，恐仍以寒假或明年春（至迟）来川为宜。此战事必尚有若干年，此间成为战地，紧张之机会固远在桂之下，至少此为吾辈爱国者之地也。兄昔之住港，及今之停桂，皆是一“拖”字，然而一误不容再误也。目下由桂迁眷到川，其用费即等于去年由港经广[州]湾到川，或尚不止，再过些时，更贵矣。目下钱不值钱，而有钱人对钱之观念，随之以变；然我辈之收入，以及我们的机关之收入，尚未倍之，至多未三之也。故今冬或明春入川，其路费筹措，或超过去年由港入川。然尚未必做不到，过此则不可能矣。即如昆明友人，此时欲留不可（太贵，比重庆倍之），欲行不得。研究所之搬，弟当时之意即不愿以“拖”而更陷于困境，宁可一时忍痛。此等情形，本在兄洞鉴之中。然弟瞻念前途，广西似非我兄久居之地，故愿事先以鄙见奉闻也。

指陈寅恪以“拖”字一误再误，甚至提出爱国的分际，在傅斯年不但明言责怪之意，而且可以说是放出重话。心细如发的陈寅恪当然明白这些言词所蕴含的意思及分量。

不仅如此，傅斯年还清楚地告知："中英庚款会之讲座，本与一般大学教授同，尚不及最优者。弟闻消息，本年有裁去之议，而未果行。但该会明年或须关门（该会之欠债人即政府各部门，以交通部为最多，一齐赖债，该会遂向政府求乞，以维持其固有之事业，明年恐并此亦不易矣）。中基会者较优（目下月七百元），济之是一例也。但恐亦不能在广西大学设讲座（亦是向政府乞零钱）。故如此看来，兄只可以广西为甚短期之休息处，若不早作决意，则将来更困难矣。"言下之意，桂林不可能久居，当然入川之事也不能久拖。

至于中研院允发专任研究员薪一事，傅斯年概述了与叶企孙等人往来函商的情形以及领专任研究员薪水必须以在李庄为前提等规则，并对发生误会的可能环节有所揣测，据他说：

> 企孙由昆明回信（彼往昆明，云九月归），云极赞成弟意，嘱弟电商兄来李庄否？弟以前已有两信寄兄，言李庄各情形（此信迄未于复信中谈及，但仲揆谓已转兄，究收到否，为念）未再去电，而兄命托杭在广西大学设讲座之一信到，弟知兄决留桂矣，故未即复企孙。同时接王毅侯兄信，则聘书已直寄兄，谓薪自一月起，六月以后寄桂林等语，并云皆是企孙之命。此则弟不解矣，盖与企孙复弟之信绝不同，此举可使人误以为兄可以专任研究员薪留桂，此又非企孙函弟之说也。此事错误在何处，俟企孙兄信到，或可知之。此事在生人，或可以为系弟作梗。盖兄以本院薪住桂，原甚便也。但兄向为重视法规之人，企孙所提办法在本所之办不通，兄知之必详。本所诸君子，皆自命为大贤，一有例外，即为常例矣。如思永大病一事，医费甚多，弟初亦料不到，舆论之不谓弟然也。此事兄必洞达此中情况。今此事以兄就广西大学之聘而过去，然此事原委不可不说也。兄之原薪（月一百外，有无暂加薪四十，已向企孙请示矣。

企孙原件谓以专任为限），已函毅侯照旧寄兄于桂林。[1]

傅斯年详述事情的经过原委，除了追究发生误会的关节之外，大概也有担心陈寅恪误解以致心生不快之意，所以点明若是生人，可能怀疑自己从中作梗。同日，傅斯年又复函张颐，并抄寄陈寅恪，函谓：

> 寅恪先生事，弟之地位非可使弟“奉让”者，然历年来此等事，皆由寅恪自己决定。因寅恪身体、精神，不算健康，故彼之行止，朋友未可多作主张。寅恪历年住港，本非其自愿，乃以其夫人不便入内地，而寅恪伦常甚笃，故去年几遭危险。今寅恪又安家在桂林矣。既接受广西大学之聘，恐迁眷入川非明年不可也。寅恪来书，节略抄奉一阅。弟于寅恪之留广西，心中亦不赞成，然寅恪既决定如此，故前次致弟信，弟即转托杭立武兄矣。至于明年寅恪入川（亦要看他夫人身体如何），弟等固极愿其在李庄，然如贵校确有何等物质上之方便，于寅恪之身体有益者，亦当由寅恪兄自决之。只是两处天气、物质，恐无甚分别，而入川之途，乐山更远耳。且为贵校办研究所计，寅恪先生并非最适当者，因寅恪绝不肯麻烦，除教几点钟书以外，未可请其指导研究生（彼向不接受此事）而创办一研究部，寅恪决不肯“主持”也。[2]

陈寅恪看过傅斯年的来函，对其中牵扯自己内人的言词颇不以为然，尤其是还将此意传达给了武汉大学方面，这不仅等于把滞港

[1] 以上均见《傅斯年致陈寅恪》（抄件）（1942 年 8 月 14 日），王汎森、潘光哲、吴政上主编：《傅斯年遗札》第三卷，第 989—990 页。

[2] 《傅斯年致张颐》（抄件）（1942 年 8 月 14 日），王汎森、潘光哲、吴政上主编：《傅斯年遗札》第三卷，第 990—991 页。

留桂等不当之举的主要责任推给了唐筼，而且还将推测之词向外扩散。其复函一面表示同意照章办事，绝不违规，“弟当时之意，虽欲暂留桂，而不愿在桂遥领专任之职。院章有专任驻所之规定，弟所夙知，岂有故遥之理？今日我辈尚不守法，何人更肯守法耶？此点正与兄同意者也”。另一方面，则将拖延内渡及入川的罪名独自揽下，他说：

> 但有一端不得不声明者，内人前在港，极愿内渡；现在桂林，极欲入川。而弟却与之相反，取拖延主义，时时因此争辩。其理由甚简单，弟之生性非得安眠饱食（弟患不消化病，能饱而消化亦是难事）不能作文，非是既富且乐，不能作诗。平生偶有安眠饱食之时，故偶可为文。而一生从无既富且乐之日，故总做不好诗……现弟在桂林西大，月薪不过八九百元之间，而弟月费仍在两千以上，并躬任薪水之劳，亲屑琐之务，扫地焚香，尤工作之至轻者，诚不可奢泰。若复到物价更高之地，则生活标准必愈降低，卧床不起乃意中之事，故得过且过，在生活能勉强维持不至极苦之时，乃利用之，以为构思写稿之机会。前之愿留香港，今之且住桂林，即是此意。若天意不许毕吾工作，则亦只有任其自然。以大局趋势、个人兴趣言之，迟早必须入蜀，惟恐在半年以后也。总之，平生学道，垂死无闻，而周妻何肉，世累尤重，致负并世亲朋之厚意，唏已。[1]

陈寅恪的这番话，语带机锋，已然有些负气，让人既不能受，又不便驳。他此前曾经到过昆明，此番坚持不肯再往，原因之一，是昆明地高，心跳加剧。[2] 脱离环境因素，这一理由的确可以成立，

[1] 陈寅恪：《致傅斯年》五十五，陈美延编：《陈寅恪集：书信集》，第 92—93 页。

[2] 陈寅恪：《致傅斯年》三十九，陈美延编：《陈寅恪集：书信集》，第 64 页。

尤其是对身体不宜之人而言，勉强可能是要命的事。可是考虑到战时举国上下共赴国难的艰难困苦，以及内迁之地已由云南改到四川，傅斯年的要求也不算是过分。虽然傅斯年自称“弟于熟人每失之严格相乘；而于不相识者，有时放宽”[1]。但是对于陈寅恪，似很难完全照此标准来要求规范。傅斯年自己也承认：“寅恪之脾气，一切事须彼自定，彼目下之要住桂林，一如当年之要住香港，其夫人故也，亦只有随其所欲耳。其实彼在任何处，工作一样，只是广西大学无书耳。本所第一组事，彼仍可通信指导，一如当年在港时也。”[2]这在史语所，已是相当例外。而在陈寅恪一方，自觉并未违规，因而不能算是过分。

后来傅斯年知道叶企孙赶发聘书，是因为误会各校发聘书的习惯，担心后于清华，所以抢先。其实，各校发聘书的程序与中研院大不同。“在商量好之后，一发出，仍待其应聘书之来……然此次清华发聘，系继续旧办法；本院发聘，是更改旧办法，而毅侯兄遵命所示致寅恪之函，云及六月份起之专任薪直寄寅恪，此诚如尊言，未曾明允其住桂林，然亦未提明其须来李庄，故弟觉与弟前致彼之信不合也。此事若兄当时有一短信致弟，或一短电，弟可省甚多信（尤其是后来与寅恪之一长信及电，反复解释此聘书以来李庄为前提者）。若当时兄嘱毅侯兄去信时，末了写上一笔‘盼大驾早来李庄，为荷’，弟亦不至著急矣。此事寅恪尚未复弟，此固以寅恪就广西大学之聘而解决，然弟或有得罪寅恪太太之可能也。”

傅斯年的担心并非杞人忧天，只是所得罪的不是寅恪太太，而是寅恪本人。尽管傅斯年自称从来在所内办事对熟人要求更严，可是要么陈寅恪不在熟人之列，要么傅斯年并不能完全做到一视同仁，

[1] 《傅斯年致杭立武》（抄件）（1940年6月3日），王汎森、潘光哲、吴政上主编：《傅斯年遗札》第二卷，第819页。

[2] 《傅斯年致朱家骅》（抄件）（1942年8月19日），王汎森、潘光哲、吴政上主编：《傅斯年遗札》第三卷，第991—992页。

他自己承认："寅恪就广西大学之聘，弟不特未加以阻止，且他来信，派弟写信给杭立武兄，弟即办了。弟一向之态度，是一切由寅恪自决（实则他人亦绝不能影响他，尤其不能影响他的太太），彼决后，再尽力效劳耳。其实彼在任何处一样，即是自己念书，而不肯指导人（本所几个老年助理，他还肯说说，因此辈常受他派查书，亦交换方便也。一笑），但求为国家保存此一读书种子耳。弟知他一切情形极详，看法如此……后来之问题，是他明年来川（恐广西大学非久居之地），川资如何出，此大是难事也。"[1] 这样一切由本人自决的情形，显然不是全所人员普遍享有的待遇，甚至可能是仅此一家别无分店的特例。

经此一事，两人难免有些心结，从现有资料看，此后双方的来往明显较此前稀疏。[2] 不过，就事论事，尽管陈寅恪自认为并非无理强求，在傅斯年看来早已是法外开恩，而且陈当时的身份工作大都与史语所无关，由史语所负担负责，不合情理，难以服众。由于陈寅恪自入所以来就已经习惯了一切自行其是（当然基本在规则允许的范围内），从来默许的傅斯年稍致不满，便引起陈寅恪的强烈反应。君子本来不易近处，陈寅恪就聘清华国学院之时，就让吴宓觉得"费尽气力，而犹迟惑。难哉！"[3] 性情刚正的傅斯年对陈寅恪情理之中的格外优待，仅仅用爱才惜才作为理据，恐怕难以自圆其说。即使陈寅恪天纵奇才，双方又是通家之好，也无法合理解释这样的微妙关系。

---

[1] 以上均见《傅斯年致叶企孙》（抄件）（1942 年 8 月 31 日），王汎森、潘光哲、吴政上主编：《傅斯年遗札》第三卷，第 996—997 页。

[2] 王汎森在《傅斯年与陈寅恪——介绍史语所收藏的一批书信》中结合当时所见信札情况已经指出："傅、陈二人在抗战中后期一度关系相当紧张"，"二人的通信在 1946 年春已经停顿了"。见《中国近代思想与学术的系谱》，第 530 页。据《陈寅恪集 · 书信集》，陈寄给傅的最后一封信在 1946 年春。而据《傅斯年遗札》，傅 1947 年 5 月还就陈的薪金问题与其通信。

[3] 吴宓著，吴学昭整理注释：《吴宓日记》第三册，第 19 页。

鉴于从史语所成立之日起傅斯年就对陈寅恪几乎是有求必应，与傅自称对熟人要求更严的说法相去甚远，至少是网开一面，则隐情当产生于两人开始交集的留学期间。除了承认陈寅恪是首屈一指的读书种子外，或许还碍于某种不能宣诸于口的事实，使得傅斯年有些难言之隐。

四 心照不宣的礼让

最有可能令“大炮”傅斯年对“敬而不畏”的陈寅恪一再隐忍之事，当是留欧期间其学术理念发生顿悟，陈寅恪起到至关重要的点睛作用。这一关键转折，使得傅斯年回国不久就能够在古史研究领域别树一帜，超越古史辨，展现新一代领军人物的雄心和理念。可是阴差阳错，傅斯年回国之初发表的相关文字，有意无意地对牵涉陈寅恪的个中情节有些含糊其辞。

要想打通此事的关节，关键还要进一步解读归国途中傅斯年所写致顾颉刚的论学长函。此函虽经不少高手反复解读，仍有难以贯通所有相关材料以及前后史事之处。据顾颉刚刊出此函时所加的按语，傅斯年的论古史书从1924年1月写起，写到1926年10月30日船到香港为止，还没有完。“他归国后，我屡次催他把未完之稿写给我；无奈他不忙便懒，不懒便忙，到今一年余还不曾给我一个字。现在周刊需稿，即以此书付印。未完之稿，只得过后再催了。”[1]

傅斯年致顾颉刚的长函，始终没有续完，又未经傅同意而由顾公开发表，个中原因，杜正胜解释为傅斯年变了，不再疑古，而要重建，所以将长函视同敝履，弃之不用。[2] 而顾颉刚自己解释擅自

[1] 傅斯年：《与顾颉刚论古史书》（续），《国立第一中山大学语言历史学研究所周刊》第2集第14期，1928年1月31日。此为顾颉刚所撰按语。

[2] 杜正胜：《新史学之路》，台北：三民书局2004年，第98页。

发表的理由道:“但他自以为多年不读中国书，所发的议论不敢自信，不愿发表。我的意见，则以为我们既向时代的光明走去，处处在荆榛中开路，只求大体不错，不必有如何精密的结论。我们正该把自己想得到的意思随时发表，以博当代学者的批评，好互相补益匡救。故中山大学的《语言历史学研究所周刊》既出版，即以付刊。傅先生见之，终不以为可。”[1] 此说涉及傅函的本意以及傅斯年对刊出之事的态度，参合各方面材料，似与实情存在滞碍之处，还有进一步解读的空间。

傅斯年写给顾颉刚的信中讨论古史的部分究竟何意，杜正胜、王汎森、陈以爱等人的看法大同之下，不无小异。所谓大同，即对层累地造成古史说的基本观念和取径的赞同，所谓小异，即杜正胜认为傅斯年由疑古到重建发生于长函写就之后，或者说在其由欧洲归国途中重抄旧信之时。王汎森则认为长函本身即显示傅斯年已经由疑转信的征兆。而陈以爱虽然同意傅斯年与陈寅恪讨论古史后不再如前接受今文家说，对其“走出疑古”具有相当的关键性，仍然认为长函显示傅斯年当时对顾颉刚的层累说极为推崇，其思想的变化，包括对王国维的进一步认识，发生在留学的最后阶段以及由欧洲返国的航程中。其中关键性的事件是临行前接到顾颉刚寄来的《古史辨》第一册。

这三种说法的大同小异，关系到如何理解傅斯年与顾颉刚讨论古史长函的本意，以及傅斯年对于顾颉刚层累说的态度及其变化两个不同层面的事实。必须严格加以区分，不使混淆，才能恰当解读文本的意思和了解史事的本相。而其中的关键，在于如何认识傅斯年与陈寅恪的交往以及后者的作用。也就是说，在与陈寅恪讨论古史前后，傅斯年的观念究竟发生了什么变化，程度如何，这些都与

[1] 顾颉刚编著:《古史辨》第二册下编，上海古籍出版社 1982 年，第 301 页。该按语又称:“现在编《古史辨》第二册，重违其意，只得节去其对于古史之意见。”则傅斯年还是有些在意。

傅斯年不愿让顾颉刚刊发长函有着密切关联。

傅斯年在英国期间看到顾颉刚在《努力·读书杂志》连续发表的相关论著，的确表示过赞叹和欣赏，甚至想发愤写一大篇参与论战，可是始终不曾下笔。真正动手写下相关文字，是到了柏林之后几个月，即1924年1月开始。而且首先写的是评丁文江的文章，讨论古史的部分动笔更晚，据杜正胜的判断，当在1925年。而这时傅斯年的古史观念已经发生变化。重要的原因应是与陈寅恪讨论顾颉刚的古史论述。傅斯年给顾颉刚的论古史长函并没有提及陈寅恪的影响，而是后来才明确表示，写给顾颉刚的长函的意思，并非全是自己的见解，而是与陈寅恪一礼拜讨论几回的结果。

因此，要从长函解读傅斯年的本意，应当首先弄清楚三个问题：其一，陈寅恪对于古史层累说的态度看法；其二，陈寅恪在古史研究领域的认识程度；其三，陈寅恪是否能够并且实际影响了傅斯年的古史观。

陈寅恪留学期间，曾对吴宓表示，不愿对国内学人的著述发表评论，以免牵扯分神。而对古史辨，却是为数不多公开表达的意见之一。本来陈寅恪认为："研上古史，证据少，只要能猜出可能，实甚容易。因正面证据少，反证亦少。"[1]"上古去今太远，无文字记载，有之亦仅三言两语，语焉不详，无从印证。加之地下考古发掘不多，遽难据以定案。画人画鬼，见仁见智，曰朱曰墨，言人人殊，证据不足，孰能定之？"[2]为了与清季夸诞经学家之所为及民国时竞言古史的风气立异，他故意针对清儒的陈说，公开声言："不敢观三代两汉之书。"[3]

[1] 杨联陞：《陈寅恪先生隋唐史第一讲笔记》，陈美延编：《陈寅恪集·讲义及杂稿》，北京：生活·读书·新知三联书店2002年，第487页。

[2] 王钟翰：《陈寅恪先生杂忆》，纪念陈寅恪教授国际学术讨论会秘书组编：《纪念陈寅恪教授国际学术讨论会文集》，广州：中山大学出版社1989年，第52页。

[3] 陈寅恪：《陈垣元西域人华化考序》，陈美延编：《陈寅恪集：金明馆丛稿二编》，第270页。

古史辨所论，恰在陈寅恪认为文献不足征的范围，而层累说的取径办法，当也在陈寅恪的指摘之列。关于古史辨，据说陈寅恪曾在弟子面前有过正面评议，而正式意见，有明文可据的是审查冯友兰《中国哲学史》上册的报告，他借表彰冯著之机，针对疑古辨伪说引申谈论材料与学术的关系，认为古书真伪不过相对问题，最重要的是能够审定伪材料的时代及作者而加以利用。中国古代史的材料，如儒家及诸子等经典，都不是一时代一作者的产物。过去笼统认为一人一时之作，固然错误，今人能知其非一人一时之所作，而不知以纵贯的眼光，视为一种学术丛书，或一宗传灯语录，一味纠结于横切方面，也是缺乏史学通识的表现。[1] 据此，古史辨的态度做法，恐怕难逃其缺乏史学通识，只能横切，不知纵贯的批评。

审查报告写于 1930 年代初，可是陈寅恪关于古史乃至整个中国学术文化的观念，却早在留学之际已经形成。他对古史辨最为不满的，除了方法之外，主要还在于对待中国历史文化的态度，认为形同挖祖坟。陈寅恪深知各民族的上古历史其实都有譬如积薪后来居上的情形，本不足怪，但是他推崇宋儒对待中外文化取珠还椟的做法，以免数典忘祖。王东杰解读 1929 年陈寅恪诗赠北大史学系毕业生诗中“田巴、鲁仲两无成”句，在余英时旧解的基础上，确认“鲁仲”指胡适“整理国故”一派，而“田巴”当指顾颉刚的古史辨。据余英时征引的《史记正义》引《鲁连子》：“齐辩士田巴，服狙丘，议稷下，毁五帝，罪三王，服五霸，离坚白，合同异，一日服千人。”所举“田巴”的特征，一是激烈的否定传统（“毁五帝，罪三王”），一是具有鼓动性（“一日服千人”），在当时的史学界中，

[1] 陈寅恪：《冯友兰中国哲学史上册审查报告》，陈美延编：《陈寅恪集 · 金明馆丛稿二编》，第 280 页。

惟古史辨学派足以当之。[1] 此说恰当，凸显了陈寅恪文化观念与古史辨迥异的主要之点。

还在中学时代，顾颉刚就指孔子之言为专制帝王之脚本，用以锢民奴心，以固帝制。孟子所谓王道、治民，与孔子相同。“夫同是人，何必受公之王道？同是人，何必受公之理治？视君王天子则若高出乎人类之中者，而其余同胞则悉处于被动之地位。若此学说有可尊之价值乎？且如为孔立庙，春秋祭祀，直是奴隶其心志，其害甚于迷信宗教矣。”[2] 这番“蔑侮圣教”的小子狂言，可见其后来疑古，确有反对孔孟之道为专制服务的渊源用心。而陈寅恪则认为中国文化的精义恰在《白虎通义》的三纲六纪，文物制度均附着于帝王之制。

更为重要的是，无论观念如何分歧，治学的态度办法是否得当，在学人尤为关键。王国维的《殷周制度论》，就政治文化观念而言无疑很难被当时的学界新进认可，但所论殷周制度的事实，却可以服众。顾颉刚也未必一味批孔，他试论“孔子学说所以适应于秦汉以来的社会的缘故”，认为孔子学说不完全是继续旧文化，多少含有新时代的理想，才能适应新时代的要求。而傅斯年对问题本身不以为然，指出：“我们看历史上的事，甚不可遇事为它求一理性的因，因为许多事实的产生，但有一个‘历史的积因’，不必有一个理性的因。”[3] 这与陈寅恪对待史料的态度办法及史观一脉相通。

自称不敢观三代两汉之书的陈寅恪，的确几乎没有留下有关古

[1] 王东杰：《“故事”与“古史”：贯通 20 世纪二三十年代“疑古”和“释古”的一条道路》，《近代史研究》2009 年第 2 期，第 81—99 页。不过，是文为了证实疑古与释古相通，有过于按时间顺序强调前后影响之嫌。实际上，有些说法不过通则，而除非确有事实联系，否则相似未必相通。

[2] 叶至善、叶至美、叶至诚编：《叶圣陶集》第 19 卷，南京：江苏教育出版社 1994 年，第 105 页。

[3] 傅斯年：《论孔子学说所以适应于秦汉以来的社会的缘故》，欧阳哲生主编：《傅斯年全集》第一卷，第 478—479 页。

史的论述。一般认为，陈寅恪对于古史未必熟悉，至少从未发表直接的学术文字。目前所见相关史事，略有数例：其一，俞大维曾专门撰文指出陈寅恪对于先秦典籍史事的了解程度。其二，吴宓日记所录陈寅恪的谈论，可见其对于先秦典籍史事确有系统认识。其三，1932年俞平伯将所撰《〈尚书·金縢〉中的几个问题》送陈寅恪阅看，陈有详细意见。其四，蒋天枢校《周礼》，陈寅恪告以“周礼中可分为两类：一，编纂时所保存之真旧材料，可取金文及诗书比证。二，编纂者之理想，可取其同时之文字比证”[1]。

傅斯年在北京大学读书和留英期间，不乏经常论学的师友，如在北大，与顾颉刚住在同一宿舍同一号，徐彦之是近邻，每天闲谈，参与者常有潘介泉、罗家伦。在英期间，则有吴稚晖、丁西林、李四光、刘复等。到柏林后，可谈的人更多，如罗家伦、毛子水、俞大维、姚从吾等。虽然傅斯年对俞大维相当推崇，许为最能读书的两人之一，可是上述诸人的学术喜好及水准，恐怕难以对傅斯年学术观念的转变起到重要作用。能够发生关键影响的，首推陈寅恪。所以傅斯年与罗家伦、姚从吾等研究史学的交谈，都是推崇顾颉刚在史学上称王，其他人无论如何，只能称臣。而在与陈寅恪结交之后，则朝着与陈趋同的方向转变，与此前的观念大相径庭。

按照傅斯年归国途中致顾颉刚的长函所说，他在柏林期间因为懒，很少与人交谈，每每以通信代替行步。此说未必全部属实，至少对于陈寅恪是例外。陈寅恪回国后虽然不好应酬，留学期间，却喜欢与人交谈，话题不仅学术，也包括时政社会。如在哈佛时与吴宓就有长时间谈论，语涉广泛。到欧洲后又与包括国家主义派的曾琦、李璜一干人等在内的留学生时常交谈。据赵元任、杨步伟夫妇

[1] 《陈寅恪先生史学蠡测》，卞僧慧纂，卞学洛整理：《陈寅恪先生年谱长编（初稿）》，北京：中华书局2010年，第374—375页；蒋天枢：《陈寅恪先生编年事辑》（增订本），上海古籍出版社1997年，第156页。

回忆，1924年他们在柏林期间，傅斯年、陈寅恪常常午饭见面，有时还有茶会。最难见到的是俞大维，陈寅恪与傅斯年来得最多。[1]另据1924年3月12日姚从吾从柏林致朱希祖函，亦可知与陈寅恪、傅斯年、俞大维等饭余常相聚谈。[2]

傅斯年说看到顾颉刚在《努力周报·读书杂志》第9期以后发表的关于古史层累造成说的文章，很想写文章参与讨论，因为懒的结果，不曾下笔而《努力》下世。"至今已把当时如泉涌的意思忘到什七八，文章是做不成的了，且把尚能记得者寄我颉刚。"并且特别叮嘱后者："只是请你认此断红上相思之字，幸勿举此遐想以告人耳。"[3]

即使从现在的观念看，傅斯年此函论及古史的内容也是相当有见地，并无拿不出手见不得人的地方。虽然表示过曾经准备称臣，毕竟笔锋一转，显示了崭新的境界。唯一让人觉得有些不够坦然的，就是没有提及自己观念的转变何以发生，关键的人事是什么。如此说并非指责傅斯年刻意隐瞒事实，先此他在给胡适的信中就具体提到陈寅恪的作用："《春秋》与孔子。今存外证以孟子一句，内证只孔父嘉之称字（陈寅恪指出）。"[4]那么，致顾颉刚的长函反而只字不提陈寅恪，不仅关于古史的部分没有，关于丁文江的文章评论部分也没有，而这两方面的转变都相当关键。对此略显异常之事，值得进一步仔细检讨。

如果傅斯年的长函继续往下写，他应该会提及陈寅恪；或是顾

[1] 杨步伟:《第一次欧洲游记》,《杂记赵家》，桂林:广西师范大学出版社2014年，第52页；赵元任、杨步伟：《忆寅恪》，载俞大维等著：《谈陈寅恪》，台北：传记文学出版社1978年，第23—28页。

[2] 《史学系派遣留德学生姚士鳌致朱逷先先生书》,《北京大学日刊》第1465号，1924年5月9日。

[3] 傅斯年：《与顾颉刚论古史书》，欧阳哲生主编：《傅斯年全集》第一卷，第445—446页。

[4] 《傅斯年致胡适》（1926年8月17、18日），王汎森、潘光哲、吴政上主编:《傅斯年遗札》第一卷，第34页。

颉刚没有刊出长函，对这封天知地知不传六耳的私信，傅斯年也不一定非要刻意表明相关情节。不巧的是，傅斯年尚未写到陈寅恪，而顾颉刚又未经同意就擅自发表，这在不明就里的顾颉刚自然觉得理所应当，但在傅斯年就不免有些尴尬。在顾颉刚刊出长函之后不久，傅斯年几次似乎不经意地提到其古史观念转变中陈寅恪的作用。起初多少还有些含糊其辞，1930年1月傅斯年发表《论所谓五等爵》，声言："此文主旨，大体想就于六七年前旅居柏林时。"[1] 并未提及具体人事。稍后更加明确地交代道：

> 记得民国十三年间，我正在柏林住着，见到顾颉刚先生在《努力》上的疑夏禹诸文，发生许多胡思乱想。曾和陈寅恪先生每一礼拜谈论几回，后来也曾略写下些来，回国途中只抄了一半给颉刚。经过两年，颉刚不得我同意，把他在《国立中山大学语言历史学研究所周刊》第二集第十四期（1928年1月31日）印出。[2]

傅斯年致顾颉刚长函的内容，虽然包含在英国时的想法，却是到柏林思想发生变化后才开始动笔，其中既掺杂了原来的旧认识，也包含变化后的新见解。而且旧认识整体上处于新见解的统领之下。大体可以说，从1924年转到柏林至1926年回国这一段期间，傅斯年对顾颉刚层累说的推崇赞赏，主要是反映他在英国时的认识，而到德国与陈寅恪详谈之后，已经全然改观。长函中傅斯年未提及陈寅恪的名讳作用，却将已经改变的观念大体托出，使得后人的解读判断出现混淆。依照现有的解释，不仅傅斯年到柏林与陈寅恪多次

---

[1] 傅斯年：《论所谓五等爵》，欧阳哲生主编：《傅斯年全集》第三卷，第45页。

[2] 傅斯年：《〈新获卜辞写本后记〉跋》，欧阳哲生主编：《傅斯年全集》第三卷，第113—114页。

讨论之于其古史观转变的作用将大打折扣，就连傅斯年1926年的古史认识程度也会被大幅度低估。

长函中傅斯年未提陈寅恪之名，可能的解释是不无在顾颉刚面前逞强之嫌，这与前不久胡适对两人学术进展的褒贬不无关系。1926年，傅斯年专程赶到巴黎与访欧的胡适见面，言谈之间对胡适的著作有所批评，尽管胡适后来实际上采纳了傅斯年的意见，当时却对于逆耳忠言显然感到不快，认为傅斯年数年放任，一事无成，与顾颉刚相比，高下立判。胡适在当时的日记中更有过激之词，后来自觉太过，予以涂抹。而此番会面不免刺激傅斯年的争胜之心，致函顾颉刚时，心存超越驾上之意，所谓对古史辨称臣等等，不过铺垫而已，意在反衬后面转折的更胜一筹。既然要争胜，借力未免胜之不武。或许正是这一点斗勇之气使之稍带私心，凸显了自己的见识，而不及他人的影响。

傅斯年的转折和陈寅恪的作用，在近代中国学术史上都是至关重要之事。正因为有此变化，王国维问世已久的著述才会令傅斯年耳目一新。顾颉刚刊出长函，他自己、一般读者乃至后来的学人，都不由得佩服傅斯年的高明。只有傅斯年和陈寅恪两位当事人心知肚明此事的来龙去脉，这也是傅斯年不得不屡次补充提及的潜因。仔细推敲，傅斯年对此一段因缘并非刻意隐瞒，只是尚未写到；顾颉刚不知其中玄机，擅自做主予以发表，也无可指摘；陈寅恪不谈三代两汉以上的文籍史事，不愿在文献不足征的情况下了解同情地猜来猜去之外，不无退避三舍的示好之意。如此一来，傅斯年坐稳了继古史辨之后考史的霸主位置，却留下未能尽释的隐情，使其与陈寅恪的关系多少有些微妙。

如此解读若能成立，指傅斯年在归国途中的航船上古史观才发生翻天覆地的变化，就显得情节有些离奇，太过戏剧化，其围绕此事的种种表现反应也不尽合乎情理。留学期间，傅斯年几乎没有学习中国文史之学，甚至离欧洲的语学史学也较远，如果没有陈寅恪的点醒，天分再高，用功再深，也很难自我实现顿悟。当然，能够承接陈寅恪的一语道破，绝非等闲之辈，在傅斯年也是心有灵犀，水到渠成。况且，致顾颉刚函本是私信，充其量不过是意气逞强而已。只是一旦公之于世，事情就变得复杂起来，陈寅恪的心证与傅斯年的气短，都在可能的范围。此说或不免诛心之论，在没有直接证据的情况下，却不失为可以贯通所有材料史事的合理解释。

杨树达自称“平生独畏陈夫子”。傅斯年所谓对陈寅恪“敬而不畏”，主要是在古史研究方面，虽然陈寅恪熟悉典籍，毕竟没有古文字学和考古学的根底，仅仅依据文献，研治古史的确不足确证。傅斯年后来对岑仲勉说：

> 古史一道，弟观感稍与先生不同。弟亦颇好此一道，久则念［愈］觉其遍地荆棘，故箧中旧稿，不下二十万言，不敢写定也。今日治此一事，弟以为应兼顾下列两事：一、乾嘉经学之最高成绩（声韵、训诂之学），益以金文、甲骨，为之材料。二、近代考古学之发明。故弟曾说一笑话，谓有一线之望，亦不敢必也。弟曾在所中说笑话，谓将上古史给第三组。寅恪先生言“书不读秦汉而上”，此或有激而作，然有至理存焉……然则第一组姑不治此一事，而以考古之学归之第三组，文字之学归之经学家，可乎？[1]

历史语言研究所的第三组即考古组，以上古史的文献不足征，而将重建古史的任务留给用现代科学方法从事的考古学，是那时趋新学人相当普遍的共识。只是后来的发展显示，中国古史留存的文献相当多且杂，重建工作如果完全交由考古学，在无文字时代大致

[1] 《傅斯年致岑仲勉》（1939 年 4 月 17 日），王汎森、潘光哲、吴政上主编：《傅斯年遗札》第二卷，台北：中研院史语所 2011 年，第 962 页。

可行或不得不然，在有文字时代则有两难，一是夏为文字从无到有的过渡，二是周代语文各国迥异。一味指望地下出土能够补足、佐证或确证地上文献记载的系统材料，如甲骨文的发现，可遇而不可求；即便是大量出现的简牍，也无法根本改变文本记载各异的情形。多数的情况是，有此说而未必仅如此说或如此说才正确。傅斯年于此早就了然于胸，他在长函中针对李宗侗“古史之定夺要待后来之掘地”的说法论道：

> 诚然掘地是最要事，但不是和你的古史论一个问题。掘地自然可以掘出些史前的物事、商周的物事，但这只是中国初期文化史。若关于文籍的发觉，恐怕不能很多（殷墟是商社，故有如许文书的发现，这等事例岂是可以常希望的）。而你这一个题目，乃是一切经传子家的总锁钥，一部中国古代方术思想史的真线索，一个周汉思想的摄镜，一个古史学的新大成。这是不能为后来的掘地所掩的，正因为不在一个题目之下。岂特这样，你这古史论无待于后来的掘地，而后来的掘地却有待于你这古史论。现存的文书如不清白，后来的工作如何把它取用。偶然的发现不可期，系统的发掘须待文籍整理后方可使人知其地望。[1]

比较前后两说，差异显然，傅斯年或是前面对顾言不由衷，或是后来对岑别有用意，或是前后有所反复。周秦以下的历史文籍，的确不能仅凭掘地就能够整理清楚，但总锁钥、真线索等等，也并非顾颉刚的古史论所能承当。如果说这时的傅斯年关于古史新证在事实上尚属模糊，在理念上则已经成竹在胸，自信可以超越古史辨。而突破瓶颈、豁然贯通的关键，恰在陈寅恪的点化。

---

[1] 傅斯年：《与顾颉刚论古史书》，欧阳哲生主编：《傅斯年全集》第一卷，第447页。

进言之，陈寅恪自称不敢观三代两汉以上书，即使不为藏拙，至少也是避嫌，暗示自己绝口不谈古史之意。得益于陈寅恪的点拨以致古史观乾坤颠倒的傅斯年，对于陈的古史造诣应当心知肚明。当然，熟悉典籍，虽然可以攻破层累说的观念方法，却很难在重建方面贡献良多。所以尽管陈寅恪熟悉先秦典籍，后来却很少论及古史，以致令人以为其是否真的不懂古史，只做中古一段。这让傅斯年在王国维之后俨然成为古史研究的祭酒。1935 年 6 月，胡适听傅斯年谈其古史心得，不禁赞道："他是绝顶聪明人，记诵古书很熟，故能触类旁通，能从纷乱中理出头绪来。在今日治古史者，他当然无有伦比。"[1]

傅斯年与陈寅恪的学术理念相近，文化观念则有所分别。一般而言，两人的具体学术见解少有分歧，大体以符合陈寅恪所见为是。可是一旦涉及文化观念，则难免出现不和谐。傅斯年对古史层累说只是学术上的不满，在文化观念上，作为五四新潮青年，与陈寅恪反对挖祖坟的立场相当疏离，而对顾颉刚希望发起思想上对于传统观念的冲击不无同情。也就是说，傅斯年可以接受陈寅恪关于层累说方法的质疑，因为毕竟与材料史事的实情不合，但是对于陈寅恪的文化守成观念恐怕难以认同。抗战期间，围绕性命古训在秦汉至唐宋之际的渊源流变，两人意见截然相对，虽然没有正面交锋，暗中却互有过招，未必不生心结。[2] 加上陈寅恪滞港留桂的一段纠葛，对于后来陈寅恪犹疑是否赴台且最终决定留在大陆，影响心理天平的倾斜，恐怕起到不小的作用。

[1] 曹伯言整理：《胡适日记全编》6，第 485 页。

[2] 详见桑兵：《求其是与求其古：傅斯年〈性命古训辨证〉的方法启示》，原载《中国文化》第 29 期，2009 年春季号，收入本书时有所删改。

陈寅恪的西学

陈寅恪向来被誉为学贯中西的大家，其西学的水准似乎不成问题。另一方面，陈寅恪治学主要在中国文史及东方学领域，不大论及所谓西学，而且极少称引西说，似乎又不在后人眼中的近代输入新知者之列。近年有学人提出陈的西学未必好，只是并无论证，亦未树立准则，似有故标高的之嫌。不过，陈寅恪很少专门谈论或称引西学，一般指为学贯中西，大概也是泛泛而论，并无确切标准和真凭实据。同样被誉为学贯中西的近代中国学人当中，西学程度更加可议者不在少数，有的则所谓西学程度略好，中学却很成问题。此事牵扯到对待域外思想学问尤其是西学的态度，为近代以来国人普遍遭遇的一大难题。有鉴于此，陈寅恪的西学究竟如何，有必要专门提出来讨论，而且应该设法加以论证。

一 学问难以贯通中西

所谓“西学”，如同西方一样，本来没有一成不变的固定指向。中国历史上的西方，最早联系的大概是西王母所在的昆仑，然后是佛教的西方极乐世界，最后才是泰西即欧美。所谓大小西洋，便是以中国为中心的方位判断。即使指泰西，也不过是中国人的看法，在被指为西方的人自己看来，并不存在统一实有的西方。所以有欧洲学人认为，西方只存在于东方人的观念世界。正如欧洲人心目中的东方，在吾等东方人看来很少共同性一样。虽然人类学者列维–斯特劳斯（Claude Levi-Strauss）和文化形态学者如斯宾格勒（Oswald Spengler）等人在面向东方或非西方之际，心目中也有一个统一的西方。

与此相应，所谓西学的内涵外延，其实相当模糊。西人之学，因时因地因人而异，欧洲各国，大陆与英伦三岛已不一致，大陆内部也是千差万别。如科学一词的意涵，英国与德国即很不相同。各自的联系与区别，不知渊源流变的外人很难理解把握。当年杨成志留学法国，对于社会学、人类学不同分支之间的激烈争辩便感到莫名所以，觉得似无必要。实则诸如此类的派分科别，渊源于历史文化等实事的联系，不能说毫无人为意气的成分，毕竟蕴含了相当深奥的学理讲究。日本明治时整体上的西化具体而言也有德、法、英不同流派之争，成功或成为主导的一方非但未必深刻，而且往往简化，以易于流行。

国人接受的西学体系，基本都经过日本和美国的再条理，两国都是发达国家的后进，都曾经不同程度地兼收并蓄，也同样面临渊源各异、脉络不同的境地，因而其分科系统，均不得不抹去难以理解的缠绕纠结，整齐划一。清楚条理的结果，看似分明易懂，便于掌握，实则难免流于混淆肤浅，况且还有与中国不相凿枘的情形，必须调适改造。这样的道理，长时期游学多国著名高等学府的陈寅恪领悟较深，因此他极少称引国人奉为时趋的西学。批评者大概以为西学是内涵外延明确的客观实在，所以提出对西学掌握的高下之分。如果西学其实只存在于东方人的心目之中，好坏优劣的标准就变得模糊而难以捉摸。以今日的时势，西学作为方便名词固无不可，甚至是非用不可，认真计较起来，却是越理越乱的。

既然西学并不实在或是内涵外延含糊不清，学贯中西便是绝无可能之事。或谓近代名家辈出，原因在于那一代人古今中外纵横兼通。此说为后人的看法，而且多少出于自愧不如的敬仰，并非当日的实事。按照章太炎等人的看法，历代名家，通人最难得，达到如此化境者不过数人而已。中国人一生研治本国学问，尚且不能说通，试问有一西人能通汗漫无边的西学否？近代学人承袭清代学术梳理历代学问的余荫（当然也不免受其偏蔽的负面影响），兼受西洋学术新风的熏染，有名于时者固然不少，但也并非如今人所以为的，大师成群结队，个个学贯中西。能够沟通古今，且不受分科的局限，已经难能可贵，要想兼通中外，只能相对而言。

章太炎、梁启超、刘师培、王国维、陈垣等人的西学，多由读译书或东学转手而来，钱穆的西学更被讥讽为看《东方杂志》得来的杂志之学。所以后来章太炎、王国维、刘师培等人绝口不谈西学，梁启超和钱穆则继续谈而自曝其短。西学稍好的严复和辜鸿铭，中学功底太差，后来虽然恶补，难以登堂入室。而且其西学也只是较当时一般国人的理解有所深入而已，距离通还相去甚远。胡适的输入新知在学衡派看来粗浅谬误，其中学在章太炎眼中则是游谈无根。这样指陈并非有意贬低前贤，只是说明兼通中外实为虽不能至，心向往之的极高境界。除了明治、大正时期日本少数自负的“支那学”者，以了解中国的水准远在国人了解外国之上的东西各国人士而言，试问有谁敢自诩贯通中学？何况中国一统，西洋分立，难易相去何止道里计。

钱穆在遭受占据主流者的白眼之后，仍不得不讲西学，在个人而言固然未能免俗，就整个社会风尚而论，则表明时势变迁，体用关系本末倒置，称引西学已成证明自我价值不得不然的时髦，像章太炎、刘师培、王国维那样不再侈谈格义之西学，已经不大可能。

1929年傅斯年声称此时修史非留学生不可[1]，抗战期间胡适不满于《思想与时代》杂志的态度，特意指出编辑人员当中“张其昀与钱穆二君均为从未出国门的苦学者”[2]。其实除此二人外，该刊的重要成员如冯友兰、贺麟、张荫麟等，均曾留学欧美，所学与胡适相近，水准甚至还在胡适之上。在渐居主流者挟洋自重的取向之下，不留学大有不能“预流”之势，可见中西学乾坤颠倒至于此极，则未曾留学者所承受的压力可想而知。

与时流有别，陈寅恪在民国学人中，是为数极少的敢于不言必称西学之人。他几乎从不以西学为著述主题，而且很少标榜西学理论、概念和方法。这一方面固然由于近代中国以游学时间之长、所到外国学府之多、所学语言门类之广而论，很少有人能出其右，因而无人能够质疑其西学水准，也就不必证明自己的西学水准。换成他人，即使像章太炎、刘师培、王国维等过来人的幡然醒悟，也难免被视为守旧落伍。另一方面，一旦发生诸如此类的误会，陈寅恪便会立即做出强烈反应，以显示其对于西学的认识远在一般国人甚至专门学人之上。

1932年，陈寅恪因为出本年度清华大学入学考试国文试题的对对子等事，引发不小的风波，招致各方非议，甚至被斥为“国学之蠹”[3]。本来陈寅恪极不愿为此类事情牵扯精力，卷入是非，留学期间就因“吾国人情势隔阂，其自命新学通人，所见适得其反”，表示回到国中将“不论政，不谈学，盖明眼人一切皆已自悉，不须我之述说。若半通不通，而又矜心作气者，不足与言，不能与辩，徒自增烦恼耳”[4]。尽管不想惹祸上身，可是对于找上门来的麻烦，却

---

[1] 《傅斯年致陈寅恪》(1929年9月9日)，王汎森、潘光哲、吴政上主编：《傅斯年遗札》第一卷，第227页。

[2] 曹伯言整理：《胡适日记全编》7，第540页。

[3] 陈旭旦：《国蠹》,《国学论衡》第1期，1933年。

[4] 吴宓著，吴学昭整理注释：《吴宓日记》第二册，第66页。

绝不回避，更是毫不客气。

陈寅恪回国后不愿与人谈学，主要是因为国内所谓新学通人大都半通不通，与自己所见正相反对。而这些混杂中西学两面半桶水的新锐，虽然不过一知半解，却往往自以为是，好自炫其新说。在陈寅恪看来，清季民国时期，借西学变中国，包括学术文化的用西洋系统条理本国材料，大半为十九世纪后半期的格义之学。至于世界学术的前趋，则大都茫然无知。谈元和新样，反而会被人以过时的陈言相非难，以致引起流俗的讥笑。[1] 正如清华国文考试出对对子为考题事件，议论者皆痴人说梦、不学无术之徒。[2] 其批评新学的双锋直指两面：一是过时，二是附会。

近代好鼓吹过时的西学者，典型之一便是梁启超。清季以来，梁启超由东学转手引进西学，影响巨大，可是所及大都已是陈言（当然部分也变为常识）。陈寅恪游学期间，欧洲经历了第一次世界大战血与火的惨烈，学术风尚大幅度转变，科学主义至少从万能的神坛跌落，战前对西方社会发展前景的乐观情绪一落千丈，有的甚至转而信仰东方主义。受此影响，梁启超的思想也出现转向。

不过，陈寅恪所谓过时，显然并非这样表面的趋时标准所能衡量。在学衡一派学人眼中，即使以输入新知为己任的胡适，所讲西学也是表浅浮泛之谈。相比于白璧德（lrving Babbitt）的新人文主义，追求教育普及的杜威的思想学术显得表浅。所以吴宓等人认为引进西学，应从希腊罗马时代，至少要从文艺复兴时期讲起，才能知所本源。虽然陈寅恪主张学术应当预流，可是所预绝非趋时也容易过时的时流。民国时期，留学一改清季风气，由地近费省的东游转而远渡重洋。而有切身体验的陈寅恪，深知欧洲学问的博大精

---

[1] 陈寅恪：《与刘叔雅论国文试题书》，陈美延编：《陈寅恪集 · 金明馆丛稿二编》，第 249—256 页。

[2] 陈寅恪：《致傅斯年》二十一，陈美延编：《陈寅恪集 · 书信集》，第 42—43 页。

深远非美东可比，曾经表示对哈佛的印象只有中国餐馆的龙虾，言下之意该校的学问并不足道。甚至指派送留美官费生与袁世凯北洋练兵一样，为祸害中国最大的二事之一。[1]

尽管留美学生逐渐占了数量人脉的优势，求学问者去欧洲，求学位者去美国，当时已是有口皆碑。留美出身的佼佼者胡适，即不断被人质疑是否具有学问的根底。1926 年胡适访学欧洲时，有几位英、德学者曾当面讥嘲美国，尤其不赞成美国的哲学，其实并未读过美国的哲学著作。胡适由此而生的感想是："我感谢我的好运气，第一不曾进过教会学校。第二我先到美国而不曾到英国与欧洲。如果不是这两件好运气，我的思想决不能有现在这样彻底。"[2] 之所以能够彻底，很大程度是因为简单。以新旧论是非，是胡适对付不少国人的利器。可是这样的辩词对于留学有成者未必有效。

国人学习西学，往往对其变动不居且动静较大的边缘部分较为敏感，易生共鸣，而对于万变不离其宗的根本则难以把握。胡适的学生傅斯年出国前也一度向往趋新的西学，到欧洲尤其是英国留学后，从剑桥、牛津与伦敦大学的比较中领悟到，讲学问与求致用不同，专求致用，学术不能发展，专讲学问，思想才能彻底。而这时北大的风气仍是议论而非讲学，"就是说，大学供给舆论者颇多，而供给学术者颇少"，长此以往，很难成为一流大学。[3] 胡适与傅斯年都言及思想彻底的话题，而看法截然相反，两人对于什么是思想彻底以及彻底的思想影响社会的哪些层面，大异其趣。胡适所谓彻底，用傅斯年的标准，恐怕刚好是浅薄的表现。

趋时者的西学不仅容易过时，而且因为缺乏深度，大都格义附

[1] 浦江清：《清华园日记 · 西行日记》，北京：生活 · 读书 · 新知三联书店 1999 年，第 4 页。

[2] 《胡适的日记》手稿本，1926 年 11 月 29 日，台北：远流出版事业股份有限公司 1990 年。

[3] 《傅斯年君致蔡校长函》，《北京大学日刊》第 715 号，1920 年 10 月 13 日。有趣的是，一个月前胡适在北京大学开学典礼上讲话，也是要求北大师生不要从事普及性的新文化运动，而要专注于研究高深学问。

会，似是而非。诚然，陈寅恪具体所指并非一般好讲西学者，而是胡适之流的新派。在胡适用来“通”旧籍的《马氏文通》，在陈寅恪的眼中就不通之至！1932年，陈寅恪因清华大学入学考试国文科出题引起争议事致函系主任刘文典，申辩说明之余，即对《马氏文通》痛加批驳，指为“非驴非马，穿凿附会之混沌怪物”。他说：

> 从事比较语言之学，必具一历史观念，而具有历史观念者，必不能认贼作父，自乱其宗统也。往日法人取吾国语文约略摹仿印欧系语之规律，编为汉文典，以便欧人习读。马眉叔效之，遂有文通之作，于是中国号称始有文法。夫印欧系语文之规律，未尝不间有可供中国之文法作参考及采用者。如梵语文典中，语根之说是也。今于印欧系之语言中，将其规则之属于世界语言公律者，除去不论。其他属于某种语言之特性者，若亦同视为天经地义，金科玉律，按条逐句，一一施诸不同系之汉文，有不合者，即指为不通。呜呼！文通，文通，何其不通如是耶？[1]

这段话的矛头看似指向马建忠，板子却打在胡适等人的身上，对于后者的国语文法以及用西文文法解中国旧籍，无异于釜底抽薪。只是胡适的办法简便易行，至今仍被无知者奉为治学的康庄大道。

或许有意避免流俗，陈寅恪极少称引西学。他认为中国自戊戌以后五十年来的政治似有退化之嫌，“是以论学论治，迥异时流，而迫于时势，噤不得发”。虽然他自称“少喜临川新法之新，而老同涑水迂叟之迂”[2]，可是在吴宓看来，陈寅恪对待中西文化的态度一以贯之。1961年，与陈寅恪分别多年的吴宓老友重逢，在日记中

[1] 陈寅恪：《与刘叔雅论国文试题书》，陈美延编：《陈寅恪集·金明馆丛稿二编》，第251—252页。

[2] 陈寅恪：《读吴其昌撰梁启超传书后》，陈美延编：《陈寅恪集·寒柳堂集》，北京：生活·读书·新知三联书店2001年，第168页。

记道：历经世事变幻，“然寅恪兄之思想及主张，毫未改变，即仍遵守昔年‘中学为体,西学为用’之说（中国文化本位论）”[1]。所谓中国文化本位,具体而言,即陈寅恪1927年《王观堂先生挽词并序》所指出：“吾中国文化之定义，具于白虎通三纲六纪之说”[2]。

陈寅恪重视纲常伦理，源于他对民族文化史的深刻认识。他认为：“二千年来华夏民族所受儒家学说之影响，最深最巨者，实在制度法律公私生活之方面。”[3]后来又有所申论：

> 夫纲纪本理想抽象之物，然不能不有所依托，以为具体表现之用；其所依托以表现者，实为有形之社会制度，而经济制度尤其最要者。故所依托者不变易,则依托者亦得因以保存。……自道光之季，迄乎今日，社会经济之制度，以外族之侵迫，致剧疾之变迁；纲纪之说，无所凭依，不待外来学说之掊击，而已销沉沦丧于不知觉之间；虽有人焉，强聒而力持，亦终归于不可救疗之局。盖今日之赤县神州值数千年未有之巨劫奇变；劫尽变穷,则此文化精神所凝聚之人,安得不与之共命而同尽。[4]

这样的说法，很容易被理解为陈寅恪的夫子自道，而引发文化遗民的质疑。实则纲纪缘于社会伦理关系，并非一家一姓之兴亡。此为理解把握中国社会历史的重要关节。不过，陈寅恪坚持以中国文化为本位，其“中体西用”文化观的经典表述，仍是《冯友兰中国哲学史下册审查报告》所说，真能于思想上自成系统，有所创获，

[1] 吴学昭：《吴宓与陈寅恪》，北京：清华大学出版社1992年，第143页。

[2] 陈寅恪：《王观堂先生挽词并序》，陈美延编：《陈寅恪集·诗集》，北京：生活·读书·新知三联书店2001年，第12—13页。

[3] 陈寅恪：《冯友兰中国哲学史下册审查报告》，陈美延编：《陈寅恪集·金明馆丛稿二编》，第283页。

[4] 陈寅恪：《王观堂先生挽词并序》，陈美延编：《陈寅恪集·诗集》，第12—13页。

必须一方面吸收输入外来学说，一方面不忘本来民族地位。[1] 这与晚清名臣张之洞的中体西用说精神虽无二致，内涵却有所分别。

陈寅恪之所以很少称引西学，更重要的还是他对中西古今学术的基本判断以及相关的理智情感的复杂纠结。早在留美期间，他就曾对吴宓详细阐述中西学术的优劣短长：

> 中国之哲学、美术，远不如希腊，不特科学为逊泰西也。但中国古人，素擅长政治及实践伦理学，与罗马人最相似。其言道德，惟重实用，不究虚理，其长处短处均在此。长处，即修齐治平之旨。短处，即实事之利害得失，观察过明，而乏精深远大之思。故昔则士子群习八股，以得功名富贵；而学德之士，终属极少数。今则凡留学生，皆学工程、实业，其希慕富贵、不肯用力学问之意则一。而不知实业以科学为根本。不揣其本，而治其末，充其极，只成下等之工匠。境遇学理，略有变迁，则其技不复能用，所谓最实用者，乃适成为最不实用。至若天理人事之学，精深博奥者，亘万古，横九垓，而不变。凡时凡地，均可用之。而救国经世，尤必以精神之学问（谓形而上之学）为根基。乃吾国留学生不知研究，且鄙弃之，不自伤其愚陋，皆由偏重实用积习未改之故。此后若中国之实业发达，生计优裕，财源浚辟，则中国人经商营业之长技，可得其用；而中国人，当可为世界之富商。然若冀中国人以学问、美术等之造诣胜人，则决难必也。夫国家如个人然，苟其性专重实事，则处世一切必周备，而研究人群中关系之学必发达。故中国孔孟之教，悉人事之学。而佛教则未能大行于中国。尤有说者，专趋实用者，则乏远虑，利己营私，而难以团结，谋长久之公益。即人事一方，

[1] 陈寅恪：《冯友兰中国哲学史下册审查报告》，陈美延编：《陈寅恪集 · 金明馆丛稿二编》，第 284—285 页。

> 亦有不足。今人误谓中国过重虚理，专谋以功利机械之事输入，而不图精神之救药，势必至人欲横流、道义沦丧，即求其输诚爱国，且不能得。[1]

据此，依照常理，陈寅恪理应大力提倡输入引进西学，或是大量称引西学，而实情似相反对。究其原因，除了不与时趋同流，以及以中国文化为本位外，还在于他所看重的西学，与流俗有别。留学期间，对于盛行一时的学说，如马克思和弗洛伊德的著作，陈寅恪曾特意学习过，以为食色性也，中国古已有之，言下之意，不足为奇。后来陈寅恪还明确表示不能以马克思为研究历史的指导。此说令有意回护之人也感到难以辩解。实则陈寅恪未必轻视马克思的学说，而是认为研究中国历史文化，不能附会套用欧洲新说，应该立足本国，用西学的本源大道于无形（详见第四节）。即使谋求救国，也不能仅仅致用于一时，而要从学术文化的根本着手。这样的根本，又并非钱穆所批评的清季以来的革新派史学，从现实宣传的角度，企图根本解决所有问题，往往偏于一端。[2] 近代以来的挟洋自重者，于西学不过各取所需，若能全面关照把握，或许不至于信口开河以自欺欺人。

二 中国的东方学首席

陈寅恪既然很少言说和称引西学，即使作为方便名词，要想判断其西学的高下，也未免难于着手。对此，首先还是要着落于陈寅恪的本行，即文史之学方面。1928 年，傅斯年等人创立中研院历史语言研究所时，针对当时汉学研究的中心在巴黎和京都，中国的历

[1] 吴宓著，吴学昭整理注释：《吴宓日记》第二册，第 100—102 页。

[2] 钱穆：《国史大纲 · 引论》，北京：商务印书馆 1991 年，第 5—6 页。

史语言之学久已落于人后的现状，提出“要科学的东方学之正统在中国”的口号。所谓科学的东方学,看似以研究中国为主,其实不然。傅斯年不赞成国学的概念，以为扩充材料和工具，势必弄到不国不故，主张搜集材料不局限于中国的范围，而要关注“汉广”，所以强调以“东方学”代替“国学”，“并不是名词的争执，实在是精神的差异的表显”。科学的东方学并不是中国固有的学问，而是西学的组成部分。无论研究的范围重心还是方法取径，都是西洋学人的拿手好戏。“假如中国学是汉学，为此学者是汉学家，则西洋人治这些匈奴以来的问题岂不是虏学，治这学者岂不是虏学家吗？然而，也许汉学之发达有些地方正借重虏学呢！”[1]

西人之东方学等于虏学的意思，稍早之前胡适也曾说过。1927年，胡适从欧洲回国，因国内政局变动而滞留日本，在京都乐友会馆召开的支那学会发表演讲，顺应京都学人尤其是狩野直喜的主张，说不能只研究“虏学”，即周边民族，必须研究中国本部，幸而京都有这方面的优秀学者，自己十分佩服，希望在场的学生多向狩野直喜等人请教。[2] 由此看来，虏学有二义：其一，和西学相似，东方学是西人研究其心目中的东方的学问，是西学的重要组成部分，而东方并不实有此种统一的学问。中国、日本、印度、波斯、中亚的学术文化分别甚大。其二，与中国相关的东方学研究的重心在于四裔，如西域、南海以及满蒙回藏鲜等。

从时间上看，目前所见资料显示胡适使用虏学的概念早于傅斯年，然而胡适有此认识，应是访欧时与傅斯年多次长谈的结果，而且傅斯年影响胡适的可能性较大。至于傅斯年的看法，当与陈寅恪有关。后者所学，正是西人东方学的长技，而且实际水准已经进入

[1] 欧阳哲生主编：《傅斯年全集》第三卷，第6—12页。

[2] 吉川幸次郎：《胡適》,《吉川幸次郎全集》第16卷，东京：筑摩书房1974年，第431—433页。

先进行列。傅斯年留欧前后，学术观念和取向出现明显变化，而变化的成因，除了直接接触欧洲学术，陈寅恪的影响应在重要之列。傅斯年与陈寅恪在德国期间时常相聚详谈，使得傅斯年的学术观念在若干重要方面较出国前大异其趣。虽然迄今为止尚未见到陈寅恪直接使用虏学的证据，此一说法很可能来自陈，至少是在傅、陈二人论学之际所激发出来的一种笑谈。

如果此说虽不中亦不远，陈寅恪应是对自己当时治学取向的自嘲。在 1920 至 1930 年代的中国，陈寅恪可以说是所有学人中最有条件和能力依照欧洲东方学之正统治“虏学”的有数之人。陈寅恪回国后，在清华研究院国学所担任的指导学科是：佛经译本比较研究、东方语言学、西人之东方学；而普通演讲课为：西人之东方学之目录学、梵文。1926 年陈寅恪担任北京大学研究所国学门导师，在该门提出的研究题目四项，由本科三年级以上学生选修，四题为：一、长庆唐蕃会盟碑藏文之研究（吐蕃古文）；二、鸠摩罗什之研究（龟兹古语）；三、中国古代天文星历诸问题之研究；四、搜集满洲文学史材料。[1] 从课程科目所设标题可见，陈寅恪清楚地知道所谓东方学乃西人的学问。

毋庸讳言，陈寅恪所掌握的多种古今中外语言文字以及比较语言学的研究方法，在禹内的确为不二人选，可是放在这方面学术传统深厚的欧洲，就未必算得上出类拔萃。所以陈寅恪并不是跟着西人之东方学的轨则亦步亦趋，而是扬长避短，在中西之间寻求主攻方向，所选择的历史、佛教以及蒙古满洲回文书，既能发挥其汉文典籍熟悉的优势，又能利用西人东方学的长处，而为中外学人力所不及。[2] 同样注意到上述问题的日本学人，虽然致力于相关研究，

[1] 《研究所国学门通告》，《北京大学日刊》第 2000 号，1926 年 12 月 8 日。

[2] 参见陈寅恪：《与妹书（节录）》，陈美延编：《陈寅恪集·金明馆丛稿二编》，第 355—356 页。

直到1930至1940年代，在陈寅恪看来，仍然水准有限。[1]

正因为有了陈寅恪这样精于西人东方学的高手，算不上擅长东方学的傅斯年才敢于喊出“要科学的东方学之正统在中国”的口号。中研院历史语言研究所1928年10月成立于广州，陈寅恪即被聘请为研究员。其所属历史语言研究所第一组的研究标准是：以商周遗物，甲骨、金石、陶瓦等，为研究上古史的对象；以敦煌材料及其他中亚近年出现的材料，为研究中古史的对象；以内阁大库档案，为研究近代史的对象。第一项分别由傅斯年、丁山、容庚、徐中舒负责，第二项由陈垣负责，而陈寅恪负责整理明清两代内阁大库档案史料，政治、军事、典制搜集，并考定蒙古源流、及校勘梵番汉经论。[2] 则此时陈寅恪的研究仍然偏重倚靠异族域外语言的民族文化关系一面。

不过，“要科学的东方学之正统在中国”，固然是傅斯年的向往期望，更是他排斥一般国学家的托词。但在与东西两洋学术争胜方面，傅斯年的实际做法与公开宣言之间存在明显反差。他不像陈垣等人真心希望将汉学的中心争回到中国，因为他知道国际汉学属于东方学的系统，并非中国人所长，所以内心深处对于中国人研治纯粹中国问题的“全汉”情有独钟，可是宣传上要顺应甚至凭借清季尤其是五四以来西风压倒东风的时势，竖起中国的“科学的东方学之正统”的大旗，并掌控最终解释的话语权，使得那些不知何谓“科学的东方学之正统”的学人望而却步或是知难而退。1934年，傅斯

---

[1] 1937年1月31日陈寅恪复函陈述，谈论契丹辽史研究，内称：“白鸟之著作，盖日人受当时西洋东方学影响必然之结果，其所依据之原料、解释，已依时代学术进步发生问题，且日人对于此数种语言尚无专门威权者，不过随西人之后，稍采中国材料以补之而已。公今日著论，白鸟说若误，可稍稍言及，不必多费力也。”陈寅恪：《致陈述》三，陈美延编：《陈寅恪集·书信集》，第183页。

[2] 蔡元培：《中研院过去工作之回顾与今后努力之标准》，高平叔编：《蔡元培全集》第五卷，北京：中华书局1988年，第371页；《三十五年来中国之新文化》，高平叔编：《蔡元培全集》第六卷，北京：中华书局1988年，第85页。

年在承认西洋人治中外关系史等“半汉”的问题上有“大重要性”的同时，觉得“全汉”的问题更大更多，“更是建造中国史学知识之骨架”，批评“西洋人作中国考古学，犹之乎他们作中国史学之一般，总是多注重在外缘的关系，每忽略于内层的纲领”[1]。这实际上等于说西人的东方学对于研究中国问题还是等而下之，顶多只是偏师而已，算不上正军。

傅斯年关于“半汉”与“全汉”的分别及取舍，早在他大张旗鼓地高调打出“要科学的东方学之正统在中国”的旗号之际，就已经形成并且暗中操作。1929 年，傅斯年即提议陈寅恪领军研究“比较纯粹中国学问”的“新宋史”，以免治魏晋隋唐蒙元史“非与洋人拖泥带水不可”的麻烦。[2] 照此看来，傅斯年在以宣言的形式断绝那些并不了解“东方学正统”的国学家趋时的念头并将他们统统打入另册后，其与欧洲东方学角胜的取径，并非如顾颉刚所揣测，是“欲步法国汉学之后尘”[3]。一旦成功地对国学家“标新”，他对西人的东方学也要“立异”了。而立异的本钱，却是“比较纯粹”的“中国学问”。所以，“科学的东方学之正统在中国”的所谓“正统”，还是华洋有别，而非将中心从欧洲夺回中国的空间地理位置转移而已。对于国人，强调“科学的东方学之正统”即其西学的一面；对于西人，却是主张不与洋人拖泥带水的具有内层纲领性的“全汉”。

傅斯年等人研治新宋史的计划，发端甚早，在此之前，国内只有刘咸炘、蒙文通等个别学人议论过重修宋史之事。[4] 虽然刘咸炘 1926 年写过《宋史学论》等文，专论宋代史学，但是并未认真考虑

---

[1] 傅斯年：《〈城子崖〉序》，岳玉玺、李泉、马亮宽编选：《傅斯年选集》，天津人民出版社 1996 年，第 293—294 页。

[2] 《傅斯年致陈寅恪》（1929 年 9 月 9 日），王汎森、潘光哲、吴政上主编：《傅斯年遗札》第一卷，第 227 页。

[3] 顾潮编著：《顾颉刚年谱》，北京：中国社会科学出版社 1993 年，第 152 页。

[4] 刘咸炘：《重修宋史述意》，黄曙辉编校：《刘咸炘学术论集 · 史学编（下）》，桂林：广西师范大学出版社 2007 年，第 591—592 页。

过重修宋史以及如何付诸实施。如果照傅斯年与陈寅恪所议办理，以中研院历史语言研究所得天独厚的优势条件，以及陈寅恪超卓不凡的见识功力，所获必多，不敢说独步天下，能与之抗衡甚至得为同道者也是屈指可数。即使刘咸炘等同时实施相同计划，照傅斯年的观念，因为并非留学生出身，仍在“无能为役”之列。

然而，不无蹊跷的是，此事似乎并无下文，至少不见具体实行的蛛丝马迹。据1930年度《中研院过去工作之回顾与今后努力之标准》，研究员陈寅恪的研究工作为：“整理明清两代内阁大库档案史料，政治、军事、典制收集、并考定蒙古源流、及校勘梵番汉经论。”[1]该文件原载《中央周报》第83、84期合刊，为新年增刊，于1930年1月1日出版。其制定应在1929年下半年。考虑到傅斯年与陈寅恪通信讨论着手研治新宋史的时间，则很有可能是制定该项文件时需要确定陈的研究计划。陈寅恪虽然对修宋史表示“如许兴趣”，最终并未同意作为其近期研究工作的重点。

陈寅恪何以搁置此事，未见直接证据。根据相关史事，可能性甚多，与西人的东方学相关者，如对于偏重倚靠异族域外语言的民族文化关系的研究仍然不忍舍弃，尤其是佛教以及夹杂些外国东西的唐史研究。更为重要的是，研究宋代是否比较纯粹的中国学问，可以不与外国人拖泥带水，陈、傅二人存在罕有的严重分歧。例如陈寅恪认为，唐宋诸儒是先受到佛教道教性理之说的影响，再上探先秦两汉的儒学，以外书比附内典，变儒家为禅学，构建新儒学，然后避名居实，取珠还椟，并据以辟佛。傅斯年适相反对，认为唐宋诸儒是受汉儒之性情二元说的影响，鉴于时代风气人伦道丧，先从古儒学中认出心学一派，形成理学，以抵御佛教，因而与禅无关，

---

[1] 蔡元培：《中研院过去工作之回顾与今后努力之标准》，高平叔编：《蔡元培全集》第五卷，第371页。

于儒有本。为此，两人著文暗中争执十余年，最终依然各执己见。[1]两人的理念相差甚远，当时傅斯年或许一无所知，陈寅恪却心知肚明，自然不愿自找麻烦。

一直到1940年代，陈寅恪仍然稳坐中国的东方学祭酒的位置，没有人能够挑战他的权威地位。可是，形势比人强，陈寅恪所讲西人之东方学，在欧洲本来就是极小众研治的绝学，因为必须掌握多种古今语言，经过比较语言学和比较文献学的长期训练，又要各种文献的大量积累，当时中国很少有人能够承接延续，清华大学国学院的高才生如姜亮夫等也不能理解。陈寅恪在清华研究院所讲西人之东方学之目录学和梵文（1928年度改讲梵文文法和唯识二十论校读），前者"先就佛经一部讲起，又拟得便兼述西人治希腊、拉丁文之方法途径，以为中国人治古学之比较参证"[2]。学生的普遍感觉是听不懂。姜亮夫回忆道：

> 陈寅恪先生广博深邃的学问使我一辈子也摸探不着他的底。……听寅恪先生上课，我不由自愧外国文学得太差。他引的印度文、巴利文及许许多多奇怪的字，我都不懂，就是英文、法文，我的根底也差。所以听寅恪先生的课，我感到非常苦恼。

陈的梵文课以《金刚经》为教材，用十几种语言比较分析中文本翻译的正误。学生们问题成堆，但要发问，几乎每个字都要问。否则包括课后借助参考书，最多也只能听懂三分之一。[3]

蓝文征也说：

---

[1] 详见桑兵：《求其是与求其古：傅斯年〈性命古训辨证〉的方法启示》，原载《中国文化》第29期，2009年春季号，收入本书时有所删改。

[2]《教授来校》，《清华周刊》第359期，1925年11月13日。

[3] 姜亮夫：《忆清华国学研究院》，王元化主编：《学术集林》卷一，上海远东出版社1994年，第237—239页。

> 陈先生演讲，同学显得程度很不够。他所会业已死了的文字，拉丁文不必讲，如梵文、巴利文、满文、蒙文、藏文、突厥文、西夏文及中古波斯文非常之多，至于英法德俄日希腊诸国文更不用说，甚至连匈牙利的马札儿文也懂。上课时，我们常常听不懂，他一写，哦！才知道那是德文，那是俄文，那是梵文，但要问其音，叩其义，方始完全了解。[1]

清华国学院研究生的程度较一般大学本科为高，当时国内顶尖的北京大学和清华大学两校学生，对于陈寅恪所讲东方学更加力不从心。1928 年春，北京大学请其兼任教授佛经翻译文学课程，秋季改授蒙古源流研究。前者“因为同学中没有一个学过梵文的，最后只能得到一点求法翻经的常识，深一层了解没有人达到”；后者因部分学生对元史有所准备，勉强能够应付。[2] 清华国学院结束后，陈寅恪改到清华大学的文史两系任教，所讲课程较研究院时期降低难度，学生仍然不能适应。1934 年，该校文学院代院长蒋廷黻总结历史系近三年概况时说：“国史高级课程中，以陈寅恪教授所担任者最重要。三年以前，陈教授在本系所授课程多向极专门者，如蒙古史料、唐代西北石刻等，因学生程度不足，颇难引进。”[3]

学问之事，本来就存在可信与可爱的不可兼得，越是高深玄奥，越是曲高和寡。能够引起普遍共鸣的，往往等而下之。那些一味面向新进，迎合时流的横通之论，无论如何出奇求新，不过是追求感官刺激而已。如果不能超越时流，坚守良知，以一般青年为主体的大学，反而最容易成为欺世盗名者横行无忌的场所，遑论并非故意

[1] 陈哲三：《陈寅恪先生轶事及其著作》，《传记文学》第 16 卷第 3 期，1970 年 3 月。

[2] 劳榦：《忆陈寅恪先生》，《传记文学》第 17 卷第 3 期，1970 年 9 月。

[3] 刘桂生、欧阳军喜：《陈寅恪先生编年事辑补》，王永兴编：《纪念陈寅恪先生百年诞辰学术论文集》，南昌：江西教育出版社 1994 年，第 436 页。其在中文系所开课程为佛经翻译文学、敦煌小说选读、世说新语研究、唐诗校释等。

的误人子弟。这也是大学稍有不慎即变为学术江湖的重要成因。

学生无力承受，还不足以让陈寅恪放弃心仪的西人之东方学，全力转向其他领域。可是后来逐渐发生材料不足的困难，终于令其无法继续坚持。尽管陈寅恪游学期间大量购书，以备归国研究，回国前后又想方设法鼓动各部门机构购置相关图书资料，可是由于基础太差，又是不急之务，一时间难以充分改善。到 1930 年代后期，材料方面已经感到捉襟见肘的陈寅恪还想勉为其难地奋力一搏，不料抗日战争爆发，辗转迁徙，颠沛流离，巧妇难为无米之炊。1942 年，陈寅恪为朱延丰《突厥通考》作序，公开声称："寅恪平生治学，不甘逐队随人，而为牛后。年来自审所知，实限于禹域以内，故仅守老氏损之又损之义，捐弃故技。凡塞表殊族之史事，不复敢上下议论于其间。"[1] 同年底为陈述《辽史补注》作序，又表明因"频岁衰病，于塞外之史，殊族之文，久不敢有所论述"[2]。并且将所有相关西人东方学的书籍卖给北大，最终放弃在此领域与国际学术界角逐比肩的努力。[3]

尽管陈寅恪屡屡自称其"平生述作皆出于不得[已]"[4]，令人难以捉摸究竟是实情抑或托词，此番转向的确出于情非得已。既然未必心甘情愿，所以后来陈寅恪一直关注西人之东方学的研究动向，战后对于学界新锐季羡林的研究能够突进到国际学术前沿大加赞赏。后来有人指季所治实为虏学，而非国学，并非妄言。而季老自己卸下"国学大师"的桂冠，也算是正本清源之举。

[1] 陈寅恪：《朱延丰突厥通考序》，《陈寅恪史学论文选集》，上海古籍出版社 1992 年，第 513 页。

[2] 陈寅恪：《陈述辽史补注序》，陈美延编：《陈寅恪集·金明馆丛稿二编》，第 265 页。

[3] 此事多以为出于生计艰难，实则对于学人而言，安身立命处更为重要。

[4] 陈寅恪：《致陈述》十九，陈美延编：《陈寅恪集·书信集》，第 197 页。

三　国人之中　西学较优

西人之东方学虽然是西学的组成部分，如果仅仅以此为准来衡量陈寅恪的西学，不无取巧之嫌。其实，即使在西学的正统方面，以国人为范围进行比较，陈寅恪的西学也在出类拔萃之列。此处之较，不仅与当时一般的中国人比，而且与专门的学问家比，甚至是与以输入新知为职志、号称通西学者比较。或者指陈寅恪未必通西学，如果以为西人有西学，并以西人为范围整体而言固然，可是要说陈寅恪是近代中国学人当中西学最好的有数之人，亦非过誉。对此可从几方面略加申论。

清季以来，对于西学了解较深者，首先当属留学生。所谓读西书不如留西学，确有几分道理。读西书尤其是翻译书，隔了不止一层，很难领会到位。当然，留学又有东西洋之别，留学东洋而求西学，也是转手负贩的二手货。留学西洋还有欧美之分，前者重在求学问，后者着眼于求学位。进而言之，无论东西洋还是欧美，受时势的影响，近代留学生当中从事社会政治活动以及如各种留洋外史小说所描述的混迹江湖者不在少数，肯用心读书的为数不多。正是在后一部分留学生当中，陈寅恪的中西学问俱佳可谓有口皆碑。

陈寅恪在东西两洋各国的各大名校浸淫多年，当为中国有史以来留学时间最长、读过的学校最多之人，知道求学问应到欧洲的道理。所学习的范围虽有重点，亦相当广泛，而且他不求学位，但求学问，专心读书。与之交往密切的吴宓称："陈君中西学问皆甚渊博，又识力精到，议论透彻，宓佩服至极。"所以如此，天分高之外，关键还在读书多，尤其是读西书多。"哈佛中国学生，读书最多者，当推陈君寅恪，及其表弟俞君大维。两君读书多，而购书亦多。到此不及半载，而新购之书籍，已充橱盈笥，得数百卷。陈君及梅君，皆屡劝宓购书。回国之后，西文书籍，杳乎难得，非自购不可。而此时不零星随机购置，则将来恐亦无力及此。"其时陈寅恪不仅谈西学，而且“谈印度哲理文化，与中土及希腊之关系”[1]。吴宓后来说：“始宓于民国八年在哈佛大学得识陈寅恪，当时即惊其博学而服其卓识。驰书国内友人，谓‘合中西新旧各种学问而统论之，吾必以寅恪为全中国最博学之人’。”[2]

吴宓读书治学教书，均以外国文学尤其是比较文化为主，其西学较一般中国人为优。不过，尽管他后来成为部聘教授，其中西学识与陈寅恪相比，还是差距较大。自视甚高且读书亦多的傅斯年对刚到德国留学的北大同学毛子水说：“在柏林有两位中国留学生是我国最有希望的读书种子，一是陈寅恪，一是俞大维。”[3] 另一位北大毕业派遣留德的姚从吾（士鳌）于 1924 年 3 月 12 日致函母校，介绍在柏林的中国留学生，如罗家伦、陈枢、俞大维、傅斯年等，称后二人“博通中西，识迈群流”，对陈寅恪尤为推崇，指其“能畅读英法德文，并通希伯来、拉丁、土耳其、西夏、蒙古、西藏、满洲等十余国文字。近专攻毗邻中国各民族之语言，尤致力于西藏文。印度古经典，中土未全译或未译者，西藏文多已译出。印度经典散亡，西洋学者治印度学者，多依据中国人之记载，实在重要部分，多存西藏文书中，就中关涉文学美术者亦甚多。陈君欲依据西人最近编著之西藏文书目录，从事翻译，此实学术界之伟业。陈先生志趣纯洁，强识多闻，他日之成就当不可限量也。又陈先生博学多识，于援庵先生所著之《元也里可温考》、《摩尼教入中国考》、《火祆教考》、张亮丞先生新译之《马哥孛罗游记》均有极中肯之批评”[4]。

同年 7 月，顾颉刚在信中列举现今国学五派的趋势，其中第二派为东方古言语学及史学，“研究亚洲汉族以外的各民族的文化，他们在甘肃、新疆、中央亚细亚等处发掘，有巨大的发见。法人伯

[1] 吴宓著，吴学昭整理注释：《吴宓日记》第二册，第 28、55、90 页。
[2] 《吴宓诗集 · 空轩诗话》，引自吴学昭著：《吴宓与陈寅恪》，第 79 页。
[3] 毛子水：《记陈寅恪先生》，《传记文学》第 17 卷第 2 期，1970 年 8 月。
[4] 《北京大学日刊》第 1465 号，1924 年 5 月 9 日。

希和、英人斯坦因、中国罗福成、张星烺、陈寅恪、陈垣等都是这一派的代表”[1]。

陈寅恪不仅通过书本了解西学，还实地考察留学各国的社会实情，增加切身体验，以便加深对于西方社会的理解认识。1919 年吴宓与之相识于哈佛，“聆其谈述，则寅恪不但学问渊博，且深悉中西政治、社会之内幕”[2]。如偶及婚姻之事，陈为其细述所见欧洲社会实在情形，竟能将贵族王公、中人之家和下等工人的情况分别详述，指出“西洋男女，其婚姻之不能自由，有过于吾国人”。并且进而申论：“盖天下本无‘自由婚姻’之一物，而吾国竞以此为风气，宜其流弊若此也。即如宪法也，民政也，悉当作如是观。捕风捉影，互相欺蒙利用而已。”[3] 这样的深刻见解，与五四以来东西文化的笼统简单类比，不啻为天壤之别。

陈寅恪对西方婚姻制度及男女色欲之事的认识，绝非纸上谈兵，为了具体了解，在巴黎时还曾经实地考察。详究比较之下，认为“吾国旧日之制，男女各得及时配偶，实属最善之道。父母为儿女择偶綦殷，固是爱子之心，抑亦千百年经验所得。本乎学理，而重事实。故吾国风俗实较西洋为纯正”[4]。1923 至 1924 年留学欧洲期间，陈寅恪与积极组织政党活动的曾琦等人交往，“高谈天下国家之余，常常提出国家将来致治中之政治、教育、民生等问题：大纲细节，如民主如何使其适合中国国情现状，教育须从普遍征兵制来训练乡愚大众，民生须尽量开发边地与建设新工业等”[5]。后来他指责戊戌

---

[1] 顾潮编著：《顾颉刚年谱》，第 97 页。

[2] 吴宓著，吴学昭整理：《吴宓自编年谱》，北京：生活 · 读书 · 新知三联书店 1995 年，第 188 页。

[3] 吴宓著，吴学昭整理注释：《吴宓日记》第二册，第 20—21 页。

[4] 吴宓著，吴学昭整理注释：《吴宓日记》第二册，第 120—121 页。

[5] 李璜：《忆陈寅恪登恪昆仲》，钱文忠编：《陈寅恪印象》，上海：学林出版社 1997 年，第 6 页；曾琦：《旅欧日记》，曾慕韩先生遗著编辑委员会编：《曾慕韩先生遗著》，台北：“中国青年党中央执行委员会”1954 年，第 407—418 页。

以来 50 年中国的政治退化，依据之一即是以国会为象征的所谓恶质民主政治。[1]

陈寅恪口头上常常将中西社会文化作平行比较，因其对于中外各国社会文化的历史演变及现实状况有系统了解和深入体察，所见往往与时人大异。前引留美期间陈寅恪向吴宓阐述其对中西思想文化异同流变的一整套看法，便与东西文化论战各派的观点均大相径庭。而号称通西学的人士乍听之下，大都愕然诧异，认真思考之后，加以验证，转而心悦诚服。胡适一派有英国通之称的陈源，1922 年在柏林第一次听到陈寅恪的妙论，“说平常人把欧亚做东西民族性的分界，是一种很大的错误。欧洲人的注重精神方面，与印度比较的相近些，只有中国人是顶注重物质，最讲究实际的民族”。当时便觉得是“闻所未闻的奇论，可是近几年的观察，都可以证实他的议论，不得不叫人惊叹他的见解的透澈了”[2]。

陈寅恪对于西学的本源及其流变，也有超乎时流的洞见。例如他阐述比较语言学的历史依据：“昔希腊民族武力文化俱盛之后，地跨三洲，始有训释标点希腊文学之著作，以教其所谓‘野蛮人’者。当日固无比较语言学之知识，且其所拟定之规律，亦非通筹全局及有统系之学说。罗马又全部因袭翻译之，其立义定名，以传统承用之故，颇有伪误可笑者。……欧洲受基督教之影响至深，昔日欧人往往以希伯来语言为世界语言之始祖，而自附其语言于希伯来语之支流末裔。迄乎近世，比较语言之学兴……于是系内各个语言之特性逐渐发见。印欧系语言学，遂有今日之发达。”[3] 此说不仅关乎语法，也触及欧洲所谓古典学的渊源流变。将近代的重构等同于古代的事实，恰是时下西学认知的一大通病。

---

[1] 陈寅恪：《韦庄秦妇吟校笺》，陈美延编：《陈寅恪集 · 寒柳堂集》，第 149—150 页。

[2] 西滢：《闲话》，《现代评论》第 3 卷第 65 期，1926 年 3 月 6 日。

[3] 陈寅恪：《与刘叔雅论国文试题书》，陈美延编：《陈寅恪集 · 金明馆丛稿二编》，第 250—251 页。

正是由于陈寅恪对于西学和西方的认识相当精辟，超越流俗和常人，甚至远在以输入新知为己任的趋新人士之上，尽管见解大异其趣，还是受到后者的推重。1930 年底，中华教育文化基金会董事会成立编译委员会，由胡适担任委员长，张准任副委员长。该委员会分为甲乙两组，甲组文史，乙组科学。甲组委员有丁文江、赵元任、陈寅恪、傅斯年、陈源、闻一多、梁实秋，皆一时之选。[1] 主持其事的胡适提出历史和名著的拟译名单。关于历史，胡适所开书单为：

1. 希腊用 Grote（格罗特）

2. 罗马用 Moumsen（莫姆森）与 Gibbon（吉本）

3. 中世纪拟用 D. C. Munse（穆斯）

4. 文艺复兴与宗教改革拟用 E. M. Hulme: *The Renaissance, the Protestant Revolution & the Catholic Reformation*（休姆：《文艺复兴，新教革命和天主教改革》）

5. 近代欧洲拟用

   A. W. C. Abbott: *The Expansion of Europe*（艾博特：《欧洲的扩张》，1415—1789）

   B. H. E. Bourne: *The Revolutionary Period*（鲍恩：《革命时代》，1763—1815）

6. 英格兰拟用 I. R. Green（格林）或 E. Wingfield-Stratford: *The History of British Civilization*（温菲尔德 - 斯特拉福德：《不列颠文明史》）

7. 法国拟从李思纯说，用 Albert Malet: *Nowvelle Historie de France*（阿尔伯特 · 马莱：《法国新史》，1924）

8. 美国拟用 Beard: *Rise of American Civilization*（比尔德：《美利坚文明的兴起》）

---

[1] 曹伯言整理：《胡适日记全编》5，第 759 页；胡颂平编著：《胡适之先生年谱长编初稿》，台北：联经出版事业公司 1984 年，第 950 页。

文史组议论胡适提出的书目时，陈寅恪认为："前四人悬格过高，余人则降格到教科书了。"胡适的答复是："此亦是不得已之计，中世与近代尚未有公认之名著，故拟先用此种较大较佳之教科书作引子，将来续收名著。比如廿四史中虽有《史记》《汉书》，也不妨收入一些第二三流之作也。孟真则主张译'Cambridge Medieval History'[《剑桥中世纪史》]，此意我也不反对。"[1] 揣摩当时情形，显然陈寅恪所言切中要害，胡适的辩词有些牵强，傅斯年的意见表面折中，实际是既支持陈，又使胡适有台阶可下，不太难堪。所反映出来的，恰是各人对西方不同时期史学整体把握的差异。

陈寅恪的研究虽以文史为主，其对于西学的认识，并不限于史学一隅。1931 年清华大学成立 20 周年纪念之际，陈寅恪系统地阐述了中外学术的差距，他说："今世治学以世界为范围，重在知彼，绝非闭户造车之比。"并将"吾国大学之职责，在求本国学术之独立"，作为"实系吾民族精神上生死一大事"的公案，"与清华及全国学术有关诸君试一参究"，以国际学术为参照，全面表达了对于"吾国学术之现状及清华之职责"的看法。他认为，求本国学术独立为大学的职责所在，考察全国学术现状，则自然科学领域，中国学人能够将近年新发明之学理，新出版之图籍，知其概要，举其名目，已经不易，只有地质、生物、气象等学科，因为地域材料的关系，还有所贡献。西洋文学哲学艺术历史等，能够输入传达，不失其真，即为难能可贵，遑论创获。至于社会科学领域，则本国政治、社会、财政、经济状况，非乞灵于外人的调查统计，几无以为研求讨论之资。教育学与政治相通，多数教育学者处于"仕而优则学，学而优则仕"的状态。即使中国史学文学思想艺术，实际上也不能独立，能够对大量发现的中国古代近代史料进行具有统系与不涉附会的整理，还有待努力，而全国大学很少有人能够胜任讲授本国通史或一代专史。

[1] 曹伯言整理：《胡适日记全编》5，第 822—823 页。

至于日本研究中国历史的著作，国人只能望其项背。国史正统已失，国语国文亦漫无准则。并且痛斥垄断新材料以为奇货可居、秘不示人、待价而沽的私人藏家为“中国学术独立之罪人”[1]。

此意与哈佛时期对吴宓所谈“中国人当可为世界之富商。然若冀中国人以学问、美术等之造诣胜人，则决难必也”的意思相参照，可见陈寅恪的旨意在于中国必须脱胎换骨，深究关于天理人事的精神学问，才能以学问美术胜人，获得独立，且贡献于世界。而要达到这一目的，治学必须具有世界眼光和关怀，闭门造车与格义附会，都是缘木求鱼。

四　取珠还椟

陈寅恪关于中外学术文化的种种意见，看似与输入新知者的旨趣一脉相通，仔细考察，还是大有分别。关键在于既要以世界为范围，又能具有统系而不涉附会。而当时的中国学人，往往偏于一端。对于诸如此类的现象，陈寅恪关于文化史研究的批评，颇具代表性：

> 以往研究文化史有二失：（一）旧派失之滞。旧派所作中国文化史……不过抄抄而已。其缺点是只有死材料而没有解释。读后不能使为了解人民精神生活与社会制度的关系。（二）新派失之诬。新派留学生，所谓“以科学方法整理国故”者。新派书有解释，看上去似很有条理，然甚危险。他们以外国的社会科学理论解释中国的材料。此种理论，不过是假设的理论。而其所以成立的原因，是由研究西洋历史、政治、社会的材料，归纳而得的结论。结论如果正确，对于我们的材料，也有适用

[1] 陈寅恪：《吾国学术之现状及清华之职责》，陈美延编：《陈寅恪集·金明馆丛稿二编》，第361—363页。

> 之处。因为人类活动本有其共同之处，所以“以科学方法整理国故”是很有可能性的。不过也有时不适用，因中国的材料有时在其范围之外。所以讲大概似乎对，讲到精细处则不够准确，而讲历史重在准确，功夫所至，不嫌琐细。[1]

可见，陈寅恪的基本取向，仍然是他在《冯友兰中国哲学史下册审查报告》中所说的相反相成，即一方面吸收输入外来学说，一方面不忘本来民族地位。这种由二千年中外民族思想接触史所昭示的道教之真精神，新儒家之旧途径，是真能于思想上自成系统，有所创获的必由之路。对此陈寅恪的直接论述相当简约概括，而通过其学术实践的身体力行，以及对于相关史事的发覆讨论，可以揣摩领会。

陈寅恪治学，比较研究是相当重要的方法取径，这不仅因为史学必须通过比较不同的材料以近真并得其头绪，治史可以说天然就是比较研究，而且缘于用异族域外语言研究民族文化关系的西人东方学之正统，主要凭借比较语言学、比较文献学、比较宗教学的理念方法。陈寅恪的比较研究，遵循欧洲的正轨，立足本国的史事，至关重要的概念之一便是格义。他在多篇论文中屡次详细论述格义的历史、意涵和做法，对于格义的理解应用，明显体现出相反相成的态度，有助于领悟其对待西学的观念取法。

就外在的形式而言，陈寅恪从比较的正途即事实联系的角度，对望文生义的“格义”之法大加挞伐，其《与刘叔雅论国文试题书》，不仅依据比较语言学的轨则痛批《马氏文通》，指为“何其不通如是”，还对流行一时的附会中外学说的格义式比较提出批评，并且深究其历史根源和现实表现：“西晋之世，僧徒有竺法雅者，取内典外书以相拟配，名曰‘格义’，实为赤县神州附会中西学说之初祖。即以今日中国文学系之中外文学比较一类之课程言，亦只能就白乐天

[1] 卞僧慧纂，卞学洛整理：《陈寅恪先生年谱长编（初稿）》，第 146 页。

等在中国及日本之文学上，或佛教故事在印度及中国文学上之影响及演变等问题，互相比较研究，方符合比较研究之真谛。盖此种比较研究方法，必须具有历史演变及系统异同之观念。否则古今中外，人天龙鬼，无一不可取以相与比较。荷马可比屈原，孔子可比歌德，穿凿附会，怪诞百出，莫可追诘，更无所谓研究之可言矣。”[1]

“格义”的缘起，详见陈寅恪的《支愍度学说考》:“盖晋世清谈之士，多喜以内典与外书互相比附。僧徒之间复有一种具体之方法，名曰‘格义’。‘格义’之名，虽罕见载记，然曾盛行一时，影响于当日之思想者甚深。”与“格义”同时出现，形似而实异的还有“合本”。“‘合本’与‘格义’二者皆六朝初年僧徒研究经典之方法。自其形式言之，其所重俱在文句之比较拟配，颇有近似之处，实则性质迥异。”“夫‘格义’之比较，乃以内典与外书相配拟。‘合本’之比较，乃以同本异译之经典相参校。其所用之方法似同，而其结果迥异。故一则成为傅会中西之学说，如心无义即其一例，后世所有融通儒释之理论，皆其支流演变之余也。一则与今日语言学者之比较研究法暗合,如明代员珂之楞伽经会译者,可称独得‘合本’之遗意，大藏此方撰述中罕觏之作也。”[2] 就比较研究而言，陈寅恪无疑旗帜鲜明地倡导合本而排斥格义。

不过,转换角度,陈寅恪并非全然否定格义的积极意义。作为“我民族与他民族二种不同思想初次之混合品”的流别，他对唐宋诸儒援儒入释的理学评价极高:“尝谓自北宋以后援儒入释之理学,皆‘格义’之流也。佛藏之此方撰述中有所谓融通一类者，亦莫非‘格义’之流也。即华严宗如圭峰大师宗密之疏盂兰盆经，以阐扬行孝之义，

[1] 陈寅恪 :《与刘叔雅论国文试题书》，陈美延编 :《陈寅恪集 · 金明馆丛稿二编》，第252页。

[2] 陈寅恪 :《支愍度学说考》，陈美延编 :《陈寅恪集 · 金明馆丛稿初编》，北京 : 生活 · 读书 · 新知三联书店 2001 年，第 166、181、185 页。

作原人论而兼采儒道二家之说，恐又‘格义’之变相也。”[1] 对于这一类的格义，陈寅恪给予充分的了解同情和高度肯定，他认为韩愈扫除章句繁琐之学，直指人伦，目的就是要调适佛教与儒学的关系。[2]

至于接续韩愈事业的宋代新儒家如朱熹等人，陈寅恪更是推崇备至，将朱熹之于中国，比作 Thomas Aquinas 之于西洋中世纪，居功至伟。正是由于先贤面对中外文化的缠绕，都有取珠还椟、避名居实的苦心孤诣，既充分输入吸收外来学说，又不忘本来民族地位，外体中用，才使得民族文化一脉相承，生生不息。

以此为准则，形式上外在的格义，取西洋观念解释古代思想，或用中国学问比附西学，不仅附会中外学说，不能得外来学说义理之高明，无助于理解领悟古人的思想，反而陷入愈有条理系统，去事实真相愈远的尴尬，不无用夷变夏，流于西洋学问的附庸，以致数典忘祖之嫌。而善用格义之学，借鉴西洋学说，重新解读古人思想，既不违于古，又可利于今，求珠还椟，面向未来，或可继宋代之后，进一步丰富提升中华民族的思维能力，再创思想学术的新高。

要想达成两方面的相反相成，应当领悟把握 1931 年清华大学成立 20 周年纪念时陈寅恪所提出的准则，即“具有统系与不涉傅会”[3]。既有系统解释，以免失之于滞，又不格义附会，以防失之于诬。所谓系统解释，并非生吞活剥地套用外国的观念方法，或是将中国的材料削足适履地塞进外国的框架，而是运用欧洲现代治学良法于研究的过程，发现中国观念史事的内在联系与特征，在表述方面则尽力符合本意本事。历史研究无疑都是后人看前事，用后来的观念观照解释前事，无可奈何，难以避免。但要防止先入为主的成见，尽量约束主观，以免强古人以就我。这不仅因为后人所处时代、环

[1] 陈寅恪：《支愍度学说考》，陈美延编：《陈寅恪集 · 金明馆丛稿初编》，第 173 页。

[2] 陈寅恪：《论韩愈》，陈美延编：《陈寅恪集 · 金明馆丛稿初编》，第 319—322 页。

[3] 陈寅恪：《吾国学术之现状及清华之职责》，陈美延编：《陈寅恪集 · 金明馆丛稿二编》，第 361 页。

境及其所得知识，与历史人物迥异，而且由于这些知识经过历来学人的不断变换强化，很难分清后来认识与历史本事的分界究竟何在。

近代以来，中西新旧，乾坤颠倒，在体用关系上，用夷变夏，已成大势所趋。陈寅恪称冯著《中国哲学史》下册“取西洋哲学观念，以阐明紫阳之学”，虽许以“宜其成系统而多新解”，实则对于用域外系统条理本国材料，始终有所保留。

近代学人，若不能打破断代和科目的分界，通贯古今中外各个层面，而欲推陈出新，常用办法，便是借鉴西洋等域外观念，观察中国固有事物，而得其新解。如 1919 年胡适出版其《中国哲学史大纲》，就以西洋的哲学作为比较参证的材料。借用别系的哲学，作解释演述的工具。[1] 这样的做法，后来被视为树立了中国近代学术的典范，也引起不小的非议。在与世界接轨国际对话等等时髦口号标签的导向下，用外国模型治中国学问，愈演愈烈，几乎成为天经地义，理所当然，似乎不如此则不入流。扩而大之，逐渐演变成以负贩为创新，甚至衍生出搬弄炫耀连自己也不明所以的名词概念的恶习。尽管学术风气如此削足适履，以致太阿倒持，熟悉域外中国研究状况的余英时教授还是断言：

> 我可以负责地说一句：20 世纪以来，中国学人有关中国学术的著作，其最有价值的都是最少以西方观念作比附的。如果治中国史者先有外国框框，则势必不能细心体会中国史籍的‘本意’，而是把他当报纸一样的翻检，从字面上找自己所需要的东西（你们千万不要误信有些浅人的话，以为‘本意’是找不到的，理由在此无法详说）。[2]

---

[1] 欧阳哲生编：《胡适文集》6，第 182 页。

[2] 余英时：《论士衡史》，上海文艺出版社 1999 年，第 459 页。

此言的确是过来人的肺腑之言，可以检验包括作者本人在内的一切中国人有关中国学术的著作，也应当作为警示来者的箴言。

要将古今中外熔于一炉，取高明义理而不着痕迹，由事实见解释，重要方法即与格义相对的合本子注，即比较不同的佛典译本，将别本义同文异者列入小注，与大字正文互相配拟，以资对比。合本子注法还影响了中国的史学，尤其与宋代长编考异法颇有渊源。合本子注和长编考异法的应用，后来进一步有所扩展。1948 年杨树达作《论语疏证》，为陈寅恪所推许，并代为总结了搜群籍以参证圣言、考订解释以明圣人之言行、汇集古籍中相关的事实语言以订正释疑的三层办法，据此可得以俱舍宗领悟俱舍学之道，后来聚讼纷纭的内外理路之争亦可化为相辅相成。陈寅恪指研治内典与外书形似而实不同，主要是指佛藏与儒经分别面向出世与世间，因而合本子注与长编考异，一重神话物语，一重人间事实。若就形式和方法而言，二者可谓异曲同工。[1] 而杨树达讲学，在好用西方解释框架的蒋廷黻等人看来，全然不上轨道，没有意思。

陈寅恪的时代，除了完全不参与学术对话的地道的老辈，治学或多或少都会受西学的影响。即使像陈垣那样自称“土法上马”的学者，在傅斯年看来也是留学生，意思就是认为其治学办法符合世界潮流。而钱穆等未出国者，在学术以及社会的压力下，只好附和谈论西学的时流。老辈之所以避而不谈，是因为通行的整套话语体系已经西化，一旦介入，就会着了道了。他们宁可待在自己熟悉的话语世界中，因为在那里面，他们是掌握话语权的，至少是具备对话能力的。在《续修四库总目提要》的相关部分，他们不仅展现了自己的功力学识，而且对新进的学术观念或隐或显地表达意见。

其实，借用西法乃至以西法为本治学，同样也有隐显之别。越

[1] 陈寅恪：《杨树达论语疏证序》，陈美延编：《陈寅恪集·金明馆丛稿二编》，第 262—263 页。

是大张旗鼓地谈论西学者，对西学的了解未必多而且深；而对西学的认识越是深入堂奥，反而不一定侈谈西学的皮毛，只是善用其精髓。在这一层面上，中外相通，无需此疆彼界，壁垒森严。相比于陈寅恪之于西学的取珠还椟，大道无形，傅斯年的“要科学的东方学之正统在中国”，尽管更多是用作制人的法器，他内心有“全汉”的追求，对于海外汉学家，除伯希和、高本汉等少数高明外，很少能入其法眼，实际做法也的确与众不同，但客观上还是助长了挟洋自重的恶俗，加深了格义附会的流弊。

五　申论

探究陈寅恪究竟是一般称许的学贯中西，还是有人所指的西学不佳，问题本身或许不难论证。所谓西学，其实只存在于东方人的心目之中；即使西方人要想贯通西学，也几无可能。至于学贯中西，可以说任何人绝做不到。作为方便名词整体而言，相比于同时代的中国学人，留学时间长、所到国家多的陈寅恪的西学算得上出类拔萃，甚至是西学最好的有数之人。其西学主要集中于文史方面，还一度是中国研治西人东方学的首席。此节不仅得到留学生和好讲西学人士的承认，其本人还被推为中华教育文化基金会编译委员会委员。陈寅恪主张尽量吸收外来学说与不忘本来民族地位相反相成，绝不挟洋自重，舍己从人，很少称引附会西学，宁愿仿宋儒先例，取珠还椟，以免数典忘祖。在批评一味趋新者的西学为过时的格义之学时，才显示其对国际学术界元和新样的了解与把握。其具有统系与不涉附会的主张，为中外学术文化融通取向的高妙境界。

总括前述各节，可以得出如下意见和申论：

西学只是东方人的说法，并无内涵外延的标准实事，无从把握。漫无边际的所谓学贯中西其实是不可能的，包括西方人在内，没有人可以贯通包括各种文化系统和方面的所谓西学。因此，陈寅恪当然不能无所不包地学贯中西，其中学较通，以专业的眼光看，也有限度（如古文字、音韵训诂）；其西学除基本知识以及作为外来者由切身体验洞察所得真知灼见外，主要集中于文史之学。可是相对于同时代的国人，陈寅恪的西学可谓出类拔萃，不用说与国学家比较，即使号称通西学者也难出其右。

陈寅恪主张治学以世界为范围，实际上多用比较语言、比较文献、比较宗教、比较历史等国际学术界奉行的正途轨辙，其推许王国维的治学方法，其中之一便是将外国观念与本国材料相参证。不过，陈寅恪绝不挟洋自重，很少称引西说附会西学，宁愿仿宋儒朱熹成例，取珠还椟，以免数典忘祖。而在批评一味趋新者的西学为过时的格义之学时，才显示其对元和新样的了解与把握，已经臻于化境。陈寅恪于举世以欧化为时尚的风气中，敢于特立独行，固然由于学问上早已悟道，同时也得益于长期留学的背景以及留学生当中关于其中西学皆通的口碑，既足以自信，又不会被人看轻。而震慑世俗人心的，还是掌握多种外语和擅长西人之东方学的功力。待到其捐弃故技，不复言塞表殊族之史事，学问谨守禹域以内，西学的痕迹日益隐去，本来一般人认为以西学见长的陈寅恪，逐渐变得似乎与西学无缘。

中外文化的交流影响，源远流长，随时进行。就精神领域的学问集中而论，受域外影响最深的大致有三期，即以唐宋为中心的新儒学之产生及其传衍、明清之际耶稣会士传入泰西新学以及晚清的西学东渐。前两个时期虽然源流不同，实际上已经用夷变夏，形式上仍然坚持取珠还椟。后一时期则夷夏大防全面崩溃，不仅西体中用，甚至全盘西化，因而高扬输入新知的大旗。这在中国历史上，只有局部的胡化略为近似。正是针对世风不以舍己从人为耻、反而挟洋自重的时尚，陈寅恪凭借二千年中外思想接触史之所昭示，重申中国今后即使能忠实输入北美或东欧的思想，其结局在思想史上既不能居最高地位，而且势将终归于歇绝，主张必须坚守道教之真精神及新儒家之旧途径，一方面尽量吸收输入外来学说，一方面不忘本来民族地位，二者相反相成，才能于思想上自成系统，有所创获，的确切中时弊。尽管他大声疾呼且身体力行未必能够即时挽回世运，所提出的法则却有颠扑不破的效应，可以检验所有与此相关的人与事。只是其所预言应验之日，恰是近代以来许多的流行破产之时。

不过，唐宋明清诸儒取珠还椟的苦心孤诣，却给后世的研究者留下难以破解的谜题。即以陈寅恪所论新儒学的产生及其传衍，断为先吸收异教精粹，融成新说，再阐明古学，以夷夏之论排斥外来教义，便与傅斯年等人的看法截然不同。唐宋诸儒究竟是先受到佛教道教性理之说的影响，再上探先秦两汉的儒学，以外书比附内典，构建新儒学，然后据以辟佛，还是相反，鉴于时代风气人伦道丧，先从古儒学中认出心学一派，形成理学，以抵御佛教，两说虽然各自说法，实际上可谓针锋相对。在多位近代学界高明参与的讨论中，陈寅恪的看法曲折反复，难以信而有征，明显处于少数。[1]

至于明清之际耶稣会士的影响，近年来有学人分门别类地搜集比较接触前后不同时期的中外文本，在自然科学各方面，逐渐可以征实，而在精神思想学问方面，由于方以智等人用西说解读经典而故意掩饰，同样陷入认识新儒学发生演化历史进程的迷惑，只能言其大概，很难具体实证。历史尤其是学术思想史上，实事未必皆有实证，看似可以征实的往往又是表象假象，扑朔迷离。如何破解此类谜题，考验今日学人的智慧功力。同样，陈寅恪秉承先贤之道，用西学而不着痕迹，较一般皮傅西学、食洋不化者，固然判若云泥，即使与忠实输入新知者相较，也不可同日而语。研究类似问题，应

---

[1] 参见桑兵：《求其是与求其古：傅斯年〈性命古训辨证〉的方法启示》。原载《中国文化》第 29 期，2009 年春季号，收入本书时有所删改。

当以实证虚。一味信而有征，则不仅表浅简单，而且未必可信，甚至可能误读错解。唯有用陈寅恪探究中国中古思想发展的大事因缘之法，庶几可至虽不中亦不远的境地。如此，也可为破解类似谜题提供案例参证。

民国学人的宋代研究及其纠结

民国时期，学人沿袭清中叶以来的风气转换，对于赵宋一代的学术文化渐趋推崇，同时随着研究时段的下移，中古历史开始受到重视。两相作用，关于宋代历史文化的研究层面日益扩展深入，意见分歧也逐渐多点展开。不无蹊跷的是，对于宋代越是推崇备至的学人，如陈寅恪、傅斯年等，反而很少直接下手撰写关于宋代的论著。而其提出的各种问题，却陆续引起宋代研究专家以及关注这一朝代的各科学人回应讨论。其间玄奥，颇为耐人寻味。

对于陈寅恪重视宋代而无直接著述一事，学人已经有所注意，并且努力概括陈的宋代观或宋学理念。[1] 可是陈寅恪等人关于宋代研究的种种议论引起近代学人广泛讨论的渊源流变，却鲜有通盘爬梳解读，因而论及相关史事文本，误读错解之处不少。梳理相关史事，将思想学术还原为历史，可以进一步把握陈寅恪及其他学人对于宋

---

[1] 王水照：《陈寅恪先生宋代观之我见》，《中国文化》第17—18期，2001年3月；侯宏堂：《陈寅恪对"宋学"的现代诠释》，《文艺理论研究》2006年第6期；王永兴：《陈寅恪先生史学述略稿》，北京大学出版社1998年。

代看法的异同，探寻其何以无宋代专门论著的缘由。而以陈寅恪等人所主张的办法，寻绎当时学人重视宋代的前因后果和各自侧重，及其关于重修宋史、“宋学”渊源以及宋代史学、新宋学的讨论争议[1]，不仅有助于深入理解近代学人关于宋代言说的本意，而且对于今日研治宋史乃至整个中国历史，都有至关重要的启示作用。治学须取法乎上，以免等而下之。有鉴于此，不揣冒昧，就近代学人关于重修宋史、宋学渊源以及新史学和新宋学等事，略作讨论，以就教于方家。

一 宋代为中国学术文化高峰

民国学术，由经入史，学人所重，大都偏于上古，兼及清代，至于中古一段，则重视不够。经陈寅恪等人的提倡并且身体力行，用力于魏晋隋唐者渐多，而宋元以下，专攻的学人依然鲜少。这一方面固然由于中国学术历来尚古，另一方面则由于新发现的上古出土材料较多，易于创新。如钱穆所说：“当时学术界凡主张开新风气者，于文学则偏重元明以下，史学则偏重先秦以上。”[2]不过这种捷径到1930年代已经渐成畏途。1934年2月赵万里与朱自清谈论“现在学术界大势”，慨叹：“大抵吾辈生也晚，已无多门路可开矣。日本人则甚聪慧，不论上古史而独埋首唐宋元诸史，故创获独多也。”[3]当然，不愿着手于宋元，还有另一重原因，即认为宋代国家羸弱衰败，各方面均无可取，即使有研究价值，情感上也宁可回避。

关于宋代的思想学术，陈寅恪的看法与时流不同。他认为：“中

[1] 迄今为止，学人间讨论相关史事，大都笼统而谈，未免混淆宋史、宋代史学、宋学、宋代思想文化的联系与分别，且少注意当事各人的歧义。

[2] 钱穆：《八十忆双亲·师友杂忆》，长沙：岳麓书社1986年，第144页。

[3] 朱乔森编：《朱自清全集》第9卷，第282页。

国史学莫盛于宋……元明及清，治史者之学识更不逮宋。”[1]“有清一代经学号称极盛，而史学则远不逮宋人。”并称许陈垣的《元西域人华化考》“材料丰实，条理明辨，分析与综合二者俱极其工力，庶几宋贤著述之规模”[2]。蒙文通在1941年发表的《四库珍本十先生奥论读后记》一文中提到：“往时陈君寅恪于语次称汉人经学，宋人史学，皆不可及。”[3]新版《蒙文通学记》（增补本）记：1934年前后，“曾访陈寅恪氏于清华园，谈论间，陈盛赞‘汉人之经学，宋人之史学’，余深佩其言，惜当时未能详论。异日，再往访之，欲知其具体论旨。晤谈中，陈详论欧阳永叔、司马君实，亦略及郑渔仲”[4]。

陈寅恪所论并非空谷足音，但参以民国学界的时势，仍不无先见之明。有学人指出，道咸以后，鉴于乾嘉学术不能应对危局，“学风遂变，其时学者知大乱之将至，乃归咎于考证学之无用，又学术之事，有时而穷，才智之士不能不别启途径，故宋学文史复兴”[5]。不过，所谓宋学文史复兴，当有所分别，曾国藩等人的复兴理学，力图挽回乾嘉以来因汉宋分争的颓势，文学则有“同光体”的尊宋诗，二者影响后世颇大。以致有学人认为，推崇宋代是道咸以后的一个基本风气。[6]

---

[1] 陈寅恪：《陈垣明季滇黔佛教考序》，陈美延编：《陈寅恪集·金明馆丛稿二编》，第272页。

[2] 陈寅恪：《陈垣元西域人华化考序》，陈美延编：《陈寅恪集·金明馆丛稿二编》，第269—270页。

[3] 蒙文通：《四库珍本十先生奥论读后记》，《图书季刊》新第3卷第1—2期合刊，1941年6月。

[4] 蒙文通：《治学杂语》，蒙默编：《蒙文通学记》（增补本），北京：生活·读书·新知三联书店2006年，第44页。是条笔记写于1950年代，原文误为“1944年”，张凯订正为1934年（见张凯《“义与制不相遗”：蒙文通与民国学界》，中山大学历史系2009年博士学位论文，第五章第三节之一“‘汉人之经学，宋人之史学’：蒙文通与陈寅恪之交涉”）。这两段的相关史料，张凯多已述及。此处着重于各人的分别。

[5] 李源澄：《经学通论》，成都：路明书店1944年，第26—27页。

[6] 罗志田：《新宋学与民初考据史学》，《近代史研究》1998年第1期。

与理学、文学重在本身价值有所不同，民国学人虽以宋代为近世起点，认为赵宋一朝是古今变革的枢纽，中国所以成于今日现象，多宋人所造就，因而主张究心赵宋一代历史，“留心细察古今社会异同之点”[1]。但这还是就内容立论，重视赵宋历史而非推崇宋代史学，更不及整个学术文化。即使如王国维，断言“近世学术多发端于宋人”，总体上在人智活动与文化的多方面，前后历朝皆不如宋代，可是所举直接关于史学的例子只是金石学。[2] 推崇宋代史学而非仅仅重视宋代历史，并且诩为中国传统史学的高峰，陈寅恪在近代学人中即使不能称最，也是少数前驱之一。况且在讲究宋代史学方法方面，很少有人能出其右。

上述主要以史学为标的，却不能据此理解为陈寅恪对宋代学术文化的推许仅限于史学一隅。不仅如此，陈寅恪看重宋代学术文化并非仅仅由于其对于史学的偏爱，而是整体上将宋代视为中国历代学术文化的高峰，宋代史学能够登峰造极，恰是因为这一大背景。他后来针对时势说：“欧阳永叔少学韩昌黎之文，晚撰五代史记，作义儿冯道诸传，贬斥势利，尊崇气节，遂一匡五代之浇漓，返之淳正。故天水一朝之文化，竟为我民族遗留之瑰宝。孰谓空文于治道学术无裨益耶？”[3] 虽以史传为例，重心却在文以载道的义理一面。这番话说于向蒋天枢托命之时，在举世“俗学阿时似楚咻”中慨叹“可怜无力障东流”，将百万罪言藏山付托的旨趣，系于将圣籍神皋留诸后世，希望以学术趋向转移人心治道世局，可谓用心良苦。[4]

至少从可见的资料看，陈寅恪对于宋代学术文化尤其是宋学的

[1] 严复：《与熊纯如书》（1917 年 4 月 26 日），王栻主编：《严复集》第 3 册，北京：中华书局 1986 年，第 668 页。

[2] 王国维：《论性》、《释理》、《宋代之金石学》，《静庵文集》第 1—24 页，《静庵文集续编》第 70—73 页。引自《王国维遗书》第五册，上海古籍书店 1983 年影印。

[3] 陈寅恪：《赠蒋秉南序》，陈美延编：《陈寅恪集 · 寒柳堂集》，第 182 页。

[4] 参见李锦秀：《圣籍神皋寄所思（代序）——读陈寅恪先生〈赠蒋秉南序〉》，王永兴著：《陈寅恪先生史学述略稿》，第 4—13 页。

推崇，还在标举宋代史学之前。早在留美期间，他就曾对吴宓详细阐述中西文化的长短优劣：

> 中国家族伦理之道德制度，发达最早。周公之典章制度，实中国上古文明之精华。至若周、秦诸子，实无足称。老、庄思想尚高，然比之西国之哲学士，则浅陋之至。余如管、商等之政学，尚足研究；外则不见有充实精粹之学说。汉、晋以还，佛教输入，而以唐为盛。唐之文治武功，交通西域，佛教流布，实为世界文明史上，大可研究者。佛教于性理之学Metaphysics，独有深造，足救中国之缺失，而为常人所欢迎。惟其中之规律，多不合于中国之风俗习惯，故昌黎等攻辟之。然辟之而另无以济其乏，则终难遏之。于是佛教大盛。宋儒若程若朱，皆深通佛教者。既喜其义理之高明详尽，足以救中国之缺失，而又忧其用夷变夏也。乃求得两全之法，避其名而居其实，取其珠而还其椟。采佛理之精粹，以之注解四书五经，名为阐明古学，实则吸收异教，声言尊孔辟佛，实则佛之义理，已浸渍濡染，与儒教之宗传，合而为一。此先儒爱国济世之苦心，至可尊敬而曲谅之者也。故佛教实有功于中国甚大。[1]

虽然晚清民国已有学人重视赵宋，以宋元为衰世的观念仍居主导，因而所重与宋代学术文化的高度以及陈寅恪的看法之间还是存在差距。在同时代学人当中，傅斯年对于宋代史学以及宋代学术文化整体的看法与陈寅恪较为近似。他的《评丁文江的历史人物与地理的关系》，以宋朝为中国文化发展的最高点。[2] 任教中山大学时讲

---

[1] 吴宓著，吴学昭整理注释：《吴宓日记》第二册，第102页。

[2] 傅斯年：《评丁文江的历史人物与地理的关系》，欧阳哲生主编：《傅斯年全集》第一卷，第430页。

《诗经》，又说欧阳修大发难端，在史学、文学和经学上一面发达些很旧的观点，一面引进了很多新观点，摇动后人。宋朝人经学思想解放，眼光敏锐。宋末王应麟（伯厚）则开近代三百年朴学之源。[1]

相比较而言，傅斯年对于宋代的肯定更多的是指史学，认为宋代史学最发达："《五代史》、《新唐书》、《资治通鉴》即成于是时，最有贡献而趋向于新史学方面进展者，《通鉴考异》、《集古录跋尾》二书足以代表。前者所引之书，多至数百余种，折衷于两种不同材料而权衡之，后者可以代表利用新发现之材料以考订古事，自此始脱去八代以来专究史法文学之窠臼，而转注于史料之搜集、类比、剪裁，皆今日新史学之所有事也。"[2] 欧阳修的《五代史》不是客观史学，而《集古录》"下手研究直接材料，是近代史学的真工夫"。欧阳修的《五代史》、朱熹的《纲目》代表中世古世的思想，司马光的《通鉴》则能利用无限的史料，考订旧记。"宋朝晚年一切史料的利用，及考定辨疑的精审，有些很使人更惊异的。照这样进化到明朝，应可以有当代欧洲的局面了。"不幸因为胡元之乱，以及清政府最忌真史学发达，不仅不能开新进步，反而退步。[3] 就此而论，傅斯年所看重的显然是实学一面，而以两宋和明清之际为近千年来实学最盛的时代。[4]

陈寅恪与傅斯年自 1924 年留学德国时，就频繁地相互论学[5]，就吴宓日记所记陈寅恪留美期间谈中外学术文化等情形看，转到欧洲后陈影响傅的可能性较大，而傅影响陈或英雄所见略同的可能性

[1] 傅斯年：《诗经讲义稿》，欧阳哲生主编：《傅斯年全集》第二卷，第 146—147 页。

[2] 傅斯年：《中西史学观点之变迁》（未刊稿），欧阳哲生主编：《傅斯年全集》第三卷，第 152 页。

[3] 傅斯年：《历史语言研究所工作之旨趣》，欧阳哲生主编：《傅斯年全集》第三卷，第 4 页。

[4] 傅斯年：《1931 年 4 月 20 日致王献唐》，欧阳哲生主编：《傅斯年全集》第七卷，第 100—101 页。

[5] 傅斯年：《新获卜辞写本后记跋》，欧阳哲生主编：《傅斯年全集》第三卷，第 227—231 页。

相对较小。傅出国前以科学为准则，以清代学问为最佳，认为："宋朝学问的原动力是佛道两宗。谈起心性来，总是逃禅；谈起道体来，必要篡道。我平日常想：假使唐朝一代的学者，能在科学上研究得有些粗浅条理，宋朝的学问必定受它的影响，另是一番面目。无如唐朝的学问太不成东西了，宋人无从取材，只好逃禅篡道去。所以整天讲心，却不能创出个有系统的心理学；整天说德，却不能创个有系统的伦理学。程伯子的天资，朱晦翁的学问，实在是古今少有的。但是所成就的，也不过'如风如影'的观念，东一堆西一堆的零杂话。这都由于先于它的学者，不能在科学上有点成就，供给与它，因而它走了错道了。"而清代学问是宋明学问的反动，宋明的学问是主观的、演绎的、悟的、理想的、独断的，清代的学问是客观的、归纳的、证的、经验的、怀疑的，方法截然不同，主义完全相左。"清代的学问很有点科学的意味，用的都是科学的方法。""清代学问在中国历朝的各派学问中，竟是比较的最可信、最有条理的。"[1]

傅斯年肯定清代的学问相对高明，在观念转变后仍将两宋与明清并列为中国历史上实学兴盛的时期，还依稀可见影子。推崇宋代学问，甚至将宋代置于清代之上，则是出国以后的转折变化。而变化的原因，很难说来自读书和修课，最大的可能，还是与陈寅恪每周数次的交谈。尽管傅斯年在北京大学读书期间所读旧籍已经优于胡适，观念上却难免为新思潮的片面所局限，简单地以中西新旧为判断。留德期间与陈寅恪的交往聚谈，使得熟悉经典的傅斯年幡然猛醒，能够豁然贯通材料史事，功力见识迅速提升。所以后来顾颉刚擅自将可能包含陈寅恪见解的傅斯年来函公开发表，让后者多少有些尴尬。

1929 年 9 月，傅斯年就商议修宋史之事专门回复陈寅恪的来函。

---

[1] 傅斯年：《清代学问的门径书几种》，欧阳哲生主编：《傅斯年全集》第一卷，第 227—231 页。

此事当由傅斯年提议，而得到陈寅恪的正面响应，傅斯年对此喜出望外，进而表示：

> 此事兄有如许兴趣，至可喜也。此事进行，有两路：一、专此为聘一人，二、由兄领之。弟觉专聘一人，实难其选。此时修史，非留学生不可（朱逖先、陈援庵亦留学生也），粹然老儒，乃真无能为役。然留学生之博闻，而又有志史学，而又有批评的意觉者，尠矣。算来算去，不过尔尔！故如吾兄领之而组织一队，有四处寻书者，有埋头看书者，有剪刀忙者……则五、六年后，已可成一长篇之材料簿录矣。此时无论研究一个什么样的小问题，只要稍散漫，便须遍观各书，何如举而一齐看之乎？弟意，此一工作，当有不少之副产物，如全宋史［诗］（括诗词）、全宋笔记、全宋艺文志（或即为新宋史之一部）等，实一快事！目下有三、四百元，一月，便可动手。若后来有钱有人，更可速进。如研究所地老天荒，仍可自己回家继续也。且此时弄此题，实为事半功倍，盖唐代史题每杂些外国东西，此时研究，非与洋人把［拖］泥带水不可；而明、清史料又浩如烟海。宋代史固是一个比较纯粹中国学问，而材料又已淘汰得不甚多矣。此可于十年之内成大功效，五年之内成小功效，三年之内有文章出来者也。此时吾等大可细想：一、如何收集材料，二、如何样之体例，三、如何组织此一 staff。下月开会讨论之，如何？[1]

修宋史的计划，在学界虽然发端较早，但此前只有刘咸炘、蒙文通等个别学人议论过重修宋史之事。据刘咸炘《重修宋史述意》："戊辰三月二日，余至成都大学，晤友人盐亭蒙文通，商课事。文

---

[1] 《傅斯年致陈寅恪》（1929 年 9 月 9 日），王汎森、潘光哲、吴政上主编：《傅斯年遗札》第一卷，台北：中研院史语所 2011 年，第 227 页。

通忽谓余曰:‘学林中有一事，须君为之。君文出笔如史，又熟史学，宜以重修宋史为任。’余谢不敏，然心为之怦怦。越数日，晤宜宾唐迪风，复以促余。余念兹事太大，未易着手，余于宋事实不甚熟，弟子中亦尚未有能助我者，无已，则先以宋事诸大端多拈题目，与诸弟子合力辑论，如吾旧作《北宋政变考》、《南宋学风考》之例，将来有数十篇，便足为史篇之底稿，如其能备规模，则谓之宋史略，如不能备，则谓之宋史别裁。”[1] 刘咸炘1926年写过《宋史学论》等文，专论宋代史学，但是并未认真考虑过重修宋史之事。所说既不甚熟悉宋代史事，又缺少可用的助手，应该不是谦辞。事出偶然，仓促上阵，成效自然不能理想。

如果照傅斯年与陈寅恪所议的办法、路径实行，以中研院历史语言研究所得天独厚的优势条件，以及陈寅恪超卓不凡的见识功力，所获必多，不敢说独步天下，能与之抗衡甚至得为同道者也是屈指可数。即使刘咸炘等实施相同计划，照傅斯年的观念，因为并非留学生出身，仍在“无能为役”之列。然而，不无蹊跷的是，此事似乎并无下文，至少不见具体实行的蛛丝马迹。据1930年度《中研院过去工作之回顾与今后努力之标准》，研究员陈寅恪的研究工作为“整理明清两代内阁大库档案史料，政治、军事、典制收集、并考定蒙古源流、及校勘梵番汉经论”[2]。该文件原载《中央周报》第83、84期合刊，为新年增刊，于1930年1月1日出版。高平叔编中华书局版《蔡元培全集》据此署期，则该项文件的制定应在1929年下半年。傅斯年与陈寅恪通信讨论宋史，很可能是制定该项文件时需要确定陈的下一步研究计划，而陈寅恪虽然对修宋史表示“如许兴趣”，最终并未同意作为其近期研究工作的重点。

[1] 刘咸炘:《重修宋史述意》，黄曙辉编校:《刘咸炘学术论集·史学编(下)》，第591—592页。

[2] 蔡元培:《“中研院”过去工作之回顾与今后努力之标准》，高平叔编:《蔡元培全集》第五卷，第371页。

不仅如此，极为推重宋代学术文化、重视宋史的陈、傅二人，一生均很少直接下手于两宋史事。尤其是“喜谈中古以降民族文化之史”[1]的陈寅恪，自魏晋迄明清，论著甚多，又考定蒙古源流，却从未撰写过主题为宋史、宋学乃至宋代学术文化的文字。此一现象，当事者本人（傅与陈）从无解释说明，后来学人亦罕有索解。其中玄奥，值得深究。

诚然，宋代史料较为繁杂，如陈寅恪所说：

> 宋代之史事，乃今日所亟应致力者。此为世人所共知，然亦谈何容易耶？盖天水一朝之史料，曾汇集于元修之宋史。自来所谓正史者，皆不能无所阙误，而宋史尤甚。若欲补其阙遗，正其伪误，必先精研本书，然后始有增订工事之可言。宋史一书，于诸正史中，卷帙最为繁多。数百年来，真能熟读之者，实无几人。更何论探索其根据，比较其同异，藉为改创之资乎？[2]

即使熟读历代史籍的陈寅恪也感到读宋史并非轻而易举，则其难度可想而知。可是，相比而言，明清史料的繁杂犹在宋代百倍以上，陈寅恪以盲目膑足之身，过了花甲之年尚且贾其余勇，研治明清之际的史事以检验自己和他人的学识功力，两相比较，宋史的材料再多，研读再难，也不至于成为不可逾越的障碍。

修宋史之事议而未决数年之后，陈寅恪因为评审冯友兰《中国哲学史》下册，论及宋代新儒学的产生及其传衍，引发各学科学人的长期讨论争议。这一争论，表面看来不如近代学术思想史上其他论争那样热闹非常，彼此指名道姓，拳脚相加，实则参与者多为高

---

[1] 陈寅恪：《陈垣元西域人华化考序》，陈美延编：《陈寅恪集·金明馆丛稿二编》，第270页。

[2] 陈寅恪：《邓广铭宋史职官志考证序》，陈美延编：《陈寅恪集·金明馆丛稿二编》，第277页。

手，相互过招，依据事实，讲究学理，各具所见，牵扯极为广泛深入，又不动声色，不像二十世纪前半期一般学术论争那样，夹杂不少外行的臆见和意气的辩词。此事无形中将宋代研究的立足点提升到超乎寻常的高度，使得宋史、宋代学术文化研究与“宋学”（即宋代新儒家，并非清代用来指称理学、与汉学相对的宋学）渊源流变等几大要事相互牵连。这些相互缠绕纠结的事情，无疑会影响到陈寅恪动手修宋史的兴趣和计划，一方面力图全面表述自己对于宋代的看法见解，另一方面则更加严谨慎重地处理相关问题，以免陷入不可置辩却不得不辩的境地。[1]

尽管曲高和寡，陈寅恪显然并未因此改变自己推崇宋代学术文化的态度，以及对于宋代新儒学的产生及其传衍这一历史进程的基本观念。

二 “宋学”渊源

1932—1933 年间，陈寅恪借着审读冯友兰《中国哲学史》下册之机，概括阐述了自己对秦以来中国思想史渊源、脉络、枢纽的看法，即中国自秦以后思想的演变历程，只为一大事因缘，即新儒学之产生及其传衍。而关于新儒学的产生与道教方面的关系，海内外新著或未曾涉及，或虽有论述仍多未能解决问题。尤其是“晋南北朝隋唐五代数百年间，道教变迁传衍之始末及其与儒佛二家互相关系之事实，尚有待于研究”。陈寅恪进而提出：“自晋至今，言中国之思想，可以儒释道三教代表之。”这显然是在指示另外一条与冯友兰用西洋哲学解朱子不同的研治新儒学的产生及其传衍的取径。

关于儒家学说的本来面目以及佛道如何影响新儒学的历史进程，陈寅恪有着清晰的分别和阐释：伦理社会的古代中国，重视切

[1] 吴宓著，吴学昭整理注释：《吴宓日记》第二册，第 66 页。

身实际的人伦关系以及体现规范这些关系的制度法律，而不重形而上的玄想。这与宋以后以至今日国人的感受大相径庭。

宋明以来的虚玄冥想从何而来，陈寅恪的看法是来自道教以及道教所参酌的外来佛教。[1] 结合吴宓所记留美期间陈寅恪关于中西文化渊源流变、优劣长短的谈话，可见按照陈的看法，究明宋儒的心性之学，必须了解汉魏以来佛教性理之学由道教吸收融合对中国产生的深远影响。宋代思想学说能力大幅度提升，重要原因是融汇了佛教性理之学。而佛教的性理之学不易为占据主导地位、偏重政治社会制度的儒家所吸收，六朝以后思想上易于融贯吸收外来学说的道教，居间扮演了沟通联系的要角，所以凡新儒家之学说，多有道教，或与道教有关的佛教为先导，由此成为新儒家开创之动机。道教一方面尽量吸收输入佛教摩尼教等外来思想，一方面不忘其本来民族地位，既融成新说，仍坚持以夷夏之论排斥外来教义。新儒家继承发扬这种相反相成的道教之真精神的遗业，于是得以大成。

据此，则新儒家其实是在通过道教尽量吸收输入外来学说思想之后，再以夷夏之论排斥外来教义。也就是前引与吴宓所说，中国本来缺少精粹学说，佛教于性理之学独有深造，程朱等宋儒皆深通佛教，既喜其义理高明详尽，足以救中国缺失，而忧其用夷变夏，遂采佛理精粹，以注解四书五经，名为阐明古学，实则吸收异教，声言尊孔辟佛，实则佛之义理，已与儒教宗传浸染混合。而这一吸收影响的历史因为宋儒避名居实、取珠还椟的苦心孤诣，变得模糊不清，难以捉摸。宋儒所谓来自孔孟，本系拉大旗之举，而海内外学人每每以为其真的是上承道统。这样的通行说法究竟是事实本相，还是为宋儒的障眼法所迷惑？不联系外来的佛教因缘，能否将先秦、两汉、唐宋的思想一脉相连？这一系列重大问题，因为陈寅恪的审

[1] 陈寅恪：《冯友兰中国哲学史下册审查报告》，陈美延编：《陈寅恪集 · 金明馆丛稿二编》，第 282—285 页。

查报告而提到同时代中国学人的面前。

陈寅恪的意见，关系中国中古思想发展变化尤其是新儒学产生的内外因缘，可谓中国中古思想史进程的一大关节，因而引起学界的广泛关注，不少有识之士陆续参与讨论。

作为当事人的冯友兰，早于1932年5月，就在《清华周刊》第37卷第9、10期合刊发表论文《韩愈李翱在中国哲学史中之地位》，以韩愈极推尊孟子，以为得孔子正传，因缘孟子提出心性之学，由《原道》提出“道”与“道统”说；李翱则由《中庸》和《易辞》讲“性命之道”，于是认为“宋明新儒家之学之基础与轮廓，韩愈、李翱已为之确定”。韩愈谈心性，是因为孟子之学本有神秘主义倾向，“可认为可与佛学中所讨论，当时人所认为有兴趣之问题，作相当之解答，故于儒家典籍中，求与当时人所认为有兴趣之问题有关之书，《孟子》一书，实其选也”。同样，李翱讲性命之书，也是因为当时人普遍关心如何成佛，欲从儒家典籍中寻求解答，使人以中国的方法成中国的佛。其所说圣人为宗教的或神秘的。[1]

与陈寅恪的说法不同，冯友兰的解释着重于儒学对外来宗教发生作用的一面。他虽然以宋代为新儒学，但据其上一年在《清华周刊》第35卷第1期发表的《中国中古近古哲学与经学之关系》，认为中国哲学史只可分为子学（孔子至淮南王）和经学（董仲舒至康有为）两期，理学家之经学，与今文家、古文家、清谈家、考据家、经世家一起，构成经学的六派。[2]所以1934年《中国哲学史》上下册一齐出版时，上册（原上卷）第一篇即由“上古哲学”改为“子学时代”，下册为第二篇“经学时代”。由此可见，在冯友兰看来，汉以后中国思想的变化都发生在经学系统之内，是经学自身的变化，动

[1] 冯友兰：《韩愈李翱在中国哲学史中之地位》，《三松堂全集》第11卷，郑州：河南人民出版社2000年，第252—254页。

[2] 冯友兰：《中国中古近古哲学与经学之关系》，《三松堂全集》第11卷，第226页。参见蔡仲德著：《冯友兰先生年谱初编》，郑州：河南人民出版社2001年，第116、136页。

因与外缘无涉。

在1948年出版的《中国哲学简史》中，冯友兰认为宋代新儒学有三个思想来源：一是儒家本身的思想；二是佛家思想，以及经由禅宗的中介而来的道家思想；三是道教。三者的结合，可以“上溯到唐代的韩愈和李翱”[1]。后来又坦承,《中国哲学史》这部著作有两大弱点，第一点就是“讲佛学失于肤浅”，因为对于佛学没有学通,所以也不能讲透。[2]在尊孔子和朱熹方面,他和陈寅恪立场接近，因而被胡适等人看成“正统派”[3]。至于冯友兰是否接受陈寅恪的观点，或者说陈寅恪的审查报告提出的意见究竟对他产生了什么样的影响，还须进一步考究。

关于新儒学的来源，冯友兰虽然三者并列，仍是将儒家本身的思想放在首位，对佛道两家的影响作用，反而认为是在借助儒经以成佛方面。《三松堂自序》引述陈寅恪对于《中国哲学史》的审查意见就只有上册而不及下册，关于佛学部分，则有意只提林宰平的意见，这种回避的态度显然也是对陈寅恪审查报告的一种回应。也许在冯友兰看来，陈寅恪对下册的审查意见与张荫麟一样，是历史学者追究“谁是谁”的问题，与自己作为哲学学者着重于“什么是什么”截然不同。

冯友兰刻意避而不谈陈寅恪对《中国哲学史》下册的审查意见，直接的原因大概是后者对于上册看似肯定较多，而对下册的异议与冯自己的看法出入较大,却又不易讨论,因而迟迟不能作答。实际上，冯友兰对于史家的哲学史质疑也不能置若罔闻，其态度从他与傅斯年《性命古训辨证》一文发生的瓜葛，可以看出一些蛛丝马迹。

1936年夏，傅斯年公余开始撰写《性命古训辨证》一书，据称

[1] 冯友兰著，赵复三译：《中国哲学简史》，天津社会科学出版社2005年，第234页。

[2] 冯友兰：《三松堂自序》，北京：人民出版社1998年，第214页。

[3] 曹伯言整理：《胡适日记全编》8，第353页。

所究问题关系儒家性命说在古代思想史上的地位，“始悟之于民国二十二三年间”，恰好是陈寅恪写《冯友兰中国哲学史下册审查报告》之际。其时傅斯年公务繁忙，又身在南京，并未关注到冯友兰的著作和陈寅恪的审查报告，动笔时只是先后与同事丁声树、徐中舒谈及，反应不一。年余完稿，适逢抗战爆发，迁延至1938年才交付出版社。《性命古训辨证》“以演化论之观点疏理自《论语》至于《荀子》古儒家之性说，则儒、墨之争，孟、荀之差，见其所以然矣。布列汉儒之说，以时为序，则程、朱性论非无因而至于前矣。夫思想家陈义多方，若丝之纷，然如明证其环境，罗列其因革，则有条不紊者见矣”[1]。该书绪篇从先秦、汉代、宋儒梳理下来，试图探究心性之学的源流演变，进而对戴震、阮元之说加以辩驳。虽然注意到各时代诸说的异同，还是循着儒家思想自我演化的内在理路，形式上求其古，从发生演化顺下来，观念层面却暗藏着依照宋儒的自我塑造倒上去的潜在危险，或者说与宋儒的自我塑造相当合拍。

对于李翱的复性说，《性命古训辨证》本来只是根据前人成说标出其在孟子与陆王之间的历史位置，没有予以特别重视。该书出版后，学术界反应不一，陈垣、张政烺等赞誉有加，冯友兰读后，向傅斯年表示“前日问题仍未释”，希望“见面时再谈”[2]。他一再希望深谈的问题，应当包括冯友兰自己的看法以及陈寅恪审查报告的观点。稍微大胆地推测，冯友兰对于陈寅恪关于其《中国哲学史》下册的审查报告曲折表达的批评意见耿耿于怀，对于陈所提出的中古思想大事因缘一节相当留意，很想积极回应，只是尚未找到合适成熟的立论凭借。而傅斯年的新著显然为其旧说增添了论据，以致可以借由傅文代答，而不必亲自出面回应。

---

[1] 傅斯年：《性命古训辨证》，欧阳哲生主编：《傅斯年全集》第二卷，第502—509页。

[2] 王汎森、杜正胜主编：《傅斯年文物资料选辑》，台北：傅斯年先生百龄纪念筹备会1995年印行，第107页。

三年后，傅斯年专门写了《论李习之在儒家性论发展中之地位》的短文，发表于1943年1月的《读书通讯》第57期，后来又作为附录收入《性命古训辨证》，则三年前冯友兰与傅斯年会谈的议题之一，应与短文的内容不无关联，至少冯友兰会提示傅斯年注意陈寅恪在此问题上与之意见相左，使得傅斯年感到有必要加以申论。傅斯年与陈寅恪之间，论学很少出现这样观点截然不同的情形，所以一定相当在意。虽然此前两人未必针对彼此，可是此后却不无暗中过招的故意。傅斯年的文章虽短，但紧扣陈寅恪《冯友兰中国哲学史下册审查报告》论点论据的关键，而且数年之后才出手，无论是问题的把握还是论述的展开，看似没有具体针对，其实经过深思熟虑，指向明确。

傅斯年的文章，乍看与陈寅恪所说有几分相似，至少是相当缠绕纠结，实则立意完全相反。关于“新儒学起于中唐”一事，傅斯年特意声明“此说吾特别为一文论之”。可惜这篇计划内论新儒学发源的专文始终未见，仅据其论李翱的这篇短文，可知与陈寅恪的看法大异其趣。尽管傅斯年只字未提陈寅恪、冯友兰等人文字纠葛的前因，文章的用意显然是针对陈寅恪之说而表示不同意见。

傅斯年认为，《复性书》三篇当中，上下两篇皆不杂禅学，中篇诸问则或杂或不杂。他虽然承认《复性书》中篇诸问颇杂禅学，看似与陈寅恪的看法相近，其实结论全然相反。在他看来，李翱并不是借由佛教的性理之学开启新儒学，而是因为重新发现了上古的心学和汉儒的性情善恶二元说。显然，傅斯年的看法与陈寅恪所说宋儒义理源于道教吸收融贯佛教性理之学适相反对。虽然傅斯年指名以宋儒及清代朴学家如戴震、阮元等为批评标靶，心目中直接的言说对象当是陈寅恪。[1] 他断言李翱学说与禅无关于儒有本，批评

[1] 傅斯年：《论李习之在儒家性论发展中之地位》，欧阳哲生主编：《傅斯年全集》第二卷，第664—666页。

清代汉学家外，主要就是针对陈寅恪之前的相关说法。

按照傅斯年的意思，古代儒家原有心学一派，到了汉代，性情善恶二本已成习言，李翱的贡献在于认出古代心学之所在，所说未脱离古儒家；李翱虽然受时代影响甚至感化，并未变换儒家思想而为禅学，而且杂禅程度较浅。宋儒及清代朴学家误以为心性说来自佛教的性理之学，实际上反而是释家受儒家的影响更多。李翱所受时代影响，在中外之间应取较为接近的汉儒二元论，如果包含外来部分，则宁可说是受祆教景教摩尼而非佛教的影响。此说可谓将陈寅恪的避名居实、取珠还椟说釜底抽薪，如果新儒家不是通过道教吸收禅学，而是直接上溯先秦儒家的心学和汉儒的性情二元说，并转而影响佛教，就根本谈不上旧瓶装新酒。

可是，宋代新儒家及其唐代先行者，究竟是如陈寅恪所说，先受到佛教道教性理之说的影响，再上溯先秦两汉儒学的心性说，以外书比附内典，融成新儒学，然后据以辟佛，还是如傅斯年所论，鉴于时代风气人伦道丧，先从先秦儒学中认出心学一派，形成理学，用以抵御佛教，的确颇费思量。傅斯年的说法固然不难找到直接证据，但也容易落入宋儒故意布置的迷局，因为将义理说成是儒学一脉相承的正统，以免用夷变夏之嫌，恰恰是宋儒希望后人认定的结果。而陈寅恪的看法虽然曲折反复，不易获得直接证据，道理上却较为可信。人类历史上，必须借助外力才能突破精神桎梏的情况不止一端，欧洲中世纪思想就要借鉴儒学的天人合一才能突破神道一元观念的笼罩。同样，很少抽象思维的唐宋诸儒，如果没有佛道二教流行之下性理之学盛行的时代风尚影响，将内典外书相互比附，大概也很难跳出思想局限，形成深究义理的思维方式。

陈寅恪以佛学为新儒学先导的看法，看似与“向来攻宋明诸师者，皆谓其阳儒阴释”，以及民国学人（如余嘉锡、钱穆等）讲宋学渊源，多追溯至唐末古文运动援佛入儒相仿，实则一为史事探究，一为道理判断。宋儒义理学说多源于唐，此前及同时学人多能言之，分歧在于源于儒经还是佛典，以及何者为体，何者为用。陈寅恪的审查报告引起不少学人重新探讨和争论新儒学的渊源。1936 年 3 月，熊十力和张东荪联名发表《关于宋明理学之性质》于《文哲月刊》第 1 卷第 6 期，表达两人彼此之间关于这一问题的不同观点。张东荪认为："宋明儒实取佛家修养方法，而实行儒者入世之道。其内容为孔孟，其方法则系印度。"熊十力反驳道："夫孔曰求己，曰默识。孟曰反身，曰思诚。宋明儒方法，皆根据于是。虽于佛家禅宗，有所参稽，要非于孔、孟无所本，而全由葱岭带来也。"[1]

熊十力和张东荪的争论，多是讲道理而非究事实。二者的分别，不在于是否引经据典，而是如何证明。傅斯年动手撰写《性命古训辨证》，当与这样的语境不无关联。由探究事实来显示前人的道理，虽仍然难免各执一词，似乎回到起点的道理判断，其证明之法却与陈寅恪不无相通之处。

如果说傅斯年是误打误撞与陈寅恪发生分歧，蒙文通则是有心与陈寅恪的宋代新儒学渊源说立异。其着眼点与傅斯年或有不同，牵扯层面大为扩张繁复，取向和结论却大体相似相通。蒙文通 1941 年发表的《四库珍本十先生奥论读后记》，虽然表示赞成陈寅恪所说"汉人经学，宋人史学，皆不可及"，并且"叩诸陈君援庵，余君嘉锡，皆以为然"，却刻意声称："乃鄙意复又稍别者，以经学有西汉东汉之分，史学亦有北宋南宋之异。"[2] 不过，陈寅恪推崇宋代史学固然，说他盛赞汉人经学，则或有所误会。从陈寅恪本人的文字中，不见有诸如此类的说法。即使依据蒙文通自己的记述，陈寅恪也并未亲口对他谈及两汉经学的孰轻孰重。如果由史学重北宋而推及经学重西汉，或以陈的说法过于笼统而细分，这样周折复杂的

---

[1] 熊十力、张东荪：《关于宋明理学之性质》，《文哲月刊》第 1 卷第 6 期，1936 年 3 月。

[2] 蒙文通：《四库珍本十先生奥论读后记》，《图书季刊》新第 3 卷第 1—2 期合刊，1941 年 6 月。

立异不免脱离或曲解陈的本意。

显而易见的倒是，在陈寅恪的《冯友兰中国哲学史下册审查报告》发表并听陈谈过关于经学和宋代史学的看法后，从1935年起，蒙文通陆续撰写和发表了《评〈学史散篇〉》、《文中子》、《四库珍本十先生奥论读后记》、《宋代史学》诸文，并借1938年任教四川大学讲授中国史学史课程之机，撰写相关讲义。稍后他主持四川省图书馆，"由唐人论著中考论宋学之渊源"是该馆研究辅导部门的重要课题，"成一文曰唐代文士之内心及其影响。取材多由天宝、大历以来诸家文集与唐文粹、新唐书渗合而成"[1]。

对于宋学渊源，蒙文通的基本看法是："唐自中叶以后，赵匡、陆淳辈之于经，萧颖士、裴光庭、姚康复辈之于史，韩愈、柳宗元辈之于文，皆力矫隋唐，下开北宋，由天竺全盛之势力而力反求中国固有之文明，以究儒者之形而上学，此文化中一大关键也。"[2]这时他还承认释道势力全盛的影响，是导致唐人反求中国固有文明，以究儒者形而上学的动因。但他的重点并不在于探究天竺全盛势力如何影响作用的一面，而是发现晚唐一批"异儒"借助诸子学以探求经学，由讲究心性义理而尊儒，佛老之焰因此而衰，并开启宋学的先河。

1949年，他又进一步概括道："由秦汉至明清，经学为中国民族无上之法典，思想与行为、政治与风习，皆不能出其轨范。虽二千年学术屡有变化，派别因之亦多，然皆不过阐发之方面不同，而中心则莫之能异。"[3]其说一面强调异儒借由诸子直探经学，一面

[1] 《四川省立图书馆工作报告表》，1946年4月，参见张凯：《"义与制不相遗"：蒙文通与民国学界》，中山大学历史系博士学位论文，2009年，第五章第三节之二"宋学渊源：'内'、'外'之别"。

[2] 蒙文通：《文中子》，《益世报·读书周刊》第9期，1935年8月1日。

[3] 蒙文通：《论经学遗稿三篇·丙篇》，《经学抉原》，世纪出版集团、上海人民出版社2006年，第209页。

肯定秦汉至明清中国始终处于经学一脉相承的统治之下，完全回避佛道的作用，更不必说如何发生作用，这等于变相支持了傅斯年的观点。

越到后来，蒙文通越是少谈佛道的影响，而强调“异儒”的作用，凸显诸子学的复兴。他指晚唐一批学人：“由于他们的学风是摆脱旧说、直探经文，卑鄙训诂章句，大与传统学风不同，因此就被称为‘异儒’，而他们也就以此‘自名其学’。赞同者称颂为‘《春秋》三传束高阁，独抱遗经究终始’（韩愈送卢仝诗），而不同意者，则斥为‘穿凿之学，徒为异同’（唐文宗语）……思想解放之风，于此大张。诸子之学盛行，孟轲、荀卿、扬雄、王通之书，渐见重于世，而研究儒家义理之学也就因之兴起。”[1]

由此可见，在宋代新儒家思想渊源与儒释道关系的大事因缘问题上，民国学人虽然大都注意到来自天竺的佛教大盛于中土的事实，却罕有认可陈寅恪的看法，并进而加以论证者。除了前述张东荪主要由学理立论之说近似外，只有汤用彤所说“没有隋唐佛学的特点及其演化，恐怕宋代学术也不会那个样子”[2]，与陈寅恪的见解较为合拍。

尽管此时陈寅恪的视力严重减退，但对于宋学渊源的相关讨论尤其是《性命古训辨证》的论点，不可能一无所知。面对傅斯年进一步的声辩，陈寅恪要么表示接受，要么有所回应，而不能置若罔闻，因为无言也许会被理解为默认。果然，时隔5年后，陈寅恪于1954年在《历史研究》第2期发表《论韩愈》一文，改变了早年指韩愈为单纯辟佛的说法，进一步说明其对于新儒学发端的作用及因

[1] 蒙文通：《中国历代农产量的扩大和赋役制度及学术思想的演变（节录）》，《中国史学史》，世纪出版集团、上海人民出版社2006年，第187—192页。原载《四川大学学报》（哲学社会科学版）1957年第2期。

[2] 汤用彤：《隋唐佛学之特点》，《图书月刊》第3卷第3—4期合刊，1941年1月。

缘。[1] 所论与傅斯年、冯友兰等人所说的史事大体相同，可是断言韩愈以天竺为体，华夏为用，奠定宋代新儒学的基础，显然是对傅斯年、熊十力、冯友兰、蒙文通等人认为唐宋诸儒祖述孟子心性之学，目的在于辟佛，甚至与禅无关于儒有本等等说法的正面回应。

双方的主要分歧在于：其一，唐宋诸儒上承道统，声言辟佛，究竟是避名居实，取珠还椟，以免数典忘祖，还是直探经学，反对异教；其二，唐宋诸儒的义理之学，只是受到天竺势力大盛的时代影响，至多参酌佛禅性理之说，中心根本不出古儒家心学脉络，还是已经天竺为体，华夏为用，即利用儒家心性说谈论佛教性理，以沟通儒释，使得谈心说性与济世安民相反相成；其三，没有佛教以及吸收佛教的道教影响，新儒家有无可能再发现孟子心学，并且发展改造为义理之学。

从《论韩愈》一文的基本论点可知，陈寅恪并没有因为傅斯年的驳论而改变自己原来的看法。如果韩愈是受新禅宗的影响才转而正心诚意，如果正心诚意所本并非古儒家心学的旧义，而是禅宗道教吸收天竺佛理的新说，作为弟子李翱的复性论就很难说是与禅无关于儒有本。新儒学究竟是唐宋诸儒暗中取珠还椟，还是所自称的古今道统一贯，或者说，古今心性义理一脉相承是唐宋诸儒苦心孤诣的托词，还是新儒学创制的渊源，禅宗道教的性理之说不过有所影响而非所本，这一大事因缘究竟如何发生演化，迄今为止，仍是一桩尚无定论的历史悬案，有待来者进一步努力。[2]

关于中古思想大事因缘的根本分歧，势必牵连整个宋代思想学

[1] 陈寅恪：《论韩愈》，陈美延编：《陈寅恪集 · 金明馆丛稿初编》，第 319—322 页。

[2] 此事长久思考，苦无破解之道。后承葛兆光教授赠送大作《中国宗教、学术与思想散论》（三联书店香港有限公司 2008 年），首篇《青铜鼎与错金壶——道教语词在中晚唐诗歌中的使用》，论唐代诸儒赋诗受道教影响，对于佐证陈寅恪的说法或有无心插柳的作用，开辟征实的可行路径。只是以诗证史不易把握，如陈寅恪和蒙文通均注意到“春秋三传束高阁，独抱遗经究终始”的诗句，并且认作新的治经途径，但对史事如何发生的解读却相去甚远。

术及宋史研究的看法。在这方面，傅斯年与陈寅恪虽然均对宋代高度评价，并对研究宋代高度期待，可是傅斯年认为宋代是比较纯粹的中国学问，不像李唐与外国拖泥带水，而按照陈寅恪所论，宋代与外国或外来思想的关系至为复杂，绝非单纯的“全汉”问题。而且外来学说看似隐而不显，在中国思想史上的影响却至为深远，甚至已经达到外体中用的程度。由此一桩学术公案，可以得到三点启示：其一，历史中的实事未必皆可得到直接的实证，而看似信而有征的未必属实；其二，中外文化关系史上，显的部分外露而表浅，隐的部分深刻而不易征实，不独中古思想的渊源流变如此，近代西学东渐乃至输入新知同样如此；其三，学者论学，直面史事学问以外，还以古往今来特定的学人为心中的言说对象，必须前后左右了解语境，方能坐实。此节于理解相关文本的本意至关重要，否则，直解文本不仅可能望文生义，还会强人以就我。

此后，关于宋代理学开山祖师及其思想渊源的讨论，一直持续到二十世纪末。讨论的主题和方向有所变化。张荫麟生前拟作《宋代思想的主潮和代表的思想家》，分为北宋四子、王荆公及其“新学”、朱陆与南宋道学三部分，可惜只发表了第一部分《北宋四子之生活与思想》[1]。1947年，胡适讲《宋代理学发生的历史背景》，以司马光为理学开山，后来并指责冯友兰、陈寅恪等人强调从孔子到朱熹一脉，是所谓正统观念。[2]不知有意抹杀还是并不清楚，胡适显然含混了冯友兰与陈寅恪等人的重大分歧。邓广铭则认为应以王安石为宋学开山，并说韩愈、李翱仍局限于儒家学派本身的领域之内，只是拘守着儒家旧有的思想壁垒，作为反对佛老的基地。王安石则

[1] 张荫麟：《北宋四子之生活与思想》，《思想与时代》第27期，1943年10月。

[2] 胡适所指的正统派观点为：必须以孔子为中国古代思想史开端，“上继往圣，下开来学”；秦以后则为经学时代，其思想演变历程“只为一大事因缘，即新儒学之产生及其传衍而已！”并且认为冯友兰没有明说，而陈寅恪的下册审查报告说得比冯清楚。（曹伯言整理：《胡适日记全编》8，第353页）

把释道及诸子百家兼容并取，而仍以儒家的学说义理为本位。当然邓也不得不承认此说程朱肯定不会认账。[1]

三　新宋学及其取径

1943 年 1 月，远在桂林雁山别墅的陈寅恪为邓广铭著《宋史职官志考证》作序，其中提到：

> 吾国近年之学术，如考古历史文艺及思想史等，以世局激荡及外缘薰习之故，咸有显著之变迁。将来所止之境，今固未敢断论。惟可一言蔽之曰，宋代学术之复兴，或新宋学之建立是已。华夏民族之文化，历数千载之演进，造极于赵宋之世。后渐衰微，终必复振。譬诸冬季之树木，虽已凋落，而本根未死，阳春气暖，萌芽日长，及至盛夏，枝叶扶疏，亭亭如车盖，又可庇荫百十人矣。[2]

此一新宋学的说法，与敦煌学一样，引起自那时以来不少学人的遐想和议论。但究竟什么是陈寅恪心中的新宋学，与同时代人的新宋学有什么联系及分别，如何把握新宋学与当下学术研究的关系，如何使得自身的研究朝着新宋学显示的方向展开，大有检讨的余地。

陈寅恪所谓“宋代学术之复兴，或新宋学之建立”，显然不是专指史学，而是包括新儒学在内的宋代一切思想学术。在关于宋学渊源的争议发生后，陈寅恪于 1936 年在清华大学中国文学系开设“欧阳修”课程，其要旨为：“中国文化史，在秦以后，六朝与赵宋

[1] 邓广铭：《王安石在北宋儒家学派中的地位——附说理学家的开山祖问题》，《邓广铭治史丛稿》，北京大学出版社 1997 年，第 177—192 页。

[2] 陈寅恪：《邓广铭宋史职官志考证序》，陈美延编：《陈寅恪集 · 金明馆丛稿二编》，第 277 页。

为两个兴隆时代，至今尚未超越宋代。本课程就欧阳修以讲宋学。所谓宋学，非与汉学相对之宋学，乃广义的宋学，包括诗文、史学、理学、经学、思想等等。所讲不专重词章，要讲全部宋学与今日之关系，而所据以发表意见之材料，不能不有所限制，故开本课，实为研究宋史第一步。”[1]

这是迄今为止能够找到的陈寅恪专讲宋代的有限记录。据说课程结束时陈寅恪撰成《五代史记注》，“意在考释永叔议论之根据，北宋思想史之一片断也”[2]，则所讲未必完全展现陈寅恪对于宋学宋史的全部看法，单从要旨看，大概可以窥见其基本观念。陈寅恪一如既往地认为宋代是中国历史上学术文化的高峰，宋学包括思想学术各方面，而且要与整个中国的发展变化相联系。此外，其开讲专门课程是为研究宋史做开端，也就是说，至此陈寅恪已经有意落实先前与傅斯年商议的修宋史规划。这是考察陈寅恪学术变向的重要信息。如果没有抗战的爆发，宋史或宋代研究很可能成为陈寅恪治学的重要领域。

蒙文通认为中唐至宋代学术思想的变化为全面性的，包括新经学、新史学、新文学和新哲学，整个学术为之一变。除去后设的分科治学观念不无可议外，与陈寅恪的意思颇为相近。不过，在大体相似之下，两人的取径却相去甚远。陈寅恪推许邓广铭“他日新宋学之建立，先生当为最有功之一人，可以无疑也”。具体举称则在两方面，即“其神思之缜密，志愿之果毅，逾越等伦”。关于神思缜密，所说实事为，邓“夙治宋史，欲著宋史校正一书，先以宋史职官志考证一篇，刊布于世。其用力之勤，持论之慎，并世治宋史者，未能或之先也。寅恪前居旧京时，获读先生考辨辛稼轩事迹之文，深服其精博，愿得一见为幸”。

[1] 卞僧慧纂，卞学洛整理：《陈寅恪先生年谱长编（初稿）》，第169页。
[2] 陈寅恪：《致刘永济》四，陈美延编：《陈寅恪集·书信集》，第245页。

关于志愿果毅，即抗战军兴，颠沛流离，“及南来后，同寓昆明青园学舍，而寅恪病榻呻吟，救死不暇，固难与之论学论史，但当时亦见先生甚为尘俗琐杂所困，疑其必尠余力，可以从事著述。殊不意其拨冗偷闲，竟成此篇”。陈寅恪以邓广铭与辛弃疾“生同乡土，遭际国难，间关南渡，尤复似之。然稼轩本功名之士，仕宦颇显达矣，仍郁郁不得志，遂有斜阳烟柳之句。先生则始终殚力竭智，以建立新宋学为务，不屑同于假手功名之士，而能自致于不朽之域。其乡土踪迹，虽不异前贤，独佣书养亲，自甘寂寞，乃迥不相同。故身历目睹，有所不乐者，辄以达观遣之。然则今日即有稼轩所感之事，岂必遽与稼轩当日之叹哉？”其承命作序，提携之外，别有良苦用心，即“惧其羁泊西南，胸次或如稼轩之郁郁，因并论古今世变及功名学术之同异，以慰释之。庶几益得专一于校史之工事，而全书遂可早日写定欤？”[1]

陈寅恪所标举邓广铭的治学，主要在考史校史一面，大体相当于同时代其他学人（如钱基博、张荫麟）所指的新汉学。本来所谓汉宋之学，并非汉代和宋代的学问，而是后来尤其是清代学人尊汉代与尊宋代之别，抑扬不同，做法各异，因而汉宋之分其实主要是清代学问的讲究。可是用汉宋分别来条理整个清代学问的渊源流变，却是晚清以来逐渐成形固定的看法，而不完全是清代学问流变的实事。钱穆对梁启超《中国近三百年学术史》站在汉学家的立场叙述清代学术史，相当不满，遂撰写同名著作，力图证明清代汉宋并非壁垒森严，而是彼此互见。

钱穆的本意不错，不以汉宋截然两分的眼光看清代学术，尤其是表明治学不应有门户之见，对于后学颇有启示引导作用，但在讲求清代学术的本事方面，则不免有抹杀汉宋分别之嫌。后来钱穆写

[1] 陈寅恪：《邓广铭宋史职官志考证序》，陈美延编：《陈寅恪集·金明馆丛稿二编》，第277—278页。

《新亚学报·发刊词》，概括民国时期的学术纷争，仍然不能不承认：

> 此数十年来，中国学术界，不断有一争议，若追溯渊源，亦可谓仍是汉宋之争之变相。一方面高抬考据，轻视义理。其最先口号，厥为以科学方法整理国故，继之有窄而深的研究之提倡。此派重视专门，并主张为学术而学术。反之者，提倡通学，遂有通才与专家之争。又主明体达用，谓学术将以济世。因此菲薄考据，谓学术最高标帜，乃当属于义理之探究。此两派，虽不见有坚明之壁垒与分野，而显然有此争议，则事实不可掩。[1]

同样道理，似不应否定清代确有汉宋之分及汉宋之争，只是未必如阮元以来不断编造的叙述谱系所呈现的状态。换言之，所有史事未必都是按照后来条理的汉宋分争的系统发生和演化。清代学术脉络中汉宋究竟如何展开，如何被讲出系统来，并被用于条理所有相关史事，进而被普遍当作先前的事实，应当重新仔细梳理。梁、钱二著以及所有相关著述皆只能视为后来认识的一家之言。重写汉宋分争的历史，应尽可能约束主观，不仅注意大的时代背景，以汉还汉，而且必须回到具体时空人的一切条件下，在本来的脉络之中顺时序探讨观念事物因时因地因人而异的发生及其演化。此说看似简单，随时随处高度自觉把握则甚难。

陈寅恪心目中的新宋学，显然并非清代汉宋分争之下宋学的翻版，而是宋代学术的复兴。宋代学术登上峰顶，环境因素与陈寅恪所处时代类似，主要有两方面，一是世局激荡，二是外缘薰习。在相似的环境之下，主观上要继承和发展宋人治学的取径办法，对于争取再度登顶至关重要。具体而言，其一，应坚持“一方面吸收输入外来之学说，一方面不忘本来民族之地位”的道教之真精神，新

---

[1] 《新亚学报》第1期，1955年8月。

儒家之旧途径；其二，将史学作为新宋学的重要内容；其三，治史绝非仅仅实事求是的汉学家法，而要有宋代史学乃至新学全面贯通的义理关怀及眼界；其四，用宋代史学的长编考异法将“宋学”等思想领域的玄理还原为史事，以实证虚。也就是通过坐实征信、联系贯通的办法，显现宋学义理意境展开的历史进程。

1946年底，童书业在上海《益世报·文苑》发表《新汉学与新宋学》一文，论及五四运动后以文献考证学为主的新汉学独大，能够打破传统观念，为学问而学问，拓宽范围，尤其是完全接受旧宋学的批判精神，“对于传统的思想，旧史的传说，常能作勇猛无情的批判”。只是因为“精神虽异而研究范围并无多大的两样”一点，所以不能脱离旧汉学的圈套。抗战爆发后，学术潮流发生变化，“由向外的考据学的研究渐次转移成向内的道理的探求”。这种“新宋学运动”的趋势，

> 是应用汉学的实证精神来讲道理，这是它与旧宋学不同之点。旧宋学是完全主观的、独断的，而新宋学则是客观的、批判的；旧宋学所发挥的是个人的玄想，而新宋学所发挥的则是依据科学的、发现的、相对的真理，和社会政治的实际情况产生的理论；旧宋学是宗教化的玄学，新宋学是科学化哲学或思想。[1]

所论与陈寅恪不尽相同，尤其是对于旧宋学的批评，合于清代的宋学，未必适用于宋代的学问，但力求辩证式沟通汉宋，以批判眼光做考据，以实证精神讲道理，取向却与陈有相通之处。

清代的宋学，主要是指经学系统内的理学，一般并不包括史学。陈寅恪对于宋代史学极为推崇，以宋代为中国学术文化高峰，史学

---

[1] 童书业著，童教英整理：《童书业史籍考证论集》下，北京：中华书局2005年，第777—780页。

是其中要项，新宋学当然不能沿用清代宋学的观念，将史学排除在外。尽管陈寅恪的博学并世不二，主要还是史家，只是其治史不同于一般，而是将一切过去之事均作为历史加以研究，或是用高明的治史方法研治各个时空范围的一切人事。所以，他心目中的新宋学，史学自然成为要角，也因为此，做考史校史的邓广铭，才会被视为建立新宋学最有功的一人，其工作才被当作建立新宋学的重要部分。

若用秦以后中国思想演变的大事因缘为纲领脉络，研治宋史之难，材料的繁复芜杂以及史事的校正考订应当还在其次，根本问题是要以宋代为中国历史的大关节，而不能仅以为数十朝兴衰存亡之一代。要通盘考察宋代之所以成为中国历代学术文化高峰的渊源流变，就不能以后来史学的狭隘视野界域为局限。如果用断代分科的眼光办法研治宋史，将义理与考据、史料与史观分成两部，很难达到应有的高度。

汉宋之别，看起来类似欧洲的思想学术分为人本主义和科学主义，所以近代学人如胡适等以为清代汉学近乎欧洲科学。宋学和今文经学，偏于人文主义，而人文一面，看似虚悬，容易凿空逞臆，难以征信。钱基博评点民国前期的学术风气道："近十年之国学，无他演变，大抵承前十年或前数百年之途径以为递禅。其新颖动人而为青年髦士之所津津乐道者，厥为以科学方法整理国学。而大师宿学，则或讲宋明理学，欲以矫清代治汉学者训诂琐细之失。其尤河汉无涯者，益侈陈三教会通，故为荒唐之言，无端涯之辞。海内之学者，具此而已矣。"[1] 又说："'人文主义'者，以为国学之大用，在究明'人之所以为人之道'；而以名物考据为琐碎。此明其'义'而遗乎'数'者也。'古典主义'者，以为国学之指趣，在考征'古之所以为古之典章文物'；而以仁义道德为空谭。此陈其'数'而

[1] 钱基博：《十年来之国学商兑》，《光华大学半月刊》第3卷第9、10期合刊，1935年6月，第110页。

疏于‘义’者也。”[1]

在学问上为钱基博所推崇的裘匡庐，进一步将中国学术拉向人本主义：

近人喜言以科学治学方法整理国学者，是殆未明吾东方固有之学术，其性质与今之所谓科学者迥别。研究科学及一切形质之学者，如积土为山，进一篑有一篑之功，作一日得一日之力，论其所得之高下浅深，可以计日课程而为之等第也。治心性义理之学者，如掘地觅泉，有掘数尺即得水者，有掘数丈始得水者，有掘百数十丈然后得水者，有掘百数十丈而终不得水者，有所掘深而得水多，亦有所掘深而得水反少者，有所掘浅而得水少，亦有所掘浅而得水反多者。而所得之水，又有清浊之分，甘苦之别，不能尅日计工，而衡其得水之多寡清浊也……盖学之偏于实者，其程效可以计功计日。学之偏于虚者，苟非实有所悟，则决无渐臻高深之望。语其成功，不闻用力之多寡，为时之久暂也。[2]

中国学问，偏虚还是重实，各家看法不一，另当别论，钱、裘两人所强调的，都是义理之学的治法与考据不同，不可用科学眼光一概而论。张尔田曾致函王国维，告以：

读书得间，固为研究一切学问之初步，但适用于古文家故训之学，或无不合，适用于今文家义理之学，则恐有合有不合。何则？故训之学，可以目諭，可以即时示人以论据，义理之学，

[1] 钱基博：《国学文选类纂》，上海：商务印书馆 1931 年，第 10 页。

[2] 钱基博：《十年来之国学商兑》，《光华大学半月刊》第 3 卷第 9、10 期合刊，1935 年 6 月，第 123—124 页。

不能专凭目验，或不能即时示人以证据故也……故弟尝谓：不通周秦诸子之学，不能治今文家言。虽然，此种方法，善用之则为益无方，不善用之亦流弊滋大。[1]

既然义理与考据的治法验证截然不同，各执一端似乎天经地义。可是，正如所谓人本与科学的分别一样，人的有意识活动与社会的有规律运动本来是人与社会统一整体的不同体现，强分是由于人的能力有限，虽有方便之利，却是片面之见。

能否超越人本与科学的对立，或汉宋分争、义数隔绝的局限，不仅在人事、制度，甚至在义理层面也可以由求其古而致求其是，用实证精神讲道理，用义理关怀究实事，使得两方面相辅相成，这其实也是能否回复宋代学术本源的大问题，是解开清代以来考据与义理、史料与史观种种纠结的必由之路。连胡适等人也注意到，清学与宋代学问的渊源关系至深，义理与考据，都可以上溯朱熹。与裘匡庐等人的看法适相反对，陈寅恪认定中国文化的特性是根源于伦理政治，惟重实用，不究虚理，所以欧洲尚有纯粹形而上的论理，中国则所有思想均可还原为有脉络可寻的历史事实，因此必须注意具体时间、地点、人物、背景等等因素的作用。

就沟通考据与义理而论，傅斯年和陈寅恪又有所分别，他们虽然都十分推崇宋代史学，具体取舍还是不尽相同。《通鉴考异》是两人共同标举的代表作。傅斯年《史学方法导论》称："在中国详述比较史料的最早一部书，是《通鉴考异》。……这里边可以看出史学方法的成熟和整理史料的标准。在西洋则这方法的成熟后了好几百年，到十七八世纪，这方法才算有自觉的完成了。"[2] 对于《资

---

[1] 张尔田：《与王静安论今文学家书》，《学衡》第23期，1923年11月，"文苑·文录"，第3—4页。

[2] 傅斯年：《史学方法导论》，欧阳哲生主编：《傅斯年全集》第二卷，第308—309页。

治通鉴》，陈寅恪推崇备至，傅斯年则有所保留，认为《资治通鉴》、《五代史》、《新唐书》等，虽然于《春秋》的正统思想有莫大的解放，仍不能廓清主观成分。至于《建炎以来系年要录》，两人分歧较大，陈寅恪《陈述辽史补注序》称：

> 裴世期之注三国志，深受当时内典合本子注之薰习。此盖吾国学术史之一大事，而后代评史者，局于所见，不知古今学术系统之有别流，著述体裁之有变例，以喜聚异同，坐长烦芜为言，其实非也。赵宋史家著述，如续资治通鉴长编，三朝北盟会编，建炎以来系年要录，最能得昔人合本子注之遗意。诚乙部之杰作，岂庸妄子之书，矜诩笔削，自比夏五郭公断烂朝报者所可企及乎？……回忆前在绝岛，苍黄逃死之际，取一巾箱坊本建炎以来系年要录，抱持诵读。其汴京围困屈降诸卷，所述人事利害之回环，国论是非之纷错，殆极世态诡变之至奇。然其中颇复有不甚可解者，乃取当日身历目睹之事，以相印证，则忽豁然心通意会。平生读史凡四十年，从无似此亲切有味之快感，而死亡饥饿之苦，遂亦置诸度量之外矣。由今思之，傥非其书喜聚异同，取材详备，曷足以臻是耶？[1]

而傅斯年则指是书所记“多有怪事，如记李易安之改嫁，辛稼轩之献谀”[2]，并以此作为远人的记载比不上近人记载可靠的典型事例。本来傅斯年也认为“每一书保存的原料越多越好，修理得越整齐越糟……我们要看的史料越生越好！”取材芜杂紊乱而颇为史家诟病的《晋书》、《宋史》，因为“保存的生材料最多，可谓最好”。而一般认为最能锻炼的《新五代史》、《明史》，在傅斯年看来，因

[1] 陈寅恪：《陈述辽史补注序》，陈美延编：《陈寅恪集·金明馆丛稿二编》，第264页。
[2] 傅斯年：《史学方法导论》，欧阳哲生主编：《傅斯年全集》第二卷，第339—340页。

材料原来的面目被改变，反而糟了。[1] 而且他也不乏任何类型的材料可信度都是相对而言的自觉，可是一旦落到实处，傅斯年还是不免材料类型的成见，不能一视同仁，过信直笔，轻视曲隐。

由此可见，前人著述所含义理及感悟的成分越多，陈、傅二人评议的歧见就越是明显。可是，这并不等于说陈寅恪好谈玄理，相反，他始终思索整合融贯义数分别的破解之道。在研治佛道经典方面，自谦只谈史事不言教义的陈寅恪[2]，反复提示宋贤治史与天竺诂经之法的分别及联系。对于上古思想，他虽然声言不敢治经和不能读先秦之书，却敏锐地指出应如何凭借少数遗存的残余断片，对古人学说的全部结构具了解之同情，又避免流于穿凿附会之恶习，以自身的时代环境学说，推测解释古人意志，从而陷入“其言论愈有条理统系，则去古人学说之真相愈远”[3] 的尴尬。

在为友人所写的若干序跋中，陈寅恪表达了相当明确的意见，从中可以揣摩领悟其对于研经治史的理念。其中颇为关键的就是治先秦子史之学，不能改订旧文，多任已意，随心所欲地加以补正，成为自己胸中独具之古本。[4] 陈寅恪所评点的著作价值究竟如何，学界看法各异。陈寅恪借由文本的校勘，申论学人研究历史，既要设法理解古人著述的本意，又要防止用后来的已意妄加揣度，对于研究中国思想学术史乃至一般文史具有重要的方法意义，对于时下的学风尤具针砭作用。治史不在发表对于历史人事的意见，而是发挥主观能动性，最大限度地约束自己的主观任意，理解揭示史事的本相与前人的本意。只是本相绝非就事论事可得，本意更不是望文

[1] 傅斯年：《史学方法导论》，欧阳哲生主编：《傅斯年全集》第二卷，第 340 页。

[2] 陈寅恪：《论许地山先生宗教史之学》，陈美延编：《陈寅恪集 · 金明馆丛稿二编》，第 360 页。

[3] 陈寅恪：《冯友兰中国哲学史上册审查报告》，陈美延编：《陈寅恪集 · 金明馆丛稿二编》，第 280 页。

[4] 均见陈美延编《陈寅恪集 · 金明馆丛稿二编》，第 270、258 页。

生义可知。前者必须近真而得其头绪，后者更要深入内心世界，了解同情。二者都不会直接显露，或者说不可能从单个角度全面展示，要想把握得当，尽可能接近，离不开前后左右比较所有相关史料，进而贯通史事。

关于如何理解古人思想学说的本意，傅斯年的《性命古训辨证》借鉴欧洲尤其是法、德比较语言学和比较文献学的成熟技术，提出并运用语学的观点与历史的观点相配合的方法[1]，求其古以求其是[2]。问题在于，如何才能真正做到“求其古”，或者说如何才能避免自以为在“求其古”，实际上却仍然“求其是”。要想理解古人的微言大义，恰当的途径显然并不是由神游冥想的方式达到了解同情的程度。

在这方面，杨树达所作《论语疏证》提供了典范。1948 年陈寅恪为该书作序，特意指出其治经之法，与宋贤治史之法冥会，而与天竺诂经之法，形似而实不同。杨氏新法于中国历代治学方法颇有渊源，也有所发展变化。[3] 所谓形似而实不同，主要是指佛藏与儒经分别面向出世与世间，合本子注重神话物语以究佛说，长编考异则由人间事实而解经义。单就形式和方法而言，二者可谓异曲同工。长编考异法在历史上很可能受到合本子注的影响。

所谓“合本”，为“我民族与他民族二种不同思想初次之混合品”，“盖取别本之义同文异者，列入小注中，与大字正文互相配拟。即所谓‘以子从母’，‘事类相对’者也”。“中土佛典译出既多，往往同本而异译，于是有编纂‘合本’，以资对比者焉。”其具体程序做法，则如敏度法师《合维摩诘经序》所说：

此三贤者（支恭明法护叔兰），并博综稽古，研机极玄，殊

---

[1] 傅斯年：《性命古训辨证》，欧阳哲生主编：《傅斯年全集》第二卷，第 508 页。
[2] 钱穆：《中国近三百年学术史》，北京：商务印书馆 1997 年，第 357 页。
[3] 陈寅恪：《杨树达论语疏证序》，陈美延编：《陈寅恪集 · 金明馆丛稿二编》，第 262—263 页。

方异音，兼通关解，先后译传，别为三经同本，人殊出异。或辞句出入，先后不同，或有无离合，多少各异，或方言训古，字乖趣同，或其文胡越，其趣亦乖，或文义混杂，在疑似之间，若此之比，其途非一。若其偏执一经，则失兼通之功。广披其三，则文烦难究，余是以合两令相附。以明所出为本，以兰所出为子，分章断句，使事类相从。令寻之者瞻上视下，读彼按此，足以释乖迂之劳，易则易知矣。若能参考校异，极数通变，则万流同归，百虑一致，庶可以辟大通于未寤，阖同异于均致。若其配不相畴，傥失其类者，俟后明哲君子刊之从正。

在陈寅恪看来，其方法之精审美备，“即今日历史语言学者之佛典比较研究方法，亦何以远过”[1]。而用由合本子注演变而来的长编考异法研治儒家经典，以事实证言论，以文本相参证，继以考订解释，可以究明圣言本意。

善用长编考异之术，对于研究讲世间法的古儒家尤为重要，因为历史不可重复，只会演化，由实事求是的比较以见异，可以寻绎因时空人事改变而发生的衍化，贯通无限延伸的事实联系，达到由征实而理解前贤本意的目的。不过，受到佛教影响的宋代新儒家好讲义理，是否仍然适用长编考异之法，如童书业所说，用汉学的实证精神来考究宋儒的讲道理，还有进一步的讲究。

历史上中外不同思想的混合除“合本”之外，还有“格义”，即晋世僧徒之间以内典与外书互相比附的具体方法。[2] 从比较研究的角度，陈寅恪曾经痛批“格义”是附会中外学说。[3] 但他并非全然否定格义的积极作用，对于用格义方式努力调适沟通儒释关系的

---

[1] 陈寅恪：《支愍度学说考》，陈美延编：《陈寅恪集 · 金明馆丛稿初编》，第 181—185 页。

[2] 陈寅恪：《支愍度学说考》，陈美延编：《陈寅恪集 · 金明馆丛稿初编》，第 167—185 页。

[3] 陈寅恪：《与刘叔雅论国文试题书》，陈美延编：《陈寅恪集 · 金明馆丛稿二编》，第 252 页。

六朝僧徒以及援儒入释的理学评价极高，认为宋代之所以能够达到中国历史文化的顶峰，与此关系密切。用格义之法吸收异教，阐明古学，一方面尽量吸收输入外来学说，一方面不忘本来民族地位，或可继宋代之后，于思想上自成系统，有所创获，进一步丰富提升中华民族形而上的思维能力。理解古学，必需长编考异的实事求是；面向未来，还要格义融通的求珠还椟，如此才能再创中华民族思想文化的新高。

尤有进者，长编考异法对于理解义理之学的本意仍然有效，因为宋儒的思维论说方式深受中国习惯的制约，在因由、实事以及言说对象等方面，仍有具体，并非完全抽象。所说义理看似脱离实事，实则格物致知，未必虚玄，谈心说性，也与济世安民相辅相成。既为世间法，还是可以实事求是。只不过实事与本意必须相互参证折衷，才能不断接近，理解把握。

四　南北宋的高下

陈寅恪的新宋学及其以宋代史学方法治史的主张，能够理解并做到者为数不多，自然很少有人提出异议，即使有也是心或非之而口不言。蒙文通是有心立异者之一，除前引两条记载外，1944 年暑期，蒙文通撰《跋华阳张君叶水心研究》，再次提出“汉人之经学，宋人之史学”的分歧：“经学莫盛于汉，史学莫精于宋，此涉学者所能知也。汉代经术以西京为宏深，宋代史学以南渡为卓绝，则今之言者于此未尽同也。近三百年来，宗汉学为多，虽专主西京其事稍晚，然榛途既启，义亦渐明。惟三百年间治史者鲜，今兹言史者虽稍众，然能恪宗两宋以为轨范者，殆不可数数觏，而况于南宋之统绪哉！”[1]

[1] 蒙文通：《跋华阳张君〈叶水心研究〉》，《中国史学史》，第 161 页。

有学人认为，蒙文通重申“宋代史学以南渡为卓绝”，似在回应陈寅恪所倡导的尊奉北宋司马光之史学的“新宋学”。其实，关于经学的西汉东汉之别，蒙文通或是有所误会，或是故作别解，从迄今所见的相关文献中，似不见陈寅恪特别推崇汉代经学的旁证（《白虎通义》仅指纲纪）。而关于整个宋代学术，陈寅恪所推崇的朱熹也在南宋之列，只有史学着重于北宋司马光，但也并未轻视否定南宋。蒙文通在史学方面的立异又有两重讲究，一是经学与史学，二是北宋与南宋，这两方面彼此牵连。

近代蜀人治宋史，当以刘咸炘为先，他鉴于“近日美风弥漫，人崇功利，其弊大著”，在蒙文通等人的催促下，计划复宋学、修宋史。[1] 近代学人如梁启超、孟森、傅斯年等推崇宋代史学，多尊北宋，至于为何尊以及尊什么，各有分别。刘咸炘则称：“北宋史家，成欧阳永叔、宋祁子京、司马光君实，三人著史皆有所长，然于史学皆无所论说。”[2] 并认为：“编年本止账簿之本相，记注之初型，纵加变化，要不能免于方直，如《资治通鉴》虽有镕裁，亦不过为政治史之简本，无多味也。”[3] 后来蒙文通兼治宋史及其治法取径，颇受刘咸炘的影响，强调：“宋之为宋，学术文章，正足见其立国精神之所在，故于宋史首应研学术，则知宋之所以存，次制度，则知宋之所以败。”[4] 主张治宋史当先明宋学，通宋学才能治宋史。

蒙文通特尊南宋史学，固然与刘咸炘密切相关。据他自称：“双江刘鉴泉言学宗章实斋，精深宏卓，六通四辟，近世谈两宋史学者未有能过之者也。余与鉴泉游且十年，颇接其议论。及寓解梁，始究心于《右书》、《史学述林》诸篇，悉其宏卓，益深景慕。惜鉴泉

[1] 刘咸炘：《重修宋史述意》，黄曙辉编校：《刘咸炘学术论集·史学编（下）》，第 592—596 页。

[2] 刘咸炘：《宋史学论》，黄曙辉编校：《刘咸炘学术论集·史学编（下）》，第 515 页。

[3] 刘咸炘：《史体论》，黄曙辉编校：《刘咸炘学术论集·史学编（下）》，第 369—370 页。

[4] 蒙文通：《宋史叙言》，《古史甄微》，成都：巴蜀书社 1999 年，第 398 页。

于是时已归道山，不得与上下其论也。后寓北平，始一一发南渡诸家书读之，寻其旨趣，迹其途辙，余之研史，至是始稍知归宿，亦以是与人异趣。深恨往时为说言无统宗，虽曰习史，而实不免清人考订獭祭之余习，以言搜讨史料或可，以言史学则相间犹云泥也。于是始撰《中国史学史》，取舍之际，大与世殊，以史料、史学二者诚不可混并于一途也。”[1]

不过，仔细推敲蒙文通的叙述，其治史有意与时流异趣，除了刘咸炘的影响外，另有机缘用心。

蒙文通敦促刘咸炘重修宋史之时，对于宋代学术史事尚未深究。蒙文通后来说，自己听陈寅恪详论汉人经学宋人史学后表示：“而余意则不与同，以汉人经学当以西汉为尤高，宋人史学则以南宋为尤精，所谓经今文学、浙东史学是也。当时虽尚未有撰述，实早已成熟于胸臆中矣。”[2] 此前蒙文通固然有所留意于宋史和宋学，但要说早就胸有成竹，稍嫌言过其实。其自称寓北平时才集中阅读南渡诸家之书，由是懊悔原来治学无宗统、无史学，即为明证。

不无巧合，在陈寅恪、冯友兰等人关于宋代新儒家渊源的讨论展开之后，1935 年，蒙文通利用暑假，在北平“略读东莱、水心、龙川、止斋诸家书，欲以窥宋人史学所谓浙东云者”。探赜索隐的结果，由此治史稍知归宿，与人异趣。在他看来，“北宋之学，洛、蜀、新三派鼎立，浙东史学主义理、重制度，疑其来源即合北宋三派以冶于一炉者也”。而“中国史学惟春秋、六朝、两宋为盛，余皆逊之……每种学术代有升降，而史学又恒由哲学以策动，亦以哲学而变异，哲学衰而史学亦衰……六代精于史体，勤于作史；宋人深于史识，不在作史而在论。六朝人往往不能作志，为之者亦勤于缀拾而短于推论。宋人则长于观变而求其升降隆污之几”。因此，“子

---

[1] 蒙文通：《跋华阳张君〈叶水心研究〉》，《中国史学史》，第 161 页。

[2] 蒙文通：《治学杂语》，蒙默编：《蒙文通学记》（增补本），第 44 页。

长、子玄、永叔、君实、渔仲，誉者或嫌稍过，此又妄意所欲勤求一代之业而观其先后消息之故，不乐为一二人作注脚也”。此言显然是针对陈寅恪的看法而发。[1] 由此看来，陈寅恪、冯友兰等人关于宋学渊源的讨论才是蒙文通重点关注宋代的重要契机，而推重南宋，既与蒙文通的学承相连，又与其有心立异有关。

蒙文通所著《中国史学史》，肯定《资治通鉴》的“长编之法，今昔所推。所以搜罗放佚，考正异同，其事之巨且伟也”。同时特别强调：“南渡之学，以女婺为大宗，实集北宋三家之成，故足以抗衡朱氏。而一发枢机，系于吕氏。以北宋学脉应有其流，而南宋应有其源也。北宋之学重《春秋》而忽制度，南渡则制度几为学术之中心。”[2] 他沿袭元代黄溍的看法，将南宋浙东之学依来源和趋向分为义理、经制和事功三派六家，“惟浙东之学，以制度为大宗，言内圣不废外王，坐言则可起行，斯其所以学独至而无弊”。南宋浙东诸儒，“言史必以制度为重心”，相比之下，北宋史家略逊一筹。“盖治法密于唐，自北宋人视之，若谓徒法之不如徒善，故北宋史人皆高谈性道，不识治法，虽激论变法，而北宋究无能论法者”，所以“北宋言史而史以隘，专主人治而遗史之全体。是北宋之言史专于理道之旨义每狭而浅，未若南宋之广且深矣”[3]。据此，他认为：“南渡之究史者众矣，而实以三派六家为最卓。其与北宋异者，自欧阳、司马之俦论史不言制度，而南宋诸家则治人与治法兼包，义理与事功并举；班、荀以降，治史固未有忽于典制数度者也。”[4]

蒙文通既然于两宋史学以史识、推论为高，好义理，重制度，又对北宋司马光等人不法《春秋》寓褒贬，略法制而偏重人治（因

[1] 蒙文通：《致柳翼谋（诒徵）先生书》（1935 年 9 月），《中国史学史》，第 126—128 页。
[2] 蒙文通：《孙甫与司马光》、《南渡女婺史学源流与三派》，《中国史学史》，第 78—82 页。
[3] 蒙文通：《四库珍本十先生奥论读后记》，《图书季刊》新第 3 卷第 1—2 期合刊，1941 年 6 月。
[4] 蒙文通：《跋华阳张君〈叶水心研究〉》，《中国史学史》，第 161 页。

恶王安石而强调在得人不在法)不以为然[1],尊南宋自然是顺理成章。这样的看法是否合乎两宋史学的分别，抑或其有心与尊北宋史学的陈寅恪立异而不免看朱成碧，可以检讨。不过，其所认定的北宋史学与陈寅恪所表彰的显然绝非一事。

陈寅恪好借序跋评论他人著述时阐述发挥自己的方法见识，尽管所论对象未必完全符合其心中理想。所以，将相关议论视为陈寅恪自己的思想表达则可，若以为所评著述的固有价值，则或许有所出入。同样，陈寅恪表彰古人治学方法如合本子注、长编考异之类，也有宋儒求珠还椟之意，本来已经超越，却要借此说话。此非依傍积习，而是针对学界多以东欧北美为取向的时势，表达其对于固有学术文化的敬意，力求重振、延续并发展中国学术文化的内在活力。

陈寅恪看重北宋史学，显然并非由于北宋史家不讲义理，忽视制度。就义理而言，他推崇南宋的朱熹到至高无上的地位，便是明证。就制度而论，陈寅恪关于隋唐制度及其渊源的著述，不仅是其代表作，而且已成经典。至于如何讲义理论制度，却大有讲究。陈寅恪与傅斯年之所以重视北宋史家的长编考异之法，是受了近代欧洲新史学的影响。在傅斯年看来，“历史学和语言学在欧洲都是很近才发达的。历史学不是著史：著史每多多少少带点古世近世的意味，且每取伦理家的手段，作文章家的本事。近代的历史学只是史料学，利用自然科学供给我们的一切工具，整理一切可逢着的史料，所以近代史学所达到的范域，自地质学以致目下新闻纸，而史学外的达尔文论正是历史方法之大成”[2]。正是基于上述事实，傅斯年断言：“综之，近代史学，史料编辑之学也，虽工拙有异，同归则一，因史料供给之丰富，遂生批评之方式，此种方式非抽象而来，实由

[1] 蒙文通：《跋宋史全文续资治通鉴》，《中国史学史》，第 138 页。

[2] 傅斯年：《历史语言研究所工作之旨趣》，欧阳哲生主编：《傅斯年全集》第三卷，第 3 页。

事实之经验。”[1] 陈寅恪甚至表示，“整理史料，随人观玩，史之能事已毕”，不必过于讲究文章风格技巧。[2]

蒙文通虽然指名陈寅恪，所谈论的对象却更像是傅斯年。实际上傅斯年与蒙文通之间的分歧更为直接明显。蒙文通遭北京大学历史系解聘，背后起主导作用者至少包括傅斯年，而且傅斯年明确说尽管北宋史学已远超前代，可惜南渡后无甚进展，以致元明时生息奄奄。[3] 所以蒙文通将傅斯年视为清代汉学考订文籍一派的余绪。不过，傅斯年强调有一份材料出一分货，近代史学只是史料学的意涵，并非一般所以为的那样简单。所谓近代史学为史料编辑之学，包含两层意思，一是因史料供给之丰富，遂生批评之方式；二是此种方式非抽象而来，而由事实之经验。所以，史料编辑之学，并不是仅仅简单机械地将史料罗列在一起。史学就是史料学的重要体现，在于如何整理史料以及如何认识整理史料之于研究历史的作用。具体而言，“史料学便是比较方法之应用”，而整理史料的方法，“第一是比较不同的史料，第二是比较不同的史料，第三还是比较不同的史料”[4]。

傅斯年强调运用比较方法整理史料，更值得深思的还在以下两点，即：“历史的事件虽然一件事只有一次，但一个事件既不尽止有一个记载，所以这个事件在或种情形下，可以比较而得其近真；好几件的事情又每每有相关联的地方，更可以比较而得其头绪。”[5] 近真与头绪，既是“史学只是史料学”的两个层次，又是比较不同史料所能达到的两个目的。这一论述揭示如何通过历史记录接近历

[1] 傅斯年：《中西史学观点之变迁》（未刊稿），欧阳哲生主编：《傅斯年全集》第三卷，第 156 页。

[2] 陈守实：《记梁启超、陈寅恪诸师事》，《中国文化研究集刊》第 1 辑，第 422 页。

[3] 傅斯年：《中西史学观点之变迁》（未刊稿），欧阳哲生主编：《傅斯年全集》第三卷，第 152 页。

[4] 傅斯年：《史学方法导论》，欧阳哲生主编：《傅斯年全集》第二卷，第 308 页。

[5] 傅斯年：《史学方法导论》，欧阳哲生主编：《傅斯年全集》第二卷，第 308 页。

史事实的路径做法，以及如何寻求看似散乱的历史事实之间普遍存在的内在联系两大命题，深得史学研究之真味。近真包含不断通过各种不同的记录接近本事即第一历史，以及了解当事人所记各异的心路历程即第二历史，并将二者相互比较参证；得其头绪更使得无数纷繁现象背后的相互联系逐渐显现，有序连接，无限伸展。即使精神思想史，看似有求其是与求其古的分别，实则由求其古而至求其是，使之相辅相成，可以让史料与史学复归一体。

史学当然不仅是史料，但史学绝不能没有史料。治史无疑必须具有见识，可是见识的高下须有经过验证的凭借依据。史学需要义理，而义理不能是无法验证的玄学。凡此种种，都必须求证，不仅实事求是，信而有征，更要虚实互证，而不能师心自用地自以为是。就此而论，蒙文通虽然推许南宋的兼包并举，对于同时代学人还是不免门户之见，尚不能洞穿门户，以致兼通。其坚持难以征实目验的今文家言，与陈寅恪将史学做到如生物学地质学那样准确的追求不无分歧。只是陈、蒙二人的分别或许并不如蒙所自称，反倒是钱锺书指陈寅恪讲宋学，做汉学，虽不无讥讽之意，却能体现陈的治学态度和办法。陈寅恪的中古制度研究，注意章程条文与社会常情及其变态的分别和相互作用，与杨树达《论语疏证》有异曲同工之妙。或许蒙文通强分轩轾的南北宋，在陈寅恪看来也是可以熔为一炉，不必刻意划分此疆彼界，并且褒贬抑扬的。

要以长编考异、合本子注法求出义理的本意及演化，并在实证连缀中显示背后的宏大关怀，方能合于本事，体现高明。达到这样的境界，则考史与史学相辅相成，史料与史观互为表里，而义理、制度本来就是浑然一体，无法割裂对立。心中不分，自然眼中无间。当然，要随时随处保持高度自觉，绝非轻而易举。

号称治学着重中古一段且十分推崇宋代史学的陈寅恪，虽然很少直接着手撰写宋史，实则以宋为制高点，为天平中心，为治整个中国历史的承担，而不以赵宋一朝为断代，不以史学为专门，所以治学能够据有宋代学术文艺的高度，否则不仅不能理解把握中国的历史文化，治宋史也难以达到应有的境界。由此可以总结如下：其一，要把握宋史、宋学、宋代史学、宋代思想学术的区别与联系，不宜用后来分科治学的眼光看待宋代历史及其思想学术文化，尤其不能用近代以来区分经史以及史料与史观的观念研究宋代。其二，应讲宋学，做汉学，此宋学即陈寅恪所谓新宋学，而非清代汉宋分争的宋学。一方面，如钱穆所说，治宋史必须通宋学，如治国史必须通知本国文化精意，而此事必于研精学术思想入门[1]，不以专家饾饤之学画地为牢；另一方面，在宏大关怀之下，将包括义理等在内的一切虚玄思想还原为历史，巧妙地发明曲隐，加以征实，既有道理，又可目验。其三，以宋代为张目挈领之纲，将古今中外的历史文化纵横贯通，解释材料史事既具有系统又不涉比附。如此，方可有望达到新宋学的高度意境，开创中国学术文化的崭新气象。

---

[1] 钱穆：《1941 年 4 月 16 日致李埏书》，《钱宾四先生全集》第 53 册，台北：联经出版事业公司 1998 年，第 379 页。

“了解之同情”与陈寅恪的治史方法

1930年代，陈寅恪先后为冯友兰著《中国哲学史》上下册撰写审查报告，不仅助成其出版，有利于提升该书的学术地位以及冯友兰的学术声望，同时两篇审查报告本身也成为近代学术批评史上的经典之作，并在相当程度上体现了陈寅恪本人的学术思想，因而吸引后来学人的不断解读。人们一方面努力读懂陈寅恪对冯友兰《中国哲学史》上下两册评价的真意，以确定冯著在近代中国学术发展史上的定位；另一方面，则试图从中找出陈寅恪自己治史方法的恰当表述，以便悬为高的，追摹仿效。不过，仔细研读陈寅恪的文字，重审已有的各种议论，总觉得或有所出入，或言犹未尽，不尽当意。深究陈寅恪对冯著的看法，所重仍在探测陈寅恪本人的史法。只是陈的心思细密，上述相互关联的两方面本意，不易从各种文献记载的字面直接解读出来，理想取径，还是以彼之道，还诸彼身，即借重陈寅恪的办法，考察其本人的言行，或许能至虽不中亦不远的境界。至于外行以为作古之人，无法复验，实不知史学的奥妙所在，很难心领神会，并不在本文言说的对象之内。

一 取西洋哲学观念

要想通过陈寅恪的审查报告探究其治学方法，前提当然是理解审查报告对于冯友兰著作的真实看法。冯友兰的《中国哲学史》上下册相继出版于1931和1934年，陈寅恪受清华大学出版委员会之托，先后对两书进行审查并撰写了审查报告，上册的审查报告还于1931年3月先期发表于《学衡》杂志第74期。两书的审查均获得通过，予以出版。虽然另外还有其他审查人，陈寅恪的意见无疑至关重要。而且，从制度上看，清华大学出版委员会只有在所有审查人意见基本一致的情况下，才能通过报审著作。其间钱穆的《先秦诸子系年》完稿，经顾颉刚介绍，申请列入清华丛书，即因列席审查者三人意见分歧，未获通过。[1] 由此可见，冯著能够出版，至少须陈寅恪口头表态赞成，或是审查委员会从陈的书面报告中接收到正面的信息。

依照规定，陈寅恪在两篇审查报告的开头，即分别明确表示肯定，并同意出版。前一篇说："窃查此书，取材谨严，持论精确，允宜列入清华丛书，以贡献于学界。"[2] 后一篇进而申述："此书上册寅恪曾任审查，认为取材精审，持论正碻。自刊布以来，评论赞许，以为实近年吾国思想史之有数著作，而信寅恪前言之非阿私所好。今此书继续完成，体例宗旨，仍复与前册一贯。允宜速行刊布，以满足已读前册者之希望，而使清华丛书中得一美备之著作。"[3]

据此断定陈寅恪完全赞同冯友兰该著述的观点及做法，应是学人从审查报告中索解陈寅恪本人治学方法的重要理据。只是这样的

[1] 参与审查的冯友兰"主张此书当改变体裁便人阅读"；陈寅恪则私下告人："自王静安后未见此等著作矣。"钱穆：《八十忆双亲·师友杂忆》，北京：生活·读书·新知三联书店1998年，第160页。

[2] 陈寅恪：《冯友兰中国哲学史上册审查报告》，陈美延编：《陈寅恪集·金明馆丛稿二编》，第279页。

[3] 陈寅恪：《冯友兰中国哲学史下册审查报告》，陈美延编：《陈寅恪集·金明馆丛稿二编》，第282页。

判断似嫌过于简单，未必符合陈的本意。有学人已经注意到，两篇审查报告的褒贬不尽相同，下篇的批评意向尤其明显。十几年前本人撰文论述陈寅恪与中国近代史研究，也有如下意见：

> 陈寅恪对大约同时送审并获得通过的冯友兰《中国哲学史》下册不无微辞。叶公超宴会上，他于表彰未获通过的钱著的同时，“又论哲学史，以为汉魏晋一段甚难”[1]。这显然针对冯著下册而言。细读其审查报告，上册褒意明显，而下册贬辞时现。虽称下册“于朱子之学，多所发明”，实则作者“取西洋哲学观念，以阐明紫阳之学，宜其成系统而多新解”。陈认为秦以后思想演变“只为一大事因缘，即新儒学之产生，及其传衍而已”，而冯著于新儒家产生之问题，犹有未发之覆在，而且为数不少，相当关键，则下册出版，与上册相较，于中国哲学史的形式备则备矣，内容却未必美。况且这种“取西洋哲学观念，以阐明紫阳之学”的做法，是否真能“自成系统，有所创获”，还要看其“吸收输入外来之学说”与“不忘本来民族之地位”的“相反而适相成之态度”如何。就此而论，冯著恐怕有偏于今之嫌，与陈寅恪的见解不相凿枘，难逃愈有条理系统、去事实真相愈远之讥。[2]

这些褒贬之意，仔细阅读审查报告，可以从字里行间琢磨体会出来。陈寅恪在下册审查报告开始明确表示同意出版之后，紧接着说：“寅恪于审查此书之余，并略述所感，以求教正。”他认为：

> 中国自秦以后，迄于近日，其思想之演变历程，至繁至久。

[1] 朱乔森编：《朱自清全集》第9卷，第202页。

[2] 桑兵：《陈寅恪与中国近代史研究》，钱伯城、李国章主编：《中华文史论丛》第62辑，上海古籍出版社，2000年5月，第262—263页。

要之，只为一大事因缘，即新儒学之产生，及其传衍而已。此书于朱子之学，多所发明。昔阎百诗在清初以辨伪观念，陈兰甫在清季以考据观念，而治朱子之学，皆有所创获。今此书作者，取西洋哲学观念，以阐明紫阳之学，宜其成系统而多新解。

这些话看似仍在称许书的作者，可是笔锋一转，陈寅恪提出：

然新儒家之产生，关于道教之方面，如新安之学说，其所受影响甚深且远，自来述之者，皆无惬意之作。近日常盘大定推论儒道之关系，所说甚繁（东洋文库本），仍多未能解决之问题。盖道藏之秘籍，迄今无专治之人，而晋南北朝隋唐五代数百年间，道教变迁传衍之始末及其与儒佛二家互相关系之事实，尚有待于研究。此则吾国思想史上前修所遗之缺憾，更有俟于后贤之追补者也。南北朝时，即有儒释道三教之目，（北周卫元嵩撰齐三教论七卷。见旧唐书四七经籍志下。）至李唐之世，遂成固定之制度。如国家有庆典，则召集三教之学士，讲论于殿廷，是其一例。故自晋至今，言中国之思想，可以儒释道三教代表之。此虽通俗之谈，然稽之旧史之事实，验以今世之人情，则三教之说，要为不易之论。儒者在古代本为典章学术所寄托之专家。李斯受荀卿之学，佐成秦治。秦之法制实儒家一派学说之所附系。中庸之“车同轨，书同文，行同伦。”（即太史公所谓‘至始皇乃能并冠带之伦’之‘伦’）为儒家理想之制度，而于秦始皇之身，而得以实现之也。汉承秦业，其官制法律亦袭用前朝。遗传至晋以后，法律与礼经并称，儒家周官之学说悉采入法典。夫政治社会一切公私行动，莫不与法典相关，而法典为儒家学说具体之实现。故二千年来华夏民族所受儒家学说之影响，最深最巨者，实在制度法律公私生活之方面，而关于学说思想之方面，或转有不如佛道二教者。如六朝士大夫号称旷达，而夷考其实，

> 往往笃孝义之行，严家讳之禁。此皆儒家之教训，固无预于佛者之玄风者也。释迦之教义，无父无君，与吾国传统之学说，存在之制度，无一不相冲突。输入之后，若久不变易，则绝难保持。是以佛教学说，能于吾国思想史上，发生重大久远之影响者，皆经国人吸收改造之过程。其忠实输入不改本来面目者，若玄奘唯识之学，虽震动一时之人心，而卒归于消沉歇绝。近虽有人焉，欲然其死灰，疑终不能复振。其故匪他，以性质与环境互相方圆凿枘，势不得不然也。[1]

陈寅恪陈述所见的这一大段话，虽然自谦新瓶装旧酒，其实是在相辅相成的两大问题上表明态度观念，不仅与冯著立异，尤其与时流有别，相当关键。相对于冯著，可谓批评商榷，相对于时流，可谓纲领宣言。这两大问题，一是中国自秦以来思想演变历程的大事因缘，二是对待外来学说的立场态度。

陈寅恪认为中国秦以来思想演变历程的大事因缘，即为新儒学的产生及其传衍。这一被胡适指为正统观的意见，体现着陈寅恪对中国历史文化全面而深刻的观察，尤其是以宋代为中心的中国历史文化发展的高峰期，究竟应该如何探究、理解和呈现。要想体察陈寅恪审查报告的本意，除完整细读报告文本之外，还须与其他记述多方参证比勘，了解其何以要如此说，以免看似直入文本，实则但凭己意，妄加揣度。

其实，陈寅恪关于中国思想文化的这一套观念，由来已久。早在留美期间，他就曾对吴宓详细阐述。[2] 所论对于理解冯著下册审查报告的意思，有着重要的参考作用。陈寅恪对宋代的思想学术文

---

[1] 陈寅恪：《冯友兰中国哲学史下册审查报告》，陈美延编：《陈寅恪集 · 金明馆丛稿二编》，第 282—284 页。

[2] 吴宓著，吴学昭整理注释：《吴宓日记》第二册，第 102—103 页。参见上一章《民国学人的宋代研究及其纠结》。

艺，情有独钟，估价极高，并对“新宋学”抱有殷切期待。但其一生治学，上自魏晋，下迄明清，唯独宋代几乎没有直接下手。今日治宋史，多以分科训练、断代眼光，将宋代仅仅视为历朝历代之一部分，进而局限于分门别类的专题研究，如果背后全然没有“讲宋学”的关怀和境界，则所治宋史，充其量不过廿四史之一节，很难显示宋代作为中国思想文化的高峰地位及其内涵，对于宋代的社会政治等等方面的理解把握，也就难以得其所哉。而要达到陈寅恪心中的“新宋学”那样的高度，必须超越近代以来分科断代的局限，尤其是分门别类的专题研究的狭隘，沟通古今中外的所有相关知识系统，将秦以后思想演变的大事因缘条理贯通，这对学人的智慧功力无疑是巨大考验。

历史研究，无疑都是后人看前事，用后来观念观照解释历史上的文本史事，无可奈何，难以避免。但要防止先入为主的成见，尽量约束主观，以免强古人以就我。如何把握 1931 年清华大学成立 20 周年纪念时陈寅恪所提出的准则——“具有统系与不涉傅会”[1]，至关重要，难度极高。这不仅因为后人所处时代、环境及其所得知识，与历史人物迥异，而且由于这些知识经过历来学人的不断变换强化，很难分清后来认识与历史本事的分界究竟何在。近代以来，中西新旧，乾坤颠倒，体用关系，用夷变夏，已成大势所趋。陈寅恪称冯著下册“于朱子之学，多所发明”，而这些发明，实际上是“取西洋哲学观念，以阐明紫阳之学”。虽然陈寅恪称许“宜其成系统而多新解”，实则对于用域外系统条理本国材料，一直有所保留。

1933 年 4 月，浦江清曾对朱自清谈及：“今日治中国学问皆用外国模型，此事无所谓优劣，惟如讲中国文学史，必须用中国间架，不然则古人苦心俱抹杀矣。即如比兴一端，无论合乎真实与否，其影响实大，许多诗人之作，皆着眼政治，此以西方间架论之，即当

[1] 陈寅恪：《吾国学术之现状及清华之职责》，陈美延编：《陈寅恪集 · 金明馆丛稿二编》，第 361 页。

抹杀矣。”[1]这多少反映了陈寅恪的看法。只是无所谓优劣，其实还是有所分别。陈寅恪曾批评新派的文化史“失之诬”，因为“新派是留学生，所谓‘以科学方法整理国故’者。新派书有解释，看上去似很有条理，然甚危险”[2]。

即使不得已而借鉴域外间架，也有相对而言适当与否的分别。1937年，陈寅恪与吴宓谈及:“熊十力之新唯识派，乃以Bergson（亨利·柏格森）之创化论解佛学。欧阳竟无先生之唯识学，则以印度之烦琐哲学解佛学，如欧洲中世耶教之有Scholasticism（经院哲学），似觉劳而少功，然比之熊君所说尤为正途确解也。”[3]陈寅恪痛批《马氏文通》用印欧语系的文法施诸汉藏语系的中国语文，而主张用同系语文比较研究得一定的通则规律，道理亦在于此。[4]

相比之下，冯友兰恐怕还不是用朱熹的态度办法，虽然他或许有此心；距离陈寅恪所主张的比较研究也相当遥远，而不免格义附会。1928年张荫麟指近今治中国思想史的通病，就是以现代自觉的统系比附古代断片的思想。[5]这的确点到用后来域外观念系统解释中国古代固有思想学说事物的要害，而与陈寅恪所说大抵相通。所以陈在论述新儒家之产生及其传衍后，着重强调：

> 窃疑中国自今日以后，即使能忠实输入北美或东欧之思想，其结局当亦等于玄奘唯识之学，在吾国思想史上，既不能居最高之地位，且亦终归于歇绝者。其真能于思想上自成系统，有所创获者，必须一方面吸收输入外来之学说，一方面不忘本来

[1] 朱乔森编：《朱自清全集》第9卷，第213页。

[2] 卞僧慧：《怀念陈寅恪先生》，引自蒋天枢：《陈寅恪先生传》，北京大学中国中古史研究中心编：《纪念陈寅恪先生诞辰百年学术论文集》，北京大学出版社1989年，第4页。

[3] 吴宓著，吴学昭整理注释：《吴宓日记》第六册，第152—153页。

[4] 桑兵：《横看成岭侧成峰——学术视差与胡适的学术地位》，《历史研究》2003年第5期。

[5] 张荫麟：《冯友兰〈儒家对于婚丧祭礼之理论〉》，《大公报·文学副刊》1928年7月9日。

民族之地位。此二种相反而适相成之态度，乃道教之真精神，新儒家之旧途径，而二千年吾民族与他民族思想接触史之所昭示者也。

在陈寅恪所处的时代，这样的主张显然不合时流。时至今日，在与国际接轨对话等等时髦导向下，用外国模型治中国学问，愈演愈烈，几乎成为天经地义，理所当然。似乎不如此则不入流，实际则演变成以负贩为创新、甚至不过搬弄连自己也不明所以的名词概念的恶习。尽管如此削足适履，太阿倒持，挟洋自重，若以熟悉域外中国研究状况的余英时教授所说，“20 世纪以来，中国学人有关中国学术的著作，最有价值的都是最少以西方观念作比附的”此一说法为准则尺度[1],检验包括冯友兰《中国哲学史》在内的一切中国人有关中国学术的著作，能够经受检验的恐怕为数不多。

此外，1926 年，本来对学哲学抱有很大兴趣的傅斯年，向昔日的老师、打算重写一部《中国古代哲学史》的胡适直言不讳地表达不同意见,声称自己将来可能写“中国古代思想集叙”。[2] 在他看来，中国历代分别有方术、玄学、佛学、理学的历史，没有一以贯之的哲学史，各史均须还原到当时的历史联系之中，而不能抽离某些元素加入其他时期的同类史。

傅斯年针对胡适《中国哲学史大纲》的弊病而发的议论，与陈寅恪后来在《冯友兰中国哲学史上册审查报告》中的批评立意相近。傅斯年早年并不反对哲学，而且留学欧洲的目的之一，便是学习哲学，其间幡然醒悟，坚决排斥用哲学观念观察描述中国思想的历史，很可能受到陈寅恪的影响。[3] 只是鉴于可以像朱熹那样取珠还椟，陈寅恪没有绝对反对使用哲学的概念。

---

[1] 余英时 :《论士衡史》，上海文艺出版社 1999 年，第 459 页。

[2] 《傅斯年致胡适》1926 年 8 月 17、18 日，杜春和、韩荣芳、耿来金编:《胡适论学往来书信选》下册，第 1264—1265 页。

[3] 关于陈寅恪与傅斯年学术观念的相互影响，参见王汎森《中国近代思想与学术的系谱》。

二　了解之同情

对于冯友兰的《中国哲学史》下册，陈寅恪审查报告褒贬的倾向比较明显。相比之下，上册审查报告的意思有些难以捉摸。十年前本人所写《陈寅恪与中国近代史研究》，虽然正文肯定上册褒意明显，注释里还是点出“于字里行间也有所不满”。只是这样的不以为然之意，周折隐晦，不易察觉。

陈寅恪在《冯友兰中国哲学史上册审查报告》中说：

> 凡著中国古代哲学史者，其对于古人之学说，应具了解之同情，方可下笔。盖古人著书立说，皆有所为而发。故其所处之环境，所受之背景，非完全明了，则其学说不易评论，而古代哲学家去今数千年，其时代之真相，极难推知。吾人今日可依据之材料，仅为当时所遗存最小之一部，欲藉此残余断片，以窥测其全部结构，必须备艺术家欣赏古代绘画雕刻之眼光及精神，然后古人立说之用意与对象，始可以真了解。所谓真了解者，必神游冥想，与立说之古人，处于同一境界，而对于其持论所以不得不如是之苦心孤诣，表一种之同情，始能批评其学说之是非得失，而无隔阂肤廓之论。否则数千年前之陈言旧说，与今日之情势迥殊，何一不可以可笑可怪目之乎？[1]

今人据此多以为陈寅恪本人的治史态度和方法，亦为了解之同情。此说并非全无道理。严耕望认为：“论者每谓，陈寅恪先生考证史事，‘能以小见大’。……此种方法似乎较为省力，但要有天分与极深学力，不是一般人都能运用，而且容易出毛病。”主张用人

[1] 陈寅恪：《冯友兰中国哲学史上册审查报告》，陈美延编：《陈寅恪集 · 金明馆丛稿二编》，第 279 页。

人都可以做到的“聚小为大”之法，即“聚集许多似乎不相干的琐碎材料、琐小事例，加以整理、组织，使其系统化，讲出一个大问题，大结论”[1]。在谈及考证学的述证与辩证两类别、两层次时，严耕望又进一步详述：

> 述证的论著只要历举具体史料，加以贯串，使史事真相适当的显露出来。此法最重史料搜集之详赡，与史料比次之缜密，再加以精心组织，能于纷繁中见条理，得出前所未知的新结论。辩证的论著，重在运用史料，作曲折委蛇的辨析，以达成自己所透视所理解的新结论。此种论文较深刻，亦较难写。考证方法虽有此两类别、两层次，但名家论著通常皆兼备此两方面，惟亦各有所侧重。寅恪先生的历史考证侧重后者，往往分析入微，证成新解，故其文胜处往往光辉灿然，令人叹不可及。但亦往往不免有过分强调别解之病，学者只当取其意境，不可一意追摹仿学；浅学之士若一意追摹，更可能有走火入魔的危险。援庵先生长于前者，故最重视史料搜集，至以‘竭泽而渔’相比况。故往往能得世所罕见，无人用过的史料，做出辉煌的成绩……前辈学人成绩之无懈可击，未有逾于先生者。其重要论著，不但都能给读者增加若干崭新的历史知识，而且亦易于追摹仿学。[2]

如此归纳分别，的确可以在陈寅恪的著述中找到证据。如在冯著上册审查报告的末尾，陈寅恪将了解之同情“更推论及于文艺批评”，所举例“如纪晓岚之批评古人诗集，辄加涂抹，诋为不通。初怪其何以狂妄至是，后读清高宗御制诗集，颇疑其有所为而发。此事固难证明，或亦间接与时代性有关，斯又利用材料之别一例也”。

[1] 严耕望：《治史经验谈》，台北：商务印书馆 1997 年，第 94 页。
[2] 严耕望：《治史答问》，台北：商务印书馆 1995 年，第 85—86 页。

由此可见其“曲折委蛇的辨析”往往出人意料、甚至匪夷所思之一斑。

可是，陈寅恪在讲述对于古人之学说应具了解之同情的意思之后，紧接着说了以下一段话：

> 但此种同情之态度，最易流于穿凿傅会之恶习。因今日所得见之古代材料，或散佚而仅存，或晦涩而难解，非经过解释及排比之程序，绝无哲学史之可言。然若加以联贯综合之搜集及统系条理之整理，则著者有意无意之间，往往依其自身所遭际之时代，所居处之环境，所薰染之学说，以推测解释古人之意志。由此之故，今日之谈中国古代哲学者，大抵即谈其今日自身之哲学者也。所著之中国哲学史者，即其今日自身之哲学史者也。其言论愈有条理统系，则去古人学说之真相愈远。[1]

这一层意思，学人虽然间有引述，一般却不是与前文相联系，而是彼此割裂，变成毫不相干、截然相反的两种观念，从而失去本意的全貌。前后连贯来看，陈寅恪的意思其实相当清楚，就是认为了解之同情“最易流于穿凿傅会之恶习”，因而不仅不主张使用，甚至认为一般不可用。否则非但不能理解古人，反而可能南辕北辙，愈有条理统系，去古人学说真相愈远。

陈寅恪的这一态度，与其对于不同历史时段史料遗存的多寡之于史学的关系，以及清代民国学术状况的看法密切相关。在此前后，陈寅恪有一系列相关言论文字，可以相互佐证。1930 年代，他告诉听课的学生：“研上古史，证据少，只要能猜出可能，实甚容易。因正面证据少，反证亦少。近代史不难在搜辑材料，事之确定者多，但难在得其全。中古史之难，在材料之多不足以确证，但有

[1] 陈寅恪：《冯友兰中国哲学史上册审查报告》，陈美延编：《陈寅恪集 · 金明馆丛稿二编》，第 279—280 页。

时足以反证，往往不能确断。”[1]1940年代仍然坚持道：“上古去今太远，无文字记载，有之亦仅三言两语，语焉不详，无从印证。加之地下考古发掘不多，遽难据以定案。画人画鬼，见仁见智，曰朱曰墨，言人人殊，证据不足，孰能定之？中古以降则反是，文献足征，地面地下实物见证时有发见，足资考订，易于著笔，不难有所发明前进。至于近现代史，文献档册，汗牛充栋，虽皓首穷经，迄无终了之一日，加以地下地面历史遗物，日有新发现，史料过于繁多，几无所措手足。”所以王钟翰认为：“是知先生治史以治中古史为易于见功力之微旨，非以上古与近现代史为不可专攻也。”[2]

后来陈寅恪的研究时段下移到明清之际，虽然格于身世，没有继续下探，但也就家世相关，对晚清史料史事多有解读。其著述凸显中古重制度、晚近重人事的分别，且为将中古研究的成功经验移治晚近历史开辟途径。而在上古部分，前引吴宓日记可见陈寅恪对于先秦典籍史事确有深入认识，却从未发表直接的学术文字。不仅如此，1935年，他在为陈垣《元西域人华化考》所作序言中，还公开声言：“寅恪不敢观三代两汉之书，而喜谈中古以降民族文化史。”[3]

陈寅恪的如此说法，除有心与清儒立异之外，不满于清代以来的学术风尚当为要因。他针对“有清一代经学号称极盛，而史学则远不逮宋人”的情形评议道：

> 独清代之经学与史学，俱为考据之学，故治其学者，亦并号为朴学之徒。所差异者，史学之材料大都完整而较备具，其解释亦有所限制，非可人执一说，无从判决其当否也。经学则不然，其材料往往残阙而又寡少，其解释尤不确定，以谨愿之人，

[1] 杨联陞：《陈寅恪先生隋唐史第一讲笔记》，《清华校友通讯》1970年4月29日。
[2] 王钟翰：《陈寅恪先生杂忆》，《纪念陈寅恪教授国际学术讨论会文集》，第52页。
[3] 陈寅恪：《陈垣元西域人华化考序》，陈美延编：《陈寅恪集·金明馆丛稿二编》，第270页。

而治经学，则但能依据文句各别解释，而不能综合贯通，成一有系统之论述。以夸诞之人，而治经学，则不甘以片段之论述为满足。因其材料残阙寡少及解释无定之故，转可利用一二细微疑似之单证，以附会其广泛难征之结论。其论既出之后，固不能犁然有当于人心，而人亦不易标举反证以相诘难。譬诸图画鬼物，苟形态略具，则能事已毕，其真状之果肖似与否，画者与观者两皆不知也。往昔经学盛时，为其学者，可不读唐以后书，以求速效。声誉既易致，而利禄亦随之，于是一世才智之士，能为考据之学者，群舍史学而趋于经学之一途。其谨愿者，既止于解释文句，而不能讨论问题。其夸诞者，又流于奇诡悠谬，而不可究诘。……今日吾国治学之士，竞言古史，察其持论，间有类乎清季夸诞经学家之所为者。[1]

诚如章太炎所说，上古历史“世次疏阔，年月较略，或不可以质言”，而学者“好其多异说者，而恶其少异说者，是所谓好画鬼魅，恶图犬马也”[2]。研治古文字、古史和考古等，文学想象力丰富与逻辑推理能力强者易于建功，即因为材料缺漏太多，非充分想象和推理，难以寻出史事的联系脉络。可是合理联想与夸诞附会的分界，不过一线之间，要拿捏把握得当，相当困难。所谓不观先秦典籍，实际是不愿为但凭猜测揣度、难以确证的学问，以免图画鬼物。照此看来，即使神游冥想之下，于古人持论的苦心孤诣真能具某种了解同情，也只不过是猜出可能，见仁见智。这岂是欲将史学做到像生物学、地质学那样精确的陈寅恪治学追求的理想境界？

细读陈寅恪的冯著上册审查报告，可见其只是在两方面相对于

[1] 陈寅恪：《陈垣元西域人华化考序》，陈美延编：《陈寅恪集·金明馆丛稿二编》，第269—270页。

[2] 章太炎：《救学弊论》，《华国月刊》第1卷第12期，1924年8月15日。

学界的时趋而给予有条件的肯定，所针对的问题为：其一，整理国故的乱象。陈寅恪明指“其言论愈有条理统系，则去古人学说之真相愈远”的表现，首当其冲的就是：“此弊至今日之谈墨学而极矣。今日之墨学者，任何古书古字，绝无依据，亦可随其一时偶然兴会，而为之改移，几若善博者能呼卢成卢，喝雉成雉之比。此近日中国号称整理国故之普通状况，诚可为长叹息者也。今欲求一中国古代哲学史，能矫附会之恶习，而具了解之同情者，则冯君此作庶几近之。”虽然清以来由经入子已成趋势，但诸子研究至孙诒让，文本语义大体完成。近代诸子学大盛，破除经学独尊地位之外，主要由于容易附会各种西洋学说，可以反复解释。整理国故主张以西洋系统条理中国材料，看似有条理，其实甚危险[1]，更加一发而不可收拾。有感于此，陈寅恪认为与整理国故呼卢喝雉的劣习恶风相比，冯友兰的了解同情确有可取之处。

其二，古史辨的偏蔽。对于当时已成显学的古史辨，据说陈寅恪在弟子面前一度有积极的评议，可是语境不详，真意未必如弟子所领会。而从明文可据的审查报告看，陈寅恪其实相当不以为然，他说：

> 以中国今日之考据学，已足辨别古书之真伪。然真伪者，不过相对问题，而最要在能审定伪材料之时代及作者，而利用之。盖伪材料亦有时与真材料同一可贵。如某种伪材料，若径认为其所依托之时代及作者之真产物，固不可也。但能考其作伪时代及作者，即据以说明此时代及作者之思想，则变为一真材料矣。中国古代史之材料，如儒家及诸子等经典，皆非一时代一作者之产物。昔人笼统认为一人一时之作，其误固不俟论。今人能知其非一人一时之所作，而不知以纵贯之眼光，视为一种学术

[1] 卞僧慧：《怀念陈寅恪先生》，引自蒋天枢：《陈寅恪先生传》，北京大学中国中古史研究中心编：《纪念陈寅恪先生诞辰百年学术论文集》，第4页。

之丛书，或一宗传灯之语录，而龂龂致辩于其横切方面。此亦缺乏史学之通识所致。而冯君之书，独能于此别具特识，利用材料，此亦应为表彰者也。

以此为准，古史辨的态度做法，缺乏史学通识，只能横切，不知纵贯。尤其是但求所记上古史事的真伪，而忽略不同时期记述变化的时代相关性及其对于后世的影响，同样是历史演进的重要内容；似乎人人有意作伪，实则因为利害关系等等不同，当事各人的记录亦有所分别，传衍变化，自然各异，不宜看朱成碧，甚至指鹿为马。相比之下，冯著能够分别利用，毕竟技高一筹。

时至今日，陈寅恪对整理国故和古史辨的批评，不仅没有失去时效，反而更加切中时弊，捧读之下，令人感慨万千。不过，以如此谨慎保留的评议，对于冯友兰的著作固然还可以说是褒奖，但要视为陈寅恪本人治学方法的表述，恐怕就不止是勉强了。

三 宋贤治史之法

声言不敢治经和不能读先秦之书的陈寅恪，虽然一生从未写过上古经史的相关论著，无法直接展现其取径和方法，但在为友人所写序跋中，还是表达了相当明确的意见，从中可以揣摩领悟其对于研治上古经史的理念。

1939 年，陈寅恪为刘文典《庄子补正》作序，内称：

先生之作，可谓天下之至慎矣。其著书之例，虽能确证其有所脱，然无书本可依者，则不之补。虽能确证其有所误，然不详其所以致误之由者，亦不之正。故先生于庄子一书，所持胜义犹多蕴而未出，此书殊不足以尽之也。或问曰，先生此书，谨严若是，将无矫枉过正乎？寅恪应之曰，先生之为是，非得已也。今日治先秦子史之学，著书名世者甚众。偶闻人言，其间颇有改订旧文，多任已意，而与先生之所为大异者。寅恪平生不能读先秦之书，二者之是非，初亦未敢遽判。继而思之，尝亦能读金圣叹之书矣。其注水浒传，凡所删易，辄曰，“古本作某，今依古本改正。”夫彼之所谓古本者，非神州历世共传之古本，而苏州金人瑞胸中独具之古本也。由是言之，今日治先秦子史之学，与先生所为大异者，乃以明清放浪之才人，而谈商周邃古之朴学。其所著书，几何不为金圣叹胸中独具之古本，转欲以之留赠后人，焉得不为古人痛哭耶？然则先生此书之刊布，盖将一匡当世之学风，示人以准则，岂仅供治庄子者之所必读而已哉？[1]

受宋以来疑古辨伪之风的影响，清代学人校勘经子史书，好擅改字，流风所被，至今遗毒不绝。今人校勘近代文献，也往往好以己意改字。殊不知今人以为不通者，本来恰好可通。而所校改以符合今意后，反而有碍于当时的原意。刘文典《庄子补正》一书价值究竟如何，学界尚有不同看法。陈寅恪所写序言虽然仅仅谈及文本的校勘，实则于如何理解古人著述的本意，以及如何防止用后来已意妄加揣度各节，至关重要。若“以明清放浪之才人，而谈商周邃古之朴学”的态度，势必图画鬼物，纵有著述，不过野狐禅而已。

与陈寅恪沟通较深的傅斯年撰写《性命古训辨证》，讲性、命二字的古训，用法国、德国学者常用的“以语言学观念解释一个思想史的问题”的方法，探究理解古人思想之道，并借鉴清人“求其古以求其是”之说。[2] 如何“求其古”，显然神游冥想以表同情并非

[1] 陈寅恪：《刘叔雅庄子补正序》，陈美延编：《陈寅恪集·金明馆丛稿二编》，第258—259页。

[2] 傅斯年：《性命古训辨证》，欧阳哲生主编：《傅斯年全集》第二卷，第508页。

良法，要理解古人的微言大义，别有佳径。在陈寅恪看来，堪称典范者当属杨树达。治学必须有所凭借，“自昔长于金石之学者，必为深研经史之人，非通经无以释金文，非治史无以证石刻。群经诸史，乃古史资料多数之所汇集，金文石刻则其少数脱离之片段，未有不了解多数汇集之资料，而能考释少数脱离之片段不误者。先生平日熟读三代两汉之书，融会贯通，打成一片。故其解释古代佶屈聱牙晦涩艰深之词句，无不文从字顺，犁然有当于人心”[1]。尤其是1948年杨树达作《论语疏证》，为陈寅恪所推许，并代为总结其方法：

> 先生治经之法，殆与宋贤治史之法冥会，而与天竺诂经之法，形似而实不同也。夫圣人之言，必有为而发，若不取事实以证之，则成无的之矢矣。圣言简奥，若不采意旨相同之语以参之，则为不解之谜矣。既广搜群籍，以参证圣言，其言之矛盾疑滞者，若不考订解释，折衷一是，则圣人之言行，终不可明矣。今先生汇集古籍中事实语言之于论语有关者，并间下己意，考订是非，解释疑滞，此司马君实李仁甫长编考异之法，乃自来诂释论语者所未有，诚可为治经者辟一新途径，树一新楷模也。天竺佛藏，其论藏别为一类外，如譬喻之经，诸宗之律，虽广引圣凡行事，以证释佛说，然其文大抵为神话物语，与此土诂经之法大异。……南北朝佛教大行于中国，士大夫治学之法，亦有受其薰习者。寅恪尝谓裴松之三国志注，刘孝标世说新书注，郦道元水经注，杨衒之洛阳伽蓝记等，颇似当日佛典中之合本子注。然此诸书皆属乙部，至经部之著作，其体例则未见有受释氏之影响者。惟皇侃论语义疏引论释以解公冶长章，殊类天竺譬喻经之体。殆六朝儒学之士，渐染于佛教者至深，亦尝袭用其法，

[1] 陈寅恪：《杨树达积微居小学金史论丛续稿序》，陈美延编：《陈寅恪集·金明馆丛稿二编》，第260页。

以诂孔氏之书耶？但此为旧注中所仅见，可知古人不取此法以诂经也。盖孔子说世间法，故儒家经典，必用史学考据，即实事求是之法治之。彼佛教譬喻诸经之体例，则形虽似，而实不同，固不能取其法，以释儒家经典也。[1]

取事实证言论，搜群籍相参证，继以考订解释，可以明圣人之言行。此即宋代司马光等人的长编考异之法。陈寅恪和傅斯年均认为，中国史学发达最早，且程度极高，而中国史学莫盛于宋，元明清治史者之学识均不逮宋。[2] 希望复兴宋代学术，建立新宋学，使华夏民族文化再度枝叶扶疏，亭亭如车盖，庇荫学人。[3]

为此，早在1920年代末，两人就曾议论专做宋史研究之事，可是一度协商，却无下文。后来陈寅恪谈及研治宋史之难，慨叹《宋史》于诸正史中，卷帙最为繁多。数百年来，很少有人真能熟读，更加谈不到探索根据，比较同异，藉为改创之资。[4] 除了材料繁复一点外，若以秦以后思想演变的大事因缘为纲领脉络，研治宋史之难，材料的繁复芜杂应当还在其次，根本问题是要以宋代为中国历史的大关节，而不能仅以为数十朝兴衰存亡之一代。用断代史的眼光办法研治宋史，不可能达到应有的高度。

陈寅恪反复指出的宋贤治史与天竺诂经之法的分别及联系，所谓形似而实不同，主要是指佛藏与儒经分别面向出世与世间，因而合本子注与长编考异，一重神话物语，一重人间事实。若就形式和

[1] 陈寅恪：《杨树达论语疏证序》，陈美延编：《陈寅恪集 · 金明馆丛稿二编》，第262—263页。

[2] 陈寅恪：《陈垣明季滇黔佛教考序》，陈美延编：《陈寅恪集 · 金明馆丛稿二编》，第272页。

[3] 陈寅恪：《邓广铭宋史职官志考证序》，陈美延编：《陈寅恪集 · 金明馆丛稿二编》，第277页。

[4] 陈寅恪：《邓广铭宋史职官志考证序》，陈美延编：《陈寅恪集 · 金明馆丛稿二编》，第277页。

方法而言，二者可谓异曲同工。依据陈寅恪《陈述辽史补注序》所论[1]，长编考异或许受合本子注的影响，至少精神与之相通。

参合上述，陈寅恪所主张的治学方法，实为宋贤治史的长编考异之法[2]，此法也就是陈寅恪研治两汉以下历代国史的基本办法。根据研治对象和运用范围的差异，这一基本取径方法有所变化。杨树达用以诂经，所获得到陈寅恪的赞许，尽管陈本人鉴于上古材料不足，声称不治两汉以上经史，心目中的良法依然在此。了解同情的前提，假定人同此心，心同此理，所以能够古今中外，心心相印。而长编考异的依据，在于历史不可重复，只会演化，所以史学于比较中着重见异，而非求同。这也就是治史不宜归纳，必须贯通的理据。

长编考异于比较异同中寻绎历史因时空改变而发生的衍化，以及无限延伸的事实联系，以求达到贯通的境界。与之形似实异的合本子注，不仅研治佛经内典的文本行之有效，而且适用于各种文献的文本比较。如此，即便陈寅恪的治史方法可以概括为辩证，其基础还是述证。没有坚实的述证，前后左右，无限贯通，辩证难免流于臆测甚至瞎猜。所以"以小见大"的高明见识背后，还是"聚小为大"的深厚功力。此法于解读陈寅恪本人的文字，同样相当有效。

除"合本"外，还有"格义"，合本、格义形似而实异。[3] 从比较研究的角度，陈寅恪曾对"格义"大加挞伐，其《与刘叔雅论国文试题书》，不仅从比较语言学的角度痛批《马氏文通》，指为"何其不通如是"，还对附会中外学说的格义式比较提出批评。[4] 不过，

---

[1] 陈寅恪：《陈述辽史补注序》，陈美延编：《陈寅恪集·金明馆丛稿二编》，第 264 页。

[2] 陈寅恪所主张为宋贤治史的长编考异之法一节，许冠三《新史学九十年》（香港：中文大学出版社 1986 年）已经指出，王永兴《陈寅恪先生史学述略稿》（北京大学出版社，1998 年。其中第一章的第一、第四两节尤为集中讨论陈寅恪的史学方法）专章申论。不过，王著将神游冥想真了解亦认为陈寅恪本人的治史方法，于陈寅恪所论合本子注与长编考异之法的适用范围，以及长编考异与总汇贯通的联系分别等，尚有可以探讨的空间以及辨析的余地。

[3] 陈寅恪：《支愍度学说考》，陈美延编：《陈寅恪集·金明馆丛稿初编》，第 167—185 页。

[4] 陈寅恪：《与刘叔雅论国文试题书》，陈美延编：《陈寅恪集·金明馆丛稿二编》，第 252 页。

陈寅恪并非根本否定格义的积极意义，甚至对北宋以后援儒入释格义之流的理学评价极高。陈寅恪称许韩愈，主旨就是想说明“退之自述其道统传授渊源固由孟子卒章所启发，亦从新禅宗所自称者摹袭得来也”[1]。

韩愈之后，宋代新儒家接续其事业，一方面吸收输入外来之学说，一方面不忘本来民族之地位，所以真能于思想上自成系统，有所创获。所以陈寅恪对韩愈、朱熹等唐宋大儒推崇备至。相比之下，取西洋哲学观念解释中国古代思想，往往导致格义附会，非但无助于理解领悟古人思想，反而陷入愈有条理系统，去事实真相愈远的尴尬，或是流于西洋哲学的附庸。而善用格义之学，借鉴西洋哲学观念，重新理解吸收古人思想，形成今日所需的哲学，而不是编织“哲学”进入中国之前的“中国哲学史”，求珠还椟，面向未来，或可继宋代之后，进一步丰富提升中华民族形而上的抽象思维，再创思想的新高。犹如经学之于上古，固然须疑古辨伪，以求渊源流变，但不能因此否定经学对于理解两汉以下中国社会的重要作用，三纲六纪，仍是中国文化的关键。而现代“中国哲学”能否如宋儒的“理学”，各领风骚数百年，则是对今日有志于“哲学”的学人天赋与努力的极好检验。

陈寅恪为冯友兰《中国哲学史》上下册所写的两篇审查报告，在相对于整理国故和古史辨等学界时趋的偏蔽有条件地肯定冯著的同时，表达了其关于上古和宋代历史文化以及哲学研究的不同看法，并略及方法。与其他记述相参照，可见“了解之同情”并非陈寅恪本人治史方法的表述。其研治经史，首重长编考异；内典文献，则取形似而实不同的合本子注。至于古史、宋代研究和哲学创造，能否达到其所期许的高度，还有待于来者。

[1] 陈寅恪：《论韩愈》，陈美延编：《陈寅恪集·金明馆丛稿初编》，第 319—322 页。

求其是与求其古

傅斯年《性命古训辨证》的方法启示

近年来兴起的概念史研究，方法多向外洋求助，以新自诩。实则近代学人已有借鉴欧洲新法研治中国思想史的范例，傅斯年《性命古训辨证》即个中翘楚。其研究对象与做法，与今日所谓概念史相近甚至相同，而其对欧洲相关学术方法的理解运用，以及对历代各类文籍材料和学人见识等本事的把握，则较为深入贴切。从中吸取借鉴，不仅有助于纠正一味趋新、实则不温故而欲知新的偏颇，也可以寻得研究良法，大幅度提高相关领域的研究水准。尤其是改变削足适履地以外来间架为框缚、强古人以就我的偏蔽，因缘本事寻绎本义。限于主题，本文旨在讨论相关的研究及表述方法，至于所牵涉的“哲学”以及中古思想（宋学）的大事因缘等问题，不过举例，点到即止，详情参见本书相关各篇。

一　思想为语言所支配

清季以降，新名词大量涌现，造成理解应用的颇多滞碍。1914年，黄濬与梁启超谈及：“谓吾国文字学术中名词至伙，苦无一词典以汇之。……盖世事日新，读书方法，前后判若霄壤。新旧名词，非专治某学者，稍越其阈，殆皆不能索解。故以后研求古籍者，自非恃辞典不为功。又吾国治专门职业者，往往于固有之名，猝不能索得，或依俗称，或别撰新名，或译音代之。若有辞典，分别专科，历疏专名，则古今东西之名词，或皆有会通之可能。”他希望由国家出面，征求若干学者，以字典为纲为经，以各科学各事类为目为纬，条分缕析，分别汇求，编成专书，以便承学之士。这一提议引起梁启超的极大兴趣，次日曾致黄濬两封长笺，条言其事。[1]

此番编辑辞典之事后来因故未成，而纷繁复杂的中西新旧概念与事物的缠绕困惑，梁启超感同身受。1923年，梁启超针对国故学复活的原因指出：

> 国故之学，曷为直至今日乃渐复活耶？盖由吾侪受外来学术之影响，采彼都治学方法以理吾故物。于是乎昔人绝未注意之资料，映吾眼而忽莹；昔人认为不可理之系统，经吾手而忽整；乃至昔人不甚了解之语句，旋吾脑而忽畅。质言之，则吾侪所恃之利器，实“洋货”也。坐是之故，吾侪每喜以欧美现代名物训释古书；甚或以欧美现代思想衡量古人。加以国民自慢性为人类所不能免，艳他人之所有，必欲吾亦有之然后为快，于是尧舜禅让，即是共和，管子轨里连乡，便为自治。类此之论，人尽乐闻。平心论之，以今语释古籍，俾人易晓，此法太史公引尚书已用之，原不足为病，又人性本不甚相远，他人所能发明者，安在吾必不能。触类比量，固亦不失为一良法。虽然，吾侪慎勿忘格林威尔之格言：“画我须是我”。吾侪如忠于史者，则断不容以己意丝毫增减古人之妍丑，尤不容以名实不相副之解释，致读者起幻蔽。此在百学皆然。而在政治思想一科，更

[1] 黄濬：《花随人圣庵摭忆》，上海书店出版社1998年，第197页。

直接有“生于其心害于其政”之弊，吾侪所最宜深戒也。

并且坦言，此种态度，“吾能言之而不能躬践之，吾少作犯此屡矣。今虽力自振拔，而结习殊不易尽。虽然，愿吾同学勿吾效也”[1]。

作为具体事物集合概念的名词，往往后出，用后出概念理解解释原来事物的情形，历来皆有，清季以来密集而突显。正如梁启超所说，以今语释古籍，古已有之，关键在于如何才能名实相副。近代在后出之上，更有外来，使得理解把握固有事物尤其是抽象事物变得更加困难。学人所谓以汉还汉，即意识到后来各种解说未必符合前人本意。而梁启超最为强调政治思想一科，主要还是着眼于清季以来，实际上受当时已经变化的观念的影响。中国为伦理社会，道德及相关的礼制礼俗，牵涉制度文化，为认识中国的一大关节，涉及儒家道德本原的性、命问题，遂成为历来关注的焦点。

性、命的本义及其因时因地的变化，历代多有训诂讨论。《性命古训》一书，为阮元所作。按照傅斯年的理解，“此中包有彼为儒家道德论探其原始之见解，又有最能表见彼治此问题之方法，故是书实为戴震《原善》、《孟子字义疏证》两书之后劲，足以显清代所谓汉学家反宋明理学之立场者也”。不过，戴、阮对于此一问题的态度及作法，可谓截然相反。“然而戴氏之书犹未脱乎一家之言，虽曰疏证孟子之字义，固仅发挥自己之哲学耳。至《性命古训》一书而方法丕变。阮氏聚积《诗》、《书》、《论语》、《孟子》中之论性、命字，以训诂学的方法定其字义，而后就其字义疏为理论，以张汉学家哲学之立场，以摇程朱之权威。”

在傅斯年看来，阮元《性命古训》与戴震《孟子字义疏证》的方法全然不同，后者以一家之言，发挥自己的哲学，而前者以训诂学的方法定其字义，就字义疏为理论。比照当时欧洲学术的取向，“即

[1] 梁启超：《先秦政治思想史》，《饮冰室合集》专集之五十，第13页。

以语言学的观点解决思想史中之问题是也”。“以‘语言学的观点解释一个思想史的问题’之一法，在法、德多见之。自十九世纪中叶以来，研治柏拉图、亚里斯多德著书者，其出发点与其结论每属于语学。”

所谓用语言学的观点解释思想史的问题，包含语学的观点和历史的观点两方面。关于语学的观点，概言之，即“思想不能离语言，故思想必为语言所支配，一思想之来源与演变，固受甚多人文事件之影响，亦甚受语法之影响。思想愈抽象者，此情形愈明显。性命之谈，古代之抽象思想也。吾故以此一题为此方法之试验焉”[1]。

为了更好地说明如何应用语学的观点，傅斯年用另一事例加以申论，十年前他任教中山大学时，曾撰写《战国子家叙论》的讲义，其序意《论哲学乃语言之副产品》[2]，以“哲学”为例，阐述思想为语言所支配的情形：

> 世界上古往今来最以哲学著名者有三个民族：一、印度之亚利安人；二、希腊；二、德意志。这三个民族有一个共同点，就是在他的文化忽然极高的时候，他的语言还不失印度日耳曼系语言之早年的烦琐形质。思想既以文化提高了，而语言之原形犹在，语言又是和思想分不开的，于是乎繁丰的抽象思想，不知不觉的受他的语言之支配，而一经自己感觉到这一层，遂为若干特殊语言的形质作玄学的解释了。以前有人以为亚利安人是开辟印度文明的，希腊人是开辟地中海北岸文明的，这完全是大错而特错。亚利安人走到印度时，他的文化，比土著半黑色的人低，他吸收了土著的文明而更增高若干级。希腊人在

[1] 傅斯年：《性命古训辨证》，欧阳哲生主编：《傅斯年全集》第二卷，第505—506页。

[2] 此书原来未刊，后整理付印，序改为“一 论哲学乃语言之副产品 西洋哲学即印度日耳曼语言之副产品 汉语实非哲学的语言 战国诸子亦非哲学家”。

> 欧洲东南也是这样，即地中海北岸赛米提各族人留居地也比希腊文明古得多多，野蛮人一旦进于文化，思想扩张了，而语言犹昔，于是乎凭藉他们语言的特别质而出之思想当做妙道玄理了。今试读汉语翻译之佛典，自求会悟，有些语句简直莫名其妙，然而一旦做些梵文的工夫，可以化艰深为平易，化牵强为自然，岂不是那样的思想很受那样的语言支配吗？希腊语言之支配哲学，前人已多论列，现在姑举一例：亚里斯多德所谓十个范畴者，后人对之有无穷的疏论，然这都是希腊语法上的问题，希腊语正供给我们这么些观念，离希腊语而谈范畴，则范畴断不能是这样子了。其余如柏拉图的辩论，亚里斯多德的分析，所谓哲学，都是一往弥深的希腊话。

若以近代为例，则“德意志民族中出来最有声闻的哲人是康德，此君最有声闻的书是《纯理评论》。这部书所谈的不是一往弥深的德国话吗？这部书有法子翻译吗？英文中译本有二：一、出马克斯谬勒手，他是大语言学家；二、出麦克尔江，那是很信实的翻译。然而他们的翻译都有时而穷，遇到好些名词须以不译了之。而专治康德学者，还要谆谆劝人翻译不可用，只有原文才信实；异国杂学的注释不可取，只有本国语言之标准义疏始可信。哲学应是逻辑的思想，逻辑的思想应是不局促于某一种语言的，应是和算学一样的容易翻译，或者说不待翻译，然而适得其反，完全不能翻译。则这些哲学受他们所由产生之语言之支配，又有什么疑惑呢？即如Ding an Sich一词，汉语固不能译他，即英文译了亦不像；然在德文中，则an Sich本是常语，故此名词初不奇怪。又如最通常的动词，如Sein及Werden，及与这一类的希腊字曾经在哲学上作了多少祟，习玄论者所共见。又如戴卡氏之妙语‘Cogito ergo Sum’，翻译成英语已不像话，翻成汉语更做不到。算学思想，则虽以中华与欧洲语言之大异，而能涣然转译；哲学思想，则虽以英德语言之不过方言差别，而不能翻译。则哲学之为语言的副产物，似乎不待繁证即可明白了。印度日耳曼族语之特别形质，例如主受之分，因致之别，过去及未来，已完及不满，质之与量，体之与抽，以及各种把动词变作名词的方式，不特略习梵文或希腊文方知道，便是略习德语也就感觉到这麻烦。这些麻烦便是看来‘仿佛很严重’的哲学分析之母”。

与此相应，语言系统全然不同的汉语既不能产生哲学，也不适合哲学的生存，中国古代的思想，很难说成是哲学或是用哲学的观念来解读。傅斯年说：

> 汉语在逻辑的意义上，是世界上最进化的语言（参看叶斯波森著各书），失掉了一切语法上的烦难，而以句叙（Syntax）求接近逻辑的要求。并且是一个实事求是的语言，不富于抽象的名词，而抽象的观念，凡有实在可指者，也能设法表达出来。文法上既没有那么多的无意识，名词上又没有那么多的玄虚，则哲学断难在这个凭借发生，是很自然的了。
>
> “斐洛苏非”，译言爱智之义，试以西洋所谓爱智之学中包有各问题与战国秦汉诸子比，乃至下及魏晋名家宋明理学比，像苏格拉底那样的爱智论，诸子以及宋明理学是有的；像柏拉图所举的问题，中土至多不过有一部分，或不及半；像亚里斯多德那样竟全没有；像近代的学院哲学自戴卡以至康德各宗门，一个动词分析到微茫，一个名词之语尾变化牵成溥论（如 Cangality 观念之受 Instrnmental 或 Ablative 字位观念而生者），在中土更毫无影响了。……
>
> 那末，周秦汉诸子是些什么？答曰：他们是些方术家。自《庄子·天下篇》至《淮南鸿烈》，枚乘《七发》皆如此称，这是他们自己称自己的名词，犹之乎西洋之爱智者自己称自己为斐洛苏非。这是括称，若分言，则战国子家约有三类人：
>
> （一）宗教家及独行之士；

（二）政治论者；

（三）“清客”式之辨士。

例如墨家大体上属第一类的，儒者是介于一二之间的，管、晏、申、韩、商、老是属于第二类的，其他如惠施、庄周、邹衍、慎到、公孙龙等是侯王、朝廷、公子、卿大夫家所蓄养之清客，作为辩谈以悦其“府主”的。这正合于十七八世纪西欧洲的样子，一切著文之人，靠朝廷风尚，贵族栽培的，也又有些大放其理想之论于民间的。这些物事，在西洋皆不能算做严格意义下之哲学，为什么我们反去借来一个不相干的名词，加在些不相干的古代中国人们身上呀？[1]

以上所引傅斯年的长篇大论，旨在说明三点：其一，思想方式和习惯由语言所决定，不同的语言系统造成不同的思维方式；其二，不同语言系统的名词概念不可能准确地翻译传通，甚至根本不能对应翻译；其三，中国语言不能产生哲学，用哲学观念来理解中国古代的方术或思想，往往似是而非，所以不能用哲学来比附条理诠释中国古代的方术或思想。傅斯年对此自认为深思熟虑，所以撰写《性命古训辨证》时声言：“此虽余多年前所持论，今日思之，差可自信。”[2]

傅斯年的这些看法，迄今为止，仍然在欧洲哲学界占据主导，虽然一些研究中国的汉学家对此颇有异议。围绕所谓“哲学”概念及其应用，傅斯年先后有一系列重要的相关文字，阐述不宜用后来的名词观念说过往人文上物事的意思。例如：

“史”之成一观念，是很后来的。章实斋说六经皆史，实在是把后来的名词，后来的观念，加到古人的物事上而齐之。等

---

[1] 傅斯年：《战国子家叙论》，欧阳哲生主编：《傅斯年全集》第二卷，第 251—254 页。

[2] 傅斯年：《性命古训辨证》，欧阳哲生主编：《傅斯年全集》第二卷，第 508 页。

于说“六经皆理学”一样的不通。[1]

所谓“用新名词称旧物事，物质的东西是可以的，因为相同；人文上的物事是每每不可以的，因为多是似同而异”，对于研治近代牵涉中西新旧的概念名词，尤其值得重视。此说较梁启超所提出的近人好以欧美现代名物训释古书甚或以欧美现代思想衡量古人的问题更进一步，指出用新名词称旧物事时物质与人文类别的适用性差异。造成这种差异的原因，即不同语言系统难以对应翻译，一方面用新名词指称旧物事，另一方面则以旧物事理解新名词。在古今中外各种观念相互纠葛的情形下，名词概念所指事物，物质的因有实物，比较容易把握，不致混淆；人文的则所指事物实有而无形，内涵外延难以捉摸。若是单纯指新事物的新概念，还相对简单；若是牵扯古今，要想避免似同而异，似是而非，必须尽量避免用后来观念说前事。即使不得已而用之，也须高度自觉其分别差异。

这种情形不仅发生于中国与泰西之间，即使在所谓同文同种的东亚，使用同样的汉字，所表达的内涵意思仍然很难准确地彼此沟通。本来汉语具有非逻辑性，又以字为单位，好用譬喻，多用成语典故即其显例，近代解读外来词语文本时，很容易流于望文生义，格义附会。明治日本借用汉语表现力较日语精炼的特性，作为翻译西文的平台，在寻求理解对应西学的同时，掌控了近代东亚的话语权，但也造成中、日、西古今观念与事物的混乱，进一步加剧了似同而异的程度和范围。尤其是所借用的汉语词汇在日本只是作为西文的对应，未必会联想古籍的本义，而在中国则往往首先按照本义来解读字面的意思，只有专业人士才会仔细斟酌与之对应的西文的本义以及对应的当否。如果存在西文一词多译或中文一词多用的情况，则更为复杂。

[1] 傅斯年：《与顾颉刚论古史书》，欧阳哲生主编：《傅斯年全集》第一卷，第457页。

二　求其是与求其古

仅仅语学的一面，还不能完全满足用语言学的观点解释思想史的问题的需求，傅斯年进而提出：

> 语学的观点之外，又有历史的观点，两者同其重要。用语学的观点所以识性命诸字之原，用历史的观点所以疏性论历来之变。思想非静止之物，静止则无思想已耳。故虽后学之仪范典型，弟子之承奉师说，其无微变者鲜矣，况公然标异者乎？前如程、朱，后如戴、阮，皆以古儒家义为一固定不移之物，不知分解其变动，乃昌言曰“求其是”，庸讵知所谓是者，相对之词非绝对之词，一时之准非永久之准乎？在此事上，朱子犹胜于戴、阮，朱子论性颇能寻其演变，戴氏则但有一是非矣（朱子著书中，不足征其历史的观点，然据《语类》所记，知其差能用历史方法。清代朴学家中惠栋、钱大昕诸氏较有历史观点，而钱氏尤长于此。若戴氏一派，最不知别时代之差，“求其是”三字误彼等不少。盖“求其古”尚可借以探流变，“求其是”则师心自用者多矣）。故戴氏所标榜者孟子字义也，而不知彼之陈义绝与孟子远也。所尊者许、郑也，而不察许、郑之性论，上与孔、孟无涉，下反与宋儒有缘也。戴氏、阮氏不能就历史的观点疏说《论语》《孟子》，斯不辨二子性说之绝异，不能为程、朱二层性说推其渊源，斯不知程、朱在儒家思想史上之地位。阮氏以威仪为明德之正，戴氏以训诂为义理之全，何其陋也！[1]

求其古与求其是，原为王鸣盛概括惠栋与戴震的治学特点，并有所评判：“方今学者，断推两先生。惠君之治经求其古，戴君求其是，

[1] 傅斯年：《性命古训辨证》，欧阳哲生主编：《傅斯年全集》第二卷，第 508—509 页。

究之，舍古亦无以为是。”[1] 钱穆论道："谓‘舍古亦无以为是’者，上之即亭林‘舍经学无理学’之说，后之即东原求义理不得凿空于古经外之论也。然则惠、戴论学，求其归极，均之于六经，要非异趋矣。其异者，则徽学原于述朱而为格物，其精在三礼，所治天文、律算、水地、音韵、名物诸端，其用心常在会诸经而求其通；吴学则希心复古，以辨后起之伪说，其所治如《周易》，如《尚书》，其用心常在溯之古而得其原。故吴学进于专家，而徽学达于征实。王氏所谓‘惠求其古，戴求其是’者，即指是等而言也。”[2]

或以为“求其是”还有是正之意，固然，但前提仍是知其本意，否则难免师心自用。况且世间少有绝对的是非正误，离开具体的时空关系，不知相关的人事因缘，很难判断对错。明以来关于经史关系的各种论说，如五经或六经皆史的讨论争辩，分歧的要因之一，即在对本意的理解各自不同，解读的方向自然有异。即使认字的本源，也要有历史的观点。

把握“求其是”与“求其古”的分别以及做法，对于近代概念史的研究至关重要。至于如何才能分别，参照傅斯年关于治史方法的其他相关论述，认识可以更加深入贴切。所有历史事物，即使名词概念一致，也会因时因地因人而异。“求其古”的目的在于探究沿革流变，而历史研究的基本方法，就是依照具体时空的联系，按时序探寻事物的发生及其演化。若从定义出发求其是，以主观代客观，以认识代实事，就会用后来观念组装原本史事。1942 年 10 月 11 日，傅斯年复函好用社会学方法研究中国历史的吴景超，指出："历史上事，无全同者，为了解之，须从其演化看去，史学之作用正在此。如以横切面看之，何贵乎有史学？”[3] 此说看似强调史学的功能

[1] 洪榜：《戴先生行状》，《戴震文集·附录》，北京：中华书局 1980 年，第 255 页。

[2] 钱穆：《中国近三百年学术史》，第 357 页。

[3] 傅斯年：《致吴景超》，欧阳哲生主编：《傅斯年全集》第七卷，第 267 页。详见桑兵：《傅斯年“史学只是史料学”再析》，《近代史研究》2007 年第 5 期。

性，其实是说明研究历史的一般法则。

由于用今语解古籍古事的情形由来已久，“世上每每有些名实不符的事。例如后来所谓汉学，实在是王伯厚，晁公武之宋学；后来所谓宋学，实在是明朝官学。我想去搜材料，证明儒是鲁学，经是汉定（今文亦然）。康有为但见新学有伪经，不见汉学有伪经。即子家亦是汉朝给它一个定订。大约现行子书，都是刘向一班人为它定了次叙的。墨子一部书的次叙，竟然是一个儒家而颇芜杂的人定的，故最不是墨子的居最先。前七篇皆儒家言，或是有道家言与墨绝端相反者（如太盛难寄），知大半子书是汉朝官订本（此意多年前告适之先生，他未注意），则知想把古书古史整理，非清理汉朝几百年一笔大帐在先不可也”[1]。

傅斯年上述所说，旨在凸显穿透各式各样的后来集合概念的笼罩，回到历史现场的语境之中去理解所指称的物事的极端重要。关于如何清理古代思想的账目脉络，傅斯年在与顾颉刚论古史的同时，还致函胡适，进一步详尽表述意见：“我将来如果有和颉刚同事的机会，未必不也写一篇一篇的中国古代思想集叙。假如有此事，我要遵守下列的‘教条’。”这些教条，也可以说是一系列原则，主要有四点，表明傅斯年有心与胡适用西洋哲学系统条理中国上古思想的做法立异，主张用文籍考订的办法整理上古思想的发生及其演化。具体各条的内容及其解读详述如下：

> 1. 因为中国严格说起，没有哲学，（多谢上帝，使得我们大汉的民族走这么健康的一路！）至多不过有从苏格拉底以前的，连柏拉图的都不尽有。至于近代的哲学（学院的），自 Descartes、Leibnitz、Kant 以来的，更绝对没有。中国的一些方术论者（用这个名词，因为这个名词是当时有的，不是洋货），

[1] 傅斯年：《与顾颉刚论古史书》，欧阳哲生主编：《傅斯年全集》第一卷，第 459 页。

大大多数是些世间物事的议论者，其问题多是当年的问题，也偶有问题是从中国话的特质上来的（恰如希腊玄学是从希腊话的特质出来的一样）。故如把后一时期，或别个民族的名词及方式来解它，不是割离，便是添加。故不用任何后一时期印度的、西洋的名词和方式。

不用后出外来的名词概念说以前固有的物事，尤其是人文方面的物事，理由已见前述。随之而来的，当是不以后出外来的方式条理解释以前的物事，以免割离或添加。此点虽然针对1920年代的问题，却颇能切中当下的时弊。清季至今，由附会移植开始的各种专门史，大都陷入其中而不自觉。王国维早年批评张之洞等人反对用哲学讲中国古代思想，认为中国古代已有哲学。但后来不仅放弃对哲学的追求，更从中外语义很难完全对应的事实，表示对于用哲学概念解读中国古代思想学说的根本质疑。[1] 张荫麟用更为概括的文字进一步表述了同样的意思。1928年，他撰文评论冯友兰《儒家对于婚丧祭礼之理论》，指出当时治中国思想史的通病，在于以现代自觉的统系比附古代断片的思想。[2] 王国维和张荫麟的文字，可以为傅斯年的“教条”作注释。

2. 中国古代的方术论者，与六朝之玄宗、唐之佛学、宋明之理学等等，在为人研究上，断然不是需要同一方法和材料。例如弄古代的方术论者，用具及设施，尤多是言语学及章句批评学。弄佛学则大纲是一个可以应用的梵文知识，汉学中之章句批评学无所用之。至于治宋明理学，则非一个读书浩如大海的人不能寻其实在踪迹，全不是言语学的事了。有这样的不同术，

[1] 王国维：《书辜氏汤生英译〈中庸〉后》，《静庵文集》，第150—151页。
[2] 张荫麟：《冯友兰〈儒家对于婚丧祭礼之理论〉》，《大公报·文学副刊》1928年7月9日。

> 故事实上甚难期之于一人。而且这二千年的物事，果真有一线不断的关系吗？我终觉——例如——古代方术家与他们同时的事物关系，未必不比他们和宋儒的关系更密。转来说，宋儒和他们同时事物之关系，未必不比他们和古代儒家之关系更密——所以才有了误解的注，所以以二千年之思想为一线而集论之，亦正未必有此必要。有这些道理，我以为如果写这史，一面不使之于当时的史分，一面亦不越俎去使与别一时期之同一史合。如此可以于方法上深造些。

此点强调不以同一统系（如哲学）来条理中国二千年的古代思想，要注意不同时期思想的表现形式及其具体的历史时空联系（如断代），“一面不使之于当时的史分，一面亦不越俎去使与别一时期之同一史合”。近代史虽然为时较短，因为变动的节奏快，幅度大，尤其应当注意时间性因素的分别及作用，不可以110年之思想为一线而集论之，甚至同一时空下使用同一概念各自的意涵表述也千差万别。如何避免脱离原本具体的时空联系而与其他时空下形同实异的观念事物人为连接，至关重要。时下流行的各种观念、学科、思想、主义研究，单从名词概念等形式上看似乎前后并无二致，实则大都仍从今日的定义出发，裁剪组装史料，勾连史事。其实当时同一概念可能表达不同意思，而同一物事用不同名词来指称。随着时空的转移，相同概念的内涵外延千变万化，或根本不同，或层累叠加，一词多义，形同实异，非与具体时空人事相联系，则难以辨认解读，更无法求其演化的历史进程。照此办法，史上原有很可能被排除在外、不以为然甚至明确反对者反而会被强制纳入其中。如此，所写当然只能是后来者自己心中的历史，而非历史的本事。换言之，不能认识历史而勉强下手，逞其私臆便是不得不然。

> 3. 既然有二项许可我断代，则我以性之所近（或云习之所

> 近），将随颉刚而但论古代的，不下于南朝。这些东西，百分之九十是言语学及文句批评，故但严追亭林（言语学）百诗（章句批评）之遗训，加上些近代科学所付我们的工具而已。如有成就，看来决不使他像一部哲学史，而像一部文书考订的会集。

不写哲学史，而是文书考订的会集。其说傅斯年没有详细论述，反而陈寅恪为杨树达《论语疏证》作序，有所解说（详见上章），据此大体可以明白文书考订会集的意思和办法。

> 4. 专就古代之一段言，则有一基本之设定，就是以汉朝历史之研究为古代方术家学之前部。我觉得先生当年写《古代哲学史》，仍是自上一时写下来，不自上层（下一时）揭到下层（上一时）。研究问题第一步，即是最要紧之一步是选择材料。恰恰我们经学的定本，都是汉朝人给我们的，加上了一个很很的外形，势非把自秦至汉中季一段故事弄清楚，我们不能去自由用经学的材料，用则入陷阱。这一线思想本是由阎百诗开了一个好端，可惜《古文尚书》问题解决之后，大家专闹党见，不能解决紧接着的那个《春秋》经传问题（自然这题更难，且亦断不能如梅传之干脆的解决了，因为现存材料不足）。今文一派及太炎笔条上有好些胜义，而大体上一是幻想，一是固论，至今犹是一团泥。我们此时大可把这个问题一层一层的考校下去。[1]

应由上层（下一时）揭到下层（上一时），而非自上一时写下来。前者从无到有，探寻概念事物的发生及其演化，后者则以后来观念条理先前史事，实为用后来眼光倒述历史。历史的实事即所谓第一历史必须经由历史记述即所谓第二历史加以展现，任何历史记

---

[1]　傅斯年：《致胡适》，欧阳哲生主编：《傅斯年全集》第七卷，第38—39页。

述，往往积薪而上，一般而言，集合概念均为后出，而且越到后来，条理越加清晰。因此，历史认识只能近真，难以重合。所谓自上一时写下来，其实未能剥离后来的附加成分，而以后来的概念条理作为先入为主的是，形式上顺着写，实际上倒着讲。必须首先由记述的上层即时间的下一时，揭到记述的下层即时间的上一时，才能以汉还汉，回到历史现场。不过，这样逆上去固然可以层层剥笋，求其本意，还物事的本来面目，但要再现思想演变的历史进程，还应在回归具体时空位置的基础上顺下来，历时性地展示事物发生演化的复杂详情。其中最难之点，即在于如何最大限度约束后来的主观成见，回到没有统一集合概念的无的境界，理解不同文本的意涵及能指所指，进而看纷繁的名物如何逐渐演化到约定俗成，并且恰如其分地展现从无序走向有序的历史进程。

三　方法为仪型　结论不成立

结合语学的观点与历史的观点两义，傅斯年不仅制订了研究的方法，还安排了表述的结构。全书分为上中下三卷，“第一卷曰字篇，统计先秦文籍中之性命字，以求其正诂者也。第二卷曰义篇，综论先秦儒家及其相关连者论性命之义，以见其演变者也。第三卷曰绪篇，取汉以来儒家性说之要点分析之，以征宋儒性说之地位，即所以答戴、阮诸氏论程朱之不公也”[1]。这样的结构，至少形式上体现了方法与问题的相得益彰。此书成为傅斯年的代表作，并且是使之当选首届中研院院士的主要凭据，就其实际水准看，决非浪得虚名。

对于当下时兴的概念名词研究，傅斯年用语言学的观点解释思想史的问题的《性命古训辨证》，作为方法的典范，还有相当大的借鉴空间乃至针砭意义。

---

[1]　傅斯年：《性命古训辨证》，欧阳哲生主编：《傅斯年全集》第二卷，第509页。

时下的概念名词研究，常见通病有四：一是用后出外来名词重新定义以前物事，导致似是而非的误读错解（如“地方”）；二是忽略同一时期的同一名词可能具有不同含义（如“科学”），而同一时期的不同名词反而表达同一概念（如“民主”与“民治”）；三是未能注意分别考究同一名词随着时空变动而产生含义变化，以及这些变化与具体的时空变动的相关性（如“哲学”）；四是简单孤立地追求概念名词的形同，使得所谓关键词脱离文本、学说、流派的整体，变成抽象的含义，再据此以重新连缀史事。这样的归纳，虽有操作上的方便，却造成各个词汇一面与当时的史分，一面越俎去与别一时期之同一史合，令形式上的顺时序探求异化为倒看倒述，从而失去实际意义。也就是说，要详究历史以把握概念，而不能由概念来勾连历史。前者能够理解历史上的所有相关概念，后者只能创作自己的思想史。相比之下，傅斯年《性命古训辨证》研究表述的方法方式，虽然时间早了半个世纪，仍然略胜一筹。由此可见治学未必后来居上。此说全在理解外来方法是否有用于解读本来史事，其标的当在后者。若身陷其中，又要强作解人，就难以解读得当。

不过，傅斯年虽然推崇阮元《性命古训》一书的方法，对其结论却不以为然，并且声明：“夫阮氏之结论固多不能成立，然其方法则足为后人治思想史者所仪型。”[1] 他不赞成戴震、阮元等人反宋明理学家的态度立场观念，试图解读宋儒性说的本意，对戴震、阮元等人论程朱之不公加以辩驳，恢复宋儒性说的地位。既然方法足以为典范仍不能保证结论的正确有效，那么相应而来的问题就是，傅斯年本人的《性命古训辨证》，是否也会遭遇同样的尴尬？如果是，症结究竟在于方法本身有所不足，还是条件不备，应用不当？

《性命古训辨证》于字、义两卷，收罗彝器铭文，至少证据较前人完备详尽。绪篇集中讨论汉代性之二元说和理学之地位，着重

[1] 傅斯年：《性命古训辨证》，欧阳哲生主编：《傅斯年全集》第二卷，第 505 页。

于心学的渊源，条理较为清晰，见识则大体已在前人的关照之下。至于做法，老辈学人的道理途则可以提供参考。牟润孙记述其曾向柯劭忞问学，后者讲学不同于新派，开宗明义："吾人治学，当讲宋人之义理，清人之考据，不可学阮元（芸苔）。阮氏全讲错了。"因为阮元追随戴震，主张训诂明则义理明，但读书应当从整部书全篇文章去探讨，绝不能只从其中若干字去追求，更不能从若干字的原始意义去追求。戴震批评宋儒，实际是反对清世宗、高宗以理学统治人民。柯劭忞知道戴震所说"以理杀人"是指皇帝，而阮元笃信戴氏，专心致志从字的古训去讲求义理。[1] 如果柯劭忞的判断不误，则当时的史不仅是断代的思想系统，如古代的方术、六朝的玄宗、唐之佛学、宋明之理学等等。在同样的大语境之下，前贤依然所见不一或形同实异，是因为各自均系有为而发，须取具体关联的各种事实以证之，才不至于无的放矢。此亦解今典难于解古典的主要关节。

取事实证有为之外，还有另一层可以考究的大节。陈寅恪早在留美期间，曾向吴宓阐述其对中西思想文化异同流变的一整套看法。[2] 按照陈寅恪的看法，究明宋儒的心性之学，必须了解汉魏以来佛教性理之学对中国的深刻影响。而这一影响因为宋儒避名居实、取珠还椟的苦心孤诣，变得难以捉摸。宋儒所谓来自孔孟，本系拉大旗之举，而海内外学人每每以为其真的上承道统。二者的联系究竟是事实，还是宋儒故布迷阵的障眼法？没有佛教因缘，能否将先秦、两汉、唐宋儒学的心性之说一脉相连？

对此问题，傅斯年原来的处理显得较为简单，他声称："今以演化论之观点疏理自《论语》至于《荀子》古儒家之性说，则儒、墨之争，孟、荀之差，见其所以然矣。布列汉儒之说，以时为序，

[1] 牟润孙：《蓼园问学记》，《注史斋丛稿》，第 535—544 页。

[2] 吴宓著，吴学昭整理注释：《吴宓日记》第二册，第 102—103 页。

则程、朱性论非无因而至于前矣。夫思想家陈义多方，若丝之纷，然如明证其环境，罗列其因革，则有条不紊者见矣。”[1] 该书绪篇从先秦、汉代、宋儒梳理下来，试图探究心性之学的源流演变，进而对戴震、阮元之说加以辩驳。虽然注意到各时代诸说的异同，还是循着儒家思想自我演化的内在理路，形式上求其发生演化的“顺下来”，观念层面却暗藏着依照宋儒的自我塑造“倒上去”的潜在危险。

关于宋代思想学术及宋代的研究，傅斯年与陈寅恪均有与众不同的高度评价和期待，只是彼此看法也有所差异。傅斯年认为宋代是比较纯粹的中国学问，不像李唐与外国拖泥带水，与陈的看法明显有别。1934 年陈寅恪为冯友兰《中国哲学史》下册所写审查报告，详细阐述其重视宋代的缘由以及治理的办法途径，他认为，中国自秦以后思想的演变历程，只为一大事因缘，即新儒学的产生及其传衍。自晋至今的中国思想，可以儒释道三教代表。

> 六朝以后之道教，包罗至广，演变至繁，不似儒教之偏重政治社会制度，故思想上尤易融贯吸收。凡新儒家之学说，几无不有道教，或与道教有关之佛教为之先导。如天台宗者，佛教宗派中道教意义最富之一宗也。其宗徒梁敬之与李习之之关系，实启新儒家开创之动机。北宋之智圆提倡中庸，甚至以僧徒而号中庸子，并自为传以述其义。其年代尤在司马君实作中庸广义之前，似亦于宋代新儒家为先觉。二者之间，其关系如何，且不详论。然举此一例，已足见新儒家产生之问题，尤有未发之覆在也。至道教对输入之思想，如佛教摩尼教等，无不尽量吸收，然仍不忘其本来民族之地位。既融成一家之说以后，则坚持夷夏之论，以排斥外来之教义。此种思想上之态度，自六

[1] 傅斯年 :《性命古训辨证》，欧阳哲生主编 :《傅斯年全集》第二卷，第 505—509 页。

朝时亦已如此。虽似相反，而实足以相成。从来新儒家即继承此种遗业而能大成者。[1]

陈寅恪所论，虽然并非针对后出的《性命古训辨证》，所说事实及办法，却与后者关系密切，而途辙意见迥异。值得注意的是，傅斯年本来仅据前人成说标出李翱复性说在孟子与陆王之间的地位，并未予以特别重视。此书出版后，陈垣、张政烺等赞誉有加，冯友兰读完，则表示“前日问题仍未释”，希望“见面时再谈”[2]。其所不能释怀、一再接谈的问题究竟为何，未见直接证据，冯友兰自己的看法以及陈寅恪审查报告的观点可能均在其中。三年后，傅斯年写了《论李习之在儒家性论发展中之地位》的短文，发表于《读书通讯》第 57 期，后来又作为附录收入《性命古训辨证》，则两人所谈问题，或与短文的内容相关。而这篇文章的主旨，又与陈寅恪所写《冯友兰中国哲学史下册审查报告》关系密切，可以将傅、陈、冯三人连接。傅斯年文章的要旨如下：

李习之者，儒学史上一奇杰也。其学出于昌黎，而比昌黎更近于理学，其人乃昌黎之弟子，足为其后世者也（韩云，“从吾游者李翱、张籍，其尤也”，李则于诔韩文中称之曰兄。盖唐人讳以人为师［见昌黎《进学解》］，实则在文章及思想上李习之皆传韩氏者也）。北宋新儒学发轫之前，儒家惟李氏有巍然独立之性论，上承《乐记》《中庸》，下开北宋诸儒，其地位之重要可知。自晋以降，道、释皆有动人之言，儒家独无自固之论。安史之乱，人伦道尽，佛道风行，乱唐庶政，于是新儒学在此

[1] 陈寅恪：《冯友兰中国哲学史下册审查报告》，陈美延编：《陈寅恪集·金明馆丛稿二编》，第 284 页。

[2] 王汎森、杜正胜主编：《傅斯年文物资料选辑》，第 107 页。

> 刺激下发轫（新儒学起于中唐，此说吾特别为一文论之）。退之既为圣统说（即后世道统说所自来），又为君权绝对论，又以“有为”之义辟佛老，自此儒家乃能自固其藩篱，向释道反攻。习之继之，试为儒教之性论，彼盖以为吾道之缺，在此精微，不立此真文，则二氏必以彼之所有人［入］于我之所无。李氏亦辟佛者，而为此等性说，则其动机当在此。遍览古籍，儒家书中，谈此虚高者，仅有《孟子》、《易·系》及戴记之《乐记》、《中庸》、《大学》三篇，于是将此数书提出，合同其说，以与二氏相角，此《复性书》之所由作也。戴记此三篇，在李氏前皆不为人注意，自李氏提出，宋儒遂奉之为宝书。即此一端论之，李氏在儒学史上之重要已可概见。清儒多讥其为禅学玄宗者，正缘其历史的地位之重要。夫受影响为一事，受感化为又一事，变其所宗、援甲人［入］乙为又一事，谓《复性书》受时代之影响则可，谓其变换儒家思想而为禅学，则言不可以若是其亟也。

傅斯年论新儒学发源的专文未见。仅据论李翱的短文，可见其与陈寅恪的看法大异。陈寅恪的《冯友兰中国哲学史下册审查报告》认为，中国自秦以来思想演变的历程，只为一大事因缘，即新儒学的产生及其传衍。本来儒家学说的影响最深最巨在于制度法律公私生活等方面，至于学说思想，则有不如佛道二教者。六朝以后，道教不似儒教偏重政治社会制度，所以思想上尤易融贯吸收。凡新儒家之学说，几无不有道教，或与道教有关之佛教为之先导。天台宗宗徒梁敬之、李习之等，实启新儒家开创之动机。而道教一方面尽量吸收输入之思想，如佛教摩尼教等，一方面仍不忘其本来民族之地位。既融成一家之说以后，则坚持夷夏之论，以排斥外来教义。新儒家即继承此种相反相成的遗业而能大成。据此，则新儒家在思想学说层面其实是尽量吸收输入思想后，再以夷夏之论排斥外来教义。也就是前引与吴宓所说，中国本来缺少精粹学说，佛教则于性理之学独有深造，程朱等宋儒皆深通佛教，既喜其义理之高明详尽，足以救中国之缺失，而又忧其用夷变夏也。采佛理之精粹，以之注解四书五经，名为阐明古学，实则吸收异教，声言尊孔辟佛，实则佛之义理，已与儒教宗传浸染混合。

值得注意的是，不论无心还是有意，傅斯年的《论李习之在儒家性论发展中之地位》明显有针对陈寅恪之说的意味，他认为李翱开启新儒学的凭借，并非佛教的性理，而是上古的心学和汉儒的性情善恶二元说。他将《复性书》上篇的要义概括为下列两点：

> 其一为性情二本，性明情昏说。此说乃汉代之习言，许、郑所宗述，而宋儒及清代朴学家皆似忘之，若以为来自外国，亦怪事也。此论渊源……今知其实本汉儒，则知其非借禅学也。禅学中并无此二元说，若天台宗性恶之论，则释家受儒家影响也。果必谓李习之受外国影响，则与其谓为逃禅，毋宁谓为受祆教景教摩尼之影响，此皆行于唐代之善恶二元论者。然假设须从其至易者，汉儒既有二元论，则今日不必作此远飏之假设矣。
>
> 其二为复性之本义。此义乃以《乐记》“人而生静至灭天理而穷人欲者也”一节为基本，连缀《易·系》、《中庸》、《大学》之词句而成其说也。所谓“寂然不动，感而遂通”者，《易·系》之词也。所谓“尽性”者，《孟子》之词、《中庸》之论也。所有张皇之词虚高之论，不出《易·系》则出《中庸》。铺张反复，其大本则归于制人之情以尽天命之性，犹《乐记》之旨也。今既已明辩古儒家有唯心一派之思想，则在李氏性说固未离于古儒家。李氏沾沾自喜，以为独得尼父之心传，实则但将《中庸》、《大学》等书自戴记中检出而高举之，其贡献在于认出此一古代心学之所在，不在发明也。

根据上述两点，傅斯年进而讨论中篇的内容：

> 《复性书》中篇则颇杂禅学，此可一望而知者。此篇设为问答之词，仍是以《易·系》、《中庸》为口号，然其中央思想则受禅学感化矣。此篇列问答十二，末一事问鬼神，以不答答之，自与性论无干，其前十一问则或杂禅学，或为《复性书》上之引申。其杂禅者，第一问"弗思弗念"，第二问"以情止情"，皆离于儒说，窃取佛说以入者。第三问"不睹不闻"，第四问格物，第五问"天命之谓性"，第六问"事解心解"，皆推阐古心学之词。如认清古之心学一派，知其非借禅学以立义矣。第七问凡人之性与圣人之性，第八问"尧舜岂有不情"，皆《复性书》上之引申义，第九问嗜欲之心所由生，乃是禅说。第十问性未灭，似禅而实是《孟子》义。第十一问亦近禅。意者《复性》三书非一时所作，即此十一问恐亦非一时所作，故不齐一耶？

根据上述分析，傅斯年得出结论："约言之，《复性》上下两书皆不杂禅学者，中篇诸问则或杂或不杂。李氏于古儒学中认出心学一派，是其特识，此事影响宋儒甚大。若其杂禅则时代为之，其杂禅之程度亦未如阮元等所说之甚也。戴、阮诸氏皆未认明古有心学之宗，更忽略汉儒之性情二元说，故李氏说之与禅无关于儒有本者，号称治汉学者反不相识矣。"[1]

显然，一、傅斯年只承认李翱受时代的影响甚至感化，不同意其说是变其所宗，援甲入乙，变换儒家思想而为禅学；二、李翱的贡献在于认出古代心学之所在，而非发明，所说未离于古儒家；三、即使李翱受时代的外国影响，杂禅程度亦浅，相比之下，受祆教景教摩尼的影响较为直接。况且性情善恶二本为汉代之习言，宋儒及清代朴学家仿佛都已忘记，误以为来自外国，实则反而释家受儒家

[1] 傅斯年：《论李习之在儒家性论发展中之地位》，欧阳哲生主编：《傅斯年全集》第二卷，第664—666页。

影响。所以，假设李翱受影响，应取较为接近的汉儒二元论。此说若成立，则陈寅恪避名居实、取珠还椟说的依据荡然无存，非但不是变儒家为禅学，连旧瓶装新酒的可能性亦不复存在。

然而，问题在于，唐宋诸儒究竟是先受到佛教道教性理之说的影响，再上探先秦两汉的儒学，以外书比附内典，构建新儒学，然后据以辟佛；还是相反，鉴于时代风气人伦道丧，先从古儒学中认出心学一派，形成理学，以抵御佛教。以情理论，无疑前者更为可信，恰如欧洲中世纪思想必须借助儒学才能突破变换那样，很少抽象虚理思维习惯的唐宋诸儒，如果没有内典外书相互比附、性理之学盛行的时代风尚影响，也很难产生思维方式的革命性变换。只是陈寅恪的看法较傅斯年曲折复杂，不易直接取证，反而傅斯年之说可以找出直接证据，看似信而有征。史学研究中往往出现实事无实证，而实证并非实事的现象，造成诸多困惑，由此可见一斑。

陈寅恪应当看过傅斯年的《性命古训辨证》，对其所指也心知肚明，直接的回应尚未见。1954 年，陈寅恪在《历史研究》第 2 期发表《论韩愈》，旨在说明韩愈从小居于新禅宗的发祥地，又值此新学说宣传极盛之时，“退之道统之说表面上虽由孟子卒章之言所启发，实际上乃因禅宗教外别传之说所造成，禅学于退之之影响亦大矣哉！”韩愈扫除章句繁琐之学，直指人伦，目的是调适佛教与儒学的关系。“盖天竺佛教传入中国时，而吾国文化史已达甚高之程度，故必须改造，以蕲适合吾民族、政治、社会传统之特性，六朝僧徒‘格义’之学，即是此种努力之表现，儒家书中具有系统易被利用者，则为小戴记之中庸，梁武帝已作尝试矣。然中庸一篇虽可利用，以沟通儒释心性抽象之差异，而于政治社会具体上华夏、天竺两种学说之冲突，尚不能求得一调和贯彻，自成体系之论点。退之首先发见小戴记中大学一篇，阐明其说，抽象之心性与具体之政治社会组织可以融会无碍，即尽量谈心说性，兼能济世安民，虽相反而实相成，天竺为体，华夏为用，退之于此以奠定后来宋代新儒学之基础。”

在这方面，首先由“新禅宗特提出直指人心见性成佛之旨，一扫僧徒繁琐章句之学”。而韩愈“生值其时，又居其地，睹儒家之积弊，效禅侣之先河，直指华夏之特性，扫除贾、孔之繁文”。《原道》一篇提出：“古之欲明明德于天下者，先治其国；欲治其国者，先齐其家；欲齐其家者，先修其身；欲修其身者，先正其心；欲正其心者，先诚其意。然则古之所谓正心而诚意者，将以有为也。今也欲治其心，而外天下国家，灭其天常，子焉而不父其父，臣焉而不君其君，民焉而不事其事。”这与新禅宗直指人心见性成佛为中国佛教史上一大事相并列，为中国文化史中最有关系之文字。不过，“退之固是不世出之人杰，若不受新禅宗之影响，恐亦不克臻此。又观退之寄卢仝诗，则知此种研究经学之方法亦由退之所称奖之同辈中人发其端，与前此经诗著述大意［异］，而开启宋代新儒学家治经之途径者也。”[1]

显然，陈寅恪仍然坚执已见，并未因为傅斯年的别解而动摇改变。如果韩愈是受新禅宗的影响才转而正心诚意，其弟子的复性论就很难说是与禅无关于儒有本。新儒学究竟是取珠还椟，还是古今一贯，或者说，古今一贯是唐宋诸儒苦心孤诣的自称，还是新儒学创制的渊源，两说并存，悬案依旧，破解之道，有待于来者。

---

[1] 陈寅恪：《论韩愈》，陈美延编：《陈寅恪集·金明馆丛稿初编》，第319—323页。韩愈诗即“春秋三传束高阁，独抱遗经究终始”。

人名索引

（本索引仅列出正文出现的名以及字、号等）

征引文献

一　报刊

《北京大学日刊》

《北平晨报》

《晨报》

《晨报副刊》

《東京大學第二年報》

《東京大學法理文學部一覧略（明治十一年）》

《東京大學法理文三學部一覧（従明治十四年至明治十五年）》

《東京大學法理文三學部一覧（従明治十五年至明治十六年）》

《東京大學法理文三學部一覧（従明治十六年至明治十七年）》

《格致益闻汇报》

《国粹学报》

《国立第一中山大学语言历史学研究所周刊》

《国学论衡》

《国语月刊》
《国语周刊》
《华国月刊》
《教育杂志》
《京报》
《清华周刊》
《少年中国》
《申报》
《世界日报》
《万国公报》
《文化与教育》
《文史杂志》
《现代评论》
《新潮》
《新民丛报》
《新青年》
《新生》
《新世界学报》
《新亚学报》
《学衡》

二　一般文籍

1.《戴震文集》，北京：中华书局 1980 年。
2.《顾颉刚日记》，台北：联经出版事业有限公司 2007 年。
3.《胡适的日记》手稿本，1926 年 11 月 29 日，台北：远流出版事业股份有限公司 1990 年。
4.《黄侃日记》，南京：江苏教育出版社 2001 年。
5.《篁村遺稿》，大正七年九月岛田均一刻。
6.《纪念陈寅恪教授国际学术讨论会文集》，广州：中山大学出版社 1989 年。
7.《静庵文集》，沈阳：辽宁教育出版社 1997 年。
8.《钱玄同文集》，北京：中国人民大学出版社 2000 年。
9.《刘半农日记》，《新文学史料》1991 年第 1 期。
10.《學問ハ淵源ヲ深クスルニ在ルノ論》，《學藝志林》第二册，明治十年八月。
11.《哲學字彙》、《改訂增補哲學字彙》、《英独仏和哲學字彙》，名著普及会 1981 年复刻版。
12.《中国文化研究集刊》第 1 辑，上海：复旦大学出版社 1984 年。
13. 北京大学校史研究室编：《北京大学史料》第 1 卷，北京大学出版社 1993 年。
14. 北京大学中国中古史研究中心编：《纪念陈寅恪先生诞辰百年学术论文集》，北京大学出版社 1989 年。
15. 卞僧慧纂，卞学洛整理：《陈寅恪先生年谱长编（初稿）》，北京：中华书局 2010 年。
16. 蔡仲德：《冯友兰先生年谱初编》，郑州：河南人民出版社 2001 年。
17. 曹伯言整理：《胡适日记全编》，合肥：安徽教育出版社 2001 年。
18. 曹述敬：《钱玄同年谱》，济南：齐鲁书社 1986 年。

19. 陈德溥编：《陈黻宸集》，北京：中华书局 1995 年。
20. 陈美延编：《陈寅恪集 · 寒柳堂集》，北京：生活 · 读书 · 新知三联书店 2001 年。
21. 陈美延编：《陈寅恪集 · 讲义及杂稿》，北京：生活 · 读书 · 新知三联书店 2002 年。
22. 陈美延编：《陈寅恪集 · 金明馆丛稿初编》，北京：生活 · 读书 · 新知三联书店 2001 年。
23. 陈美延编：《陈寅恪集 · 金明馆丛稿二编》，北京：生活 · 读书 · 新知三联书店 2001 年。
24. 陈美延编：《陈寅恪集 · 诗集》，北京：生活 · 读书 · 新知三联书店 2001 年。
25. 陈美延编：《陈寅恪集 · 书信集》，北京：生活 · 读书 · 新知三联书店 2001 年。
26. 陈启伟：《"哲学" 译名考》，《哲学译丛》2001 年第 3 期。
27. 陈润成、李欣荣编：《天才的史学家：追忆张荫麟》，北京：清华大学出版社 2009 年。
28. 陈寅恪：《陈寅恪史学论文选集》，上海古籍出版社 1992 年。
29. 陈哲三：《陈寅恪先生轶事及其著作》，《传记文学》第 16 卷第 3 期。
30. 陈智超编：《陈垣来往书信集》，上海古籍出版社 1990 年。
31. 岛薗进、矶前顺一编纂：《井上哲次郎集》，东京：株式会社クレス 2003 年。
32. 杜春和、韩荣芳、耿来金编：《胡适论学往来书信选》，石家庄：河北人民出版社 1998 年。
33. 杜正胜：《新史学之路》，台北：三民书局 2004 年。
34. 冯友兰：《三松堂全集》，郑州：河南人民出版社 2000 年。
35. 冯友兰：《三松堂自序》，北京：人民出版社 1998 年。
36. 傅杰编校：《王国维论学集》，北京：中国社会科学出版社 1997 年。

37. 福井纯子：《井上哲次郎日记》,《東京大學史紀要》第 11 号，1993 年 3 月。
38. 高平叔编：《蔡元培全集》第四卷，北京：中华书局 1984 年。
39. 高平叔编：《蔡元培全集》第五卷，北京：中华书局 1988 年。
40. 高平叔编：《蔡元培全集》第六卷，北京：中华书局 1988 年。
41. 高时良编：《中国近代教育史资料汇编 · 洋务运动时期教育》，上海教育出版社 2007 年。
42. 葛兆光：《穿一件尺寸不合的衣衫——关于中国哲学和儒教定义的争论》,《开放时代》2001 年第 11 期。
43. 葛兆光：《为什么是思想史》,《江汉论坛》2003 年第 7 期。
44. 葛兆光：《中国宗教、学术与思想散论》，三联书店香港有限公司 2008 年。
45. 耿云志编：《胡适年谱》，成都：四川人民出版社 1989 年。
46. 耿云志主编：《胡适遗稿及秘藏书信》，合肥：黄山书社 1994 年。
47. 顾潮编著：《顾颉刚年谱》，北京：中国社会科学出版社 1993 年。
48. 顾颉刚编著：《古史辨》第二册下编，上海古籍出版社。
49. 关晓红：《晚清议改科举新探》,《史学月刊》2007 年第 10 期。
50. 侯宏堂：《陈寅恪对"宋学"的现代诠释》,《文艺理论研究》2006 年第 6 期。
51. 胡颂平编著：《胡适之先生年谱长编初稿》，台北：联经出版事业公司 1990 年校订版。
52. 胡卫清：《传教士教育家潘慎文的思想与活动》,《近代史研究》1996 年第 2 期。
53. 胡先骕：《朴学之精神》,《国风》第 8 卷第 1 期，1936 年 10 月 1 日。
54. 黄曙辉编校：《刘咸炘学术论集 · 史学编》，桂林：广西师范大学出版社 2007 年。
55. 黄濬：《花随人圣庵摭忆》，上海书店出版社 1998 年。

56. 加藤弘之：《本會雜誌ノ發刊ヲ祝シ併ヤテ會員諸君ニ質ス》，《哲學會雜誌》第1册第1号，明治二十年二月五日。
57. 蒋梦麟：《西潮》，沈阳：辽宁教育出版社1997年。
58. 蒋天枢：《陈寅恪先生编年事辑》（增订本），上海古籍出版社1997年。
59. 金毓黻：《中国史学史》，石家庄：河北教育出版社2000年。
60. 井上圆了：《哲學ノ必要ヲ論シテ本會ノ沿革ニ及フ》，《哲學會雜誌》第1册第2号，明治二十年三月五日。
61. 景海峰：《从“哲学”到“中国哲学”——一个后殖民语境中的初步思考》，《江汉论坛》2003年第7期。
62. 景海峰编：《拾薪集——“中国哲学”建构的当代反思与未来前瞻》，北京大学出版社2007年。
63. 劳榦：《忆陈寅恪先生》，《传记文学》第17卷第3期。
64. 李楚材辑：《帝国主义侵华教育史资料·教会教育》，北京：教育科学出版社1987年。
65. 李源澄：《经学通论》，成都：路明书店1944年。
66. 李志刚：《基督教早期在华传教史》，台北：商务印书馆股份有限公司1989年。
67. 梁启超著：《饮冰室合集》，北京：中华书局1989年。
68. 刘北汜：《忆朱自清先生》，《新文学史料》1982年第4期。
69. 刘文耀、杨世元编：《吴玉章年谱》，成都：四川人民出版社1998年。
70. 刘小云：《学术风气与现代转型：中山大学人文学科述论（1926—1949）》，北京：读书·生活·新知三联书店2013年。
71. 罗久芳、罗久蓉编辑校注：《罗家伦先生文存补遗》，台北：中研院近代史研究所2009年。
72. 罗志田：《新宋学与民初考据史学》，《近代史研究》1998年第1期。

73. 毛子水：《记陈寅恪先生》，《传记文学》第 17 卷第 2 期。
74. 梦飞：《记钱玄同先生关于语文问题的谈话》，《文化与教育》第 27 期，1934 年 8 月 10 日。
75. 蒙默编：《蒙文通学记》（增补本），北京：生活·读书·新知三联书店 2006 年。
76. 蒙文通：《经学抉原》，世纪出版集团、上海人民出版社 2006 年。
77. 蒙文通：《四库珍本十先生奥论读后记》，《图书季刊》新第 3 卷第 1—2 期合刊，1941 年 6 月。
78. 蒙文通：《宋史叙言》，《古史甄微》，成都：巴蜀书社 1999 年。
79. 蒙文通：《文中子》，《益世报·读书周刊》第 9 期，1935 年 8 月 1 日。
80. 蒙文通：《中国史学史》，世纪出版集团、上海人民出版社 2006 年。
81. 民国经世文社编：《民国经世文编》，上海：经世文社 1914 年石印。
82. 牟润孙：《注史斋丛稿》，北京：中华书局 1987 年。
83. 倪海曙：《清末汉语拼音运动（切音字运动）编年史》，上海人民出版社 1959 年。
84. 欧阳哲生主编：《傅斯年全集》，长沙：湖南教育出版社 2003 年。
85. 欧阳哲生编：《胡适文集》，北京大学出版社 1998 年。
86. 浦江清：《清华园日记·西行日记》，北京：生活·读书·新知三联书店 1999 年。
87. 钱基博：《国学文选类纂》，上海：商务印书馆 1931 年。
88. 钱基博：《十年来之国学商兑》，《光华大学半月刊》第 3 卷第 9、10 期合刊，1935 年 6 月。
89. 钱穆：《八十忆双亲·师友杂忆》，长沙：岳麓书社 1986 年。
90. 钱穆：《八十忆双亲·师友杂忆》，北京：生活·读书·新知三联书店 1998 年。

91. 钱穆：《钱宾四先生全集》第53册，台北：联经出版事业公司1998年。
92. 钱穆：《中国近三百年学术史》，北京：商务印书馆1997年。
93. 钱穆：《国史大纲》，北京：商务印书馆1991年。
94. 钱文忠编：《陈寅恪印象》，上海：学林出版社1997年。
95. 桥川时雄编：《中国文化界人物总鉴》，北京：中华法令编印馆1940年。
96. 容闳：《西学东渐记》，长沙：湖南人民出版社1981年。
97. 桑兵：《“了解之同情”与陈寅恪的治史方法》，《社会科学战线》2008年第10期。
98. 桑兵：《陈寅恪与中国近代史研究》，《中华文史论丛》第62辑，上海古籍出版社2000年。
99. 桑兵：《傅斯年“史学就是史料学”再析》，《近代史研究》2007年第5期。
100. 桑兵：《横看成岭侧成峰：学术视差与胡适的学术地位》，《历史研究》2003年第5期。
101. 桑兵：《求其是与求其古：傅斯年〈性命古训辨证〉的方法启示》，《中国文化》第29期，2009年春季号。
102. 汤用彤：《隋唐佛学之特点》，《图书月刊》第3卷第3—4期合刊，1941年1月。
103. 唐德刚：《胡适杂忆》（增订本），上海：华东师范大学出版社1999年。
104. 童书业著，童教英整理：《童书业史籍考证论集》，北京：中华书局2005年。
105. 王东杰：《从文字变起：中西学战中的清季切音字运动》，《中山大学学报》（社会科学版），2009年第1期。
106. 王东杰：《“故事”与“古史”：贯通20世纪二三十年代“疑古”和“释古”的一条道路》，《近代史研究》2009年第2期。

107. 王汎森、杜正胜主编：《傅斯年文物资料选辑》，台北：傅斯年先生百龄纪念筹备会 1995 年印行。
108. 王汎森、潘光哲、吴政上主编：《傅斯年遗札》，台北：中研院史语所 2011 年。
109. 王汎森、潘光哲、吴政上主编：《傅斯年遗札》，北京：社会科学文献出版社，2015 年。
110. 王汎森：《中国近代思想与学术的系谱》，长春：吉林出版集团有限责任公司 2011 年。
111. 王栻主编：《严复集》，北京：中华书局 1986 年。
112. 王学典、孙延杰：《顾颉刚和他的弟子们》，济南：山东画报出版社 2000 年
113. 王学珍等主编：《北京大学纪事（1898—1997）》上册，北京大学出版社 1998 年。
114. 王学珍、郭建荣主编：《北京大学史料》第 2 卷，北京大学出版社 2000 年。
115. 王水照：《陈寅恪先生宋代观之我见》，《中国文化》第 17—18 期，2001 年 3 月。
116. 王永兴：《陈寅恪先生史学述略稿》，北京大学出版社 1998 年。
117. 王永兴编：《纪念陈寅恪先生百年诞辰学术论文集》，南昌：江西教育出版社 1994 年。
118. 王元化主编：《学术集林》第 1 卷，上海远东出版社 1994 年。
119. 吴宓著，吴学昭整理注释：《吴宓日记》1—10 册，北京：生活·读书·新知三联书店 1998 年。
120. 吴淑凤、薛月顺、张世瑛编：《近代国家的形塑》，台北："国史馆" 2013 年。
121. 吴学昭：《吴宓与陈寅恪》，北京：清华大学出版社 1992 年。
122. 吴学昭整理：《吴宓自编年谱》，北京：生活·读书·新知三联书店 1995 年。

123. 吴元康辑：《胡适史料拾遗续编（下）》，《历史档案》2007 年第 2 期。
124. 吴元康整理：《胡适史料补阙》，《民国档案》2006 年第 4 期。
125. 西村茂树：《質疑》，《哲學會雜誌》第 1 册第 10 号，明治二十年十一月五日。
126. 熊十力、张东荪：《关于宋明理学之性质》，《文哲月刊》第 1 卷第 6 期，1936 年 3 月。
127. 熊十力：《十力语要》，北京：中华书局 1996 年。
128. 许冠三：《新史学九十年》，香港：中文大学出版社 1986 年。
129. 严耕望：《治史答问》，台北：商务印书馆 1995 年。
130. 严耕望：《治史经验谈》，台北：商务印书馆 1997 年。
131. 杨步伟：《杂记赵家 · 第一次欧洲游记》，桂林：广西师范大学出版社 2014 年。
132. 杨翠华：《蒋梦麟与北京大学，1930~1937》，《中央研究院近代史研究所集刊》第 17 期下册，1988 年 12 月。
133. 杨树达：《积微翁回忆录》，上海古籍出版社 1986 年。
134. 杨天石主编：《钱玄同日记（整理本）》，北京大学出版社 2014 年。
135. 杨仲揆：《中国现代化先驱——朱家骅传》，台北："近代中国出版社" 1984 年。
136. 叶宝奎：《明清官话音系》，厦门大学出版社 2001 年。
137. 叶至善、叶至美、叶至诚编：《叶圣陶集》第 19 卷，南京：江苏教育出版社 1994 年。
138. 余英时：《论士衡史》，上海文艺出版社 1999 年。
139. 俞大维等著：《谈陈寅恪》，台北：传记文学出版社 1978 年。
140. 苑书义、孙华锋、李秉新主编：《张之洞全集》第 1—10 册，石家庄：河北人民出版社 1998 年。
141. 岳玉玺、李泉、马亮宽编选：《傅斯年选集》，天津人民出版社 1996 年。

142. 曾慕韩先生遗著编辑委员会编：《曾慕韩先生遗著》，台北："中国青年党中央执行委员会" 1954 年。
143. 张凯：《"义与制不相遗"：蒙文通与民国学界》，中山大学历史系 2009 年博士学位论文。
144. 张宪文整理：《林公铎藏扎二十九通》，《文献》1992 年第 3 期。
145. 张荫麟：《北宋四子之生活与思想》，《思想与时代》第 27 期，1943 年 10 月。
146. 张荫麟：《冯友兰〈儒家对于婚丧祭礼之理论〉》，《大公报 · 文学副刊》1928 年 7 月 9 日。
147. 中国蔡元培研究会编：《蔡元培全集》，杭州：浙江教育出版社 1998 年。
148. 中国革命博物馆整理，荣孟源审校：《吴虞日记》下册，成都：四川人民出版社 1986 年。
149. 中国人民政治协商会议全国委员会文史资料研究委员会编：《文史资料选辑》第 61 辑，北京：中华书局 1979 年。
150. 中国社会科学院近代史研究所中华民国史组编：《胡适来往书信选》，北京：中华书局 1979 年。
151. 中国史学会主编：《中国近代史资料丛刊 · 戊戌变法》，上海人民出版社、上海书店出版社 2000 年。
152. 中国史学会主编：《中国近代史资料丛刊 · 洋务运动》，上海人民出版社、上海书店出版社 2000 年。
153. 中江兆民著，吴藻溪译：《一年有半 · 续一年有半》，北京：商务印书馆 1979 年。
154. 周作人：《知堂回想录》，香港：三育图书有限公司 1980 年。
155. 朱乔森编：《朱自清全集》，南京：江苏教育出版社 1997 年。
156. 朱希祖著，朱元曙、朱乐川整理：《朱希祖日记》，北京：中华书局 2012 年。

157. 朱有瓛主编：《中国近代学制史料》第二辑上册，上海：华东师范大学出版社 1987 年。
158. 朱有瓛主编：《中国近代学制史料》第二辑下册，上海：华东师范大学出版社 1989 年。
159. 朱有瓛、高时良主编：《中国近代学制史料》第四辑，上海：华东师范大学出版社 1993 年。

图书在版编目(CIP)数据

学术江湖：晚清民国的学人与学风 / 桑兵著.
—桂林：广西师范大学出版社, 2017. 8（2018. 8 重印）

ISBN 978-7-5598-0042-8

Ⅰ. ①学… Ⅱ. ①桑… Ⅲ. ①学术思想－思想史－中国－清后期－文集②学术思想－思想史－中国－民国－文集 Ⅳ. ①B2-53

中国版本图书馆CIP数据核字(2017)第190896号

广西师范大学出版社出版发行

广西桂林市五里店路9号　邮政编码：541004
网址：www.bbtpress.com

出 版 人：张艺兵

责任编辑：张旖旎　罗丹妮

装帧设计：彭振威

内文制作：陈基胜　龚碧函

全国新华书店经销

发行热线：010-64284815

山东临沂新华印刷物流集团有限责任公司

临沂高新技术产业开发区新华路　邮政编码：276017

开本：1270mm × 960mm　1/16

印张：24.25　字数：330千字

2017年8月第1版　2018年8月第2次印刷

定价：69.00元